U0686943

全国景区职业经理人资质评价与认定

· 统编教材 ·

景区职业经理人

职业能力

全国景区职业经理人资质评价与认定统编教材编写组 ◎ 编

中国旅游出版社

编委会名单

主　任：姚　军

副主任：霍建军　严旭阳

主　编：罗东霞　周莉媛　杨　哲

副主编：谢朝武　段晓博

参　编：廖　斌　裴正兵　张金山　李　林　梁嘉祺　梁逍遥
　　　　熊　颖　戴鑫容

前　言

景区是旅游目的地的核心组成要素，景区管理者的职业化、专业化有助于提升旅游目的地品牌形象以及实现景区可持续发展。当今的景区管理者面临更为复杂和多变的外部环境，城乡流动人口迅速增长，催生出新的生产和消费方式；新型城市主义、全球化和信息技术等因素推动旅游业朝向多元化发展；疫情等突发事件使景区陷入生存危机。从满足游客需求层面来看，旅游业的生产实践正面临着旅游者追求高品质体验和景区担负生产、经营、生态保护多重压力的矛盾，这对旅游景区的经营管理提出了更高的要求。综上所述，景区职业经理人亟须进行知识、能力、技能的拓展与更新。

中国旅游景区协会发布团体标准（T/CTAA 0004—2021）对景区经理人职业资质等级划分与评定做出规定。本书基于团体标准，内容覆盖景区职业经理人所需的十一项职业能力，设定了与全国景区职业经理人资格等级相对应的学习目标，实现内容难度与景区职业经理人助理、景区中级职业经理人、景区高级职业经理人的三级对应。在章节结构上，本书在章首设定引导案例，激发读者的学习兴趣；章末案例延伸与章首呼应，并提出思考题，深化读者的思考。

本书共十一章。第一章为景区市场营销，包括营销与景区营销，景区的市场调查、市场定位、营销组合策略开发、互联网营销、营销效果评估、品牌战略管理、公共关系管理；第二章为景区规划设计能力，包括景区资源识别与评估、景区规划编制；第三章为景区人力资源管理技能，包括景区人力资源的规划、招聘、培训、绩效管理、薪酬管理、战略管理、综合激励；第四章为景区财务管理，包括景区的财务管理基础、财务管理基本方法、成本费用控制、财务报表与指标体系、财务风险管理及投融资管理；第五章为景区安全生产与应急技能，包括景区的安全风险、安全管理系统、安全应急预案、安全管理流程，突发事件应对及危机管理；第六章为游客服务技能，包括游客服务的主要流程、基本技能、质量提升及流程改进；第七章为景区工程管理技能，包括景区的工程项目管理流程、工程项目管理控制及工程项目建设管理方法；第八章为智慧景区运营技能，包括智慧景区的基本概况、信息化系统及电子商务管理；第九章为景区活动策划与执行技能，包括景区的活动策划、活动执行、活动评估与总结；第十章为景区游憩与环境设施管理技能，包括景区游憩设施设计与管理、景区环境设施分类管理；第十一章为景区物业商业管理技能，包括景区的商业物业管理、商业招商引资、商铺销售管理、商业街区规划及项目业态管理。

本书是全国景区职业经理人资质评价与认定统编教材之一，由全国景区职业经理人资质评价与认定统编教材编写组编写，理论与实践相结合，适合景区管理人员及旅游业各界人士学习参考。

编者

2021 年 7 月

目 录
CONTENTS

备注：＊为景区职业经理人要求的教学内容，▲为景区高级职业经理人要求的教学内容。

第一章

景区市场营销

【学习目标】

◇ **景区职业经理人（助理）**
- 掌握营销的定义与景区营销的特点
- 熟悉景区市场调查流程及方法
- 熟悉景区营销活动策划

◇ **景区职业经理人（中级）**
- 熟悉市场定位
- 熟悉景区营销组合策略开发方法
- 熟悉景区品牌设计传播及景区品牌运营

◇ **景区职业经理人（高级）**
- 掌握景区品牌战略管理方法
- 掌握景区公共关系管理理念及方法

本章导读

景区职业经理人需要掌握市场调查及分析、市场开发、营销组合策略、互联网营销等市场营销技能，景区高级职业经理人还需要掌握景区品牌战略管理技能。

【引导案例】

湖南省张家界以旅游立市，以旅游闻名，并将旅游作为主导和支柱产业。2017 年，由联合国世界旅游组织旅游可持续发展观测点管理与监测中心主办的亚太地区旅游市场营销研讨会在江苏举行，张家界副市长发表了《创新：张家界旅游营销的灵魂》的演讲，中山大学旅游学院院长保继刚教授评价"张家界的旅游营销是中国旅游营销的典范"。世界旅游组织执行干事兼亚太部主任徐京也对张家界的营销策略给予赞赏，其营销之成功可见一斑。

第一节　营销与景区营销

一、市场营销的定义

关于市场营销的含义，具有代表性的有以下几种。

美国市场营销协会（American Marketing Association，AMA）下的定义：市场营销是创造、沟通与传送价值给顾客，经营顾客关系，以便让组织与其利益关系人受益的一种组织功能与程序，是一种最直接有效的营销手段。

著名营销学者麦卡锡于1960年对微观市场营销下了定义：市场营销是企业经营活动的职责，它将产品及劳务从生产者直接引向顾客或使用者，以便满足顾客需求及实现公司利润。

格隆罗斯的定义强调营销的目的：营销是在一种利益之下，通过相互交换和承诺，建立、维持、巩固与顾客及其他参与者的关系，实现各方的目的。

菲利普·科特勒（Philip Kotler）的定义为：市场营销是指企业认识目前未满足的需求和欲望，评估和确定需求量大小，选择和决定企业能最好地为其服务的目标市场，并决定适当的产品、劳务和计划（或方案），以便为目标市场服务。

郭亚军将景区市场营销定义为：景区为满足游客的需要并实现自身经营和发展目标，通过创造、沟通和传播景区价值产生吸引力，实现价值交换的一系列有计划、有组织的社会和管理活动。

从以上定义可以归纳出：（1）识别潜在市场是市场营销的基础；（2）选择目标市场需要综合评估潜在市场规模和企业能力能否满足目标市场需求；（3）市场营销使企业、顾客及其他利益相关者多方受益。

二、景区营销的特点

由于景区产品是一种特殊的消费品，生产和消费的同一性、不可储存性等特点决定了景区营销具有以下特征。

（一）体验驱动，形成口碑效应

景区产品属于体验型产品，他人的体验经验影响潜在顾客的购买决策，所以，顾客在安排游程、选择景区之前，往往会听取熟人的推荐意见。在网络时代，熟人推荐让位于旅游专业网站上以评分和游记等形式出现的陌生人推荐。网红景区是很多游客打卡的地方，游客在小红书等平台上发布的网红景区旅游体验的照片和游记，会吸引更多游客前来打卡。由网红效应引流，而形成持久的网络口碑的关键是景区产品质量和营销创新。景区可以通过提升产品质量，邀请微博大 V 体验造势，引起公众对景区产品的关注，借助体验驱动的网络传播来营销景区产品。

（二）明确游客共享权属，根据淡旺季错峰营销

在产权关系方面，景区产品不同于一般的产品。一般产品销售完毕后，产品的所有权、使用权、支配权全部转移给购买者，而景区产品只提供给游客共享使用权和暂时使用权。共享权的特点决定了游客需求可能会存在局部冲突。例如，短时间内游客涌入核心景区。这就要求景区一方面加强内部客流引导与管理，另一方面通过营销手段将不同群体的游客进行错峰管理。

错峰营销还有一个很重要的原因是景区有明显的淡旺季，假日制度和景区所在地的气象气候因素是造成景区淡旺季的主要原因。淡季时门可罗雀、设施闲置，旺季时人声鼎沸、景区饱和超载。景区营销要在景区产品结构调整的基础上，努力做到淡季不"淡"，保持一定的游客流量；旺季不"超"，严格把控景区承载比例，控制游客流量，保障游客的旅游体验。

（三）游客和员工均为景区营销的重要考虑因素

游客为生产过程的一部分，是景区产品的消费者和景区服务提供的对象；员工为产品的一部分，是旅游服务的提供者，直接参与产品及服务的生产和销售。旅游业属于服务行业，员工的服务过程即为生产过程，景区员工的个人素质、服务水平及态度等因素直接影响游客的体验质量和游后评价，影响景区形象和整体服务水平。对于某些企业来说，高质量服务可能成为其核心竞争力，如海底捞。因此，景区营销不能仅仅考虑游客需求和特征，还要充分重视员工在营销中的作用。

（四）借力时尚和潮流话题，进行事件营销和植入营销

景区营销要考虑到时尚因素和潮流趋势，关注微博热搜话题等，实现借力营销。例如，四川理塘营销借力丁真，张家口冰雪旅游营销借力冬奥会，影视剧《三生三世十里桃花》带火云南的普者黑景区。景区可以成为剧目或节目的取景地，易于在影视剧或综

艺节目中进行植入营销。将景区自身自然、文化资源适时、恰当地与时尚元素结合，就能够有效地提升景区的市场影响力和吸引力。

（五）户外路牌营销，吸引注意及解决可进入性问题

游客必须前往景区才能得到旅游体验，前往目的地以及在目的地内的交通本身也属于体验的一部分。上海、浙江等地颁布地方性的《旅游景区（点）道路交通指引标志设置规范》规定了在高速公路出口附近及通往景区各连接道路交叉口附近，设置道路交通指引标志，提供景区的中文名称、英文名称、旅游项目类别图案，以及前往景区的方向和距离等信息，分为景区方向距离标志和旅游景区方向标志两种。这不仅是一种景区营销手段，更是改进景区可进入性的一项必要服务。

（六）景区营销主体的多元化

景区、行业协会、地方政府、中央政府甚至政府官员都有可能成为景区的营销主体。中央政府对国内主要景区进行宣传，以提升国家影响力、促进国际交流、吸引外宾前来本国游览；地方政府通过各种媒体整体对外营销所属的所有景区，且形成地方性旅游品牌，如"好客山东""老家河南"的整体营销。不同营销主体要突出特点的不同，但根本目标都是要提升景区吸引力，以招徕更多的游客。

第二节　景区市场调查

一、调查准备

在正式调查前，应确定调查景区顾客和潜在顾客的哪些信息？

（一）客源地分析

客源地分析旨在明确景区现有顾客和潜在顾客的客源地构成和变化趋势，分析客源地构成变化趋势以及同一客源地顾客主体变化趋势等。

（二）年龄结构

一般将年龄结构分为以下几个层次：小于 18 岁、18~24 岁、25~35 岁、36~55 岁、56~65 岁、65 岁以上；或者根据顾客出生年份分为 X 世代（1965—1980，"80 前"）、Y 世代（1980—1995，"80 后"）、Z 世代（1995—2009，"95 后"）。不同年龄群体的消费习惯和特点有所不同。

（三）职业结构

根据中国目前的职业分类的基本情况，为便于统计，建议可分为以下职业类型：中小学生、大学生、医护人员、公务员、退休人员、教师、管理人员（企业、公司、事业单位）、军人、商人、农民、个体户、工人。此调查能反映出景区对不同职业群体的吸引力，反映出旅游产品结构是否合理。

（四）家庭收入状况

该调查是为了了解现有市场的消费能力及潜在目标客源群体的需要，对旅游产品价格策略的制定有一定的参考价值。

（五）家庭规模及结构

旨在掌握潜在客源市场的消费能力。国家生育政策以及人民生育观念的变化对家庭规模及结构产生影响。

（六）消费构成

调查顾客在旅游活动中在交通、餐饮、购物、娱乐、住宿、门票等方面的消费分别占总花费的百分比。此分析一方面能够判断景区产品结构是否合理；另一方面可以判断顾客消费的行为特征，为景区产品结构调整及营销策略打好基础。

（七）旅游交通方式

顾客到达景区可能选择自驾车、旅游巴士、公共汽车、火车、飞机、轮船、摩托车、自行车或徒步等交通方式。对交通方式的调查涉及景区的可进入性问题，同时也为营销渠道的选择提供了帮助。

（八）了解景区的途径

分析各种媒体对游客产生影响的程度，以及游客最喜爱媒体的类型，从而为景区营销手段的选择、广告的投放提供依据。

（九）旅游形式及旅游目的

旅游形式选项可设为：自行安排、单位组织、旅行社组团。旅游目的选项可设置为；观光、休闲度假、商务、会议、探亲访友、宗教朝拜、修学、专项考察等。此问题有助于发现潜在游客及其旅游动机，为营销渠道选择、景区产品营销重点提供依据。

除上述问项外，还可对游客的重游率、停留时间、教育背景等方面进行调查。

二、问卷设计

问卷设计的好坏直接关系到调研结果的真实性、针对性、准确性。

（一）构成要素

1. 开头部分

这部分用来指导被调查者正确填写问卷，具体内容包括标题、简短的问候语、自我介绍及问卷填写说明。重点在于说明调研目的和要求，请求被调查者予以合作并表示感谢。

2. 背景部分

这部分主要是了解被调查者的基本情况，如年龄、性别、家庭结构、职业、教育、经济状况等。

3. 主体部分

该部分是问卷的核心，设计恰当的问题，紧扣调研目的，提供对应的回答方式。

4. 感谢及其他

对被调研者表示感谢，必要时注明调研人员的姓名、调查时间、调查地点等。

（二）问题类型

问题是调研问卷的核心内容，是问卷的主体，其主要有封闭式问题和开放式问题两大类。

1. 封闭式问题

给出了所有可能出现的答案，被调查者只要在其中选择就可以了。封闭式问题所提供的答案更容易解释和用软件处理，便于进行定量研究。

2. 开放式问题

指在设计调查问题时，不设计备选答案，让被调查者自由地用自己的语言来回答和解释有关想法的问题类型。此类问题有利于调动被调查者的兴趣，得到较为深入的观点和看法，便于进行定性研究。

三、调查实施

按调研计划系统地收集各种资料数据，包括一手资料和二手资料。

（一）调查计划

1. 拟订调查计划

调查计划是指导调查工作顺利进行的详细蓝图，是市场调查的总纲领，也称调查方案或调查设计。主要内容包括调查的问题与目的，调查的内容、方法、步骤，参加调查的人员及分工，调查的时间分配与进度要求，调查的费用预算等。

2.执行调查计划

在研究设计完成之后，执行阶段就是把调查计划付诸实施，这是调查工作的主要阶段，实施计划的主要工作包括培训调查人员、确定询问项目和设计问卷、收集材料和实地调查以及进行其他计划安排的工作。

（二）调查方法

表1-1反映了景区市场调查可能会用到的调查方法。此处要特别强调大数据对旅游市场调研的重要作用。旅游大数据的来源包括两个渠道：一是智慧景区借助于地理信息系统 Geographic Information System，GIS）、射频识别（Radio Frequency Identification，RFID）、红外感应器、全球定位系统等技术产生的现实游客行为的海量数据；二是基于网络产生的海量数据，主要来源于搜索引擎的后台数据以及微博、微信、论坛、点评、攻略等海量信息转化的数据。这些数据能够对潜在游客行为特征进行比较准确的预测分析。通过对真实游客和潜在游客的大数据分析，可以知道游客从哪里来、什么时候来、怎么来，游客个体特征、行为特征、消费偏好如何，对景区的了解程度如何、从哪些渠道了解景区、对景区有何评价，从而根据潜在游客的行为特征进行较为准确的预测分析，实现对目标游客的精准营销。

表1-1　调查方法

方法类型	形式	特点	主要用途	缺点
全面调查	对所有对象都进行调查研究	全面、精确	用于人口、车辆等调查	工作量非常大
典型调查	选择典型代表	工作量较小	适用于对象庞大，且对该对象已经熟悉的情况	难以准确选择典型
大数据分析	智慧景区及网络大数据	样本量大、数据真实、获取容易	对潜在客源市场进行调查	对象的社会学特征难以了解

第三节　景区市场定位*

一、选择细分变量

依据景区环境与现状的研究，根据游客在人口特征、地理区位、消费行为等方面的差异，将景区市场分为若干小的群体市场，对应具有相对一致的特征，具体分析时可以采用多个变量确定细分市场。例如，北京中产阶层亲子旅游市场就是使用了地理区位——北京、收入——中产阶层、旅游消费行为——亲子旅游这三种变量进行细分得到的市场。

景区客源市场细分是景区选择目标市场的基础。通过市场细分，可以了解不同细分市场的特征，帮助经营者选择适合本景区的目标市场，开发出满足目标市场需求的产品和服务，进而展开有针对性的营销活动。

（一）景区客源市场细分的基本步骤

（1）明确景区的发展目标和产品（资源）特点。

（2）分析游客的需求特征和趋势。

（3）选定合适的细分变量，对景区进行市场细分。一般要满足可测量性、可进入性、规模性和独特性的特征。

（4）分析研究各细分市场的主要特点。

（二）景区客源市场细分的标准

景区市场细分变量体系如表1-2所示。

表1-2　景区市场细分变量体系

一级变量	二级变量
游客人口特征	年龄、性别、收入、民族、职业、受教育程度等
地理区位	世界大区、国家、地区、气候带等
心理因素	生活方式、态度等
行为因素	购买目的、消费诉求，产品使用情况、购买过程及方式、购买时机、消费忠诚度等

1. 依据游客人口特征细分

人口学特征的市场细分主要是依据人口的年龄、职业、性别、收入、家庭规模和结构等来进行市场细分，这一细分方法资料容易获得，变量容易被量化。

2. 依据地理区位因素细分

在实践中往往根据景区离客源地距离的远近或客源地游客出行半径的大小将客源市场分级划分。在景区的实际运营过程中，受景区吸引力大小不同、感知距离变化、旅游动机变化等因素影响，游客对旅游目的地的选择可能舍近求远。所以，以地理因素划分细分市场只能作为一种重要的参考依据。

3. 依据心理因素细分

根据心理学特征进行旅游市场细分，主要是基于游客的旅游动机、个性特点、生活方式、活动偏好等进行市场细分。例如，根据旅游动机，可以将旅游者划分为观光型、文化研学型、度假保健型、宗教朝觐型、生态／探险型、购物型等。

4.依据行为因素细分

购买行为特征细分是根据游客的购买方式、购买时机、购买水平（消费水平）、游客地位等方面来进行旅游市场细分。根据购买方式，可细分为团队市场和散客市场；根据消费水平，可细分为高端市场、大众市场和专业市场；根据购买时机，可细分为旺季市场、淡季市场、平季市场、寒暑假市场等。

二、确定目标市场

旅游目标市场是指在市场细分的基础上，景区决定要进入的细分市场。景区运营管理者根据自己的条件，从细分市场中选择出一个或几个子市场作为从事市场营销活动的对象。这一过程被称为目标市场的选择。

一个细分市场的购买潜力越大，就越值得将其作为目标市场。同时，还要考虑景区是否有足够匹配的产品优势、营销能力来满足该细分市场的旅游需求，即产品或资源与目标市场需求是否匹配，景区运营能力和渠道建设能力是否能超越竞争对手赢得目标市场，目标市场有多大程度的发展潜力。景区目标市场的选择主要有以下三种方法：

（一）无差异性目标市场策略

无差异性目标市场策略指营销者不对市场进行细分，将市场作为一个整体，采取无差别市场策略进行营销，即只推出一种景区旅游产品，制定一种价格，运用统一的营销组合，满足所有游客的需求。无差异性目标市场策略能够降低成本，简化市场调研及分析过程，容易形成垄断性旅游产品的形象和地位。例如，早期我国大部分国家级风景名胜区，主要依靠这种策略进行市场宣传与营销。这种策略的缺点是只能满足游客浅层次的旅游需求，不能完全满足游客深层次和差异化的需求。

（二）集中性目标市场策略

与无差异性策略试图满足市场中所有顾客的需要不同，集中性策略主要表现在旅游景区集中力量于一个小的、特定的子市场，并以自己特定的营销组合策略来满足该市场的需要。该策略的优势在于：一方面，可以使景区充分运用其有限的资源；另一方面，也是避实就虚、扬长避短、充分发挥自己优势的有效方法。在适当的时机，该策略还有可能创造出意想不到的效果。例如，陕西铜川的照金景区依托红色革命历史资源打造红色景区，成为全国百家红色旅游经典景区之一、全国爱国主义教育基地和全国国防教育基地。

（三）差异性目标市场策略

差异性目标市场策略是指景区同时经营几个细分市场，并为每个细分市场设计不同的营销策略。差异性策略有效地把无差异性策略和集中性策略结合起来，既认识到顾客的需求是异质性的，又认识到同一特征细分市场需求的无差异性。差异性策略在给旅游企业带来比无差异性策略更大的销售额的同时，避免了集中性策略的各种风险。但这种策略的局限性表现在，由于景区产品种类多，会导致运营管理难度增大、营销推广的费用提高、人工成本增加等问题。

景区在进行目标市场策略选择时，还应该考虑以下几项重要的因素：景区的资源禀赋水平、市场需求的同质性和异质性、景区产品的生命周期阶段、竞争对手的策略等。

景区的定位是在确定目标市场的基础上，通过分析目标市场的游客需求特征和偏好，结合景区自身条件，对景区所提供的产品和服务进行组合设计，以确定景区在目标市场上的竞争地位。其本质是让景区在目标消费群体心中形成清晰的、具有排他特征的品牌形象，定位追求的首要目标是景区某个或某些产品成为目标市场心目中的第一。

目前，我国的旅游需求结构正在发生变化，旅游消费层次和品质要求在提高，旅游方式、旅游体验、消费习惯也在多元化发展，旅游市场横向的碎片化和景区产品纵向的专业化特征正在显现。所以，对绝大多数景区来说，将景区产品做专、做精、做出特色是市场定位的基本出发点。

第四节　景区营销组合策略开发 *

一、营销组合

（一）传统 4P 理论

杰罗姆·麦卡锡教授在 1960 年出版的《基础营销》一书中，将多样化的营销活动总结为包含四种大类的营销组合（Marketing-mix），将其称为营销 4P 组合：产品（Product）、价格（Price）、渠道（Place）、促销（Promotion）。

第一，产品（Product）。产品可以是有形的商品，也可以是无形的产品服务或者技术、知识等。

第二，渠道（Place）。销售渠道是指在商品从生产企业流转到顾客手上的整个过程中所经历的各个环节和推动力量之和。

第三，价格（Price）。这是指顾客在购买产品时的价格，包括折扣、支付期限等。

第四，促销（Promotion）。主要指人员推广、广告、公关活动和销售促进。

（二）4P's 理论

1967 年，菲利普·科特勒在《营销管理：分析、规划与控制》一书中进一步确认了以"4P's"为核心的营销组合方法。4P's 营销理论从管理决策的角度研究市场营销问题，S 指营销策略（Strategy），理论指出，影响企业市场营销活动的各种因素可以分为企业不可控因素（如社会、人口、技术、经济、环境等）和可控因素（如产品、价格、分销、促销等）两大类。

4P's 之后，不同学者提出了多种"P"的延伸，包括人（People）、包装（Packaging）、公共关系（Public Relations）、政治（Politics）。在战略层面，科特勒又提出了战略计划中的 4P 过程，即研究（Probing）、划分（Partitioning）、优先（Prioritizing）、定位（Positioning）。

（三）4C's 理论

1990 年，美国学者劳特伯恩（Lauteborn）教授提出了与"4P's"相对应的"4C's"理论。

第一，顾客（Consumer）。企业要把顾客放在第一位，强调创造顾客比开发产品更重要，满足顾客的需求和欲望比产品功能更重要。

第二，成本（Cost）。指顾客获得满足的成本或是顾客满足自己的需要和欲望所愿意付出的成本价格，企业的生产成本即生产适合顾客需要的产品成本。

第三，便利（Convenience）。指购买的方便性。企业要深入了解顾客的购买方式和偏好，把便利原则贯穿于营销活动的全过程，做好售前、售中、售后服务。

第四，沟通（Communication）。指与用户沟通。企业可以尝试多种营销策划与营销组合，着眼于加强双向沟通，增进相互的理解，实现真正的适销对路，培养忠诚的顾客。

（四）4R 理论

4R 营销理论由美国学者唐·舒尔茨提出。4R 分别指代关联（Relevance）、反应（Reaction）、关系（Relationship）和回报（Reward）。

第一，关联（Relevance）。即紧密联系顾客。企业必须通过某些有效的方式，在业务、需求等方面与顾客建立关联，形成一种互助、互求、互需的关系。

第二，反应（Reaction）。即提高对市场的反应速度，及时地倾听顾客的希望、渴望和需求，并及时做出反应来满足顾客的需求。

第三，关系（Relationship）。即重视与顾客建立长期而稳固的互动关系，把交易转变成一种责任，而沟通是建立这种互动关系的重要手段。

第四，回报（Reward）。即企业在营销活动中的回报。企业要满足顾客需求，为顾客提供价值，维持市场关系，给企业带来短期或长期的收入能力。

（五）4V 理论

根据市场的需求变化，营销观念、方式不断丰富与发展，营销组合理论不断演化进步，由生产企业为核心的 4P 理论发展成为以顾客的忠诚为核心的 4V 理论。新经济时代出现的创新营销组合理论被称为"4V 营销理论"，包括差异化（Variation）、功能化（Versatility）、附加价值（Value）、共鸣（Vibration）四个层次。

第一，差异化（Variation）。即在产品功能、质量、服务、营销等方面树立的形象与对手区分，创造产品的"不完全替代性"。差异化营销一般分为产品、市场和形象差异化三个方面。

第二，功能化（Versatility）。即根据消费者不同的消费要求，提供不同功能的系列化产品供给，关键是形成产品核心功能的生产能力，兼顾延伸功能与附加功能的发展需要。这样可以实现技术、产品或服务的单一性与多样性共存，以其功能组合的独特性细分市场，并有利于形成完整的价值链与产业链。

第三，附加价值（Value）。由技术附加、营销或服务附加和企业文化与品牌附加三部分构成。对于企业的产品来说，竞争局限于核心产品与形式产品，更强调产品的高附加价值。

第四，共鸣（Vibration）。从企业层面来理解"共鸣"，强调将企业的创新能力与顾客价值联系起来，将营销理念直接定位于包括使用价值、服务价值、人文价值和形象价值等在内的顾客价值，并使之最大化。从价值层次的角度来看，企业必须使顾客能够更多地体验到产品和服务的实际价值效用，是消费者追求需求满足的一种期望价值和满意程度。

二、基于 4P 组合的营销策略

（一）产品策略

1. 产品组合

产品组合是指景区将旅游产品进行合理组合，从而使产品结构更能适应市场需求，以最小的投入最大限度地满足目标市场的需求，以实现景区的经济效益。景区可以从产品的广度、深度和综合三个方面进行产品组合。

（1）产品的外延式开发（广度）。

即开发新产品，尤其是在景区现有产品进入成熟期和衰退期时，产品吸引力趋于下降时，迅速推出与景区主题相关的新产品，不仅可以稳定现有的客源市场，还可以招徕新的游客。对于开发时间的把握，需要景区管理人员有敏锐的观察力和判断力。

（2）产品的内涵式提升（深度）。

即对景区现有产品的深层次开发，升级景区现有产品，提升其文化品位，使其更能满足游客更深层次的需求，更具有号召力和吸引力。简言之，就是进一步强化景区主题，将景区主题做专做精。在这一过程中，基于资源的文化是内涵式提升的主轴。

（3）优化产品组合（综合）。

即对景区内各种产品进行重新优化组合，精练主题，凸显优势，达到经济效益、社会效益和环境效益的统一。景区可以在宽度、深度、关联度等方面组合开发，可以基于自身的资源级别、特色以及游客需求趋势，考虑目标市场的需要，发挥比较优势，使景区产品焕发新的旅游吸引力。

2. 产品设计

根据产品构成理论，景区在营销管理过程中，应该注重产品的核心层——基于旅游资源的吸引物，并在形式层和扩展层上有创造性地形成自身产品的独特性，以赢得产品的市场优势。许多景区往往是不惜花大力气开发旅游资源形成旅游吸引物，但却忽视了形式层和扩展层构成中要素的供给和管理。例如，形式层中的服务质量、景区活动项目、安全，扩展层中的处理投诉的程序、景区管理和服务、辅助服务设施、停车场等往往被认为是"小事"而被忽略或者疏于管理。景区之间的竞争，除了最根本的旅游吸引物的竞争之外，还有景区整体产品的竞争。"一流的资源，二流的管理，三流的服务"是很多景区在整体产品设计和运营上存在的问题。

3. 新产品开发

在游客需求升级和消费结构多元化的背景下，景区必须不断开发或者优化自身产品体系，才能通过营销手段稳定和创造目标市场，也才能更好地生存和发展。旅游景区新产品大致可以分为以下三种。

（1）全新产品。

为满足游客新的需求而开发的新景点，这种景点往往是在产品形式和体验内容等方面有创新，在旅游市场或者区域旅游市场上第一次出现。全新产品往往耗时较长、投资巨大且风险性高。

（2）换代或改进新产品。

对现有景区产品要素进行较大规模的优化和改造升级，满足游客更高的体验要求，形成换代或改进新产品。可以通过产品的形式层和扩展层，以提升游客体验感进而增强景区吸引力。例如，一些山岳型景区通过架设索道的方式，扩大了游客的游览范围和体验方式。

（3）仿制新产品。

景区模仿市场已经存在且市场反响较好的产品，在仿制升级的基础上利用后发优势进行营销推广，获取消费热点市场的平均利润。例如，袁家村一炮走红后，随后出现了兴平的马嵬驿、富平的和仙坊等各种古镇古村。

4. 无形产品的有形展示

旅游产品的一项重要特征就是无形性，这类产品主要是指服务类产品。有形展示是指服务提供的环境、企业与顾客相互接触的场所以及任何利于服务旅行和沟通的有形要素。在服务营销中，这种无形产品往往需要通过有形展示来提升游客的感知和评价，包括服务产品、服务环境及服务提供者的有形化。通过有形展示，能够将旅游企业的服务宗旨和产品所包含的文化内涵系统地传达给旅游消费者，使得消费者感知到服务产品的存在、提高游客消费的可能性，同时也能够为旅游景区提供一个区别于其竞争对手的有力工具。

有形展示是景区实现服务有形化、具体化的一种手段，其首要作用是支持景区的市场营销战略。无形产品的有形展示需要达到以下效应。

（1）通过感官刺激使得消费者切身感知无形服务可能带给自身的收益。

（2）促使和引导消费者对服务产品产生合理期望和购买意愿。

（3）通过有形展示帮助塑造消费者对服务产品的第一印象。

（4）促使消费者对服务质量产生"优质"的感觉。

（5）帮助消费者识别和改变对服务企业及其产品的印象。

（6）对于景区内部来说，能够促使景区提高对服务人员的培训，提升景区内部管理。

（二）定价策略

价格策略既是决定景区收入高低的核心营销要素，又是景区市场竞争的有效手段。价格策略运用得当，景区的市场份额和盈利率会大幅提高；价格策略运用不当，景区的目标市场就会出现动荡，甚至产生严重的市场后果。

1. 价格决策

国有体制的景区，其定价决策受到各种非市场因素的综合影响，如地方政府的行政干预、上级领导的长官意志及国家对价格的政策限制等。不过，随着景区产品在数量规模上的持续膨胀，景区之间的市场竞争也日趋激烈。这样，即便是完全由政府主导的景区，其价格决策也越来越需要充分考虑市场因素。

从一般的营销理论来讲，定价决策是为实现市场目标服务的，它与企业的经营战略密切相关。根据企业经营战略的不同，定价大体有三种决策方向：一是利润导向，就是追求利润最大化；二是销售导向，就是谋求较大的市场份额；三是竞争导向，就是采用对等定价或持续降价的策略，以应对竞争或者回避竞争。对景区来说，这三种定价方式孰优孰劣，很难一概而论，关键要看景区产品特性及其所处市场的营销环境。

（1）利润导向与高价策略。

景区经营战略以利润为导向，并不意味着产品一定要高价，因为有需求价格弹性的存在。当景区品质较高，资源具有不可替代性，市场又处于供不应求状态时，景区运营管理部门多采取高价策略。很多具有公共资源性质的景区本身应该承担向社会提供（准）公共产品的责任，因而，适时通过财政补贴的方式，降价甚至免票是此类景区替代性的价格策略。当景区资源品质一般且具有较强的替代性时，一般不能采取高价策略或涨价策略。

（2）客流导向与低价策略。

新建景区在市场导入期，为了赚取人气、吸引更多的游客，常常会选择以客流为导向的经营战略，实行低价甚至免费的价格策略。还有一些景区在进入市场成熟期之后，也会采取这种价格策略。例如，杭州西湖景区取消门票，反而获得了超预期的旅游收益。景区采取低价策略的目的是通过游客量的增加带来旅游综合收益剧增，其基本前提是需求价格弹性系数大于1，即价格的下降能带来更多客流的增加。

（3）竞争导向与竞价策略。

当某个旅游目的地内各大景区所占有的市场份额相对稳定，市场竞争处于均衡态势时，景区之间常会出现某种默契，采取互相紧盯门票价格的竞争导向与竞价策略。景区可以根据自身的资源特征、市场位置、品牌知名度等要素采取引领、相同和跟随的价格策略。在其他行业，价格平衡一旦被打破，其结果往往是竞相杀价，而景区之间却会出现"涨升一片"的奇特现象，出现这一现象的本质原因是景区不具有完全替代性。

2. 价格组合

景区的价格组合策略主要分为两种类型：一是单一景区的价格组合，二是系列景区的价格组合。一般来讲，景区在发展初期，大多是以单一景区进入旅游市场。随着旅游企业规模和实力的不断壮大，逐渐形成不同类型的景区产品线。大型景区还可能同时经营饭店和旅行社，甚至将业务领域拓展至地产、娱乐和传媒等其他关联产业。这样，景区就需要根据产品所针对的不同细分市场和目标人群，采取灵活多样的价格组合策略。

（1）单体景区的价格组合。

单体景区是指资源空间独立、运营管理主体唯一的景区。价格组合分为三类：挂牌价、社会团体价和旅游团队价。

挂牌价主要针对旅游散客。景区公开面向市场的挂牌价，应保持稳定性和连续性，不宜轻易变更。

社会团体价主要针对两种情况：一是旅游散客结伴出行的人数较多，到景区购票时，获得一定的价格折扣；二是景区营销人员针对大型企业进行促销，由于企业旅游团体的总量较大，因而提出折扣要求。社会团体的优惠价格在通常情况下不得低于景区给予旅行社的折扣上限。

旅游团队价主要针对旅游经销商。其运营管理的难点主要有两处：一是旅行社作为旅游经销商的主体，数量众多、大小各异、渠道扁平。二是除了旅行社之外的其他经销主体众多。旅游定点餐厅、旅游购物商店、宾馆饭店、机场火车站等机构也掌握着大量客源，会向景区提出价格折扣要求。针对这种情况，重点应该把握好两个原则：第一，价格优惠应以旅游经销商对景区的实际贡献为标准。第二，对旅游经销商的回报方式应该多样化。当旅游经销商对景区的贡献很大时，不能一味压低票价，而是应该调动景区的综合资源，采取多种形式和手段，对旅游经销商主动进行"超值回报"，以免后患。比如，除了价格优惠之外，再给旅游经销商一定数额的广告费用，在年终对旅游经销商给予特别奖励，支持旅游经销商的企业公关活动等。

（2）多主体景区的价格组合。

多主体景区价格组合是指在某一区域内运营管理主体相对独立、资源特色相互补充的景区时，采取购买通票（联票）给予价格优惠、游览时间灵活、检票便利等促销方式。一般的通票价格相当于各景区门票总价格的 40% 左右。一些旅游目的地的众多景区发展到一定阶段，有可能形成一个旅游主题的多景区产品序列，此时，各景区运营主体从互相抢夺客源转向联手合作扩大客源、让利方便游客的价格策略。多个主体景区的价格组合应该注意以下三个问题。

第一，价格组合不是价格捆绑。有些旅游目的地将吸引力差、游客稀少的景区与某一个知名景区捆绑销售，听起来是"打包销售"，实则是合谋垄断的价格捆绑。"打包销售"和"价格捆绑"的重要区别是：前者主要运用价格杠杆进行市场引导，渠道商和终端顾客依然可对景区产品进行自由选择；而后者则完全剥夺了市场对景区产品的最终选择权，它在本质上属于一种"强买强卖"的不正当市场竞争行为。

第二，价格组合一定要将优质景区包括在内。只有将有吸引力、有知名度、有美誉度的景区包括在内，才能扩大客源规模，形成价格组合的市场效果。国内一些旅游城市发行的旅游年票（套票）只是将除著名景区或核心景区外的不知名景区囊括在内，市场影响力和销售量逐年下滑直至消失。

第三，价格组合不能只考虑景区利益。景区要做好"舍与得"的文章，兼顾顾客、渠道商和企业的三者利益，甚至要承担社会责任。例如，横店影视城有十几个景区，站在企业的角度考虑，自然是希望游客全部游览，这样才能获得最大收益；但是，游客也许只对其中的两三个景区感兴趣。而旅行社的常规线路由于行程安排和线路报价等原因，也许只能选择景区系列产品的部分。面对这种情况，景区运营管理者应对目标市场的需求状况和目标人群的消费特性进行深入研究，要将不同价格组合可能产生的市场效果进行比较分析和反复推演，在此基础上推出包括不同景区（点）的多个价格组合方案供游客选择，找到企业利益和市场需求的平衡点。

3. 价格管理

景区的价格管理分为两种情况：一是对外开放的，利用公共资源建设的景区门票及景区内垄断性的交通运输服务价格，一般实行政府定价；二是没有利用公共资源建设的景区及景区内非垄断性的交通运输价格实行市场调节价，一般由经营者依法自主确定价格水平，不实行政府定价管理。

（1）管理原则。

政府价格主管部门要坚持既有利于增加社会效益、环境效益，又兼顾补偿服务成本和资源价值的原则，保持门票价格在合理水平上的基本稳定。同时，对社会反映较为集中的随意设置园中园门票、捆绑销售、强制消费等进行严格规范。联票价格应低于各单项门票价格之和。

（2）定价制度。

2013年开始实施的《旅游法》明确规定"听证会"程序，利用公共资源建设的景区的门票以及景区内的游览场所、交通工具等另行收费项目，拟收费或者提高价格的，应当举行听证会，征求游客、经营者和有关方面的意见，论证其必要性、可行性。发改委下属的物价管理部门是组织听证会的主体。

2015年，国家发改委、国家旅游局联合发布《关于开展景区门票价格专项整治工作的通知》，要求实行政府定价、政府指导价管理的景区，不严格执行规定的价格水平或浮动幅度，擅自增设收费项目、提高门票价格，通过违规设置"园中园"、临时门票、不同景区联票等形式变相提高门票价格，不落实门票价格减免优惠政策，或采取价格欺诈等形式侵害顾客合法权益的，应立即纠正，并依法予以处罚。

（三）渠道策略

景区产品销售渠道是指景区产品提供者，通过各种直接和间接的方式，实现旅游产品销售的有组织、多层次的销售系统。

1. 直接销售渠道

直接销售渠道简称直销，它是指在景区与目标市场之间不存在中间环节，直接面对游客进行销售。由于旅游目的地和客源市场的地域关系，两者之间存在距离且较分散，游客永远不会相对集中于一个区域，需要由大量处在不同地方的经营主体提供服务，如饭店、餐馆及交通等和产品销售中介旅行社组成一个庞大的网络，才能完成景区直接销售和接待任务。

旅游电子商务的实现，使旅游直销渠道形成网络系统，其发挥的功能之大，以至于旅游产品（票务、服务等）通过电子商务系统进入了每一个家庭，让每一个人都可能成为旅游直接销售渠道的购买者。

2. 间接销售渠道

间接销售渠道在景区和游客之间存在着中间环节，它往往由旅游批发商、零售商、经纪人、代理人等组成，并由他们组合成一个市场的销售网络体系。

对景区来说，建立起自己完善的分销渠道是十分重要的，特别是对自己力所不及的市场，以及省外、海外的市场，培育起自己的分销网络更是意义重大。在初期，景区往往对分销渠道的中介商给予大力支持，如为中介商提供大量分销提成来提高中介商的积极性。这些手段在初期也是必要的，尽管会提高分销成本，但比亲自销售所耗的成本低得多。在旅游市场发展成熟后，这种景区产品应该由专业的供应者整体包装后进行分销，借此培育起自己的市场销售网络。

（四）促销策略

景区产品的促销是指景区旅游产品的推广手段，其目的是将有关景区的各种信息推送给目标受众，以激发游客的购买行为。

1. 景区常用的促销方式

（1）广告。

景区广告是指景区以公开付费的做法，借助视频、旅游形象大使、文字等媒介，通过各种媒体向目标市场传播有关景区产品、服务和主题活动及景区形象等有关信息，以扩大影响力和知名度、招徕游客前来旅游的一种促销方式。广告的媒体种类繁多，除了报纸、杂志、广播、电视、网络五大媒体以外，还有电影、传单、户外广告、招贴画、外包装图案、手机 App、微信、微博等。

（2）营业推广。

营业推广也称销售促进，是刺激市场快速或激烈反应所采取的鼓励达成交易的促销措施。它包括顾客推广、中间商推广、内部激励推广。顾客推广主要促成潜在游客的直接购买，如降价、优惠、赠券等。中间商推广主要是通过让利于中间商并借助中间商的影响和渠道，刺激中间商积极宣传和推销景区产品，常见的中间商有线下旅行社、在线旅行社（Online Travel Agent，OTA）和网络旅游平台。OTA 更广泛地传递了线路信息，互动式的交流更方便了游客的咨询和订购。OTA 主要依靠代理商佣金获利，网络旅游平台主要依靠竞价收入和广告获利。

（3）公共关系。

公共关系是指景区为了获得景区内部及社会公众的信任与支持，为自身发展创造最佳的社会关系环境，在分析和处理自身面临的各种内部和外部关系时，所采取的一系列人际传播、机构传播和大众传播的行为。景区公共关系的传播方法主要有：制作宣传品（旅游手册、邮票等）、参与各种会展、网络公关传播、设驻外办事处、特色节庆、公益事件、电影拍摄赞助等。景区公共关系的作用主要体现在：一是树立良好的景区形象，提高景区影响力；二是能够融洽景区内外的关系，增强景区凝聚力。

（4）人员推销。

人员推销是指景区从业人员直接与潜在游客接触，通过面对面沟通来宣传介绍景区特色和服务，以达到促进景区产品销售目的的销售方式。一般是在居民社区、购物中心、交通枢纽等人流聚集的地方展开。这是一种最古老的促销方式，同时也是一些旅游景区最常用、最直接的销售方式。

2. 景区促销的实施过程

（1）明确促销对象。

景区每开展一次活动，首先要明确促销对象及其地区分布、兴趣偏好、购买行为特征等，然后再有针对性地选择促销方法和促销内容。

（2）确定促销目标。

促销目标是促销活动要解决的问题，分为以下三个层次：①认识。通过促销，让潜在游客知道和了解景区产品。②感觉。通过促销，让潜在游客对景区产品和服务产生好的印象和评价。③行动。通过促销，让潜在游客购买景区产品和服务，达到景区产品销售的目的。一次促销活动可以以这三个层次为目标，也可以以其中1~2个层次为目标。例如，人员促销时，让人们扫景区二维码送礼品一般就是以第1个层次的认识为目标。

（3）设计促销方案。

促销方案是景区促销活动的核心环节，它直接影响景区促销活动能否顺利开展以及能否取得预期的效果。设计促销方案应注意以下三点：①促销活动的主题要鲜明突出。只有富有个性的、鲜明的主题才能吸引潜在游客的注意力。②促销活动的形式要新颖、有特色，图文、语言、表现形式都要符合当下潮流的特点。③信息要真实可信，选择权威度高、传播面广的传播工具来发布信息。

（4）选择信息沟通渠道。

确定采用何种渠道来传递信息。景区可以选择人际传播、机构传播和大众传播其中的一种，也可以选择其中几种的有效组合。

（5）进行促销预算。

根据景区经营状况、景区特点、目标游客需求、竞争对手情况以及景区流动资金等情况制定合理的促销费用预算。

（6）分析影响促销活动的限制因素。

为保证景区促销活动顺利进行，应充分预判对促销活动可能产生不利影响的不可控因素并拟订可操作的预案。例如，天气变化因素、竞争对手经营策略变化、公众消费心理变化等。

（7）促销结果分析。

按预先确定的促销目标，比较营业收入、公众知晓度等指标，综合判断促销活动的成效，并及时总结成功经验和失败的教训。

第五节　景区互联网营销 *

一、互联网营销逻辑

（一）互联网营销

互联网营销，也称网络营销，指的是一种利用互联网的营销型态。互联网营销是以互联网为媒体，以新的方式、方法和理念，通过一系列营销策划制定和实施的营销活动。营销中的诸多要素，如品牌、渠道、市场开拓、产品创新、定价促销、宣传推广等要素在互联网营销中都有所体现，只不过互联网营销为传统的营销要素带来了新的形式与内容。

（二）互联网营销与传统营销的区别

1. 营销理念不同

无论是传统的 4P 组合营销理念，还是之后的 4C 营销理念，都应基于这样一个前提：企业必须实行全程营销，即必须从产品的设计阶段就开始充分考虑顾客的需求和意愿。而在传统营销模式下，这一点往往难以做到。原因在于，顾客与企业之间缺乏合适的沟通渠道或沟通成本太高。在互联网营销环境下，企业可以用较低的成本实现与顾客的双向互动，互联网的沟通方式提高了顾客的参与性与积极性，使景区创造出更加符合游客需求的产品。

2. 营销目标不同

传统营销策略的工作重心更多的是围绕 4P 展开，其注重和强调的是企业利润的最大化，而不是顾客是否得到了最好的满足，不是他们的产品是否符合顾客的需求；而互联网营销更加关注 4C，其各环节的工作也都是围绕着 4C 展开，强调以顾客为中心，通过满足顾客需求，为顾客提供优质、便利服务而实现企业价值，通过满足顾客的个性化需求，最终实现企业利润。

3. 营销方式不同

传统营销方式以销售者的主动推销为主，而顾客处于被动接受的状态，这样很容易使顾客与企业之间的关系变得僵化，甚至于给顾客带来很多不便和烦恼；互联网营销方式更加强调以顾客为中心，更注重维持与顾客的关系，通过分析顾客的喜好、需求，为消费者提供优质产品和服务，而消费者在需求的驱动之下也会主动通过互联网寻求相关产品或服务的信息，从而使企业与顾客的关系变为真正的合作关系，有利于企业的长期发展。

4. 营销媒介不同

传统的营销活动主要是依靠营销人员与顾客的直接接触与放送广告的形式对顾客进行轰炸，使顾客被动接受；而依托互联网而产生的互联网营销，作为一个新的理念和营销方式，与传统市场营销相比，具有跨时空、多媒体、交互式、整合式、高效性、经济性和技术性等特点。这种营销方式主要是以互联网为基本平台，通过计算机、手机、电视机等互联网终端为顾客提供服务，从而实现营销目的。

5. 消费者感受不同

传统营销面向线下消费，消费者为购买商品会耗费大量时间和精力。而互联网营销能简化购物环节，节省消费者的时间和精力。

互联网营销有诸多优势，但是互联网营销并不能完全替代传统营销。在建立与顾客的信任关系上，互联网营销过程的虚拟性使其在构建顾客信任方面有所不足，而基于真实人物、真实场景的传统营销在这方面更有优势。二者不能相互取代，应是优势互补，并最终走向融合。

（三）互联网营销思维

1. 用户思维

用户思维是移动互联网思维的核心，营销、管理、商业模式等都围绕用户展开。在顾客买了产品，开始尝试使用时，关系才刚刚开始建立。所谓体验至上，是指还要让用户在后续使用产品的过程中感到满意。体验的终极目标是让用户转变成粉丝，最终实现粉丝经济。

2. 免费思维

在移动互联网时代，免费是互联网思维中的撒手锏。互联网上的巨头企业，几乎都用了免费这招，如网易的免费邮箱、腾讯的免费QQ，百度的搜索引擎也是免费的，尤其是360更是靠免费打败了传统的杀毒软件公司，异军突起。在传统商业逻辑中，免费是行销技巧和行销诱饵，而不能真正做成商业模式。但是有了互联网，可以随时随地把人和资源连接在一起，也可以使企业把产业链做长、做深。

3. 社群思维

如何管理和维护客群？如何拉近客群与企业间的距离？如何增进与客群之间的关系和黏性？以上问题是传统营销的痛点。电话、短信、QQ等方式仍是供方营销思维，而产品供给方的营销人员在数量上都是有限的，无法照顾到每一位顾客。通过顾客社群的方式，老顾客引流新顾客，顾客参与营销价值共创，则可以很好地解决这些问题。

4.产品思维

传统企业的思维逻辑是"产品—营销—用户"，往往都是先有产品，后有用户，先把产品生产出来，然后通过各种营销手段卖给用户。移动互联网思维正好相反，采用的是"用户—营销—产品"的模式。先有用户，后有产品，先把用户聚集起来，然后再针对用户的需求去完善产品或设计产品，甚至直接让用户参与到产品的设计中来。如果产品是在用户的参与下实现的，他会对产品有一种特殊的情感，因为这个产品融入了他的思想，他是创造者之一，甚至这个时候即使产品有瑕疵，用户也会容忍。

二、互联网营销方法

（一）社交媒体营销

1.微博营销

微博营销是利用微博这种网络应用形式开展互联网营销。微博分个人微博和企业微博两种。个人微博营销是一种基于个人知识资源，包括思想、体验等表现形式的网络信息传递形式；企业微博更具有明确的企业营销目的。景区充分利用官方微博及微博大V发布、更新景区的相关情况及信息，密切关注并及时回复微博上顾客的相关疑问以及咨询，微博文章被搜索引擎收录，零成本获得较前的排位，景区名称或与景区相关的事件登上微博热搜，这都是微博营销成功的关键。

2.短视频营销

短视频本身不是移动互联的完全创新产物，而是源自电视和PC时代在内容制作和消费上的不断积累演变而成。短视频的内容表述形式通常受限于15秒和1分钟的长度，特征必须为一击即中，内容的高潮和爆点都以中心化的方式在短时间内集中呈现，以此产生显著的感知效果。同时集中式的内容消费也会降低用户心理负担，无论内容偏好都可以及时结束，因此对内容甚至广告都更加包容，所以短视频是内容植入非常好的营销载体，在显著度和契合度上是此前其他营销表达形式所不具备的。

3.私域营销▲

近两年，私域流量被各行各业广泛提及，尤其是在疫情期间，私域流量迎来了快速发展。2020年也因此被称为私域流量元年。私域流量，是相对于公域流量而言。公域流量，是属于集体所共有的流量，类似于淘宝、天猫、京东等这类平台自带流量，商家入驻后可直接实现流量的转换。私域流量迄今为止还没有一个被广泛接受的定义。腾讯营销洞察（Tecent Marketing Insight，TMI）联合波士顿咨询（The Boston Consulting Group，BCG）发布的《2021中国私域营销白皮书》中将私域流量定义为品牌自有的、可开展个性化运营的用户资产，通常可划分为微信生态、企业自营渠道以及其他触点三大板块。

但私域流量和公域流量并不是完全对立的关系。一方面，部分私域流量正是由公域流量转化而来，如用户通过淘宝首页推荐进入品牌店铺中，被品牌和产品所吸引，最终完成购买并成为会员后，还可能进行多次复购；另一方面，私域和公域流量相辅相成，任何一个品牌都不可能只进行公域或者私域的流量运营，即使是被看作私域流量代表案例的"完美日记（Perfect Diary）"，在公域也进行了大量广告投放。品牌的公众形象基本塑造完成后，才有机会进行私域用户的拓展。

4. 事件营销

事件营销（Event Marketing）是指企业通过运作公关事件来迅速提升企业及其品牌的知名度和美誉度，达到"一举扬名天下知"的目的。同理，景区通过事件营销能够帮助景区梳理良好形象，提高景区知名度。在互联网时代下，景区事件营销主要以网络为依托，通过精心策划使得社会影响力大的人物或事件在较短时间、较大范围内进行传播，以引起媒体、社会团体旅游者的兴趣与关注。此营销方式传播的信息量大，宣传成本较低，是景区进行旅游目的地宣传常用的方法。

旅游事件营销主要有三种类型：（1）利用既定事件营销，如"方特旅游度假区"与户外真人秀节目的合作成功实现了"旅游＋娱乐"的联合，借力于名人及人们综艺的巨大流量彰显品牌特色；（2）利用突发事件营销，如地震、洪灾等自然地震灾害发生后，企业通过捐款、捐赠物资等形式能够树立良好的企业形象；（3）策划事件营销，如张家界策划的"穿越天门"飞行特技表演成功帮助张家界景区闻名中外。

（二）电子商务平台营销

电子商务平台（E-business Platform）是建立在互联网上进行商务活动的虚拟网络空间。企业、个人可充分利用电子商务平台提供的客流量、网络基础设施、支付平台、安全平台、管理平台等共享资源有效地、低成本地开展自己的商业活动。移动互联网使消费者可以随时、随地在电子商务平台接触到景区产品信息并实现购买。

1. 在线旅行社营销

景区可借助 OTA 等在线旅游电子商务平台，做到宣传、购买、交易、支付、售后服务一体化。既可以通过与在线旅行社的商务合作，获取 OTA 网页或软件应用的广告位，也能够采取价格优惠的方式，线上推出多种组合产品。另外，结合特殊时节开展的情怀推广也在不少平台体现出成效，如"带着爸妈去旅行""说走就走"等口号深入人心，"景区门票秒杀"等活动吸引了大量消费者参与。

2.App 营销

App 营销的优势主要是成本相对较低，持续性、互动性、用户黏性强。App 的开发需要一定的资金投入，资金投入在十几万元到几百万元不等，而且 App 开发好后，还需要再投入费用进行升级、运营和推广，这就需要有团队对 App 进行维护、后续开发及日常运营。所以，如果景区没有做好资金和人员的准备，不适合开发 App 进行营销。

3. 直播营销▲

直播是借助屏幕工具（如电视、电脑）或手机在互联网平台上实时呈现的表演、展示、互动等，是一种全新的在线娱乐或服务方式。"直播＋营销"产生的巨大传播效应，受到各行各业的热捧。直播营销是企业运用直播平台／工具进行商业推广的营销方式，由直播前的内容策划、预热造势和直播发布，直播过程的商业宣传，及直播之后的二次包装、长尾传播等全流程的商业运作组成。在新冠肺炎疫情中，直播带货为各行业的复工复产起到了重要的助推作用。

直播营销的优势在于沉浸式互动、优惠力度和产品丰富性。在进行直播的过程中，观众可以根据主播的讲解实时了解公司的产品或服务，随时提出疑问，与主播进行双向互动。李佳琦等头部主播凭借让顾客疯狂的超低价格和质量过硬、有核心竞争力的产品获得成功。据阿里巴巴的数据显示，淘宝直播用户可购买商品数量迅速增长，涵盖汽车、大家电、图书等传统意义上高度"线下"的商品品类。旅游及景区产品也走进直播间，携程联合创始人梁建章的旅游直播带货取得了很好的营销效果。

4. 内容营销▲

分享经济时代，越来越多旅游者喜欢在社区平台分享自己的旅游经历，这种用户生成的原创内容被称为UGC（User-generated Content）。UGC的概念最早起源于互联网领域，即用户将自己原创的内容通过互联网平台进行展示或者提供给其他用户。伴随着以提倡个性化为主要特点的Web 2.0概念兴起，用户生成内容也可叫作UCC（User-created Content）。在这种趋势下，越来越多企业通过与网络达人、红人、流量明星进行合作，通过他们的分享内容进行营销。

在内容营销中，常见的分享平台或社区包括马蜂窝旅游网、Facebook、小红书、知乎、百度贴吧、天涯论坛等。景区可以通过与网络达人合作的方式，将文字、图片、视频等景区信息置入到分享内容中，以便让潜在旅游者更加深刻地了解景区，加深游客对景区的认知度和加强景区品牌宣传，以更贴近游客的内容表达吸引潜在游客。内容营销也适合进行话题炒作，决定炒作是否成功的关键在于目标用户集中度和目标用户参与度，社区平台正具有这两方面的优势。

第六节　景区营销效果评估▲

一、营销效果评估方法

营销效果评估涉及广告、促销、策划等多个环节的效果评价。企业最关心的是营销能否带来销量提升、销售额增长等可测量业绩的提升。随着新媒体技术的发展，互联网营销数据的检测如媒体转发量、用户的阅读量、点赞量、评论互动量，以及网络情绪都被纳入评估框架中。

营销效果最终指向如何获取新用户、用户活跃度和消费生命周期的评估，应当满足以下要求：（1）营销效果可以在技术上度量；（2）营销效果有利于营销活动的不断优化；（3）营销效果可以明确归因。在评估效果的过程中，需要首先对效果的评估指标进行转化。对于任何一类效果的衡量，都需要通过建立科学的统计系统、确定适宜的转化指标，从而计算投入与产出的比较结果。

（一）基于媒体曝光的方法

基于媒体曝光的评估方法主要测量广告或赞助信息的媒体覆盖层次。在进行曝光测量时，可以通过以下公式测量曝光度：曝光度 = 曝光群体 × 目标人群（%）× 可见度（%）。其中目标人群的可见度可以借用关键字搜索、情绪分类、信息提取、机器翻译、口语对话等自然语言处理程序提炼，从而测算更为精准的曝光度。

（二）基于市场追踪的方法

主要运用追踪调查和跟踪技术来衡量赞助的效果，如运用市场调查方法追踪消费者对品牌及其产品的认知度、熟悉度、回忆度以及偏好程度。基于位置的服务（Location Based Service，LBS）为市场追踪提供了技术支持，营销商可以利用通过手机等移动通信终端共享位置与消费者进行互动，从而收集准确的品牌信息送达数据；还可以提供附近门店服务信息，引导消费者进行线下购买，从而为计算销售转化率提供依据。

（三）基于实验测评的方法

实验方法排除了大量的干扰，可以检验营销中的某一因素或某几种因素对消费者心理、行为的影响情况，可得出富有启示的结论；但实验方法对环境、参与人员具有较为严格的条件控制，并且实验结果通常只能在一定条件下成立，不适用于景区日常管理中的营销评估。

（四）基于有形效用的方法

这种方法着重关注营销活动产生的实际收益，主要测量营销活动发挥的杠杆作用，即营销活动带来的产品销量、市场占有率、股票价格以及利润的变化情况。常见的分析指标如下：

1. 品牌认知率

品牌认知率评估客观反映营销对象是否是活动目标用户，若此比例低于历史营销活动平均值，说明营销用户与活动匹配度不高。根据客户的消费需求与消费倾向识别目标用户，合理的匹配用户以适合的产品要求，可以对市场进行精准定位，提高品牌认知率。

2. 用户转化率

营销用户转化率反映的是营销成交用户比例，与其他参与活动的非营销用户比较，若该比例偏低，需要分析营销用户与活动的匹配度问题。要想提高转化率，尤其要寻找迫切需求的匹配人群，精准推送相应的营销广告或服务信息；结合价值管理，促进用户权益最大化，才能建立长期的品牌忠诚，促进营销转化率及重复购买。

3. 市场占有率

市场占有率是由营销用户成交额、营销金额贡献度和营销人数贡献度等指标构成，然而营销中所存在的虚假流量容易使这些指标考核失去准确性，从而导致市场归因失误。因此在评估时要确保数据的真实性，防止虚假流量和广告欺诈问题，极大提高广告效率和受众选择，从而正确评估市场占有率。

二、景区整体营销及节事营销效果评估

（一）景区整体定量评估

在一些旅游产业高度发达的国家或者地区，旅游景区的品牌形象、营销模式、促销方式以及数据信息技术的支撑，均是研究探索一系列营销效益的热点领域；国内也倾向性地对景区营销实践进行了影视推介、节事宣传、新媒体样式推送以及品牌营销等模式的探讨。因此，对于景区整体而言，应当着重把握三个主要方面的营销效果，即品牌认知、经济增长、产业联动（见表1-3）。

表1-3 景区营销定量评估指标

一级指标	二级指标	操作化建议
品牌认知	品牌关注度	可以选择官网日浏览量的变化来衡量，需连续监测一年以上
	媒体覆盖面	重点客源市场媒体中传播的类型及数量增长情况
	报道/转载次数	可以通过"关键词＋搜索引擎"的方式来测量景区被报道/转载次数，从而作为衡量其营销效果的一部分
经济增长	旅游总收入	包括门票、住宿、餐饮、娱乐、交通等与游客直接相关的总收入对比，以一年计算
	旅游人数	重点关注旅游团队人数变化，散客人数主要根据购买门票的数量而定，人数增长率的统计应分淡季、旺季和平季三种情况统计
	旅游逗留时间	该指标能够说明人气充足与不足的问题，应分淡季、旺季和平季三种情况统计
	旅游人均消费	分团队客人和散客人均消费两种情况统计，在可能的情况下，建议同时按客源属地分类统计。

一级指标	二级指标	操作化建议
产业联动	旅游就业	反映景区在营销实施后从业人员的增长与离任等状况
	旅游出口	重点统计外国游客购买旅游手工艺品、旅游土特产等情况
	旅游增加值	增加值的计算公式为：增加值 = 总产出 – 中间投入，该指标统计比较复杂，建议主要关注景区内旅游土特产、旅游工艺品、旅游房地产等行业

（二）节事营销效果评估

节事活动是旅游景区提升吸引力与构建景区形象的重要途径，具有行业特色与代表性；但是节庆一过无人管的现象非常普遍，而且，一个节庆活动基本上要投入几十万元甚至是上百万元的营销资金，这些投入是否换来了效益回报，相关的绩效评估评价却被普遍忽视。

节事旅游营销传播是通过整合节事活动本身、节事主办方、旅游者三方，以节事活动的举办为主线，根据旅游者参与节事活动的时间顺序，将节事活动分解，通过一定概念事件主题重新编排信息传播，分解形成事件节点，配合相应的营销策略和传播策略，不断在四个阶段（出发前、途中、到达和离开）构建旅游者意识中整合的景区节事旅游品牌形象。因此，相较于景区整体营销，旅游节事营销效果的评估需要更加注重时序性与体验性。以济南泉水节的营销效果评估为例（见表1-4），营销评估体系应当涵盖出发前、途中、到达后和离开的全过程。

表1-4　济南泉水节的营销效果评估节点

旅游者阶段	节点活动
旅游者出发前	面向社会征集第五届泉水节活动创意 群众大联欢节目征集活动 网络媒体、报纸、电视等媒体有关泉水节项目及活动方案发布 城市及户外重点标识宣传
旅游者在途中	火车、飞机等关于泉水节的广告 车站、机场、公交车及出租车的宣传
旅游者到达后	各旅游景点关于泉水节的宣传 城市重点设施及户外广告宣传 参与各项主题活动 参与各项配套活动
旅游者离开	泉水节纪念邮册 活动满意度调查

在旅游者出发前，营销重点是加深旅游者对活动的认识，提高参与意愿，因此应该多设立一些关于节事活动的宣传环节。旅游者到达后，营销的重点要放在活动的吸引力

上，以延长旅游者的停留时间，因此活动和城市的综合捆绑宣传是必不可少的。消费者离开后，要强化旅游者的印象，吸引其继续参加下一届的城市节事活动，同时也能将节事活动传播出去，激发其他潜在旅游者的消费行为。

【案例】

打好"互联网＋旅游"组合拳　让"醉美遵义"文旅品牌深入人心

2020年6月，一场特殊的直播活动在海龙屯举行。遵义市文体旅游局局长程晓秋化身主播，带领观众通过"一直播""西瓜视频"直播平台游览海龙屯，拉开了"一把手当主播""文旅局长晒文旅"主题宣传活动的序幕。主播以飞龙关、朝天关、飞虎关三个关隘为线索，详细介绍了海龙屯的文化底蕴、自然风光和生态环境，带领网友领略海龙屯土司遗址的雄伟壮观，探寻在遵义发生的"明朝那些事儿"。直播中，还穿插了甲胄服装体验及古琴、舞蹈、书法等遵义特色文化展示，并为网友送出了海龙屯传奇星空露营地帐篷体验券等令人心动的福利。短短一小时的直播，累计观看人数近160万人。直播间氛围十分活跃，众多网友不停点赞，纷纷通过评论表示对遵义的向往和喜爱，刷新了对遵义固有的印象和认识，希望主播能多带领大家打卡遵义的文化旅游景点。

经过精心准备，从7月1日起，该活动进入集中宣传展示阶段，各县（市、区）通过各大网络平台和新媒体晒出"家底"，重点推介当地精品旅游线路、优势旅游产品，邀请广大游客"云游"遵义。连日来，汇川区、播州区旅游宣传视频、图文接连登陆网络及新媒体平台。"我在汇美之川等你""花繁叶茂拍摄地，播州与你相约"等邀请已经发送至广大游客。其他县（区、市）也将根据时间安排陆续进行展示。

此外，遵义市通过发布旅游优惠政策、设计精品旅游线路和主题宣传海报，与携程、驴妈妈等OTA平台开展线上线下宣传合作，助推遵义文旅市场在疫情得到控制后按下了重启键。遵义市通过系列活动打出"互联网＋旅游"组合拳，一方面因地制宜发掘地方文旅特色资源，进一步提升遵义旅游在国内外旅游群体中的知名度；另一方面促进文旅深度融合和旅游经济可持续发展，让文化旅游产业在脱贫攻坚中发挥更大作用。

（来源：向婧.打好"互联网＋旅游"组合拳，让"醉美遵义"文旅品牌深入人心［N］.遵义日报，2020-07-08）

第七节　景区品牌战略管理▲

一、作为战略资产的景区品牌

景区品牌化是景区营销中非常重要的一部分。景区通过品牌设计、传播及运营，积累品牌资产，获得品牌溢价。一个成功的品牌帮助企业更好地对市场进行细分，向不同的目标市场提供不同的产品或服务，从而提高营销传播的效率，最终提高顾客的忠诚度。

根据大卫·艾克（David A. Aaker）的品牌理论，景区品牌资产由景区产品感知质量、景区品牌知名度、品牌联想、品牌忠诚度以及专属性品牌资产组成。

（一）景区产品感知质量

景区产品感知质量是景区品牌资产的基础，指顾客所感知的景区品牌在同类别景区产品中的优越程度。由于较高的感知质量意味着更高的要价，感知质量成为企业财务表现的重要的贡献者。但是，因为各种原因，市场所感知的品牌质量有可能与实际的质量并不相符。这些原因包括以前经历的低劣质量、质量的感知来源于原先以为并不重要的属性、顾客信息处理的不完善等。顾客所感知的质量是否正确并不重要，重要的是什么是顾客的真实感受。

（二）景区品牌知名度

景区品牌知名度是所有销售活动的基础，广告的目标首先是要引起注意即产生知觉，然后激发兴趣，再创造欲望，最后带来顾客行为。景区品牌知名度是品牌体现在目标对象的头脑中的强度，其目标并非一般的知觉，而是指品牌因为其指定的目的而被记忆。景区应通过重复的品牌展现以及品牌与相关产品类别的强烈的联想来增强顾客对品牌的熟悉程度。

（三）品牌联想

品牌联想或品牌形象是存在于顾客记忆中的与景区品牌有关的任何联想，它存在于顾客的头脑中并参与信息的处理过程。品牌联想包括对各种功能性和情感性属性的联想，其中一些代表了关键的购买决策标准。传统的品牌定位观点认为定位应聚焦于某一个或某几个代表核心购买理由的联想，但是更为关键的是品牌联想应当是有力的、积极的和独特的。

（四）品牌忠诚度

景区品牌忠诚度是指顾客在购买决策中多次表现出来的对某个景区品牌有偏向性的（而非随意的）行为反应。它是一种决策和评估的行为过程，也是一种心理态度过程。品牌忠诚度的最终衡量指标是顾客的重复购买以及口碑推介。品牌忠诚度的形成不完全依赖于产品的品质、知名度、品牌联想及传播，它与顾客本身的特性密切相关，形成于顾客的实际使用经历。品牌忠诚度的建立需要一个过程，一般经过购买前的认知、购买时的体验和购买后的偏好三个主要步骤。

（五）专属性景区品牌资产

专属性景区品牌资产指与品牌资产相关的商标权、专利权等专有性知识产权。

二、景区品牌战略制定

（一）品牌定位

品牌定位是确立一个景区在旅游者心目中的形象和地位的过程，是旅游者需求特征和景区特色的结合。崔凤军指出，定位必须符合景区文脉和社会时尚，并在此基础上不断创新。景区的核心价值是影响游者决策的决定性因素，既要考虑旅游产品有形的价值，也要在旅游者心中树立品牌形象的无形价值，使旅游者自身的内在需求和景区的特色紧密结合，这直接关系到旅游者体验的质量和满意度的高低。定位的关键是差异化，旅游者往往追求有特色的、具有知名度和吸引力的景区，因此差异化对于景区的开发尤其重要。在产品和项目设置越来越同质化的情况下，景区的差异性更多地体现在文化内涵上。差异化定位通过提炼本景区的核心价值，明确特定的细分市场，展开品牌营销。

（二）品牌设计

景区的品牌设计是品牌形象的塑造，它将品牌的核心价值通过多种形式展现在旅游者的面前，形成对品牌所包含的文化和理念的认知。这种认知包括两个方面：景区经营企业对自身品牌形象的认知和旅游者的认知，只有当二者相统一时才能取得良好的效果，这也体现了资源与市场两极的统一。品牌设计由理念识别（Mind Identity System，MI 或 MIS）MI、视觉识别（Visual Identity，VI）和行为识别（Behavior Identity，BI）三部分构成一个完整的景区品牌形象系统，其中 MI 即品牌定位中的核心价值分析，是品牌识别的基础，表明了景区的差异性；VI 和 BI 是 MI 的载体和具体表现形式，决定了景区品牌的核心价值能否被旅游者识别、认知以及认知的程度。

（三）品牌传播

品牌传播是将旅游景区的品牌形象推广到旅游销售渠道和旅游者中，使旅游者接触、感知、认同景区品牌价值并最终激发旅游行为的过程，直接关系到本景区的品牌理念能否被旅游者识别和接受。通用的品牌传播方式有广告、公共关系、促销、直销、互联网等。旅游景区的品牌往往与目的地相联系，目的地的地理名称不仅仅表明了景区的空间位置，其知名度也会对景区的品牌传播产生影响。作为一种公共品牌，旅游目的地的品牌对于区域内的旅游企业和景区都可以采用，而对区域外的企业则具有排他性。因此，景区品牌的传播要考虑大区域的旅游品牌，争取政府部门的支持，有时还应联合区域内其他景区共同举办推广活动，新开发景区品牌传播的目标在于提高市场知名度，更需要与其他景区联合。

（四）品牌保护

随着旅游企业知识产权意识的加强和品牌资产运营的需要，品牌保护越来越为众多的景区和旅游企业所关注。品牌保护主要是从知识产权的角度，以注册商标、注册联合商标和注册防御商标为补充，保护旅游景区的品牌资产，对侵犯品牌知识产权的行为要追究其法律责任。我国《商标法》明确规定：县以上的行政区划地名不得作为商标，因此旅游景区、旅游企业和旅游线路品牌化十分困难，学者们的争论也比较多。要作为提出可以参考国际羊毛局"纯羊毛标志"的方法，将旅游资源和地域名称形象化，由当地旅游协会注册成形象品牌标志与证明品牌标志，由它们具体负责有关旅游资源品牌（旅游地品牌）的经营。这可以保证区域内的景区共同使用公共品牌，又可以加强知识产权的保护，提高旅游开发和线路设计的积极性。

（五）品牌延伸

品牌延伸指的是旅游景区在市场知名度比较高，具备一定实力以后，围绕旅游六要素，利用品牌号召力加快发展。适当的品牌延伸可以盘活无形资产，提升品牌内涵，加快景区的发展。品牌延伸可以是餐饮、住宿、交通、文化、纪念品等企业借助著名景区品牌发展，也可以延伸进入相关的非旅游行业，将品牌核心理念融入整个景区的其他产品和服务行业，以及那些希望加入景区品牌的各个行业的生产制造者。杭州宋城集团在宋城景区开发成功之后，相继推出了杭州乐园、山里人家等主题公园，利用宋城的品牌知名度和市场号召力，迅速打开了市场，在宋城品牌的支撑下，这些景区的发展都比较快，成为国内品牌延伸战略成功的典范。

（六）品牌创新

品牌创新是对景区品牌在实际操作中出现的问题进行调整，对品牌内涵的二次挖掘，主要通过品牌预警和品牌资产运营两个方面来提升品牌竞争力。景区在品牌传播之后，不能忽视对品牌的监控，要建立品牌预警机制，注意收集发展过程中积极的和消极的信息，及时发现有损品牌形象、严重威胁品牌发展的苗头，并及早处理。

三、景区品牌战略执行

（一）景区品牌的整合

景区要以旅游者为中心，综合使用各种有效的传播方式，以统一的目标和统一的传播形象，传递统一的旅游产品信息，实现与旅游者的双向沟通。同时，景区还需要在与旅游者建立长期密切、双向合作关系的基础上，进行资源整合。具体内容如下。

首先是区域旅游资源的系统整合。景区品牌营销主体必须对区域优势资源进行充分认知和把握，并将其独特之处作为品牌的主题。把开发地域文化、谋求区域联合作为重要的营销战略，实行优势互补、资源共享。同时，以经典的旅游线路整合分散的旅游资源，打造强有力的旅游景区品牌。

其次是景区品牌形象和外延的整合，包括产品延伸、产业延伸和地域延伸等。景区产品延伸是指景区可针对不同类型、层次的旅游者设计出不同的品牌形象；产业延伸是指旅游项目的开发过程中可实行多元化经营，如把农业拓展成为农业旅游景区等；地域延伸是指可进行跨国经营，吸引国外客源。

（二）景区品牌的内涵建设

旅游景区不仅应拥有高质量的资源景观主体，还应具有与品牌相对应的基础设施质量和特色文化。因而就需要旅游景区加强内涵建设，将有形的视觉同无形的经营管理理念有机结合起来。景区品牌内涵包括产品、经营理念、服务质量、管理制度、组织结构、企业文化、行为规范等内容。景区品牌的内涵建设指景区首先要以游客需求、市场发展趋势为导向设计产品，并重视景区文化经营理念的丰富和贯彻，将"以人为本"作为宗旨，改进管理方式和管理行为，建立科学的管理机制，充实、扩大和提升品牌内涵，为品牌传播提供强有力的内力支持。

（三）景区品牌的保护措施

景区首先应通过有效的方法激活品牌作为景区的无形资产价值，同时为防止侵权事件的发生，应当对景区品牌进行专利注册，或通过法律途径对景区商标进行排他性保护，如及时向工商行政管理机关举报或向法院投诉侵权、假冒行为等，以充分行使商标注册人的合法权益，依法保护自己的商标使用权，让品牌的使用更加规范化；其次，景区应积极主动地向游客、旅游中间商及全社会宣传品牌，提高游客对景区产品的辨别能力；最后，景区在申请品牌的注册保护时，还需要做好中长期的规划和管理，以持续提高品牌经营的综合效益。

（四）景区品牌的监督和管理

景区应制定相关的品牌管理制度，加强品牌管理建设，改造不符合品牌标准的产品和服务，维护景区的正常经营秩序，营造和谐的旅游景区品牌氛围。此外，还要注重在已形成的景区品牌形象号召力的基础上，设计和策划出更多的不同类型的产品，不断地进行品牌创新，多方面地满足游客需求，使旅游景区的品牌价值得以持续提升。

第八节　景区公共关系管理▲

一、景区利益相关者关系协调

企业的利益相关者包括股东、雇员、顾客、供应商、零售商、社区及政府等个人和团体。如果把景区视为一个企业，景区的利益相关者比普通企业更为多元。景区要保持健康发展就必须依赖其利益相关者的协作，任何一方随意退出或实施机会主义行为都可能使他方的利益遭受损失，甚至危及景区发展。景区管理者应当重视利益相关者的诉求，协调利益相关者之间的关系，承担起超越经济目标的更广泛的社会义务和责任。

（一）景区利益相关者

景区的利益相关者可以被定义为：影响旅游景区经营管理以及受旅游景区发展影响的个人、群体或组织。依据利益性质（经济的、法律的和道德的）、关系程度（经济关系、法律关系和道德关系）和影响力强弱（包括相互之间的影响力）三方面的因素，景区利益相关者被分为核心利益相关者和战略层利益相关者。前者包括当地政府、旅游企业、社区居民、旅游者；后者主要包括社会公众、各类非政府组织、学术机构等。两者对景区发展具有不同的意义，没有核心利益相关者的参与合作，景区无法获得发展。后者在一定条件下影响到景区的发展，但在联系密切度上不及核心利益相关者。

1. 地方政府

地方政府是旅游景区旅游发展的主导者与协调者。地方政府有权控制、引导、协调、规范其他利益相关者的目标和行为，也有义务引导景区健康发展，使之与社会环境、生态环境及利益群体的要求相协调，其能够通过立法、规范、协调政策和项目与基础设施、提供激励、规划和促销等极大地影响旅游景区的发展。

2.旅游企业

旅游企业是旅游资源的使用者。目前在我国，直接参与旅游经营的企业基本分为三类：（1）与资源管理部门合二为一或者由其所衍生出的旅游企业，此类企业占大多数；（2）外来的投资者所投资和经营的企业；（3）当地社区居民开办的个体户或者集体所有制的旅游企业，这类企业比例较小。企业对旅游资源有使用权，并有一定范围的支配权。在利用旅游资源谋取效益的同时，旅游企业又必须对旅游资源行使保护的责任。

3.旅游者

旅游景区的目标市场即潜在旅游者，是旅游景区持续经营和盈利的关键。旅游者是旅游市场的顾客，是旅游产品的需求者。所有的项目开发都是为了旅游者购买，因此在旅游景区开发中，旅游者是行为主体，真正影响旅游者出游的决定因素是旅游地在旅游市场中的口碑。因此，在对景区进行开发时应以人性化为原则，体现对旅游者的终极人文关怀，为旅游者提供细致入微的服务。

4.旅游景区所在社区居民

旅游的发展会使一部分当地居民参与到旅游的经营活动中，从而提高了当地的就业率，除此之外，旅游的发展会使当地的公共设施得以发展，当地居民无疑是基础设施的利用者。当地居民也有要求自己的文化，生活方式等不被影响的权利，但在目前的旅游地规划与管理中，他们不能够有效参与从而使权利往往得不到保障。

5.非政府组织

作为旅游景区战略层次利益相关者之一的非政府组织，如环保组织、地方社团等，它们对地方环境保护等方面的利益要求使其具有参与旅游规划的热情和积极性。当地专家和学术机构熟悉省情、市情，对旅游地的资源、市场状况以及规划理论有着较深入的了解，善于把握旅游业的纵向走势和横向关联，他们的意见和建议使规划成果有较强的可操作性和历史连续性。媒体能够对旅游地起到宣传和监督作用：一方面，需要通过各种方式，向顾客提供更多的旅游信息，吸引更多的旅游者；另一方面，又对旅游发展的各个环节予以监督，及时反馈旅游中出现的各种新问题，减少旅游活动对目的地居民和环境带来的负面影响。社会公众一方面是指包括旅游地在内的所有社会成员，在我国，所有的保护地都为国家所有，属于全社会的所有成员，所以旅游活动给资源所带来的各种影响实际上是对公众财产的影响。从另一方面讲，社会公众也应该提高可持续发展的意识，肩负起旅游资源保护者和监督者的职责。

（二）景区开发中相关利益者矛盾分析

景区利益相关者基于多元化的利益诉求和不同的发展目标产生不同的景区开发行

为，从而构成错综复杂的利益网络，引起各种各样的矛盾和冲突。

1. 政府与旅游景区投资者

在旅游开发中，政府部门与景区投资者所处地位不同，所扮演的角色不同，其战略目标及利益诉求也不同。政府部门是公共利益的代表，需要维护地区和居民的长远发展，因此政府需要兼顾经济效益、社会效益、文化效益和环境效益，同时需要维护景区居民的合法权利和地区的健康发展；投资者追求的是利益最大化，经济利益是首位，讲究投资回报率，因而不可避免地会在景区开发与建设中出现忽视社会、文化和环境效益的行为。

2. 旅游景区的投资者与社区居民

一方面，景区投资者进入社区能够为社区居民提供就业机会，提高当地的经济发展水平；另一方面，居民需要让渡生产生活空间、改变原有生产生活方式以迎合游客需求，适应旅游开发进程。因此，居民从旅游开发中受益的同时也承受着开发所带来的各种负面影响，如盲目开发对于当地生态的破坏。若在旅游开发中不能平衡双方之间的利益诉求，则容易激化矛盾，阻碍地区旅游发展，进一步影响当地居民的正常生活秩序。

3. 政府与旅游景区所在地社区居民

在现有的旅游开发中，社区居民参与度并不高，主要是因为景区当地居民自身文化素质、技术水平等因素的限制。近年来，此种情况有所改善，政府越来越重视新乡贤等人群在当地旅游开发中的作用。总体来说，当地政府需要重视和引导当地居民的开发意愿及利益诉求，鼓励居民参与当地旅游开发，能够有效避免居民对旅游开发产生抵触情绪。

4. 旅游景区的投资者与旅游者

景区投资者总是以追求经济利益的最大化为目标，旅游者以自身效用最大化为其消费目标。双方之间的矛盾自古以来就存在。但是景区投资者需要意识到，旅游者为其产品的最终消费者，旅游者需求和满意度直接关系到投资回报。因此，景区投资者在进行旅游投资之前需要充分调查、分析旅游者需求，避免盲目跟风投资，尤其是在需求个性化、高质量化的情境下，必要的市场调查是开发符合游客品位和市场潮流产品的关键。

5. 旅游规划专家与旅游景区所在地社区居民

旅游规划专家与社区的矛盾主要体现在社区居民能否参与规划的编制，其建议和意见是否能够被采纳。尽管《风景名胜区总体规划标准》（GB/T 50298—2018）中在专项规划部分确定了居民社会调控规划，近年来也有诸多文献对社区参与旅游进行了深入探讨，但在旅游实践中，由于居民与规划专家之间知识水平、文化素养及利益诉求等方面的差异，社区居民参与旅游开发的实践并不多。

6. 旅游景区所在地社区居民和旅游者

旅游者进入旅游景区，需要居民让渡原本的生活空间，同时旅游者带来的外来文化和观念与当地文化的冲撞与融合，可能会影响当地居民的正常生活，而政府出于以旅游发展带动当地经济发展的目的，可能会在旅游开发时率先迎合旅游者的需求，若居民社区无法从旅游开发中受益或受益未达到预期，居民与旅游者的矛盾则会加剧，甚至可能出现居民抵制旅游者的情形。

二、景区公共关系危机管理

旅游景区是一种具有较高敏感性的企业，它时刻都面临着较大的市场风险，因此危机总是与景区相伴，这就使旅游景区的运营管理面临重大挑战。

危机管理是对危机潜伏、形成、高潮、消退全过程的全景式控制管理。旅游景区危机管理是景区为了预防、摆脱、转化危机而采取的一系列维护景区的正常运营、使景区脱离逆境、避免或减少景区财产损失、将危机化解为转机的一种积极主动行为。

旅游景区危机事件的出现对景区管理运营的负面影响是非常巨大的。公共关系传播的一个重要职责就是正确处理危机，努力转变公众对待旅游景区的态度。旅游景区危机公关指的是在旅游景区危机发生前后的处理、解决过程中，组织与公众之间信息双向传播方法、手段、技巧的科学运用。

（一）景区公共危机的预防系统

旅游景区危机具有潜伏性，特别是在新媒体时代，景区无法预料危机将演变至何种境地。因此，建立适应新媒体环境的危机公关预警机制对旅游景区而言非常重要。景区通过事前制订危机应对措施、公关手段和公关工作计划，可降低新媒体在景区危机事件发展与产生中的负面影响。针对互联网信息传媒平台，尤其是被公众所广泛使用的微信、微博做好危机公关预警方案。当出现互联网负面新闻时，景区应立即启动危机公关预警方案，找出危机产生原因，争取第一时间控制该负面信息的进一步扩散。

完整的景区应急预防系统由硬件系统和软件系统两部分组成。硬件系统包括公共危机应急管理的组织机构，软件系统则由各种应急管理计划、应急项目等组成。

1. 预防系统

预防是指减轻或减少任何特定情形的影响而采取的行动和措施，即减少某一不确定的危机事件对景区公共利益构成的长期危险而采取的一切行动和措施。

2. 准备系统

准备系统主要指标准化的应急管理系统。包括统一指挥的景区危机管理中心和具体操作的景区应急操作中心，以及下属的多个景区危机管理小组。

3. 反应系统

即应对公共危机的迅速反应机制。包括对现场的勘察与控制，现场采取的配套措施如设立围栏、标识等，制度化的分级应急程序，以及景区公共危机发生后的各类恢复行动、各员工的具体权责等。

4. 恢复系统

当应急反应工作进行时，景区的恢复工作应当迅速开始，一旦应急反应工作结束，应立即进入全面恢复阶段，安抚游客心理情绪，维护景区形象和保证景区运营的连续性。

（二）景区公共危机的应对策略

1. 健全协调机制，统一领导保证

公共危机发生前后，要及时高效地监测、预防和快速处理危机事件，提高行政效能，必须增强景区服务的协调应急能力，健全危机事件管理的景区领导和协调机制。因此，在发生公共危机时，景区领导层和各部门负责人首要任务是组建一个能够具有足够权力，且能有效动员、指挥、协调、调度景区资源的指挥系统。为了保证决策及时、有效，该指挥系统应该做到：指挥人员具有较高的专业素质、科学的决策能力、良好的心理与身体素质；善于利用先进的科技手段，及时、准确地掌握危机事态以及相关信息；充分发挥专家顾问和专业技术人员的作用，提高决策效率；实时监控信息反馈，做好控制与评估。

2. 依靠科技支持，提高应急效率

当发生公关危机时，可以通过依托预防系统进行舆情监测与分析。舆情监测和分析是指浏览和查找海量网络舆情信息，包括浏览新闻网站、网络论坛、微博等，从海量信息中获取与旅游景区危机事件相关的舆情信息，进而了解旅游者、其他旅游景区、景区投资商、政府部门和媒体等多方对旅游景区的报道和态度。同时，景区经理人应当树立科学观念，多听取专家和专业人士的建议，在最短的时间内将危害控制在最低限度。

3. 保证信息公开，稳定游客情绪

在信息时代，人们很容易通过新媒体了解和传播信息，组织或个人试图刻意封锁信息往往是徒劳的，而且会让谣言、错误的信息和观点误导他人，对景区的形象和声誉造成负面影响。因此，在危机事件出现后，经理人应当第一时间处理，并且保证游客的知情权。同时，要实时把握网络舆论走向，防止传言失真泛滥。当景区采取强有力的应急措施时，应当主动公开相关信息，提高游客对景区管理行为的理解和配合，稳定游客秩序与情绪。

（三）景区危机处理的方法技巧

1. 公关技巧

（1）勇于认错，博得同情。

危机事件处理时，得不到公众同情的首要原因，是拒不认错。景区工作人员如果对

危机原因的解释牵强附会，强拉硬扯地找客观原因，只会让游客更加反感和抵触。在发生公共关系危机时，景区工作人员应该认真认错，诚心检查自己的错误，解释清楚原因。

（2）主动出击，解释根源。

危机事件出现后，景区工作人员应当主动解释原因，不要等到公众掀起谴责的浪潮，等到事情发展到不可收拾的时候再去解释原因。解释时应当注意：符合事实；准备有力的证据；不要推脱责任。

（3）弄清责任，评估事件。

媒体曝光事件在很大程度上不是针对景区本身，而是对某些特定人物或某个特定事件，但景区往往无可避免地受到指责。景区经理人要弄清楚当事人或曝光人是在陈述客观事实，还是在"谋私"；当媒体参与时，要弄清媒体是在合理监督还是捏造事实，避免错误的媒体报道。

（4）切合实际，采取措施。

在舆论面前，要用事实说话，切合实际，真诚地采取改正错误的行动，表现出积极的应对态度。如果没有好的态度和改正错误的决心，急着去说明或在舆论一面倒之后再去解释、说明都很难产生好的效果。

（5）领导站岗，突出宣传。

在危机事件处理中，景区的主要负责人或高层领导一定要亲临现场，解决棘手问题。景区领导在场，可以安抚人心，稳定游客的情绪，解决普通工作人员无法处理的问题。同时可以加强宣传，让公众感受到景区的态度和责任心。

（6）组合策略，多样应对。

景区经理人在处理公关危机时，要学会灵活地运用多种策略。常见的策略有悲情牌、自信牌、现场牌、忙碌牌。悲情牌就是勇于承担责任，将景区变为弱者；自信牌就是及时表态，安抚游客，给出满意的交代；现场牌就是景区领导亲临现场，发挥宣传和鼓动作用；忙碌牌即让媒体、公众等感受到景区领导忙碌的身影，体现景区的责任。

2.媒体应对技巧

（1）组织保证。

景区应当成立公共关系部或新闻中心，成立部门是组织保证，要有专人管理媒体应对事宜。现在的大多数景区工作人员并不具备新闻素养和基本功，很难做到应对媒体和修复景区形象，无法及时解决实际问题。

（2）合理解释。

景区经理人要勇于面对危机，通过媒体向社会公众发布事实的真相，做到摆事实、讲道理，坚持对的，诚恳地承认错误，并列出改正措施，不能强行压制，不能随意删除发布的内容或他人的评论。

（3）"三统一"原则。

景区在公共危机事件发生后要做到三个统一：统一组织，统一领导，统一声音。迅速成立专门处理事件的组织，第一时间指定负责人，任何人不能擅自对外发言。避免多头指挥，避免非指定发言人公开谈论事件。

（4）媒体应对次序。

当事件引起多个媒体关注时，媒体间工作人员也会相互交流信息。景区经理人要学会分而治之，让媒体为你说话。应对媒体的先后次序应当为：中央媒体、主流媒体、合作媒体、本地媒体、网络媒体。

（5）借力媒体。

任何一次危机都是一次塑造形象的机遇。景区经理人可以借力媒体，把危机变成提升形象、提升组织知名度和美誉度的机遇。可采取的方式有：建立新闻中心，定期给媒体配送新闻稿；组织网络宣传队伍，监控网络动态；确认新闻发言人，聘请公关顾问。

（6）应对记者提问。

"三三论"是应答记者提问的有效技巧。第一个"三"是允许记者提三到五个问题，给记者提供一个更窄的话题环境；第二个"三"是三到五分钟时间，给记者预设一个提问的时间。对于有意刁难的记者，景区经理人应当用词严厉，但避免口气严厉，学会以理服人或用幽默的托词避开对方的提问。还可以学习运用"外交语言"，不纠缠记者提出的具体小问题，而是用大道理套住对方，既做出了回答，又没有明确说明。对于明显恶意的提问，可以当面驳斥，坚定地维护景区利益。

【本章思考】

1. 思考并讨论景区营销如何适应现代游客的多样化需求。
2. 思考并讨论景区如何选择合适的目标游客人群与对应的营销策略。
3. 举例说明如何成功地处理景区的公共关系危机。
4. 思考并讨论景区应该如何利用新技术开展新媒体营销。

【案例延伸】

创新：张家界旅游营销的灵魂

张家界地处武陵山腹地，位于湖南省西北部，澧水中上游。1982年，张家界国家森林公园成为中国第一个国家森林公园。1988年，武陵源风景名胜区划属"大庸市"，同年列入国家重点风景名胜区；1992年，武陵源风景名胜区（含张家界国家森林公园、天子山自然保护区、索溪峪自然保护区、杨家界四大景区）被联合国教科文组织列入《世界遗产名录》；1994年，张家界以旅游建市，由"大庸市"改名为"张家界市"；2004年，武陵源风景名胜区被列入全球首批世界地质公园；2007年，武陵源风景名胜区被列入中国首批国家5A级旅游景区。1995年，江泽民同志题词要求"把张家界建设成为国内外知名的旅游胜地"，张家界市以"建设世界旅游精品"为战略目标，采取了系列营销策略。

发展早期，张家界凭借文化作品宣传与国际交流享誉世界。1979年春，新华社记者杨飞在国内外报纸刊物发表了系列精美照片，其中最有影响的是让将张家界风光登上了美国《地理》杂志封面；同年，国画大师吴冠中写下的游记散文《养在深闺人未识》引起社会各界强烈反响，其绘画作品《自家斧劈——张家界》被法国立塞奇博物馆收藏。此后，著名画家黄永玉三上张家界作画并作为第一人在香港举办了"张家界画展"；香港著名摄影师陈复礼在张家界拍摄的《山鹰图》在英国皇家摄影学会作品展览上获得金奖，"张家界"的品牌第一次在欧洲打响。2001年，韩国观光公社社长赵洪奎应邀参加张家界国际森林保护节，对张家界的奇山秀水和淳朴的民俗风情大加赞赏，回国后向韩国国民大力推介，使张家界在韩国几乎家喻户晓；2011年，赵洪奎被评选为张家界发展特别贡献功臣。

发展中期，张家界借势国际赛事与影视作品进一步打开国内外市场。1999年12月8~11日，以"穿越天门，飞向21世纪"为主题的"张家界世界特技飞行大奖赛"隆重举行并联合中央电视台、湖南卫视进行全球直播，特技飞行员成功飞跃天门洞，创造了人类历史的奇迹，张家界因此"一飞惊人"，迅速成为人气飙升的热门景区，其游客接待量连续几年保持50%以上增速，旅游收入由12.6亿元飙升至33亿元。2009年年底，张家界借势电影《阿凡达》将"乾坤柱"更名为"哈利路亚山"，并推出了"阿凡达之旅"，根据影片中的场景让游客感受现实版的"阿凡达"，张家界借此正式挺进欧美市场。但此举也引发了媒体和社会各界的密切关注与诸多争议，国内各大主流媒体关于更名事件的报道层出不穷。

近年来，张家界充分挖掘互联网资源，转换旅游营销思路，借力网络名人和新媒体不断掀起宣传热潮。2019年，湖南省第八届网络文化节之"我行我宿"网络名人探访张家界主题活动开幕。在短短5天时间里，由网络名人组成的立体宣传矩阵通过微博、微信、抖音等网络平台全方位展示和传播了张家界的旅游形象，为其收获1.5亿次关注量。相比于传统的旅游营销，此次活动投入成本小、推介速度快、传播范围广，实现了一次新媒体领域的"现象级"传播。

总的来说，据张家界副市长的演讲，张家界的旅游营销理念和做法以创新为核心，包括"拥有绝品、不断拓展的资源创新，敢想敢干、出奇制胜的产品创新，精准定位、超越自我的品牌创新，海阔天空、无拘无束的活动创新，以小博大、借势借力的传播创新，全面整合、全员营销的机制创新"。

来源：

［1］何婕.张家界旅游营销是中国营销典范［N］.张家界日报，2017-07-07.

［2］掌上张家界编辑部.1.5亿流量的背后：解密旅游营销的"张家界方式"［EB/OL］.（2019-06-20）［2021-06-16］.https://baijiahao.baidu.com/s?id = 1636827089632876922&wfr = spider&for = pc

案例思考：

1.如何评价张家界的六类创新？

2.在"互联网＋"时代，景区如何在传播上做到"借势借力"？

3.面对"张家界正在逐渐失去旅游龙头"的说法，思考如何从旅游营销角度为其未来发展提出建议。

【本章参考】

［1］曹礼和，邱华.服务营销［M］.武汉：武汉大学出版社，2004.

［2］Christensen C，Cook S，Hall T. Marketing malpractice – the cause and the cure. Harvard Business Review，2005，83（12）：74-152.

［3］崔凤军.旅游宣传促销绩效评估方法与案例［M］.北京：中国旅游出版社，2006.

［4］David A A. 管理品牌资产［M］.奚卫华，董春海译.北京：机械工业出版社，2006.

［5］Kotler P. 市场营销管理分析、规划、执行和控制（第六版上）［M］.广东省财贸管理干部学院市场学翻译组，译.北京：科学技术文献出版社，1991.

［6］郭亚军，曹卓.旅游景区运营管理［M］.北京：清华大学出版社，2017.

［7］昆欣，牟丹.旅游景区服务与管（第3版）［M］.北京：旅游教育出版社，2018.

［8］李志飞.旅游景区管理案例、理论与方法［M］.武汉：武汉大学出版社，2013.

［9］刘晓丽.少数民族旅游区营销效果的绩效评估机制研究［J］.贵州民族研究，2016，37（5）：154-158.

［10］马成.事件营销［M］.北京：中国经济出版社，2005.

［11］彭静.基于大数据分析的体育赞助营销效果评估方法研究［J］.福建体育科技，2019，38（5）：4-7.

［12］Perreault W D，McCarthy E J. 基础营销学［M］.胡修浩译.上海：上海人民出版社，2001.

［13］Schultz D E，Tannenbaum S I，Lauterborn R F. Integrated Marketing Communications［M］. Lincolnwood IL：NTC Business Books，1993.

［14］盛琦.区块链精准机制对营销效果评估的影响［J］.商业经济研究，2021（07）：91-93.

［15］伍应环，刘秀．市场营销理论与实务［M］．北京：北京理工大学出版社，2019．

［16］颜青．市场营销［M］．北京：对外经济贸易大学出版社，2018．

［17］赵建春．基于IEMC的济南泉水节营销效果评价指标研究［J］．科技经济导刊，2018，26（10）：69-70．

［18］张培驰．管理革命［M］．北京：中国商业出版社，2006．

［19］邹勇文，刘德军，曹国新．旅游消费者行为学［M］．北京：中国旅游出版社，2017．

［20］百度文库．2021中国私域营销白皮书［EB/OL］.（2019-06-20）［2021-06-16］．https://wenku.baidu.com/view/b3a432f6cebff121dd36a32d7375a417866fc184.html．

［21］国家发改委，国家旅游局．发展改革委、旅游局关于开展景区门票价格专项整治工作的通知［EB/OL］.（2015-09-08）［2021-06-16］．http://www.gov.cn/xinwen/2015-09-08/content_2926972.htm．

第 二 章

景区规划设计能力▲

【学习目标】

◇ **景区职业经理人（高级）**

- 掌握景区资源识别与评估的方法
- 掌握景区规划的编制过程，充分考虑景区规划对环境的影响

本章导读

景区设计规划是专业的旅游景区设计机构根据当地景区的地理位置、地形地貌、气候环境、经济状况和客户的实际需求，按照商业模式进行科学的规划、设计的与景区环境协调统一、具有一定商业价值的景区开发方式。景区设计规划是自然与人文相结合的完美体现。随着大众生活质量的提升，景区规划设计成为关乎景区未来发展的关键。因此，作为景区职业经理人，需要具备与景区规划设计相关的基础知识及重要技能，包括景区资源调查与评价、规划编制、产品策划、环境规划等。

【引导案例】

帽儿山国家森林公园为国家3A级旅游景区和黑龙江省重要的乡村旅游地。近年来，为响应国家实施的乡村振兴战略，帽儿山景区抓紧实施太和镇项目，致力于打造绿色经济产业，在延续东北少数民族文化的同时为黑龙江省乡村振兴战略及精准扶贫政策的落实提供典范。2017年，帽儿山景区荣获黑龙江省"最佳景区"称号，且太和水镇项目被列入尚志市重点项目、《哈尔滨市产业特色小镇创建规划（2019—2021年）》20个特

色小镇中的文化创意小镇国家重大建设项目库储备项目。如今的帽儿山景区，能够成为黑龙江的"冰城后花园"，是其得天独厚的资源禀赋与先进科学的旅游规划的相得益彰的结果。

第一节　景区资源识别与评估

一、景区资源调查与识别

受传统旅游观念变革的影响，旅游者的需求内容及层次越来越丰富，休闲、度假、体验类的旅游需求表现日益突出，既有的旅游资源已经不足以满足个性化旅游者的定制类需求。因此，在旅游需求倒逼旅游供给的市场消费作用之下，旅游资源和产品的种类日益多样化，内涵更加多元化，外延不断扩展和延伸，促进了旅游产业的融合创新，并且催生了众多的旅游新业态。《旅游资源分类、调查与评价》（GB/T 18972—2017）在2003版的基础上，提出了更加完善的旅游资源类型划分标准、调查和评价的实用技术与方法指导，为指导相关行业和部门工作发挥了重要意义。

文旅资源是重要的国情国力，进行文旅资源普查，可以摸清各地区文旅资源情况，同时这也是国家重要战略制定的基础。为推进全国文旅资源普查工作，2019年年初，文化和旅游部确定了海南、贵州、四川、青海、浙江、内蒙古、重庆7个省区市为旅游资源普查试点省份，实现由侧重旅游向文化和旅游并重转变，做到应普尽普、应查尽查，为旅游项目开发、招商引资、项目策划等打下了坚实基础。经过近一年的实践，各试点省份先试先行、大胆探索，并取得了阶段性成果。

（一）景区资源分类

1.景区旅游资源的概念

传统意义上，资源可以被划分成自然资源、社会资源和知识资源，前两者为有形资源，后者为无形资源；凡是能够造就对旅游者具有吸引力环境的自然因素、社会因素或其他任何因素都可构成旅游资源。

国家标准《旅游景区质量等级的划分与评定》（GB/T 17775—2003）中将景区旅游资源定义为："自然界和人类社会中凡能对旅游者产生吸引力，可以为旅游业开发利用，并可产生经济效益、社会效益和环境效益的各种事物和因素。"可见，风景旅游资源作为风景游览对象和风景开发利用的事物，是构成风景环境的基本要素，是景区产生环境效益、社会效益和经济效益的物质基础，是景区不可缺少的组成部分。

旅游资源与旅游景观的区别在于，资源是构成旅游景区的"素材"，是景区旅游产品的核心内容，而景区是旅游资源要素和其他要素有机组合后形成的地域空间。

另外，旅游资源既包括未被开发利用的，也包括已被开发利用的；既有物质的，也有非物质的（如非物质文化遗产）；既有有形的，也有无形的。而景区必须是已被开发利用的、物质的和有形的。旅游资源只有经过开发并在必要的交通及服务设施齐备的情况下才能形成综合吸引能力，才能对旅游业的发展产生实质性影响。

2.旅游资源分类

（1）根据资源属性分类。

旅游资源可以分为自然旅游资源和人文旅游资源。自然旅游资源是指按照自然发展规律天然形成的旅游资源，是可供人类旅游享用的自然景观与自然环境，主要包括以下分类。

①地文景观。

②水域风光。

③生物景观。

④天象与气候景观。

所谓人文旅游资源是指人类创造的，反映各时代、各民族政治、经济、文化和社会风俗民情状况，具有旅游功能的事物和因素，根据国家标准《旅游资源分类、调查与评价》（GB/T 18972—2017）可以有如下分类。

①遗址遗迹。

②建筑与设施。

③旅游商品。

④人文活动等。

（2）根据利用程度分类。

现实旅游资源、潜在旅游资源

（3）根据可持续利用潜力分类。

再生性旅游资源、不可再生性旅游资源

（4）根据吸引力级别分类。

世界级旅游资源、国家级旅游资源、省级旅游资源、市（县）级旅游资源

（5）根据利用方式和效果分类。

游览观赏型旅游资源、知识型旅游资源、体验型旅游资源、康乐型旅游资源

（二）景区资源调查

旅游资源是旅游业发展的物质载体和现实基础。《旅游资源分类、调查与评价》（GB/T 18972—2017）给出了旅游资源调查的基本步骤和具体要求，而现实中的景区资源调查需要遵从一定的数据标准、技术标准和应用标准，以此来认识旅游景区资源，获

取定性或定量的资源对象描述指标，以此完成后续的评价工作。

1. 目的与意义

目的：查明旅游资源的状况——类型、数量、质量、性质、特点、级别、成因、时代及价值，为评价、分区、开发规划和合理利用做好准备。

意义：为评价和开发奠定基础，建立信息库，为旅游管理提供参考；通过定期调查，掌握资源动态，为保护提供依据。

2. 基本要求

（1）按照标准规定的内容和方法进行调查。

（2）"详查""概查"和"普查"三个档次，其调查方式和精度要求不同。

（3）保证成果质量，强调科学性、客观性、准确性、内容简洁和量化。

（4）充分利用各种资料，完成统计、填表和编写调查文件等各项工作，并逐个对旅游资源单体进行现场调查核实。

3. 调查过程

（1）调查准备阶段。

①成立调查组。

调查组成员一般应吸收旅游、环境保护、地穴、生物学、建筑园林、历史文化、旅游管理等方面的专业人员参与。

根据本标准的要求，进行技术培训。

准备实地调查所需的设备如定位仪器、简易测量仪器、影像设备等。

准备多份《旅游资源单体调查表》。

②制订调查计划。

③拟定资源分类体系。

④进行资料收集。

与旅游资源单体及其赋存环境有关的各类文字描述资料，包括地方志书、乡土教材、旅游区与旅游点介绍、规划与专题报告等。

与旅游资源调查区有关的各类图形资料，重点是反映旅游环境与旅游资源的专题地图、与旅游资源调查区和旅游资源单体有关的各种照片、影像资料。

（2）实地调查阶段。

①确定调查区内的调查小区和调查线路。

②选定调查对象。

重点调查：具有旅游开发前景，有明显经济、社会、文化价值的旅游资源单体；集合型旅游资源单体中具有代表性的部分；代表调查区形象的旅游资源单体。

概查：主要调查已被承认的旅游资源。主要用于旅游发展规划。

详查：除被承认的旅游资源外，还需调查潜在旅游资源。主要用于景区规划。

③调查内容。

资源本身、区域经济、环境质量、制度因素、旅游地承载力等。

④填写《旅游资源单体调查表》。

⑤调查方法。

野外调查：最基本方法。

访问座谈：辅助方法，注意对象的代表性。

问卷调查：辅助方法，注意问卷设计的合理性。

（三）提交文（图）件

旅游资源详查和旅游资源概查的文（图）件类型和精度不同，旅游资源详查需要完成全部文（图）件，包括填写《旅游资源调查区实际资料表》，编绘《旅游资源图》，编写《旅游资源调查报告》。旅游资源概查要求编绘《旅游资源图》，其他可根据需要选择编写。

（四）景区资源评价

1. 评价目的

确定发展导向、主题形象、发展规模；衡量旅游资源的开发利用价值，确定其开发的重点和级别，为分级管理和规划提供标准；为合理利用和保护、开发定位创造条件。

2. 评价体系

（1）旅游资源开发条件评价。

区位条件（地理位置、交通条件）、客源市场条件（客源地时空变化、市场条件地评价）、其他开发条件。

（2）旅游资源环境评价。

环境容量状况、环境质量状况、社会经济环境。

（3）旅游资源本身的评价。

旅游资源特色，旅游资源的价值和功能，旅游资源的组合、结构和规模。

3. 评价方法

（1）定性评价法。

评价者通过亲身体验对旅游资源的数量、类型、质量、规模、组合度、分布特征等进行整体的文字性描述。定性评价可反映出旅游资源的概要状况，但主观色彩较浓，可比性差。

①卢云亭"三三六"评价法。

三大价值：历史文化价值、艺术观赏价值、科学考察价值。

三大效益：经济、社会、环境。

六个条件：景区地理位置和交通条件、景物或旅游资源地域组合条件、景区旅游容量条件、施工难易条件、投资能力条件、旅游客源市场条件。

②黄辉实"六字标准"评价法：美、古、名、特、奇、用六个标准。

③旅游资源环境评价法：季节、污染、联系、可进入性、基础结构、社会经济环境、旅游市场七个标准。

④美感质量评价法：基于对旅游者或专家体验的深入分析，建立规范化的评价模型，评价的结果多具有可比性的定性尺度或数量值。

（2）定量评价法。

选取一些定量指标，比较精确地用数值的大小来判定旅游资源价值的高低。根据评价目的选择评价因素和评价因子，然后就这些因素和因子逐项进行评价，得出数值，经汇总后得到该旅游资源或旅游地的整体价值或开发价值评估。

①单因子定量评价法。

②综合性多因子定量评价法。

如运用层次分析法进行评价则分为以下三步。

第一步：建立旅游资源定量评价指标体系。

第二步：确定各评价因子的权重。

第三步：获得各评价因子的评估值，得到综合结果。

二、景区景观质量评估

旅游景区的景观质量评估可以参照《旅游景区质量等级管理办法》（2012 年版）和《旅游景区质量等级的划分与评定》（GB/T 17775—2003）。其中，景观质量分为资源要素价值与景观市场价值两大评价项目、九项评价因子，总分 100 分。其中资源吸引力为 65 分，市场吸引力为 35 分。

（一）资源吸引力评估

1. 观赏游憩价值

旅游观赏价值是景观给予旅游者的一种美感程度，景观游憩价值指旅游资源单体在游乐休憩方面的作用，观赏游憩价值即观赏价值与游憩价值的综合评估。

观赏游憩价值总计 25 分，四个等级及对应评分为"观赏游憩价值很高"（25~20分）、"观赏游憩价值较高"（19~13分）、"观赏游憩价值一般"（12~6分）、"观赏游憩价值较小"（5~0分）。

2. 历史文化科学价值

历史价值是指对历史发展所产生的积极影响或者是事物本身所具有的特殊意义。文化价值是一种关系，它存在着能够满足一种文化需要的客体和某种具有文化需要的主体，当一定的主体发现了能够满足自己文化需要的对象，并通过某种方式占有这种对象时，就出现了文化价值关系。科学价值主要指代资源所反映的知识科学和技术水平。历史文化科学价值即对三类价值的综合评估。

历史文化科学价值总计15分，四个等级及对应评分为"同时具有极高历史价值、文化价值、科学价值，或其中一类价值具有世界意义"（15~13分）、"同时具有很高历史价值、文化价值、科学价值，或其中一类价值具有全国意义"（12~9分）、"同时具有较高历史价值、文化价值、科学价值，或其中一类价值具有省级意义"（8~4分）、"同时具有一定历史价值、文化价值、科学价值，或其中一类价值具有地区意义"（3~0分）。

3. 珍稀或奇特程度

旅游资源珍稀程度是指旅游资源单体在物种珍稀性方面达到的水平，奇特程度则是旅游资源单体在形态奇特方面达到的水平。

珍稀或奇特程度总计10分，四个等级及对应评分为"有大量珍稀物种，或景观异常奇特，或有世界级资源实体"（10~8分）、"有较多珍稀物种，或景观奇特，或有国家级资源实体"（7~5分）、"有少量珍稀物种，或景观突出，或有省级资源实体"（4~3分）、"有个别珍稀物种，或景观比较突出，或有地区级资源实体"（2~0分）。

4. 规模与丰度

旅游资源规模是指旅游资源单体的大小。旅游资源丰度又称旅游资源密度，是指在一定地域内旅游资源集中的程度。

规模与丰度总计10分，四个等级及对应评分为"资源实体体量巨大，或基本类型数量超过40种，或资源实体疏密度优良"（10~8分）、"资源实体体量很大，或基本类型数量超过30种，或资源实体疏密度良好"（7~5分）、"资源实体体量较大，或基本类型数量超过20种，或资源实体疏密度较好"（4~3分）、"资源实体体量中等，或基本类型数量超过10种，或资源实体疏密度一般"（2~0分）。

5. 完整性

旅游资源完整性是指旅游资源单体的整体完好程度。

完整性总计5分，四个等级及对应评分为"资源实体完整无缺，保持原来形态与结构"（5~4分）、"资源实体完整，基本保持原来形态与结构"（3分）、"资源实体基本完整，基本保持原有结构，形态发生少量变化"（2分）、"原来形态与结构均发生少量变化"（1~0分）。

（二）市场影响力评估

1. 知名度

知名度指一个组织被公众知晓、了解的程度，是评价组织名气大小的客观尺度，侧重于"量"的评价，即是组织对社会公众影响的广度和深度。

知名度总计 10 分，四个等级及对应评分为"世界知名"（10~8 分）、"全国知名"（7~5 分）、"省内知名"（4~3 分）、"地市知名"（2~0 分）。

2. 美誉度

美誉度指一个组织获得公众信任、好感、接纳和欢迎的程度，是评价组织声誉好坏的社会指标，侧重于"质"的评价。

美誉度总计 10 分，四个等级及对应评分为"有极好的声誉，受到 95% 以上游客和绝大多数专业人员的普遍赞美"（10~8 分）、"有很好的声誉，受到 85% 以上游客和大多数专业人员的普遍赞美"（7~5 分）、"有较好的声誉，受到 75% 以上游客和多数专业人员的赞美"（4~3 分）、"有一定声誉，受到 65% 以上游客和多数专业人员的赞美"（2~0 分）。

美誉度也可参考"细则三：游客意见评分细则"，根据《游客意见调查表》中的"总体印象"得分值评估，总体印象满分为 20 分，其中很满意为 20 分、满意为 15 分、一般 10 分、不满意为 0 分，对应美誉度的四个等级。

3. 市场辐射力

市场辐射力即景区可吸引旅游者的空间范围与游客比例。

市场辐射力总计 10 分，四个等级及对应评分为"有洲际远程游客，且占一定比例"（10~8 分）、"有洲内入境游客及洲际近程游客，且占一定比例"（7~5 分）、"国内远程游客占一定比例"（4~3 分）、"周边市场游客占一定比例"（2~0 分）。

4. 主题强化度

主题即社会活动等所要表现的中心思想，旅游中的主题通常与某种特定的文化形态及其表现形式有关，主题强化度即表现为主题的突出性与特色程度。

主题强化度总计 5 分，四个等级及对应评分为"主题鲜明，特色突出，独创性强"（5~4 分）、"形成特色主题，具有一定独创性"（3 分）、"有一定特色，并初步形成主题"（2 分）、"有一定特色"（1~0 分）。

第二节　景区规划编制

在旅游规划的规范方面，主要有住房和城乡建设部、国家旅游局制定的相关标准。国家旅游局 2000 年 10 月 26 日颁布了《旅游发展规划管理办法》（2019 年废止），现在旅游规划通用标准为 2003 年 2 月 24 日发布的《旅游规划通则》（GB/T 18971—2003），其适用于编制各级旅游发展规划及各类旅游区规划。本节内容主要参照《旅游规划通则》（GB/T 18971—2003）的相关规定。

一、景区规划编制

（一）景区规划概述

根据《旅游规划通则》（GB/T 18971—2003），我国的旅游规划主要包含两个层次，即旅游发展规划和旅游区规划。

旅游发展规划是根据旅游业的历史、现状和市场要素的变化所制定的目标体系，以及为实现目标体系在特定的发展条件下对旅游发展的要素所做的安排。

旅游区是指以旅游及其相关活动为主要功能或主要功能之一的空间或地域。旅游区规划是指为了保护、开发、利用和经营管理旅游区，使其发挥多种功能和作用而进行的各项旅游要素的统筹部署和具体安排。两个层次的旅游规划的规划对象和层次虽有宏观和微观之分，但是在制定过程中二者都需要紧密协调、相互配合才能取得良好效果。

景区规划是旅游规划中的一个子类型，它是以景区为特定研究对象的旅游规划。景区发展旅游，是通过对旅游者的食、住、行、游、购、娱等方面的安排来满足旅游者对精神、物质享受的需求，实现景区企业经济效益。景区规划就是为了更好地实现以上目的，对旅游地的旅游资源、客源市场、旅游产品、旅游设施、基础设施、旅游服务管理等方面做出系统评价，合理安排和有效利用的科学指导。因此，景区规划，就是以景区为对象，根据景区的资源特点市场状况和其他相关的自然社会经济条件所进行的有关开发、保护、管理等内容的布局、设计、安排。其目的是使景区开发建设和管理能够有计划、有步骤，合理、科学地进行。景区规划的基本组成部分应包括产品规划、市场营销、信息服务、行政管理以及对承载力管理、旅游与社区的社会及经济相融合、保护自然和人文资源、为游客塑造更好的旅游体验。

（二）景区规划分类

按照《旅游规划通则》（GB/T 18971—2003）的相关规定，不同的分类标准对应不同的规划内容，不同类别的规划在规划原因、期限、任务、内容、成果表现等方面都有所不同。

1. 按不同层次分
总体规划、详细规划（控制性详细规划、修建性详细规划）。

2. 按规划时限分
近期规划（3-5年）、中期规划（5-10年）和远期规划（10-20年）。

3. 按规划内容分
景区综合规划、景区专题规划。

（三）景区规划核心环节

1.确定规划目标

（1）基础分析：资源调查与评价、市场调查与分析。

（2）背景分析。

2.提出景区定位

（1）景区规划主题定位。

（2）景区功能定位。

（3）景区市场定位。

（4）景区规划产品定位。

3.确定功能分区

景区功能分区原则：因地制宜、分区功能与景区整体功能协调统一、功能组团相对集中布置。

4.编制景区规划

参照《旅游规划通则》（GB/T 18971—2003）的相关规定，景区规划的编制主要包括四个阶段：任务确定阶段、前期准备阶段、规划编制阶段、规划评审阶段，如图 2-1 所示。

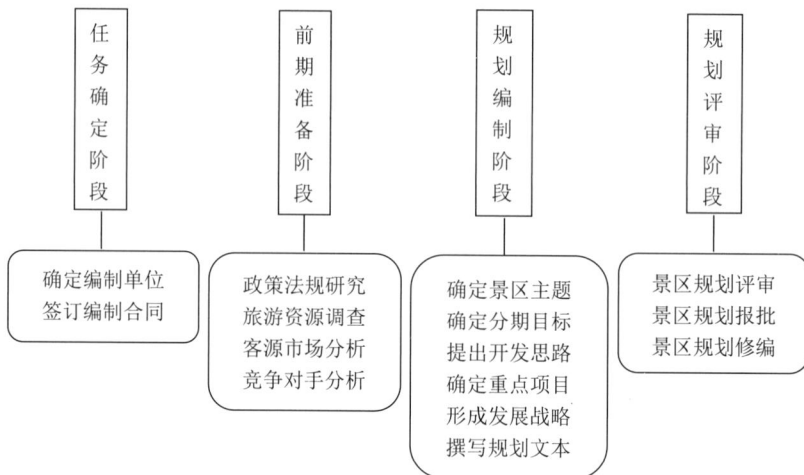

图 2-1　景区规划编制程序

（四）景区规划编制内容

1.设计旅游吸引力

首先是围绕吸引力核心进行吸引物打造。旅游吸引物是旅游产品的载体，吸引物打造的关键在于其精准的定位，这要求对资源、市场、文化等要有深度的认知，吸引力能主导整个游憩过程。其次是游线的组织设计。旅游产品的游线是组织游览的过程，同时也是让整个游览能达到预期效果的过程，因此游线的组织设计非常重要。

2. 设计游憩方式

景区规划需最大限度满足游客游憩需要的具体的观赏、游乐、体验方式，即游憩方式。游憩方式落地为具体的项目和游线安排，成为可以实现的目的地内涵。游憩模式设计是景区提升策划设计的主体内容，对景区转型起到至关重要的作用，也是收入模式设计、管理模式设计、营销模式设计的基础。

3. 景观设计

以打造旅游吸引力为需求，通过非常丰富的元素构造景观特色，有效地运用景观体现其价值，充分显示其独特性，不仅包括自然景观设计，还包括文化景观设计。文化景观设计开始由文化观光的景观设计向文化体验设计发展，文化体验景观设计通过运用多种手段及媒介营造一种氛围与情景，让人沉浸其中，享受一系列难忘的经历，它具有参与性、互动性、消费性等特点。文化体验化景观设计主要通过情景化、动感艺术化、互动艺术化及游乐化方法打造。

4. 建筑设计

独特的外观建筑是一道风景线，标志性的建筑是非常具有吸引力的景观。在建筑设计中通常对文化进行挖掘找到创新点，再将其转化为建筑语言，使建筑本身具有鲜活的生命力。

5. 游乐设施设备的设计

游乐设施设备通过包装设计，把现成的技术转化为适用产品的功能，通过旅游游憩方式形成游憩、游线等设计，最后整合成为景区设计的一整套模式。

6. 商业模式设计

商业模式设计中第一是收入模式设计。第二是收益项目。正如景区交通的收益项目，它们既是交通工具又是游览工具，所有的交通工具都涉及收费模式。第三是消费模式设计。景区的购物点主要针对业态进行设计，包括休闲性购物、娱乐项目消费、游乐项目消费等，通过收入模式设计形成收入结构，通过收入结构才能算出盈利结构。所以收入模式设计是旅游游憩设计产品设计中非常重要的板块。

7. 营销模式设计

广告策划、口号策划、营销渠道策划、促销模式策划等，通过互联网、电视广告、主流媒体、新媒体等模式进行营销设计，营销设计与景区管理设计可以称为软系统设计。

（五）景区详细规划编制

景区是风景区中包含有较多的景物和景点或若干景群，以风景游赏活动为主要功能的特定区域，具有资源价值高、保护要求严、规划范围广、设施建设精的特点。景区详细规划编制应突出考虑以下几个方面。

1. 编制目的

（1）落实、完善、深化景区总体规划的保护利用要求。

（2）协调规划范围内保护、利用、建设的关系。

（3）指导景区内的景点、设施与城乡建设，包括：丰富景观特色、提升景观价值、完善服务功能、提升服务水平、塑造优美的景观形象。

（4）指导后续的工程设计。

2. 编制重点

（1）落实上位规划，明确规划定位。

全面分析总体规划在资源保护、用地建设、功能要求、设施配置、居民调控、规模容量等方面提出的要求，结合风景资源价值、游赏特点、发展条件等因素综合确定规划定位。

（2）保护景观资源，排除破坏因素。

细化落实总体规划确定的分级保护要求，并针对现状景观、环境、生态等方面存在的突出问题，提出保护措施，排除破坏因素。

（3）发掘景观资源，加强风景建设。

在总体规划基础上，对景观资源进行更为深入的调查筛选、完善补充，整治提升景观环境。

（4）完善景观体系，组织游览序列。

按照"点线面"结合的思路，以人为本，进一步组织风景资源，形成游览序列。

（5）关注特色村镇，融入风景体系。

充分认识景区内现有村镇独特的文化、景观、社会价值，将其融入风景体系，促进景乡融合发展。

（6）划分规划层次，制定管控要求。

按照景区与重要地段节点两个层次，制定管控要求。景区层次重点是落实总体规划，以控制性详细规划深度为主；重要地段节点层次重点是指导建设，以修建性详细规划深度为主。

3. 分类实践

按照景区资源价值与发展阶段，可将景区分为提升型景区、发展型景区两种类型，并采用不同的详细规划编制技术路线。

（1）提升型景区。

此类景区发展相对成熟，资源价值突出，游客量粗具规模，详细规划应立足具有国家级乃至世界级吸引力与保护价值的风景资源，坚持问题导向，从净化景区环境、改善游客体验、补足设施短板等方面，促进景区品质的进一步提升。

（2）发展型景区。

此类景区因风景资源吸引力不够突出或交通条件不便等原因，发展尚处于起步阶段，详细规划需要着重处理好保护与建设的关系，在整体保护风景资源与生态环境的基础上，充分发掘风景资源，策划组织游赏功能，完善旅游支撑体系，促进景区的高质量发展。

二、景区产品策划

（一）旅游产品和景区产品辨析

旅游产品是指旅游经营者凭借一定的旅游资源和旅游设施向旅游者提供的满足其在旅游过程中综合需求的服务。从需求角度来看，总体旅游产品就是旅游者从离家外出开始直至完成全程旅游活动并返回家中为止这一期间的全部旅行经历的总和；从供给角度来讲，总体旅游产品是指旅游目的地为满足来访者而提供的各种旅游活动接待条件和相关服务的综合。

从旅游者角度来看，旅游产品是指旅游者支出一定金钱、时间和精力后所获得的满足其旅游需求的经历。在此经历中，旅游景区担当着"主角"角色。因为旅游景区是旅游六要素中核心需求"游"的物质载体，是旅游者产生旅游动机的原动力。所以，景区产品是旅游产品的主要构成部分，它具有旅游产品和服务产品的一般特点，也有自身的特殊性。

（二）景区产品概念

景区产品是一种旅游产品，旅游产品又可分为两个层次，一是总体旅游产品层次，二是单项旅游产品层次。从狭义上讲，景区产品是一种单项旅游产品，是旅游景区借助一定的资源、设施向旅游者提供的有形产品和无形产品的总和。从广义上讲，景区产品是多种单项旅游产品的组合，旅游产品所包含的旅游资源、交通运输设施和服务、住宿、餐饮、娱乐、零售等旅游生活设施和相应服务，辅助设施，如旅游问询中心等，景区产品也均包含。

从本质上来说，景区产品是一种体验，是借助有形的景区景观、设施来满足旅游者的心理需求以及由此形成的旅游者的心理感受，进而这种心理感受会形成购后满意度，产生口碑效应。最终，这种口碑会对旅游景区的形象产生正面或负面的影响。

（三）景区产品的特性

（1）不可检验性。

（2）生产与消费的同一性。

（3）不可储存性。

（4）不可移动性。

（5）季节性。

（6）脆弱性。

（7）共享性。

（8）排他性和非竞争性。

（四）策划设计原则

策划景区旅游产品必须以旅游资源为基础，适度整合旅游资源，旅游产品的策划要做到旅游资源特色的必然延伸。

1. 影响景区产品策划的因素

（1）旅游市场的需求倾向：旅游消费需求、产品策划定位等。

（2）旅游规划者和开发商：策划工作的经验、策划工作的信息度、开发商实力。

（3）景区资源的赋存状况：对景区进行详细的景区资源调查和市场调查，是景区项目和产品的基础和支撑。

2. 景区产品的策划设计原则

（1）总体原则：人无我有、人有我新、人新我特。

景区产品同质化是多数景区产品策划设计中存在的普遍问题，景区往往因为追求热点或过于重视经济效益而忽略了景区产品发展的可持续性，模仿甚至完全仿照热门景区设计产品与体验活动，在这种情形下，景区往往受制于知名景区的"阴影效应"而无法"突出重围"。

景区产品的策划设计中有两个重要的"一"，即唯一和第一，强调的便是景区产品的独有性、独创性和独特性，即做到"人无我有，人有我新，人新我特""求新，求异，求最"，可以依托景区本有的专属资源，如五岳等得天独厚的自然资源，也可以依托创意产品策划，如以故宫为代表的 IP 文创产品。

旅游景区应当秉持"人无我有、人有我新、人新我特"的产品策划和设计原则，充分发挥人才和资源等优势，在不断总结国内外景区产品策划设计的基础上，深入分析研究国内景区产品的稀缺类型和空白点，努力开发既有国内市场卖点又有一定的国际市场潜力，既具有景区特色又反映景区历史文化、时代先进性的景区产品。

（2）其他原则：可行性原则、满足需要原则、经济合理原则、可持续发展原则、人性化原则。

可行性原则：可行性原则是指根据自身条件和客观条件，评估实现的把握程度，要从现有的科学技术水平出发，从景区自身的实际出发，不能一味模仿跟风，从而浪费有限的人力、物力、财力。

满足需要原则：产品开发的动力应当来自旅游者的真实需求，兼顾现实需求与潜在需求，景区产品设计者只有牢固树立"游客第一"的思想，有明确的市场需求和良好的前景，才会设计出受游客欢迎的产品。

经济合理性原则：合理地协调技术与经济、效益与成本之间的关系，力求以有限的人力、物力和资金消耗，获得满意的市场效果。

可持续发展原则：景区的生产活动和新产品开发，应当遵从资源节约化、能源清洁化、废物资源化、环境无害化、城市生态化、农业生态化等原则，解决好近期利益与长远利益。

人性化原则：美国设计师普罗斯指出："人们总以为设计有三维：美学、技术和经济，然而更重要的是第四维——人性。""人性化"设计近几年来开始受到中国消费者的关注，并且这种关注度在与日俱增。对游客人性的尊重能够为游客带来舒适的感受与愉悦的心情，让游客真正地爱上这个产品。

（五）策划具体内容

1. 景区产品策划中，应该考虑各种互动关系

一是服务行为规范，把握旅游者出游心理，提供最能满足他们身心需求的服务。

二是设计参与性导游方式与导游词，形成小团组，建立团队合作模式，设计互助加竞争式游程结构。

三是设计参与性游戏及活动，使旅游者间的交流与互动在无形中打破隔阂，表现友情、热情、才艺及家庭关怀，如烧烤晚会、篝火晚会、参与性表演活动等。

四是在游程中设置互动性项目及过程，如独木桥、吊桥等需要协助跨越的一切游乐性、戏剧性、山野趣味性的安排。

五是设计旅游者与服务人员间互助性小活动，由服务人员向旅游者进行挑战，形成游程中过五关斩六将式的情趣。

2. 景区产品策划的主要内容

产品定位策划、旅游项目策划（核心吸引力）、游玩方式策划、要素功能策划、旅游线路策划、旅游活动策划、营销模式策划和盈利模式策划等。

3. 景区产品类型

（1）康疗体验类。

对于现代人来讲，旅游最重要的功能是放松神经、娱悦精神、健康体魄、调节身心。在旅游产品策划中灌注身心康疗理念，是人本主义原则的重要体现。身心调理与康养做到极致，可以成为旅游目的地的核心吸引力。舒适度、锻炼、阳光浴、新鲜空气、森林浴、绿色洗眼、温泉疗养、按摩等，都是具有吸引力的康疗方式，将可提高产品的

竞争力。

（2）审美体验类。

旅游产品基于资源，资源的审美价值及科学价值若脱离社会文化生活的想象空间、参与性及参与方式，将处于僵化、死板的水平。象形是想象空间中最普遍的一种，故事则是想象空间中能引人入胜的内容。一个寓言式的故事、一段生动而深刻的历史典故，可以激发旅游者无穷的感悟与想象，令人为之震撼；但若景区编造的故事缺乏内涵，捏造痕迹过重，反而让旅游者反感。故事的表达非常重要，用景区讲故事或用故事烘托景区，需要用符合旅游者心理的方式；主要通过景观呈现，可以辅以导游描述。景观观赏最重要的是进行情景设计，把景观的意境凸显出来，这既讲求观赏角度、观赏过程，又讲求营造氛围。

（3）修学体验类。

修学教育摒弃了古板的陈列模式、课堂教学式的讲解，通过活动场景的设计，以有乐趣的方式把单调枯燥、抽象而缺少景观基础的资源打造成受人喜爱的旅游产品。

旅游中的活动，一般为参与性、交互性两种。参与性一般设计在旅游中的吸引物、知识兴趣点、人与之接触会产生特殊感受的自然之物上。交互性一般设计在旅途中、吸引力不足时、康体休闲活动中。文化旅游，特别是修学成分较重时，通过参与性和交互性设计，可以把枯燥的历史遗迹、抽象的文化景观转变成旅游者与科技、历史、文化的过程式接触。

细节触摸式接触、环境复原式接触、奇巧游戏化接触通过人与人交互式活动的组织，通过群体角色扮演，可以使历史文化的社会角色与旅游者的社会角色及其旅途角色形成更替，产生意想不到的效果。参与方式、交互结构、角色设计、情景设计、情景策划与设置、体验模式等，都是旅游产品设计中最先进和最重要的技术。

（4）互动体验类。

家庭互动是旅游中最基础的内容，包括家庭成员间互动、家庭间互动。社会互动包括所有家庭互动之外的内容，具有较多类别。人生总是在不断寻求角色升级和角色变化；在旅游中，新的社会环境、不断变换的区域环境、小团队的结伴同行、家庭的全天候陪伴，都为旅游者提供了心理转换及角色转换的基础。

（5）生活体验类。

通过旅游产品的策划，创造全新的生活体验，形成人们向往的生活方式。迪士尼乐园、巨型邮轮、拓展营地、高尔夫俱乐部等都是新生活方式的载体。城市中央游憩区提供城市旅游和城市休闲新生活方式体验。上海新天地、北京什刹海都是城市旅游和休闲生活方式的代表。大型综合农家乐园提供大城市郊野娱乐的新生活方式体验，其中，农家饭、采摘、大棚餐厅、寄养动物、自助制作等已经比较成熟，但大规模、高层次服务产品尚未成型。徒步与探险俱乐部，代表小众新兴生活方式；自助俱乐部和自驾俱乐部，是充满前途的大众旅游方式，但这两种方式的商业模式尚在探索之中，需进一步开发。

（六）产品策划程序

1.环境信息收集

环境信息收集是景区策划的基础，外部环境包括市场需求、竞争状况和需求趋势。内部环境包括自然资源、人力资源、物力资源和财力资源等。在信息分析处理上不能仅仅依靠经验而谈，需做到客观真实，以此为基础形成项目轮廓。

2.产品概念形成

项目轮廓需要进一步挖掘旅游本质，并具体化，形成景区策划的产品概念，用有意义的术语将构思表达出来，使之具备较强的游客吸引力。另外，形成产品概念这一环节可视实际需要而取舍。

3.主题旅游策划

主题旅游策划对于整个策划成功与否起到关键作用。主题策划要求进一步提炼、升华产品概念为形象化、情节化，甚至戏剧化的主题，形成足够的感染力，这一程序对于创意和想象力的要求较高。

（七）项目实施支撑

具体构思完成后，还要分析景区项目实施的支撑和保障系统，包括资金、基础设施、经营管理等，通过筛选和整理，使构思变成具体计划，使项目在时间和空间上均有具体分布。

三、景区环境管理

（一）旅游景区容量管理

"旅游容量"是在生态旅游的背景下产生的，是指某一时期、某种状态或某种条件下，一个国家或地区的旅游资源保证其旅游系统和功能在不受破坏的情况下所能承受的人类活动作用的阈值。

1.旅游环境容量的概念体系

（1）基本容量。

①旅游心理容量：在不降低活动质量的条件下，地域所能容纳的旅游活动最大量。

②旅游资源容量：在保持旅游资源质量的前提下，一定时期内旅游资源所能容纳的旅游活动量。

③旅游生态容量：一定时间内旅游地域的自然生态环境不至于退化的前提下，旅游场所所能容纳的旅游活动量。

④旅游经济发展容量：基础设施与旅游专用设施的容纳能力；投资和接受投资用于旅游开发的能力；当地产业中与旅游相关的产业所能满足旅游需要的程度及区域外调入的可能和可行性；如果发展旅游业不可避免地要使某些产业萎缩甚至完全中止，旅游业与这些产业之间的比较利益；区域所能投入旅游业的人力资源。

⑤旅游地域社会容量：旅游接待地区地人口构成、宗教信仰、民情风俗、生活方式和社会开放程度所决定的当地居民可以承受的旅游者的数量。

（2）非基本容量。

①旅游合理容量和旅游极限容量。

②有旅游容量和期望旅游容量。

③与旅游活动的空间尺度相联系的容量概念，包括景点旅游容量、景区旅游容量、旅游地容量和区域旅游容量。

2.旅游环境容量在规划和管理中的应用

（1）景区饱和。

旅游地域和场所（旅游景点、景区、旅游地、旅游区域或旅游设施）承受的旅游容量或活动量达到其极限容量。

（2）景区容量超载。

即超出极限容量值。

（3）景区容量超载产生的影响。

①破坏旅游景区生态环境，影响旅游资源的可持续发展。

②容易损坏旅游吸引物和景区的接待设施。

③影响游客心情，降低游客的旅游体验质量。

④导致景区难以实现科学管理，限制了旅游产业素质的提升。

（4）景区容量超载的应对措施。

①做好景区科学规划，提高接待游客的最大容量。

②加强景区的管理与服务，采取有效措施控制高峰时期客流量。

③通过多种渠道和措施，调节游客的旅游需求。

④加强政府指导和制度建设，严格限制旅游超载现象。

（二）景区卫生管理

旅游景区卫生管理是旅游景区管理活动中最基础的管理工作，为旅游景区管理水平的重要体现，关乎景区对外形象和游客体验，从而影响其旅游吸引力。相对于其他环境管理内容，景物卫生是一个常变量，需要景区经常性、动态性维护和管理。尤其在特殊时期，景区应根据卫生防疫相关部门的要求严格景区环境管理，定期、全方位监控景区卫生。例如，在抗击新冠肺炎疫情期间，全国各地景区实现了疫情防控常态化，制定了防疫标准流程，包括游客入院、清洁、安保、保洁等流程，将每日消毒作为日常规范进行；同时，景区加强了员工和游客的健康监测，为游客提供必要的防疫物资（洗手液、口罩等）。

1. 景区卫生管理的内容

（1）游览卫生管理。

主要包括游客乘坐的交通工具（游览车、游船、索道、缆车、休息座椅等）、游步道、景点等部位的卫生管理。

（2）公共卫生管理。

主要包括旅游景区的大门、广场、游客中心、卫生间、厅堂、商场等各种服务场所周围环境的卫生管理。

（3）住宿卫生管理。

主要指提供住宿服务的旅游景区，它以为客人提供清洁、舒适的住宿条件为重点，具体内容包括客房卫生、卫生间卫生、各种客用消耗品卫生等管理。

（4）食品卫生管理。

以《食品卫生法》为中心，以预防食物中毒和疾病传染为重点。具体内容包括食品原材料采购、储藏、价格制作、产品销售、食品化验、消毒等各个食品处理及加工的环境管理。

（5）个人卫生管理。

主要是指旅游景区的一线从业人员，包括导游、销售员、保安以及各级管理人员的个人卫生、着装等管理。

2. 景区卫生管理的任务

（1）配备卫生管理人员和监理制度。

景区应配备专职或兼职的卫生管理人员，建立岗位责任制度，把卫生服务纳入整个服务系统工作的考核内容中。

（2）组织从业人员学习和掌握卫生知识和技能。

景区的从业人员必须掌握、执行国家及景区制定的有关环境卫生的标准、条例和细则。各部门需结合实际情况落实具体工作，并加强对从业人员的培训和教育，不断提升从业人员的专业技能及卫生意识。

（3）制定规范的卫生操作程序。

景区的服务错综复杂，每一个服务种类的操作内容大不相同，景区有必要对某些特定的服务流程制定卫生操作规范，在保证服务本身卫生的同时，将其对景区环境的影响降到最低限度。

（4）加强卫生检查，保证卫生质量。

定期开展景区的卫生检查，进行有重点的、全面的卫生大检查，加强景区卫生质量的检查和监督，提高景区从业人员的卫生意识。

（5）开展对旅游者的卫生宣传和教育。

景区还需要旅游者协助和监督各部门从业人员执行好各项卫生制度和准则，并遵守景区的卫生行为规范。因此，必须首先向旅游者介绍和说明景区的卫生制度和规范，进行卫生宣传工作，增强旅游者关心与保护景区环境的自觉性，更好地协助和监督景区从业人员搞好景区环境卫生管理。

（三）景区绿化规划

随着旅游业的发展，旅游景区的绿化建设日益受到重视，现阶段我国旅游景区的绿化率普遍得到增长，旅游景区的自然环节得到了明显改善，生态与景观融为一体。

1. 景区绿化的作用

（1）美化景区作用。

（2）生态作用。

①改善气候，调节温度。

②吸收有害气体。

③减少粉尘污染，净化水体。

④降低噪声和震动。

⑤促进景区生物多样性。

2. 景区绿化的基本原则

（1）植物与景观协调。

（2）考虑时空变化。

（3）自然景观和人文景观相结合。

（4）因地制宜。

（5）生物和景观多样性。

（6）以人为本。

3. 景区绿化管理的措施

景区绿化规划可以从以下几个方面入手。

（1）纳入整体规划，融入地方特色。

景区绿化建设应为景区整体规划的一部分，因为绿化需要在设计主题、整体风格、建设面积及绿地布局、绿地建设与养护等方面与景区整体规划相协调。同时，景区绿化也是景区景观的一部分，建设富有地方特色的景区园林景观能够增强游客对地方文化的感知，提升游客的体验感。

（2）配套设计，配套建设。

景区绿化建设应充分吸纳、采取规划专家的意见，合理配置各景点绿化，尽可能在有效空间内营造出更加丰富合理的绿化空间。在进行绿化建设时，需充分考虑景区地理环境、景观、景区主题等现实情况，使得景区绿化与周边环境相协调，实现审美价值与实用价值的统一。

（3）加强养护管理，依法治绿。

营造景区良好的绿化环境，需要旅游景区管理人员、规划设计人员、景区旅游开发商以及旅游者共同努力。景区绿化需要经常性的人工管理，以保证绿化与周边景观相协调。因此，在景区的日常管理中，首先应重视对景区绿化的养护和管理。其次，景区需要建立完善的景区绿化管理体制，一方面是保证景区绿化管理所需资金、技术及养护人员资质等得到保证。另一方面是引导和规范游客的行为。最后，应加强对景区绿化管理的监督，确保绿化养护工作落实到位。

（四）景区软环境管理

软环境是相对硬环境而言的一个概念，是指物质条件以外的如政策、文化、制度、法律、思想观念等外部因素和条件的总和。延伸到旅游环境中，涉及旅游氛围和游客团体心理层面的环境，将其归结为旅游软环境，主要包括行政管理环境、旅游市场环境、旅游服务环境、社会人文环境等。旅游软环境是衡量地区旅游业发展潜力的标尺。

1. 行政管理环境

行政管理环境为旅游市场的软环境建设提供保障，主要包括旅游事业单位体制、旅游地方性法规规章的制定情况、政府提供服务的水平、政府对旅游市场的监督力度、政府对旅游市场的管理力度及政府对旅游市场的调控能力等内容。在现有的旅游市场建设与发展中，政府仍处于主导地位，因此，首先，需要加强行政环境建设，加快旅游事业单位体制改革，使其适应旅游市场的快速发展，其次，需要充分发挥政府的调控、引导、监督市场行为的作用，最后，需要提升政府执行力，坚决落实旅游业政策法规的建设与实施。

2. 旅游市场环境

旅游市场环境的建设是旅游市场的软环境建设的基础，包括旅游产业的机构、旅游市场的秩序、旅游产品的创新、旅游市场的开发、营销及品牌建设等内容。就现有旅游市场来说，仍存在市场主体缺乏自由、公平竞争意识，各经营者之间缺乏分工与合作，收费管理混乱，欺骗消费者等问题。为了建立健康、规范的市场秩序，一方面需要加强对旅游经营者的教育和引导，促进商户分工与合作，优化产业架构及产业链。另一方面需要通过法律法规对市场行为进行规范，严惩不正当竞争、欺骗消费者等不法行为，以强制性措施整治市场环境，建立规范化、秩序化的旅游市场。

3. 旅游服务环境

旅游服务环境的情况能直观地反映旅游市场软环境的建设情况，由旅游企业服务质量的监管、旅游经营者的形象、旅游服务的形象以及旅游服务的氛围四个方面的内容构成。具体来说，景区需要着力于提升旅游从业人员的素质，包括专业技能水平及员工个人素质。同时，景区对于从业人员的素质管理应该从上至下，囊括管理人员、住宿及餐饮服务人员、景区导游及环卫人员等多层次、全类型的景区从业人员。

4. 社会人文环境

旅游市场的软环境建设里，社会人文环境主要包括旅游地的旅游文化、历史文化、文明旅游、居民素质等方面。人文环境一方面直接构成旅游产品，另一方面直接影响游客在目的地的环境感知和体验。因此，为了给予游客舒适、愉悦的旅游环境，景区需要：均衡利益分配，使得景区各方利益主体能够和谐共生，保证各利益主体积极参与当地旅游发展；加强宣传和教育，提升当地居民及经营者素质，为游客提供热情、周到的服务。

【本章思考】

1. 为什么说景区资源的调查与评估是规划设计的基础？
2. 请假定一个具体景区，尝试撰写一份完整的景区项目规划书。
3. 思考并讨论景区环境保护与规划开发如何有机协调。
4. 思考并讨论景区产品如何才能不断地推陈出新，满足游客需求。

【案例延伸】

帽儿山景区的旅游规划与开发

帽儿山景区拥有得天独厚的自然资源，其主峰被称为哈尔滨市第一峰，景区内山地、森林、河流、田园融为一体，风景旖旎；同时，帽儿山景区具有鲜明的传统文化特征。首先，帽儿山位于中国朝鲜族聚居中心——延吉，至今仍比较完整地保留着朝鲜族传统民风民俗，包括朝鲜族服饰、歌舞、文化、艺术等文化内容；其次，帽儿山为清代的北方道教名山，拥有诸多石刻和神话故事。

帽儿山景区自 2012 年正式开始建设，由经营方哈尔滨帽儿山天马旅游景区管理有限公司先后投资 8000 余万元。在景区正式开发之前，开发主体对黑龙江的旅游市场进行了分析，其认为黑龙江省旅游产业发展的战略布局几乎是以自然景观景区为主，基本客群将以短途的近郊游客为主，且对黑龙江域内的旅游资源优劣势进行了如下分析。

（1）优势。

①黑龙江拥有得天独厚的自然资源，森林、河流、山地等多种自然要素有利于发展观光旅游、生态旅游、研学科普、休闲度假等多种类型的旅游。

②哈尔滨的冰雪旅游产业发展已久，且全国闻名，已经拥有高知名度和相当成熟的技术优势及市场管理运用模式。

③在乡村旅游以及文旅发展的迅猛势头下，黑龙江具有独特而知名的东北原乡风情文化，如东北话、东北菜、二人转、农村生活等街头巷尾皆知的东北印象，为乡村旅游发展提供了优厚的先期条件。

（2）劣势。

①季节性限制，黑龙江处于我国最北部，气候条件限制较大，户外景区大多是春夏秋三季经营，冬季休园，冰雪旅游也是年底到春季冰雪期经营。

②现有旅游业态单一，以观光旅游为主，尚未充分利用其自然资源与文化资源。

③公共基础设施较为匮乏，如缺乏公交线路、无规划停车场等。旅游配套设施不完善。

基于对黑龙江省旅游产业的优劣势分析，帽儿山景区找到了产业结合点，在景区内建成了东北首条玻璃栈道、高山滑道及高山漂流项目，并引进了泰国清迈的丛林飞跃和国际岩壁探险项目——飞拉达；充分发挥"绿生态、冷资源"优势，不断丰富旅游载体，实现避暑产品的乘数效应；以大健康产业为特色，打造康养度假文化创意小镇——太和水镇，由水镇核心区、田园综合体、农村博物馆、生活怡养区四部分组成，致力于促使"单季旅游"向"全季旅游"转变。

除了旅游产品特色开发之外，帽儿山景区在营销、旅游设施建设等方面做了诸多提升。例如，由省文化和旅游厅推出的旅游精品线路，将帽儿山景区与其他景区联系起来，实现景区联动；为缓解旅游旺季的交通压力，开通哈尔滨市至帽儿山风景区专列，在强化管控旅游景区的交通安全方面派出专门的督导整治工作小组。在环境保护方面，帽儿山景区将在文化小镇中建立一个大型垃圾处理中心，同时采用新型科技材料石墨烯作为水镇取暖设施，实现低碳节能、安全环保目标。

从帽儿山镇域近六年（2013—2019年）旅游人数来看，自从帽儿山景区开发建设投入运营以来，帽儿山景区接待量占帽儿山镇域接待量的60%~80%。截至目前，帽儿山景区立足于自身自然与文化资源，通过科学、合理的景区规划正在逐步建立文化、旅游、休闲、康养等多功能的综合型度假区。

来源： 根据帽儿山景区提供资料整编。

案例思考：

1. 根据本章内容，请从景区职业经理人的角度对帽儿山景区的旅游规划进行评价。

2. 你认为景区规划应该遵循哪些原则？

3. 未来的帽儿山景区规划的着力点在什么地方？

【本章参考】

［1］程葆青，谢珍真，丁丽卉.景区环境管理［M］.北京：中国旅游出版社，2017.

［2］华东师范大学旅游规划与发展研究中心，仙居县风景旅游管理局.仙居县旅游发展总体规划（修编）（2006—2020）［S］，2006.

［3］李菁，李艳红，韩剑虹.科学选择新产品开发方案应遵循的原则［J］.商场现代化，2005（19）：139.

［4］吴殿延，朱桃杏，鲍捷.中国地学通鉴：旅游卷［M］.西安：陕西师范大学出版社，2018.

第三章

景区人力资源管理技能

【学习目标】

◇ **景区职业经理人（助理）**

- 能制定工作说明书和岗位规范
- 熟悉面试等人力资源招聘方法和技巧
- 能对部门员工持续培训
- 了解景区人员绩效管理方法

◇ **景区职业经理人（中级）**

- 熟悉人力资源需求预测方法
- 熟悉景区人员绩效管理方法和薪酬激励方法

◇ **景区职业经理人（高级）**

- 掌握战略人力资源管理思维
- 掌握景区人力资源综合激励方法

本章导读

通过培训，使培训对象了解人力资源规划和需求预测方法，能制定工作说明书和岗位规范，了解面试等人力资源招聘方法和技巧，能对部门员工持续培训，了解景区人员绩效管理方法和薪酬管理方法。

【引导案例】

天山天池景区拥有 100 多名景区工作人员，但是景区人力资源结构不合理，主要体现在：管理队伍的梯队结构失衡。天池景区管理人员平均年龄为40.4岁，其中40岁以上20人，35~40岁7人，35岁以下2人，无30岁以下的管理人员，后继乏人。高学历层次人员比重偏小，本科学历以上45人，占单位总人数的23.6%。专业技术人员中大学本科及以上学历14人，数量偏少，占专业技术人员的30%。另外，从管委会职工工龄结构上看，工龄在10年以下的35人，占管委会职工的17.4%，整体队伍出现人力资源断层、后续人力严重不足等问题。

据了解，天山天池景区专业技术人员46人，占单位总人数的22.7%，中、高级职称人员21人，占单位总人数的11%，远远低于专业技术人员要达到编制总数的70%以上的标准。另外，管理类高学历人员主要集中在各处室，从事行政管理类事务的居多，景区管理、资源开发利用、文化宣传等方面的人才少；工勤人员主要集中在森林管护、汽车驾驶、烹饪、服务员等岗位，水暖、电工、导游等岗位的人员较少。

来源：李辉.特色旅游景区实务［M］.北京：北京理工大学出版社，2017.

第一节　景区人力资源规划[*]

一、景区人力资源规划的基本内容

（一）人力资源规划概述

景区人力资源规划包括狭义和广义两个范畴。

狭义的景区人力资源规划是指在景区当前，通过对未来某个时期之间的人力与工作量的联系来进行预判、估计和解析，根据解析结果编制人力资源规划，使人力资源的需求与供给相匹配，景区以此判断出当前和未来对于人力资源在供、需方面的需要，并找到合适的人选在景区有需要的时候为景区服务。

狭义的景区人力资源规划等同基础性人力资源规划，也是广义人力资源规划的组成部分。狭义的人力资源规划强调运用技术方法，对人力资源的供需进行测算与平衡，主要采用的规划编制方法包括马尔科夫法、矩阵推演法等，这些方法主要根据景区人力资源的历史数据对未来的人力资源结构进行量化预测。狭义的人力资源规划有一定的局限性，如在景区当前或未来经营环境将发生重大变化时，以历史数据进行预测的方式不能准确计算出景区在变化的环境中的人力资源供需状况。

广义的景区人力资源规划是基础性人力资源规划和业务性人力资源规划的统一。在狭义人力资源规划的基础上，增加了业务性的人力资源规划内容，如人力资源培训、绩效、激励措施等计划，使人力资源规划研究的内容涵盖企业所有人力资源计划活动。

（二）景区人力资源规划的影响因素

1. 内部影响因素

在景区内部，影响人力资源规划的因素主要有三个：景区发展目标、组织形式和高层管理人员。

（1）景区发展目标。

景区发展目标包括战略目标和经营目标。景区发展目标对于景区的行为活动起着决定性的影响作用。它就像一个标杆，是景区行为围绕的中心，指导着景区行为。景区人力资源规划属于景区的管理行为，目的就是整合资源、优化配置，更有效地实现景区目标。而人是组织最重要的核心资源，制约着组织其他资源效益的发挥，因而要想人力资源规划切实有效地发挥其应有的作用，就必须结合景区发展目标，对景区的人力资源进行"最优"配置。

（2）景区组织结构。

景区组织结构决定了其各部门间以及部门内部对工作任务进行分解、组合和协调的方式。人力资源规划要综合平衡各个部门，使部门之间能协调平衡发展，避免内部冲突和矛盾，提高景区效益。不同景区的组织结构不同，因此各个职能部门的设置、运行和相互关系也会不同，这就直接决定了在进行人力资源规划时，他们的职务编写计划、人员配置计划和人员需求都会有所差异。

（3）景区高层管理人员。

景区高层管理人员是景区经营行为的最终决策者，其个人的态度和偏好对一项工作的进行有着极大的影响。高层管理人员对于风险的偏好、市场竞争格局的把握、景区未来发展战略的定夺、重大经营行为决策的选择，都将直接影响人力资源规划的制定。甚至，管理人员对规划的态度也会影响其方案的制定、实施和成效。

2. 外部影响因素

人力资源规划实施的景区外部环境是非常复杂的，三个主要的影响因素为劳动力市场、行业发展状况和政府政策。

（1）劳动力市场。

劳动力市场是景区外部的一个人才"蓄水池"，能为景区提供所需的人才储备，是时刻在发生变化的。例如，劳动力市场的供给变化会影响景区对人力的实际"购买"，劳动力市场人才的素质也决定了景区对人员的录用。而景区员工的能力在很大程度上决定着景区能否顺利地完成目标。由于可从景区外部聘用新的员工，因而会间接影响企业的用工规模。除此之外，还有关键的一点：劳动力的价格会直接影响景区的经营成本，因此在制定人力资源规划的时候，这也是必须考虑的因素。

（2）景区行业发展状况。

景区所在的旅游行业的发展状况构成了景区发展的大环境背景。当旅游行业发展不景气时，所有景区都会不可避免地受到影响，景区就必须在当下环境内缩小景区规模，这就要求景区对其先前制定的人力资源规划进行调整。当旅游整个行业发展快速、繁荣时，景区也会乘势迅速发展、相应可扩大景区规模，从而需要改变景区的人力资源规划。

（3）政府政策。

政府政策就好比一个调节器，它会有选择地对企业行为进行调整。当景区的某种经营行为正好是政策所提倡和鼓励的，那么此类经营行为就会比较顺利地进行，它所对应的经营目标也会较快地得到实现。因此，景区需要根据自身的情况，相对调整自己的战略方向、业务重心和人力资源政策。这样一来，景区人员的流动调配和人力制度就会发生变化，从而进一步推动其人力资源规划的变动。

二、景区人力资源需求预测的步骤和方法

（一）景区人力资源预测的含义

景区人力资源预测是指在景区发展的评估基础上，对未来一定时期内人力资源状况的推测，可分为人力资源需求预测和人力资源供给预测。景区人力资源需求预测，是指景区为实现既定目标而对未来所需员工数量和种类的估算；景区人力资源供给预测是确定景区是否能够保证员工具有必要能力以及员工来自何处的过程。景区人力资源预测是建立在景区人力资源现状、市场人力资源环境等基础之上的，所以在进行人力资源预测时，一定要注意分析以下问题。

（1）市场上旅游人力资源的供求状况和发展趋势。

（2）景区所在行业内其他企业的人力资源政策与人力资源状况。

（3）景区的发展趋势和人力资源需求与供给趋势。

（4）景区人员流动率及原因。

（5）景区员工的职业发展规划状况。

（二）景区人力资源预测的内容

景区人力资源预测所面对的具体目标与要求、层次与范围、任务与期限、规格与用途都是各不相同的，因此，所涉及的内容也千差万别。一般情况下，人力资源预测主要包括三个方面的内容：人力资源需求预测、人力资源存量与增量预测、人力资源结构预测。

1. 人力资源需求预测

主要从景区发展的长远利益出发，对所需要的人力资源质量和数量进行科学分析，并提出符合景区发展需要的结果。

2. 人力资源存量与增量预测

这是对景区的现状和未来拥有不同层次的人力资源数量上的推测与判断。就存量而言，主要指景区人力资源的自然消耗（如自然减员）和自然流动（如专业转移、变动）而引起的人力资源变动；就增量而言，主要指随着景区业务扩大、行业调整等发展带来的人力资源上新的需求。

3. 人力资源结构预测

当社会总的人力资源结构和经济结构发生变化时，就会引起旅游人力资源结构的变化，进行人力资源结构预测，可以保证景区在任何情况下都具有较好的人力资源结构的最佳组合，以避免出现不同层次人力资源的不配套、结构及比例失调等状况。

（三）景区人力资源预测的方法

1. 需求预测

（1）经验预测法。

经验预测法是人力资源预测中最简单的方法，它适合于较稳定的小型景区。经验预测法就是用以往的经验来推测未来的人员需求。不同的管理者的预测可能有偏差，但可以通过多人综合预测或查阅历史记录等方法提高预测的准确率。要注意的是，经验预测法只适合于一定时期的景区发展状况没有发生方向性变化的情况，对于新的职务或者工作的方式发生变化的职务，该办法不合适。

（2）比率预测法。

比率预测法适用于短期需求预测，它是根据景区的业务量预测人力资源需求的方法。在预测景区人力资源需求时，可根据各部门的劳动任务分析其工作量，在制定劳动定额的基础上，按照一定比例来确定定员人数。

（3）德尔菲法。

德尔菲法的基本原理按预测的程序可简要地概括为四步。首先，做预测筹划工作，具体包括：确定预测的课题及各预测项目；设立负责预测景区工作的临时机构；选择若干名熟悉所预测课题的专家。其次，由专家进行预测，预测机构把包含预测项目的预测表及有关背景材料进行统计并反馈。再次，进行专家意见汇总，预测机构对各专家意见进行统计分析，综合成新的预测；并将新的预测再分别寄送给各位专家，由专家们对新预测表做出第二轮判断或预测。如此反复须经过几轮，通常为3~4轮，专家的意见趋于一致。最后，表述预测结果，即由预测机构把经过几轮专家预测而形成的结果以文字或图表形式表现出来。

由于专家组成员之间存在身份和地位上的差别以及其他社会原因，所以有可能其中一些人因不愿意批评或否定其他人的观点而放弃自己的合理主张。要防止这类问题的出现，必须避免专家们面对面的集体讨论，而是由专家单独提出意见，然后将第一轮的单独预测意见集中起来加以归纳并反馈给专家们。然后继续重复这一循环，使专家们有机会修改他们的预测并说明修改的理由。

2. 供给预测

（1）技能库。

人员技能库最简单的形式是制一张表，用手工方式，或采用计算机数据库，表中需记录人名、技能、特点。要使技能表在人力资源管理中确实发挥作用，有效地记录员工技能，清查工作必须做到：清单经常更新；清单内容获得经理和员工的完全同意；侧重记录解决问题的能力和个人管理经历。

（2）更换接替表。

景区的更换接替表参照景区图制订，对每个关键岗位，制定现有人员中替换或继任的可能性。通过把掌握的员工知识、技能、能力的情况记录在表上，帮助分析和预测有关岗位人员的供应情况。尤其是对补充非正规信息的不足有很大的作用。在管理技能的预测、提拔、转岗等工作中，更换接替表更常用。

（3）马尔可夫模型。

该模型将时间序列看作是一个随机过程，通过对事物不同状态的初始概率及转台之间的转移概率的研究，来预测事物的未来状态，同时为了便于研究，还需将连续变化的时间进行"离散化"的处理，即将事物所属的状态分成若干等级，分别与状态空间相对应。马尔可夫预测模型建立的基础是"无后效性"和"平稳性"，其中无后效性是指事物本阶段的状态只与前一阶段的状态有关，而与以前其他任何阶段的状态都无关；平稳性是指在状态变化的过程中，状态数始终保持不变。经过对比研究发现，现在的许多政府机关、高等学校、事业单位，由于其编制总量基本固定，而且人才均采用若干等级来分类，人才需求的变化量不是很大，比较适合采用马尔可夫预测模型来预测。

三、景区人力资源规划的评估

人力资源规划的评估就是培训活动实际绩效的考察和测定。培训活动的任何环节出现问题和不足，都会影响到最终培训的效果。因此，在每次项目培训完毕后，景区都从培训的内容、强度，培训的量、环境、时间以及培训活动净收益等方面来进行评估，从中找出问题、不足和薄弱环节，寻求改善的途径和方法。

（一）评估时机

1. 培训结束时的评价

对参加培训的人员在培训期间的各种表现做出评价，并与参加培训前的技能水平做比较，可以确定经过培训后有无成效。主要评价内容有：学识有无增进或增进多少；技能有无获得或获得多少；工作情况有无提高或提高多少。

2. 培训回任后的评价

培训的目的不在于员工在受训期间的表现，而在于培训回任后的工作表现。因此培训回任后的评价要比培训结束时的评价更为重要。评价内容有：工作态度有无改变、改变的程度如何、维持时间多久，工作效率有无增进、增进程度如何，培训目标有无达成等。

（二）评估方法

培训本身是一个不断发展的实践过程，所以培训效果的体现也是一个动态过程，不能寄希望于"立竿见影"，更不能因评估对象一时的反复就轻易否定培训的成效。

1. 动态评估法

动态评估法就是把有关的人和事放到培训的整个过程中进行检测评估，既看原有基础，又看目前情况，更要看发展潜力和趋势。

2. 比较评估法

比较评估法应用比较广，但对标准的准确性要求较高，包括纵向比较评估和横向比较评估两方面。

纵向比较评估的操作方式：将评估对象放在自身发展过程中，进行历史的和现实的比较，看其发展的相对位置是进步了还是退步了，其效果是增强了还是削弱了。

横向评估的操作方式：在评估对象的集合中，选取一个或若干个对象作为参照，然后把各个评估对象和所选参照体进行比较，分出高低、好坏等级，按先后顺序排列。

3. 问卷评估法

问卷评估法的关键在于设计出一份优秀的问卷，对一些评估指标通过问卷的方式直接向评估对象了解。一份优秀的问卷通常具有以下几个特点。

（1）与培训目标紧密相连

（2）与受训者的培训内容有关

（3）包括培训的一些主要因素，如培训教师、培训场地、培训教材、培训组织等环节

（4）评价结果较易量化

（5）能鼓励受训者真实反映结果

（三）评价标准

1. 接受培训人员的反应

每一个接受培训的人都会对培训做出效果好坏的评价，结合所有人员的总体反应可以得出对培训效果的基本认识。

2. 学习过程评价

主要是评价培训过程中实施的具体手段、方法是否合理有效。培训中的每一步学习过程是否满足或达到了培训所提出的要求。

3. 人员行为上的改变

培训的目的是提高能力，而能力是通过行为表现出来的。因此，评价培训的效果就是要看接受培训的人是否在工作行为上发生可观察的变化，并有利于工作绩效的提高。

4. 工作行为改变的结果

培训的最终评价应该以组织的工作绩效为标准。也就是说，工作行为的改变带来的是工作绩效的提高。如果培训能够带来这种积极效果，也就可以说完成了对人员实施培训的目标。

第二节　景区人力资源招聘

一、景区工作分析

当前，人力资源越来越成为企业竞争的核心资源。景区在招聘员工之前，需要知道景区需要什么样的人？景区哪些岗位缺人？需要招聘哪些岗位？招聘这些人来从事什么工作岗位？对从事这些工作的人有什么要求？这些都要求对于景区的岗位有系统的认识，这依赖于景区工作分析和工作设计。工作分析是开展工作招聘与录用的前提。

（一）基本概念

工作分析是获得有关工作信息并以此来确定工作责任和工作任务，然后根据工作责任和任务要求来明确出色地完成这项任务所必须具备的能力、知识、技巧及责任感的过程。

工作分析的主要任务是系统地收集和组织与工作相关的信息，找出工作的重要细节，以认识工作岗位，了解这个工作的任务是什么，主要做什么以及为了完成这个目标，需要什么样的人来做，这个人需要具备什么样的能力、知识、技巧及责任感的过程。

工作分析需要分析工作流程。工作流程是实现组织的服务目标而组织工作的方式。在工作流程分析中，要考察工作如何为公司现有流程创造或增加价值，要考察工作如何从顾客端开始移动，流经组织，直到以产品或服务的形态离开企业并交付顾客为止。

工作分析包括了两个部分。第一个部分是对工作任务的分析，也就是明确每一个工作岗位的任务，最后形成一个对于这个工作岗位是什么的描述和说明。第二个部分是围绕这个工作任务，围绕要完成这些工作任务需要什么样的人来完成，也即胜任这些工作的人，具备什么样的特点，把具体的要求分析出来，形成一个对于工作所需人员的特征的描述。

工作说明和描述是一个客观的描述，对于工作所需人员的工作规范描述是一个主观的表达，不同企业对于完成某一个工作任务，实际上是有不同的要求和期望。工作规范的核心是确定对工作绩效最重要的个人特征，通常有效执行工作所需的个人特征并不是很明确。因为一是工作本身是不断变化的；二是要考虑个人特征与景区文化的匹配；三是景区里不同的人对于新员工的特征有不同的要求。

（二）工作分析的作用

工作分析能够提供对于工作的详细信息，包括景区中某一份工作从哪里来，必须使用哪些特殊设备，负责这项工作的人必须具备什么知识、技术和能力，要求多大程度的监督，这项工作必须在什么样的工作条件下进行，对这份工作业绩的期望如何，负责这些工作的人必须依靠谁来实施这项工作、他们必须与谁互动等，这些信息对于人力资源管理其他工作有着十分重要的作用。因此，工作分析是景区人力资源活动开展的重要前提，在人力资源管理系统中有着重要的地位。

1. 招聘与录用的前提

借助工作分析有助于人力资源部门进行招聘广告描述工作，将目标锁定在符合条件的求职者身上，帮助筛选人员，帮助判断某项工作应该接受什么样的测试。

2. 促进员工培训

工作分析有助于判断培训需求的内容，即需要哪些知识、技术和能力，找出存在的不足。

3. 帮助绩效评估

工作分析有助于判断员工绩效的标准应该与哪些工作相关，并制定绩效考核指标。

4. 优化薪酬制度设计

通过工作分析，能够比较各个岗位对企业整体绩效的相对价值，决定薪酬的设计。

5. 做好员工职业管理

借助工作分析能够找出员工在工作中所需要的能力，改善员工的职业表现，规划员工职业生涯。

6. 人力资源规划

工作分析能够帮助做好人力资源的预测与规划。

（三）景区工作分析的相关概念

1. 组织结构图

工作分析是要在组织结构图的基础上说明各项工作的日常活动及其职责、各级经理人掌握的实权范围，是沟通组织与员工的桥梁。要分析这个工作在这个景区中的位置，为此在工作分析中要去看景区的组织结构是什么，处于什么层级。工作分析是通过这个过程，帮助管理者对每个岗位工作内容的变化进行记录与存档。

组织结构是指组织内部人与人之间正式或非正式的关系，是指明上下级隶属关系和责任关系，明确个人的工作职称及其在组织中的地位。景区发展战略决定组织结构。一旦管理层改变了竞争战略等，就需要对组织结构进行重新设计。

2. 任务

任务是工作的基本元素，是履行工作所必要的步骤，是职工在某段时间内、为达到某一特定目的所进行的一项活动。比如，打印文件、维护顾客关系、回答顾客电话咨询等。

3. 职责

职责是指一个人承担的一项或多项任务组成的活动，如开展员工满意度调查、薪酬制度设计等。

4. 职位

有了职责就会有职位了，涉及的是这个工作岗位在企业中的位置是什么，类似于足球场的位置。职位是在一个特定组织中，一个或多个任务落实到一个特定员工身上时出现的工作岗位。工作职位由一项或者多项职责构成，是说明该项工作存在的主要目的和理由，如销售部经理之类的工作职位。

5. 工作

工作是组织中一个或一组主要职责相似的职位组成的事项（职务、同一组织），是由一个或一组主要职责相似的职位组成的事项。

6. 职业

职业是不同组织中的相似的工作构成，是在不同的组织中的相似的工作构成的工作属性。一个人在工作生活中所经历的一系列职位、工作或职业被称为职业生涯。

总体上看，一个职位对应一个人，同时也就意味着要承担一份职责，要完成职责对应的具体任务。

（四）工作分析的内容

1. 工作分析的主要内容

景区工作分析的主要内容是收集景区内部工作相关的信息，确定工作的任务、性质、技能要求，主要的信息包括以下内容。

（1）明确工作主体，即谁来承担这个工作，对人的知识和技能的要求是什么。

（2）明确工作内容，即工作需要完成的活动是哪些，工作的绩效标准是什么。

（3）工作时间，即完成工作的主要时间是什么。

（4）工作环境，即工作的场所和环境状态。

（5）工作方式，即工作中人的行为是什么，是怎么开展这些工作行为的。

（6）工作关系，即工作中与其他岗位之间的上下级关系是什么。

（7）工作条件，即工作所需要使用的机器、设备和工具是什么。

2. 主要成果：工作说明与工作规范

景区工作分析的直接成果包括工作说明书和工作规范两项内容。

（1）工作说明书——对景区工作内容的说明，对任务的分析和描述。

（2）工作规范——对景区工作人员知识和技能的要求，对所需人的特点的分析。

工作说明书和工作规范是人力资源管理活动，是建立标准、制定政策、采取措施、做出决策的依据和基础。

3. 景区工作分析的人员选择

工作分析的人员主要可以分为以下三类。

（1）工作分析专家。

工作分析专家作为外部的主体，具有专业的人力资源管理知识，能够做到客观公正、信息一致、专业有效。但主要的缺点是价格成本高，需要承担较高的评估分析费用，而且外部专家相对内部人员来说对企业了解不深入，缺乏相关信息。

（2）工作主管。

以工作主管作为工作分析的人员，因其自身工作关系，对工作情况了解充分，有助于深入了解企业的各个方面，而且实施起来也会较为方便快捷，能够很快完成工作分析任务。但是，工作主管本身工作内容繁多任务重，给予其额外的工作分析任务，会造成负担。而且，工作主管进行分析，可能会有公正性的缺失，影响评价分析质量。

（3）任职者。

以任职者作为工作分析的主体，是因其自身很熟悉工作内容，为此，能够很快地完成相应的工作任务，具有速度快的优势，但是任职者自身参与工作分析的话，缺乏专业性知识，其标准化、完整性较差，而且任职者本身可能会对工作分析有抵触情绪，影响工作分析的质量。

4.景区工作分析的基本程序

景区工作分析的主要程序包括以下六个阶段。

（1）准备阶段。

在这一阶段主要是做好工作分析的准备，主要是确定工作分析的用途。不同的工作分析的目的对工作分析的要求和侧重点有一定差异。主要的工作分析包括用于招聘选拔、发展评价、薪酬制定、工作和组织设计等。

（2）计划阶段。

计划阶段主要是做好工作分析方案的设计，其主要任务包括以下四点。

一是明确所需要分析的工作对象，明确哪些工作岗位是重点需要进行分析的。主要的参考因素是工作的重要性、完成工作的难度、工作内容的变化。主要的参考来源包括：组织结构图、岗位配置图、工作流程图、原有工作说明书等。

二是明确工作分析的人员选择，是选择任职者、工作分析专家还是主管等，组建工作分析小组，并对工作分析小组进行培训。

三是明确工作分析的方法。确定使用什么样的工作分析方法。

四是明确工作分析的具体方案，包括时间、地点、成本费用等。

（3）调查阶段。

调查阶段则主要是依据制定好的方案，对工作岗位进行调查，主要是收集工作分析所需要的信息。调查阶段需要收集的信息内容如下。

①工作范围与具体内容

②工作的具体职责

③胜任工作所需的相关知识

④胜任工作所需的技能

⑤工作要求的灵巧与正确程度

⑥工作要求具备的相关经验

⑦与工作设备相关的操作技能

⑧必要的年龄限制

⑨所需要的教育程度

⑩技能的培养要求

⑪见习期要求

⑫与组织内其他工作之间的关系

⑬作业身体姿态

⑭有关工作环境的信息

⑮工作对身体的影响

⑯劳动强度

⑰特殊心理品质的要求

（4）分析阶段。

分析阶段主要是对所收集到的工作信息进行分析处理，为后续编写工作说明书和工作规范书提供基础。

（5）描述阶段。

描述阶段主要是编写工作说明书和工作规范书。

（6）运用阶段。

运用阶段主要是将工作分析应用到人力资源管理的其他内容方面，同时根据应用的反馈情况，对工作说明书和工作规范书的内容进行修正完善。

5. 工作说明书和规范书的编写

（1）编写工作说明书。

工作说明书是总结工作分析过程中收集的信息，识别界定和描写工作职责、责任、工作条件和任职资格等的书面文件。工作说明书是对工作的任务、职责和责任进行详细的总结，适用于具备明确的边界，能将不同的职能和不同层级的管理区分开来的官僚制组织。

工作说明书记载着任职者做什么、如何做、在什么条件下做，具体包括：①工作认定，即头衔、身份、部门等。②定义，即存在理由、与其他工作以及组织目标的联系、绩效标准。③工作说明。

工作说明书的内容主要包括：

①工作标识，基本信息。即岗位的名称、所属部门和工作分析信息来源、工作说明书的撰写人、进行工作分析的时间等信息。

②工作概况。简短地说明和总结工作的职责、责任及其在公司组织结构中的地位。

③主要目标。

④工作职责和责任。这个岗位上工作必须完成哪些事情，如何完成以及为什么要完成这些事情。以制定、监督、开发、保持和协调等动词开头设定了3~5个工作职责，包括工作内容、工作权限、工作结果。

⑤工作关系。（上下级，同级关系）各个岗位和部门之间的关系。

⑥工作条件与工作环境。涉及工作物理环境与心理环境、工作场所与工作环境的危险性、职业病、工作时间、工作环境的舒适度。

工作说明书的编写需要注意以下五个方面：

①通俗易懂

②简洁

③动词开头

④用现在时

⑤留出一定余地

（2）编写工作规范书。

工作规范书是列举员工完成工作所需要的特征知识，技能和能力、涉及基本的任职资格、要求求职者所必须具备的基本条件，在招聘中使用这些标准来筛选。

工作规范书主要包括以下内容。

①教育背景

②身体特征（身高、相貌）

③经验

④培训背景

⑤个性要求

⑥技能

⑦与工作绩效高度相关的一系列人员特征

⑧显性的任职资格与隐性的任职资格

⑨教育程度，包括教育年限＋专业

⑩工作能力：推理能力、数学能力、语文能力

⑪工作经验：管理经验、专业工作经验、相关专业工作经验、一般工作经验

⑫工作技能：外语，计算机，公文处理技能

（3）编写注意事项。

①要求不要太具体。

②要求不要太高。

③注意学历搭配、年龄搭配、性别搭配。

二、景区招聘的基本概念

景区招聘是指景区为特定工作岗位寻找合适条件的候选人的过程，是在景区总体发展战略规划的前提下，根据人力资源规划所确定的人员需求制订相应的填补职位空缺的计划，采用多种科学的方法和渠道，广泛吸引具备相应资格的人员向组织应聘，从中选出景区需要的人员并予以录用的过程。

景区经常会遇到职位空缺的情况，需要通过招聘吸引符合条件的人才来补充缺口。招聘是景区及时地吸引足够多的符合资格的应聘者申请景区中一个工作岗位的过程。招聘本质上是吸收并选拔、录用景区所需要人才的过程。招聘既可以在景区内部进行——内部招聘，也可以从景区外部进行——外部招聘。

（一）基本内容

招聘从内涵上看，主要包括四个方面的主要内容：招募、选拔、录用、评估。

1. 招募

主要是发布招聘信息、制订招聘计划，以吸引更多、更好的候选人来应聘而进行的若干活动的总和。

2. 选拔

景区从人与事两个方向出发，挑选出最合适的人来担当某一职位，涉及对候选人的初次审查、初选、面试、考试、体检等。

3. 录用

涉及对员工的初始安置、试用和正式录用。

4. 评估

对招聘的效益和录用人员的质量进行评价的过程。

（二）主要职责

招聘需要考虑的是：景区需要什么样的员工？通过何种方式鼓励其应聘？怎么把需要的人选出来？为了找到潜在的员工，景区在招聘时候需要了解求职者想要什么，景区又能提供什么？需要明确对于未来的员工可能关心的内容，如工作的范围，正式程度、团队感和乐趣；职业发展机会，工作与生活价值，工作地点的吸引力；工作中的挑战性和有趣的程度；薪资水平。招聘工作中需要做的事情包括：确定人力资源补充总量、分析招聘环境、确定招聘流程、确定甄选基本程序和方法、进行人员配置、对可行性分析与风险评估。

三、景区招聘的基本程序

一个完整的景区招聘流程主要包括的阶段有招聘需求分析、制订招聘计划、招聘实施阶段、招聘选拔阶段、录用以及招聘评价。

（一）景区招聘需求分析

景区招聘需求分析是根据景区发展意愿、目标、战略规划、工作任务以及内外部条件，运用科学的预测方法，对人员需求的数量、质量和结构进行预测的过程。

招聘需求分析主要包括以下三部分内容。

1. 对招聘内外部环境的分析

分析景区招聘所面临的内部环境和外部环境，内部环境涉及景区内部的发展情况和岗位情况，外部环境涉及旅游市场环境以及行业发展的竞争程度。

2. 对景区招聘条件的分析

一是分析恰当的招聘渠道，以能够吸引到相关人员；二是分析景区内部的相关工作信息如工作内容、工作职责、任职资格和景区相关情况等，以确保招聘的人员符合组织需要；三是要分析恰当的人选，包括数量、资质、意愿等，以确保景区所吸引人员数量要适当。

影响招聘活动的主要因素包括以下四方面。

（1）招聘活动。涉及景区的宣传推广和招聘者的招聘行为。

（2）景区吸引力。主要涉及景区的薪金、福利、提升、文化与人员、名气形象、地理位置。

（3）工作吸引力。包括工作内容、工作环境以及招聘的职位。

（4）替代性工作机会。主要包括相关的工作机会数量，以及其他替代的工作机会吸引力。

3. 分析竞争对手的招聘信息

同类景区正在招聘哪些人员？招聘条件是什么？采取什么方法来招聘？招聘网站什么样？其中最有吸引力的地方是什么？薪酬水平怎样？用人政策什么样？负责招聘的人或委托招聘顾问是谁？

收集信息的方法包括录用竞争对手的员工、与竞争对手公司中的人相熟、对竞争对手的招聘信息保持敏感等。

（二）制订招聘计划

需求分析之后，开始制订招聘计划，以推进招聘。招聘计划的主要内容包括以下内容。

1. 明确招聘目标，确定所需要招聘的人员需求

第一，要确定招聘岗位，主要是通过分析景区的人力资源规划和工作分析。

第二，要确定招聘人数，包括录用的职工总数，各部门分别录用数，男女比例等。

2. 明确招聘信息发布时间和渠道

明确在哪儿发布招聘信息以及具体时间安排。

3. 要明确招聘渠道

景区招聘渠道有内部和外部两个渠道。

（1）内部渠道。

内部渠道是吸引正在景区任职的员工填补组织空缺职位的一种方式。内部招聘的主要来源包括本景区本部门的员工、其他部门的员工以及重新雇用过去的员工。

①常用的内部招聘方式。

● 布告法，即在企业内部张贴工作告示，以告知全体员工现有工作空缺，吸引相关因公自行申请，这是内部招聘中最常用的方法。

● 主管推荐，即企业面临职位空缺时，由单位主管人员根据员工素质、表现确定符合职位要求的员工。

● 档案记录法，即根据现有人员档案，了解员工在教育、技能、经历、绩效等诸多方面的信息，根据以上信息确定符合空缺职位要求的人选。

● 提拔晋升，即在空缺职位的下属部门进行选拔，作为员工升职的机会，有利于提升员工的工作积极性。

● 返聘或重聘，即重聘不在岗、但内部空缺需要的员工，主要看中员工的能力经验。

● 工作轮换或调换，即在企业内部不同岗位间调动员工，填补空缺。

②内部招聘的优势。

● 为员工发展和晋升提供机会。

● 营造开放的氛围。

● 加强员工对工资、工作责任、晋升条件和职务调动程序的认识。

● 员工自由选择工作，有利于组织目标实现。

● 深入了解员工素质特点。

（2）外部渠道招聘。

当景区面临没有合格的内部候选人，或者需要外部人员给景区带来新的理念、知识和创新，或者景区需要增加其在某个特殊的未被充分雇佣群体中的雇员的百分比，这个时候景区就需要依赖外部渠道来进行招聘。

外部招聘是指组织从外部寻找、吸引求职者，填补空缺职位的过程。当组织内部征召不足以解决人员需求时，将主要通过外部招聘来解决。外部招聘的主要来源是劳动力市场、应届毕业大学生以及其他企业的员工。外部招聘常用的方式包括以下几种。

①招聘广告。

广告是最古老、最有效的招聘方式。主要是在平面或广播媒体发布广告，或者在求职网站上登载招聘广告。招聘广告具有信息发布迅速、可以同时发布多种岗位信息、招聘操作方式多样、成本较低等优势。

此外，招聘广告要注意媒体的选择：低层次的职位可以选择地方性的媒体，高层次或专业化程度高的职位可以选择全国性媒体。媒体的选择要参考受众性质、类似广告、时间、多方法、招聘数量、分布、成本等因素。

②校园招聘。

校园招聘主要面对的是应届毕业生。其主要的优势是有足够数量的高素质人才，而且薪酬比较低，不足之处是应届毕业生经验不足、需要培训、工作更替频率高，景区需要付出较大努力。在校园招聘中，景区需要委派能力强的人，答复及时，了解大学生的特点，确定好校园宣讲和选拔时间。日常工作中要加强与校园的联系、及时把握校园信息，开展校园活动，让学生到景区中实践，设立奖学金。

③员工推荐。

员工推荐的主要优势是节省费用、获得诚实可靠的员工，不足是容易掺杂人情关系、时效性差、难以辞退，容易导致自我复制、拉帮结派、角色冲突等问题。

④专职猎头机构招募。

专职猎头机构招募要求景区说明需要什么人及其理由，需要事先确定服务费用和支付方式，还要选择值得信任的人，了解猎头公司的搜索范围，了解直接负责指派任务人员的能力，向以前的客户了解其服务水平。而且，需要考察猎头资质，约定好责任和义务，能够开展持续合作。

⑤网络招聘。

网络招聘优势是选择范围大、方便快捷、成本低、不受时间和地点限制、信息储存和检索容易、具有多种招聘和服务的功能。网络招聘不足之处是信息的准确性和操作的规范性不够。

4. 组建招聘小组成员名单

明确招聘小组的成员构成，人员的构成可以是人力资源部门代表、用人部门经理人、同级、下属等。要做好对招聘人员的挑选和培训。

对招聘人员的要求主要包括如下内容。

（1）良好的个人品格和修养

（2）具备相关的专业知识

（3）拥有丰富的社会工作经验

（4）具有良好的自我认知能力

（5）善于处理人际关系

（6）能够熟练应用各种甄选技巧

（7）能有效控制面试进程

（8）了解企业状况及职位要求

5. 选择方案及时间安排

要明确录用标准，既要考虑组织对录用人员的基本素质要求，又要兼顾各个部门中不同职位录用职员的特殊素质要求。

要明确招聘时间。招聘是一个相对比较长的时间，会耗费很多的人力物力。

6. 新员工上岗时间

明确新员工正式上岗时间。

7. 招聘费用预算

要做好招聘费用预算，重点是计算招聘的收益与成本的比例。

（1）招聘成本＝招聘总费用／雇用人数

（2）人事费用：招聘人员的工资、福利、差旅费、加班费用等。

（3）业务费用：通信费用、广告费用等。

（4）一般开支：设备租用费、场地租用费用等。

（三）实施阶段

确定招聘渠道和方式招募渠道：让潜在的应聘者获知企业招聘信息的方式和途径，也称为招聘方法或招聘途径。

1. 明确渠道

针对不同的招聘人员需采用不同的招聘。

● 办公室职员：适合招聘选拔、员工推荐、主动求职者、广告招聘、职业介绍机构。

● 生产服务人员：适合主动求职者、内部、员工介绍、广告、职业介绍机构。

● 专业技术人员：适合广告、内部、应届毕业生、员工推荐、主动求职者。

● 经理或基层主管：适合内部选拔、广告（新闻报纸）、员工介绍、猎头公司、职业介绍机构。

2. 发布招聘信息

重点是明确发布时间和发布渠道。发布渠道包括：内部渠道，如电子公告板（Bulletin Board System，BBS）、办公自动化（Office Automation，OA）、企事业单位内部刊物等，外部渠道则包括广告、媒体、杂志等。

四、景区人员选拔的基本方法

（一）人员选拔概述

招聘是吸引应聘者，而选拔是如何从候选者中挑选新员工，这是招聘过程的一个重要程序，决定了景区人力资源的总体质量。概念上看，选拔是针对某个岗位的求职者做出录用或者不录用的决策的过程，包括确定有效执行工作所需的特质，然后测试申请者是否具备这些特质。

之所以要对人员进行选拔，主要是通过选拔甄选降低人员招聘风险，找到合适的人选；以帮助人员安置和管理，也能为人员的预测和开发提供基础。但是要注意选拔的时候，要选拔选合适的人，可能并非最优秀的人，要与标准比而不是人与人比，不能过分降低标准。

（二）选拔方案设计

在开展员工选拔时，人力资源部门首先要制订选拔方案。制订选拔方案时，要注意三个方面：一是要根据岗位要求来设定评价内容；二是要根据经济成本和有效性来选择合适的选拔方法；三是要按照由易到难、由便宜到昂贵、时间花费、容易识别不足来设定选拔程序。

通常，选拔的流程都是筛选简历—笔试（心理测试）—面试—其他评价等。采用方法包括文本简历、笔试、评价中心（面试、演讲、模拟、小组讨论、角色扮演），测试的主要素质包括基本的性格、工作动机、专业素养、团队合作等内容。

（三）人员选拔方法：初步筛选

人员选拔过程中，第一步是对候选人进行初步筛选。对候选人的初步筛选包括对申请表、简历、个人档案等文件进行初步筛选。初步筛选之后，可以区分出是合适人选还是不合适人选。合适人选可以细分为感兴趣和不感兴趣，通知参加笔试或面试，为下一步的选拔奠定基础。

1. 申请表筛选

申请表是企业为收集申请人与应聘岗位有关的全部信息而专门设计的一种规范化表格，以此作为判断和评价申请人的基本特性，了解申请人的相关信息，并做出初步的判断。通过申请表，可以判断应聘者是否符合工作的最低要求，特别是初级水平的工作。

通常，在申请表中，会询问应聘者过去的工作和当前的就业状态，应聘者需要回答自己的背景，工作经历和偏好等一连串问题，公司会针对这些问题进行评分。比如，是否愿意出差、偏好哪些休闲活动、具备多少计算机操作技能，以此做出初步的判断。

申请表主要是要收集员工信息，选择最符合需要的项目，数量一般在 50 个左右。要选择工作行为的测量指标（生产效率），也要考虑其他条件，如个体能够控制的项目，与工作相关的项目，每个项目回答可证实，不能侵犯申请者的个人隐私。

申请表一般包括以下内容。

（1）背景：性别、年龄、婚姻、身体、居住、身高和体重。

（2）教育和培训：受教育水平、学位、成绩、语言、奖励。

（3）工作经历：上任雇主姓名和联系方式、企业类型、岗位、职责、任职时间和职位、过去或现在的薪酬、前任工作期限、离开现在工作单位理由、现在有其他工作还是待业。

（4）工作特殊要求：技术技能、特定技能。

（5）其他：上任雇主评价、证明人姓名和证明信、专业证明、兴趣和爱好、个性特征、态度。

2. 简历筛选

简历是求职申请的另外一个重要内容，也是初步筛选的重要方式。

（1）简历的基本内容。

简历是申请者职业经历、教育背景、成就和知识技能的总结。简历的内容主要如下。

①婚姻状况。

②喜好和态度。

③健康状况。

④人际关系。

⑤经济。

⑥早期家庭、童年和少年。

⑦个人特点。

⑧业余爱好和兴趣（一年读多少书）。

⑨学校和教育。

⑩自我印象。

⑪价值观、观点。

⑫工作。

⑬个人贡献。

（2）简历筛选。

简历的筛选步骤为：第一，先进行工作分析，理解岗位需求；第二，确定关键能力和特征，并根据关键能力和特征进行筛选；第三，整体权衡，并进行筛选。

首先，识别造假，重点是识别以下项目。

①学历是否造假。

②省略或延长雇用时间，要注意。

③夸大或谎称有某些专业知识和经验。

④提供迷惑信息。

其次，阅读求职信，主要看以下内容。

①看职业素养。

②看独创性。

③看分析概括能力。

④看总体印象。

（3）筛选简历的要点。

在简历筛选过程中，要做到以下几项。

①注意与工作有关的信息。

②注意风格的契合。

③注意有无警惕的东西。

④略去有歧视的信息。

⑤要合情合理。

⑥边看边在一张白纸上做记录。

⑦看完后再下结论。

（四）人员选拔方法：笔试

测试是了解应聘者的一种手段，有助于了解应试者的潜能。测试进一步认识事物的很好方法，主要是通过一系列手段来了解个体背后的智力、心理等特征知识，以判断其是否是企业所需要的人才。

测试被广泛使用在企业中，既有录用测试，也有专业知识测试、职业兴趣测试、个性特征测试、认知能力测试等。通常可以将测试分为知识测试和心理测试，知识测试包括智力测试、技能测试、专业知识测试，心理测试包括能力测试、个性测试、职业兴趣测试和情商测试等。

在使用测试方法时，要注意一些误区。第一，不要认为人才测评可用可不用或人才测评得不偿失，人才测试对于企业人力资源管理是十分必要的。第二，不要认为企业招聘有了面试就够了，用不着人才测评。测评能够提供面试所不能提供的信息。第三，再好的人才测评也不如试用一段时间。第四，人才测评不完全是计算机测评软件，人才测评不等同于通常企业所开发或购买的一套测试软件。第五，人才测评不是万能的，其能够提供一些数据分析和价值信息，但不能替代所有的选拔方式。

（五）人员选拔方法：面试

1. 基本概念

面试是指经过精心设计，在特定场景下以面对面的交谈与观察为主要手段，由表及里测评应试者有关素质的一种方式（广义）。强调是精心设计的，在特定场景下进行的，通过面对面交谈与观察来考察员工的有关素质。

面试是选拔新员工的重要环节。通过面对面的交流，可以了解到在书面材料评价和录用测试中无法获得的信息，从而能够更全面地做出判断。通过面试，尤其可以获得有关"个人素质"和"人际关系"方面的信息。

2. 面试的内容

面试主要考察的是以下几个方面的内容。

（1）仪表风度。

（2）专业知识。

（3）工作实践经验。

（4）口头表达能力。

（5）逻辑分析能力。

（6）反应能力与应变能力。

（7）人际交往能力。

（8）自我控制能力与情绪稳定性。

（9）工作态度。

（10）上进心、进取心。

（11）求职动机。

（12）兴趣和爱好。

3. 面试类型

面试的类型多样。按照不同的分类标准有不同的划分。

按用途分：招工面试、招干面试、招兵面试、招生面试等。

按面试人数分：个别面试与集体面试。

按操作规范分：结构化面试、半结构化面试与非结构化面试。

按是否有压力分：压力面试和非压力面试。

（1）结构化面试。

结构化面试是根据详细的工作分析进行的面试，是对一份特定工作的全体求职者在面试中提出相同的问题，并对照预先拟定好的答案进行决策。

一是通过对情景类的问题设置，了解应聘者在遇到特定工作情景时会做出什么反应。

二是通过与工作相关的知识类问题，确认是否掌握完成工作所需要的基本知识。

三是通过对工作要求的问题，确定求职者是否愿意适应工作要求。

结构化面试是确定工作绩效的有效指标。结构化面试的内容局限于与工作相关的要素。结构化面试对所有应聘者提出一样的问题。所有的回答按照统一的方式进行评分，且由多位面试官进行评分。

（2）非结构化面试。

非结构化面试是所问问题不需遵循事先安排好的规则和框架，没有固定的面谈程序，面谈者提问的内容和顺序都取决于面谈者的兴趣和现场应试者的回答，主试者可以任意地与应征者讨论各种话题，或根据被试者提出不同问题的面试。优点是过程自然，主试者可以由此全面了解被试者情况，被试者也感觉更随意和放松，更易敞开心扉。缺点是由于结构化和标准化低，被试者之间可比性不强，从而影响面试的信度和效度。

五、景区人员录用的程序

景区人力资源招聘在完成了选拔程序之后，基本确定了拟选用的景区候选人，即开始进入到了录用程序。人员录用是景区人力资源招聘过程中的最后一个环节。录用这个环节主要的工作包括以下几个方面。

（一）录用决策

1. 薪酬谈判

重点是与候选人谈论薪酬，要实事求是地告知其景区内部的薪酬范围（下限和中点），同时也可以询问候选人过去的薪酬。

2. 录用决策

根据选拔情况，做出录用决策。同时对未录用的求职者也应该给予回应。标准不要定得太高，同时要留有备选人员。

景区要制定自己的录用准则内容如下。

（1）应聘者的学历、工作经验及行政、管理能力是否符合空缺职位的要求。

（2）应聘者所要求的工资是否符合景区制定的薪酬架构，是否符合其有关工作经验。

（3）应聘者能否通过面试及笔试。

（4）应聘者为人处世的态度是否正面。

（5）应聘者是否已经与原单位解除劳动合同。

（6）应聘者的个人性格能否融入景区的企业文化。

（7）应聘者的健康状况能否达到工作要求。

（8）应聘者对所应聘职位是否有较高的渴望态度。

（9）同等条件下，应尽量考虑优先录用拥有本地户口者。

3. 背景调查

经甄选合格后，初步拟定的人选，行政人事部将视情况对其进行有效的背景调查（如履历资料是否正确等）。背景调查的主要内容包括学位、工作经历、过去不良记录、道德和品质方面，注意要通过多渠道获取相关信息，也可以委托专业机构。

（二）办理录用手续

1. 录用通知书
2. 签订劳动合同

行政人事部在新员工报到一周内与其签订《劳动合同》。

3. 体检
4. 转档案
5. 正式入职

至行政人事部报到，提交个人资料，填写《新员工到职单》《员工登记表》；行政人事部或用人部门指引介绍公司同事、办公环境；领取考勤卡、工作牌、办公用品及办理其他入职必备手续；用人部门负责指定"入职引导人"，填写《新员工入职引导书》，并由用人部门安排试用期间的工作。

此外，行政人事部收齐报到应缴资料连同甄选名单，为新员工建立个人档案，编号列管。员工个人信息有更改或补充时，须于一个月内向行政人事部申报变更或声明，以确保与个人有关的各项权益。公司保留审查员工所提供的个人资料的权利，若有虚假，一经发现，公司将立即与其解除劳动合同（或协议），不给予任何经济补偿。

第三节　景区人力资源培训

一、景区培训概况

培训是向新员工或现有员工传授其完成本职工作所必需的相关知识、技能、价值观念、行为规范的过程，是由景区安排的针对其员工所进行的，有计划、有步骤的培养和训练。员工培训的内容主要有两个方面，即职业技能和职业品质。景区应把培训重点放在专业知识和技能上，职业技能培训主要包括基本知识技能和专业知识技能；职业品质培训主要包括职业态度、责任感、职业道德、职业行为习惯等，这些必须和景区运营管理相符合。

旅游景区的快速发展为我国提供了大量的就业岗位，但从业人员的素质参差不齐。一直以来，旅游被认为是工作人员进入门槛低、待遇低、流动性大、服务技能和职业态度也差的行业。但是随着智慧景区、高质量景区的发展，景区人员的培训与管理成为景区人力资源建设的重要内容，景区对于员工系统性培训、高素质人才储备的需求越发重视。目前，旅游景区员工培训的发展特点如下。

（一）选择培训机构更为理性

尽管许多旅游企业在培训管理中存在不少问题，但其成熟度正在逐渐提高，景区培训越来越多地与景区发展战略或目标联系起来，且景区在采购外部培训产品或服务时，越来越理性化，将其实际需求、培训讲师的专业度等因素纳入考虑之中。

1. 个性化服务培训成为主流

培训机构的培训服务越来越个性化，除了公开课、培训光盘、MBA 工商管理硕士 / EMBA 高级管理人员 /EDP 高级经理人发展课程研修等较固定模式之外，还可以根据企业的行业特点和发展需求，为企业量身定制个性化服务培训。所以把培训师请进景区企业，按需授课的内训课程成为近年来企业需求量最大的培训服务。另外，E-Learning（Electronic Learning，网络学习）和拓展培训也非常流行。前者的培训方式非常灵活，节省了很多人力和物力；而后者自 1995 年开始进入中国，很多企业将拓展训练作为开发心理潜能和培训团队意识的主要手段。

2.培训对象和培训内容相对集中

多数旅游企业的培训预算会向中层管理人员倾斜，因为他们是旅游景区企业管理体系中的关键一环，起到了承上启下的作用。而作为人才梯队建设中的当成管理接班人培养的一批综合能力较强的骨干人员，他们也是企业培训计划中的重点关注对象。同时，旅游企业在对外的培训采购课程也相对集中，主要在管理技能、职业素养、人力资源、生产管理和市场营销等方面。

（二）校企合作趋向成熟

旅游行业的特点，使得一般与旅游相关专业的学生有相对较多的实习机会，这为校企合作提供了比较便利的条件。校企合作的方式比较灵活多样，而且有利于企业、学校和学生的共同发展。

1.企业与院校建立长期合作关系

校企合作是所有旅游景区最常见的合作方式，主要是指旅游企业为各类院校中与旅游相关专业的学生提供实习岗位，院校为旅游企业提供所需时间段内的人才需求。这种合作方式一般由旅游企业与院校、学生签订三方实习协议，实习时间在6~12个月不等。这种合作关系使旅游企业、院校、学生成为利益共同体，旅游企业缓解了旺季的用工难，院校有了固定的实习基地，学生的能力得到了提升。

2.定向培养方式

定向培养方式，即通过初步面试选人环节，将符合旅游企业要求的学生重新组建成一个班级或一个集体，进行定向培养并确定实习单位的一种合作方式。在旅游企业进行定向培养时，将企业文化、企业产品知识、旅游景区岗位技能、旅游景区员工的培训与开发、职业素养等各类在到岗后需培训的课程内容提前进入课堂，由企业内训师授课，这样使学生在学习学校规定的专业知识的同时又能比一般学生提前了解社会、了解企业，使学生在实习前期的磨合期大大缩短，对旅游企业的认同感和凝聚力得到增强。目前像欢乐谷、宋城、开元等很多大型旅游企业已经采用这种方式作为人才储备和开发的手段之一。

3.学院制方式

这是在定向培养的基础上做更深层次的合作和探索，学院以企业的名称进行命名，以虚拟的方式存在，当有合作项目（如一些调研、在职培训等）时，项目组成员由校企双方指定人员组成。这种方式是借用院校的师资力量和调研等能力，解决企业的某种人力资源需求。

（三）景区内部培训趋向完善

旅游企业为了将成功的内部管理经验及专业技能进行总结提炼，形成自己的知识技能传播点，有效地传递给员工，营造学习氛围，便开始进行内部讲师队伍的建设和培养。企业内部培养是解决旅游景区人才稀缺的最佳途径。内部培训是旅游景区不可或缺的人才培养方式，其优点在于：（1）节省旅游企业在培训方面的支出；（2）实践性更强，更有利于培训结果的转化；（3）旅游企业内部人才的培养和开发，在为员工提供更好的职业发展平台的同时也加强了旅游企业的凝聚力。

二、景区员工的入职培训

（一）入职培训的目的

（1）帮助员工熟悉岗位职责和景区管理的规章制度。

（2）帮助员工熟悉岗位的工作流程和与工作岗位相关的操作流程。

（3）帮助员工了解公司所能提供的相关工作情况及景区对员工的期待、单位的薪酬制度及福利制度。

（4）帮助员工了解景区文化、景区发展规划、旅游发展状况等内容，同时为新员工提供讨论的平台，让新员工感受到单位对其到来的欢迎，让新员工体会到归属感。

（5）使员工明确自身工作职责，帮助员工尽快掌握与工作相关的基本知识与技能。

（6）通过入职培训为员工提供熟悉环境、认识他人的机会，增强同事之间的联系，有利于帮助员工快速融入集体。

（二）入职培训的内容

1. 景区文化

景区与其他企业不同，其文化是核心卖点之一。作为景区员工，应该深入了解其文化内涵，增强景区员工的认同感。

2. 景区发展现状、战略及理念

该阶段培训有利于加强员工对景区的深入了解。

3. 景区的组织构建

讲解景区的工作流程和部门职责，能够帮助新员工快速明确自身在企业中的位置。

（1）景区的规章制度。

讲解景区管理相关的制度规范，尤其是游客服务接待方面。

（2）人事福利制度。

提升员工的忠诚度。

（3）岗位知识和部门职责。

讲解员工所在部门的专业技能要求以及相关部门的工作职责，帮助员工明确本质工作特点和要求及部门分工流程。

（4）员工服务礼仪素质培训。

对景区发展至关重要，直接与游客满意度相关，尤其是直接面向游客的员工，须经过标准化、系统化的职业技能培训。

三、景区员工培训工作方案设计

（一）景区人力资源培训需求分析

正确分析培训需求是决定培训成功的关键。对什么样的人进行什么样的培训，需要根据旅游景区的目标、具体工作要求及现有人员的状况来确定。可以从以下三个层面进行分析。

1. 景区组织需求分析

景区组织需求分析开始于组织目标设置，目标设置一般包括长期目标与短期目标，由目标决定了开展培训的深度。具体来说，组织需求分析包括以下三个方面。

（1）组织人力资源需求分析。

其决定了组织的宏观与微观设计、组织的发展、组织的正常运行等对人力资源的种类、数量和质量的需求状况。从人力资源的角度要求组织人员在能力水平上必须满足组织运行与发展的需要。

（2）组织效率分析。

其包括组织的生产效率、人力支出、产品的质量和数量、浪费情况、机器的使用和维修。通过以上因素的分析，组织能够制定出相应的效率标准。如有不能达到效率标准要求的，就需考虑使用培训手段加以解决，这些标准也是培训效果的评价指标。

（3）组织文化分析。

组织文化是组织的管理哲学及价值体系的反映。通过培训可以将组织完整的价值体系输入到每一个员工的头脑中，从观念上指导他们的工作行为。

2. 景区工作任务需求分析

工作任务需求分析是指分析工作特点，了解某项工作所包含的具体内容及员工所必需的技术、知识、能力与责任，并区别本工作与其他工作的差异，明确地说明每一项工作的任务要求、能力要求和其他对人员的素质要求。为达到这一目标，国外心理学家从人力资源管理的角度提出了工作分析公式，作为酒店培训也可以借鉴一下，即 Who（用谁做）、What（做什么）、When（何时做）、Where（在哪里做）、How（如何做）、Why（为什么做）、For whom（为谁做）。通过这样的分析，组织可以清楚地了解各岗位工作的内容与需要。

同时，通过对工作任务的需求分析使每个人都能够认识到接受一项工作的最低要求是什么，只有满足了一项工作的最低要求，人员才能上岗，否则就必须接受培训。工作分析的结果应该准确、规范，并由此来确定相应的培训标准。

3. 景区人员需求分析

景区人员需求分析应包括两个方面：人员的能力、素质和技能分析。这是与工作分析密切相关的工作。工作分析明确了每项工作所要求的能力、素质和技能水平。从人员的角度进行同样的分析，用以考察工作人员是否达到了这些要求及其能力、素质和技能达到了什么样的水平，由此决定组织对培训的需求状况。

此外，对人员的能力、素质和技能加以分析不仅仅是为了满足当前工作的需要，也是为了满足组织发展的未来工作的需要。一方面，培训能够激发员工的潜能。通过培训，使组织的人力资源系统得到合理利用和发挥，且要求对人员的能力、素质、技能状况进行全面准确的分析。另一方面，培训也是针对工作绩效的评价。如果人员的工作绩效不能达到组织提出的效益标准，就说明存在着某种对培训的需求。

（二）确定培训目标

通过需求分析只是确定待开发的培训项目，具体的培训内容则还需针对不同的培训对象并结合目标加以明确，即在培训前需要受训人员，可从以下两个层次制定培训目标。

1. 管理层的培训

景区的创新和发展在很大程度上取决于领导者的素质，只有当景区管理者具有较高的品质、知识素养和决策与管理能力时，员工才能被其卓越的组织能力、创造能力和经营观念所吸引，景区整体运作能力和竞争能力才能不断提高，因此加强对管理人员的培训相当重要。通过培训，可以提高管理人员的思想素质、政策水平和决策水平，提高其智力能力、管理能力、人际交往能力以及创造性思维能力等，只有这样才能实现景区由经验管理到知识管理、创新管理的转变。

2. 员工层的培训

分析员工现有的知识、技能与景区的需要差距在哪里，这种差距究竟是由于员工本身的能力问题，还是因为环境问题或是工作设计的问题造成的，而需要接受培训的员工又有哪些？他们是否做好了接受培训的准备？

（三）制定培训内容

对景区人员进行培训，必须针对其业务需要，结合景区自身未来发展目标和外界形势，既有的放矢、务求实效，又面向未来、高瞻远瞩地来进行。培训的内容既要反映出业务技术和管理技术的最先进成果，又不排除帮助受训者学习基础的、成熟的、系统的学科理论和实践知识以及向受训者教授一些简单的工艺和技能，各职能部门可以"按需施教、因事制宜"，服从于实际的需求实施培训。培训的一般内容包括知识、技能、态度和行为模式。

1. 知识

对刚进企业的新员工来说，其培训的内容主要有向新员工介绍企业的基本情况、企业的价值观、道德规范、企业的行为准则、企业的工作条件和生活设施、企业的发展前景等，使新员工产生对企业的信任感和归属感，培养他们最初对企业的热爱心理，对企业文化的初步认同。

2. 技能

要运用知识就要具备一定的技能。作为一名管理者，其技能结构的构成是相当复杂的，主要包括筹划和决断能力、改革创新能力、灵活应变能力、人际交往能力等。

3. 态度

态度是影响充分运用知识和技能产生工作效能的重要因素，员工的态度与他的培训效果和工作表现是直接相关的。影响和控制是造成态度变化的两种不同路径，培训可以在一定程度上培养和鼓励积极的工作态度，但管理工作的本身对态度的影响更是关键的。

4. 行为模式

景区文化的外在行为表现，包括组织行为和个人行为两种形式。

（四）实施培训方案

1. 选择培训方式

要使培训获得预期效果，必须依据各景区自身的特点、各部门及岗位特点，对各类相关人员因时、因岗采用不同的培训方法。培训方法的选择应以如何才能有效地满足景区及个人的需要以及充分利用现有条件达到培训目标为基础。主要方法包括授课式培训，操作示范法。

2. 具体实施步骤

人力资源部主管确认培训后由培训主管具体实施，如表 3-1 所示。

表 3-1　培训计划具体实施步骤

步骤	工作内容
理解具体需求	因为培训计划只设定一个内容框架，培训主管在培训前还要了解受训人员的具体需求。
寻找教师	根据培训计划，寻找培训机构或培训教师。
培训引导	培训主管要做好培训准备工作和"培训引导"，即培训主管指导培训教师完成整个培训工作的过程。
培训前交流	在把培训目标告诉培训教师的同时，培训主管还要让他了解受训人员的基本知识、技能和对培训的态度。

步骤	工作内容
培训	培训教师选择利用有效的培训方式进行培训。
培训总结	培训结束后，人力资源部要注意对培训结果的跟踪引导和评价，找出成功或失败的原因，为做好下次培训工作提供参考。

3.评估培训效果

评估培训效果就是培训活动实际绩效的考察和测定。培训活动的任何环节出现问题和不足，都会最终影响到培训的效果并表现为培训效果的不彰。因此，在每次项目培训完毕后，景区都从培训的内容、强度、培训的量、环境、时间以及培训活动净收益等方面来进行评估，并从中找出问题、不足和薄弱环节，寻求改进的途径和方法。

【案例】

华为的员工培养方法

1. 721原则

华为的员工培养方法是基于721法则设计的。

721法则提出，就工作能力而言，能力提升的70%来自工作实践，20%来自学习课题和老师、同学之间进行的讨论，讨论不限于课堂上、工作中还是下班后，能力提升的10%来自课堂学习、老师的培训。

在企业中安排的面授课程，往往起到补充知识框架、启发思考、指导实践的作用，能否真正掌握，要看学员是否真的在实践中用学到的知识解决问题。华为在培养体系上遵循721法则，在学习项目中强调实践和学习相结合，学习以后就去一线工作，在实战中成长，华为本身就是一所大学。

2. 全员贯彻"导师制"

华为的导师制非常有特色，可以称作"全员导师制"。每一位新员工入职分配到部门以后，会在部门里指派一位老员工充当他的导师。老员工没有具体工作年限的规定，只要是正式员工并且对部门业务熟悉，就有资格。导师在新员工见习的三个月里指导他，一直到新员工转正答辩结束，导师的工作才完成。

导师在员工培养中扮演多重角色，是业务上的教练、榜样，指导新员工在新岗位上工作，要注意哪些环节，遇见困难可以找谁寻求帮助等，只要新员工有疑惑就可以请教他。导师也是新员工在思想上、生活上的引导者，全方位地辅导员工成为符合华为要求的人才。

在华为内部，这一做法最早来自中研部党支部设立的以党员为主的"思想导师"制度，后来被推广到整个公司。

华为对"导师制"非常重视，会对导师和所带员工的成绩进行检查。新员工得顺利通过答辩转正，如果没有通过答辩，部门领导则要和导师谈话，看看是新员工本身的原因还是导师辅导不到位。如果导师有一定责任，则会提醒导师注意改正。如果员工转正答辩成绩优异，还会给予优秀导师相应的奖励。

更为重要的是，华为把"导师制"上升到培养接班人的高度，并以制度的形式做出严格规定：没有担任过导师的员工，不得提拔为干部；不能继续担任导师的，不能再晋升。

3. 轮岗制选拔合格后备干部

在干部培养上，华为采取了"轮岗制"来丰富他们的实战经验，检验他们的工作能力。华为提倡干部"之字形"发展，一般三四年就会进行岗位调整。也就是说，一个干部不是在自己的领域里一直往上走，而是走"之字形"。

一个干部要想晋升，就必须经过多个业务领域的历练，比如从研发部门去做产品行销、市场营销或者一线销售，下一步还可能到供应链、采购部工作等。这种做法，既能开阔干部的经营管理视野，满足个人发展需求，也可有效遏制腐败的滋生。当然，转岗去什么岗位然后再去什么岗位没有固定模式，一般是看当时有什么岗位空缺，或者哪里需要人，公司就会做出安排。

4. 华为干部培训中心

华为干部培训中心是"培养将军的摇篮"，提倡"最优秀的人培养更优秀的人"，担负着员工培养的重任。它有两个重要部门，一是培训部，二是战略预备队。培训部是人力资源部，其主管教学和教育的平台，实际上它是一个协调调度的平台组织。它的教师由公司优秀的在岗干部与专家兼职，同时邀请外部优秀的专家学者来做讲座，如请国内的将军讲讲将军是怎么产生的，请美国西点军校的将军来讲领导力。战略预备队是总干部的一个教导队组织，战略预备队采用学员制，每年将近有一万人在这里轮训，他们来自170个国家。一线、中、高级管理者在这里进行不同的学习项目，以适应新的岗位。

华为干部培训中心的员工培养项目有以下三个特点。

一是重视实践，强调训战结合，需要什么就学什么，马上能用。所谓的训战，就是一边赋能、一边实战，强调学习的转化。任正非说："华为大学一定要办得不像大学，因为我们的学员都接受过正规教育。你们的特色就是训战结合，赋予学员专业作战能力。整个公司第一要奋斗，第二要学会掌握奋斗的办法，仅有干劲，没有能力是不行的。"训战一体化最早在军事上应用较多，后来在华为发扬光大。纵观现在的企业培训，对训战一体化模式越来越认可。

二是师资以员工兼职为主，倡导"最优秀的人培养更优秀的人"。华为管理着公司近一万名兼职讲师队伍，站上讲台的都是各级管理干部和业务专家。

三是除了赋能，也要锻造"精神"。员工在华为大学参加培训，不仅要掌握相应的技能，也要训练对公司价值观的认可，对企业文化的传承，对公司制度的学习，对个人精气神的修炼。

来源：混沌学院微信公众号，"华为做 to B 的秘密：用好 7 种武器，搞好 3 种关系"，2020-08-02.

第四节　景区人力资源绩效管理[*]

一、景区人力资源绩效管理的含义

（一）绩效

综合来看，绩效可以从以下三个角度来进行理解。

1. 结果观

即从人完成工作的最终效果和成果的角度进行评判，如从关键结果领域、人效、生产量、关键成功因素等这些方面进行衡量。

2. 行为观

即从人完成工作的过程进行评价，关注完成工作的态度、规范性、流程等内容。由于有一些岗位的工作产出不是很容易衡量，工作的效果体现在完成的过程中，如秘书、会计等工作，因此如果只从结果角度去衡量，很难找到全面、客观的评价内容，并且很容易忽略重要的过程指标。所以，从人的行为角度进行评价是绩效管理的一个重要关注点。衡量人的行为的一些考核要素包括如勤勉性、组织纪律、独立性、可信度等。

3. 素质观

即从人所具备的一些特点的角度进行评价。对于大多数人而言，人具备的品质、技能、知识等对于完成工作的效果会具有很大的影响力，因此对人的素质进行评价也是具有较强的现实意义的。衡量人的素质的考核要素包括影响力、分析问题能力、主动性、人际意识等。

（二）绩效管理

绩效管理不应简单地被认为仅仅是一个测量和评估的过程，而应该是管理者和员工之间创造互相理解的途径，在绩效管理的过程中，员工和管理者应该明白：组织要求的工作任务是什么、这项工作应该去完成、到什么程度才算完成。

绩效管理着眼于人力资源管理的全过程，而并非针对某一个时段。以麦当劳的店铺检查表为例，我们可以看到这份检查表既是对员工工作的检查，更重要的是它也可以帮助麦当劳店长进行工作指导。因为在检查表中标有明确的工作标准和简要的步骤，是可以成为对工作的指导性的文件的。员工也可以通过对检查内容的了解，更加明确和熟悉工作内容和标准，有助于准确地完成工作任务。因此，绩效管理更注重的是通过对绩效目标的准确描述和界定，帮助管理者和员工更好地完成工作。

（三）有效绩效管理的标准

1. 敏感性

敏感性是指绩效考核所设定的指标要能够帮助管理者有效衡量出员工绩效水平的变化，当绩效水平提高的时候，所衡量出的绩效分数也会提高，反之下降，它是绩效管理体系具有把工作绩效好的员工和工作绩效差的员工识别和区分开的能力。

2. 可靠性

可靠性是指绩效考核要能够稳定地评估绩效水平的高低，具有较高的信度。它是指绩效评估体系的一致程度，包括评价者信度和再测度。评价者信度是指不同的评价者利用同一绩效评估体系对同一员工的工作绩效所做出的评价结果的一致程度；再测度是指绩效评估体系不因在不同时间对同一员工的工作绩效的评价得出不同评价结果。

3. 准确性

准确性是指绩效考核要能有效衡量出员工的准确的绩效水平，做到客观、公正评价。

4. 可接受性

可接受性是指绩效考核的整体操作要被管理者和员工所接受，如果绩效考核的流程过于复杂，或者所制定的绩效标准过高或过低，都会影响可接受性。

5. 实用性

实用性是指绩效考核的方法及实施过程要根据企业的实际情况来确定，重在达成绩效考核的目标，而不是为了考核而考核，要避免设置太多空泛、冗余的程序。

（四）景区绩效管理的一般程序

1. 制订计划

为了保证绩效评估顺利进行，必须事先制订计划。首先要明确评估的目的和对象，然后再根据目的、对象选择重点的评估内容、时间和方法。

2. 技术准备

绩效评估是一项技术性很强的工作。其技术准备包括拟定、审核评估标准，选择或设计评估方法，培训评估人员等内容。

（1）评估标准的准备。

绩效评估必须有标准，以作为分析评价员工的尺度。

（2）选择或设计评估方法。

根据评估目的确定需要哪些信息、从何处获取这些信息以及采用何种方法收集这些信息，这就是选择、设计评估方法要解决的问题。常用的收集、记录评估信息的方法有：考勤记录、工作日记、生产报表、备忘录、现场视察记录、立功记录、事故报告等。

（3）培训评估人员。

针对评估人员开展评估内容、方法等专业培训。

3. 收集资料信息

4. 分析评估

这一阶段的任务是对员工个人的德、能、勤、绩等做出综合性的评价。

5. 绩效评估反馈

绩效评估反馈即将绩效评估的意见反馈给被评估者，是管理者将绩效评定结果及其评定的依据与员工进行有效沟通的过程。一般有两种形式，一是绩效评估意见认可，二是绩效评估面谈。

6. 绩效评估审核

绩效评估审核主要集中在五个环节：审核评估者、审核评估程序、审核评估方法、审核评估文件、审核评估结果。

二、景区人力资源绩效管理方法

（一）KPI 绩效管理方法

KPI（Key Performance Indicator，关键绩效指标考评法），是通过对工作绩效特征的分析，提炼出最能代表绩效的若干关键指标，并以此作为基础进行绩效考核的模式。关键绩效指标考核建立在"你不能衡量它，就不能考评它"的假设基础之上，所以关键绩效指标考评法是对景区重点经营活动的衡量，而不是对所有操作过程的反映；同时，关键绩效指标考评法不是由上级强行确定下发的，也不是由上级与员工共同参与完成的，而是双方所达成一致意见的体现。建立明确的切实可行的 KPI 体系，是做好绩效管理的关键。

1. 关键绩效指标确立的 SMART 原则

确定关键绩效指标有一个重要的 SMART 原则。

（1）S 代表具体（Specific），指绩效考核要切中特定的工作指标，不能笼统，且该指标应适度细化，能够随情境变化而发生变化。

（2）M 代表可度量（Measurable），指绩效指标是数量化或者行为化的，同时需验证这些绩效指标的数据或者信息是可以获得的。

（3）A代表可实现（Attainable），指绩效指标在付出努力的情况下可以实现，主要是为了避免设立过高或过低的目标，从而使设立的考核指标失去意义。

（4）R代表相关性（Relevant），是指年度经营目标的设定必须与预算责任单位的职责紧密相关，它是预算管理部门、预算执行部门和公司管理层经过反复分析、研究、协商的结果，必须经过他们的共同认可和承诺。

（5）T代表有时限（Time-based），注重完成绩效指标的特定期限，且该期限应该体现在绩效指标中。

2.KPI绩效管理办法的特点

关键绩效指标考评法所具备的特点，决定了其在景区中举足轻重的意义，具体来说如下。

（1）作为景区战略目标的分解，关键绩效指标考评法的制定有力地推动景区发展战略在各个部门得以执行。

（2）关键绩效指标考评法为上下级对职位工作职责和关键绩效要求有了清晰的共识，确保各层各类人员努力方向的一致性。

（3）关键绩效指标考评法为绩效管理提供了透明、客观、可衡量的基础。

（4）作为关键经营活动的绩效的反映，关键绩效指标考评法帮助各岗位员工集中精力处理对景区发展战略有最大驱动力的方面。

（5）通过定期计算和回顾关键绩效指标考评法执行结果，管理人员能清晰地了解景区经营领域中的关键绩效参数，并及时诊断存在的问题，采取行动予以改进。

（二）基于平衡计分卡的绩效管理方法

1.员工比较系统

大部分的绩效考核工具要求评定者依据某些优胜标准来考核员工绩效。然而，使用员工比较系统，员工的绩效是通过与其他员工的绩效相比较来考核的。

（1）简单排序法。

在使用简单排序法进行绩效考核时，考核者只要简单地把一组中的所有员工按照总业绩的顺序排列起来即可。例如，部门中业绩最好的员工被排列在最前面，最差的被排在最后面。这种方法的主要问题是，当个人的业绩水平相近时难以进行准确排序。

通常来说，根据某些工作绩效考核要素将员工们从绩效最好的人到绩效最差的人进行排序，要比绝对地对他们的绩效进行考核容易得多，因此，交替排序法也是一种运用得非常普遍的工作绩效考核方法。

（2）配对比较法。

配对比较法使得排序型的工作绩效法变得更为有效。其基本做法是，将每一位员工按照所有的考核要素（工作数量、工作质量等）与其他员工进行比较，根据配对比较的结果，排列出他们的绩效名次，而不是把各被考核者笼统地排队。在运用配对比较法时，首先应当列出表格来，其中要标明所有需要被考核员工的姓名以及需要考核的所有工作要素。然后，将所有员工根据某一类要素进行配对比较，然后用"+"（好）和"-"（差）标明谁好一些、谁差一些。最后将每一位员工得到的"好"的次数相加。

（3）强制分布法。

该方法需要考核者将被考核者按照绩效考核结果分配到一种类似于正态分布的标准中去。这种方法是基于这样一个有争议的假设，即所有小组中都有同样优秀、一般、较差表现的员工分布。可以想象，如果一个部门全部是优秀员工，则部门经理可能难以决定应该把谁放在较低等级的小组中。

强制分布法与"按照一条曲线进行等级评定"的意思基本相同。使用这种方法，就意味着要提前确定准备按照一种什么样的比例将被考核者分别分布到每一个工作绩效等级上去。

这种方法的优点是有利于管理控制，特别是在引入员工淘汰机制的公司中，它能明确筛选出淘汰对象，由于员工担心因多次落入绩效最低区间而遭解雇，因而具有强制激励和鞭策功能。当然，它的缺点也同样明显，如果一个部门员工的确都十分优秀，如果强制进行正态分布划分等级，可能会带来多方面的弊端。

从以上介绍的三种基本的比较方法可以看出，员工比较系统的优点是成本低、实用，评定所花费的时间和精力非常少。而且，这种绩效考核法有效地消除了某些评定误差，如避免了宽厚性错误及评定者的趋中性错误。当然员工比较系统也有几个缺点。首先，因为判定绩效的评分标准是模糊或不实在的，评分的准确性和公平性就可能受到很多质疑。其次，员工比较系统没有具体说明一个员工必须做什么才能得到好的评分，因而它们不能充分地指导或监控员工行为。最后，公司用这样的系统不能公平地对来自不同部门的员工的绩效进行比较。比较常见的例子如：A 部门排在第六名的员工可能比 E 部门的第一名做得更好。

2. 关注员工行为及个性特征的绩效考核

（1）因素考核法。

因素考核法是将一定的分数按权重分配给各项绩效考核指标，使每一项绩效考核指标都有一个考核尺度，然后根据被考核者的实际表现在各考核因素上评分，最后汇总得出的总分，就是被考核者的考绩结果。此法简便易行而且比排队更为科学。

比如，我们可以为被考核人设定以下四个绩效考核指标，运用因素考核法划分权重并制定标准如下，并以此为基础对员工绩效进行考核。

第一，出勤，占总分30%，分为上、中、下三个等级。出勤率100%为满分（30），病事假一天扣1分，旷工一天扣20分，迟到或早退一次扣15分，旷工一天以上或缺勤

30天以上者不得分。

第二，能力，占总分20%，分上、中、下三等。技术高、能独立工作、完成任务好、胜任本职工作的评为上，低于这个技术水平的评为中或下。在考核阶段内如有1个月未成下达任务的扣10分。

第三，成绩，占30%，分上、中、下三等。协调性好、积极主动工作、安全生产、完成任务好的评为上，较差的评为中，再差的评为下。在工作、生产中出现的一次差错，造成损失的或安全、质量方面发生事故经公司研究做出处理者一次扣10分，情况严重者不得分；如有1个月未完成下达任务的扣15分，病事假每1天扣0.5分。

第四，组织纪律，占20%，分为上、中、下三等。工作服从分配、遵守规章制度、讲究文明礼貌、能团结互助的评为上，否则评为中或下。违反公司规章制度或因工作失职经公司处理者一次扣10分。

各考绩因素的上、中、下三个等级的比例均分别控制在25%、60%、15%。

（2）行为锚定等级评定表法。

行为锚定等级评定表法是传统业绩评定表和关键事件法的结合。使用这种方法，可以对源于关键事件中有效和非有效的工作行为进行更客观的描述。熟悉一种特定工作的人，能够识别这种工作的主要内容。然后他们对每项内容的特定行为进行排列和证实。因为此种方法的特点是需要有大量的员工参与，所以它可能会被部门主管和下属更快地接受。

在行为锚定法中，不同的业绩水平会通过一张等级表进行反映，并且根据一名员工的特定工作行为被描述出来。例如，假设进行员工绩效考核所选择的一个考核要素是"吸收和解释政策的能力"，那么对于这个考核要素中最积极的考核结果可能是"可以期望该员工成为组织中其他人新政策和政策变化的信息来源"；而针对这个考核要素最消极的考核结果可能是"即使对员工重复解释后，该人也不可能学会什么新东西"。在最消极和最积极的层次之间可能存在几种层次。

行为锚定法对各种行为进行了举例，而不仅仅是为检查这种诸如最积极业绩提供一个可能。因为特定的行为可以被指出来，所以这种方法更便于考核。有关行为锚定有效性的报告褒贬都有，并无法完全确认它在克服考核者误差或取得心理测验有效性方面比其他方法更优越。这种方法的一个特定缺陷是，使用的行为是定位于作业而不是定位于结果上。这给部门经理提出了一个潜在的问题，即他们不是对必须实现期望目标的员工进行考核，而是必须对正在执行作业的员工进行考核。

行为锚定等级考核法的目的在于，通过等级考核表将关于特别优良或特别劣等绩效的叙述加以等级性量化，从而将描述性关键事件考核法和量化等级考核法的优点结合起来。因此，其倡导者宣称，它比我们所讨论过的所有其他种类的工作绩效考核工具都具有更好和更公平的考核效果。

（3）目标管理法。

目标管理指详细确定员工希望在一个适当的时期内所实现的工作表现方面的各种目标，并将其列入管理计划。在此基础上，每个经理再根据所有员工们的具体目标和企业的基本目标制定自己的工作目标，并定期检查这些目标完成情况的一种绩效评估方法。

目标管理是一个循环系统，这个循环系统从设定组织共同目标开始，经过循环螺旋上升，最终又回到组织新的共同目标。

【案例】

华为有效的评价体系

绩效管理是价值评价环节的主要实现手段，要形成一个成功的管理体系，需要依赖一个正确的价值评价体系。

华为的绩效评价具备以下三个基本导向。

第一，有利于高绩效文化的形成，建立基于客户导向的高绩效文化，"以客户为中心，以奋斗者为本""不让雷锋吃亏"的文化要落实到考核激励制度的操作细节。

第二，有利于人的效益不断改进，建立并推行以绩效改进为核心的考评体系；以自己为标准，不断地拿今天跟昨天比，从而推进个人与公司的进步。

第三，有利于人均效益不断增长，一个企业最重要、最核心的就是追求长远、持久地实现人均效益增长。人均效益提高的基础是有效增长，要关注增长，关注总效益，然后考核人均效益。

在工作中如何正确、客观、合理地评价人才和工作结果？一切都要从做好考核开始——正确评价"创造了多少价值"尤为重要，要合理设计考核指标，正确衡量工作结果，既要有"责任结果"评价，也要评估"关键行为"，综合评价"价值创造"，把每个员工的季度考核做到位，作为年度激励的依据。

以销售人员为例，销售人员的"责任结果"就是销售额，包括合同金额、回款金额、利润金额等，这是主要的评价因素。但是，有时有些大项目在今年没有结果，但是明年很有希望，为此也做了很多工作，那么这些怎么评价？这些就是"关键行为"，如重大项目的公关活动、重大市场活动，重大客户的客户关系突破如邀请客户回国参观等。

华为既考核销售目标、市场目标，也考核关键行为。

来源：混沌学院微信公众号，"华为做 to B 的秘密：用好 7 种武器，搞好 3 种关系"，2020-08-02.

第五节　景区人力资源薪酬管理 *

一、景区人力资源薪酬制度设计

良好的薪酬制度可以帮助旅游企业更有效地吸引、保留和激励员工，从而起到增强企业竞争优势的作用；同时，薪酬在组织中又是一个非常敏感的话题，它与组织员工的利益密切相关。

薪酬设计是旅游企业薪酬管理中最基础的工作。薪酬设计的要点在于所设计的薪酬制度"对内具有公平性，对外具有竞争力"。内容涉及薪酬水平、薪酬结构、薪酬构成等方面的问题。

设计一套科学合理的薪酬体系，进行薪酬管理，一般要经历以下几个步骤。

（一）确定薪酬策略

薪酬策略是企业文化的部分内容，是以后诸环节的前提，对后者起着重要的指导作用。它包括对职工本性的认识（人性观），对职工总体价值的评价，对管理骨干及高级专业人才所起作用的估计等这类核心价值观，以及由此衍生的有关薪资分配的政策和策略，如薪资等级间差异的大小，薪资、奖励与福利费用的分配比例等。

（二）工作岗位分类

这一步骤要求从企业战略、发展特点和工作需要出发，基于合理的工作流程和提高工作效率的要求，梳理工作岗位，进行工作分析。

工作分析要求厘清不同岗位之间划分的合理性，各个岗位工作职责是否清晰，岗位间的工作联系是否清晰、合理。工作分析的结果是人力资源部和各部门主管合作编写，形成岗位清单和各个岗位的工作说明书。

（三）工作评价

选择某种岗位价值评估工具，并组织企业内部专家和外部专家逐个对岗位进行评价。岗位价值评价的方法和工具有很多，分为量化和非量化的两类。评价岗位较多时，建议优先考虑计分法。计分法的优点是结果量化直观，便于不同岗位间的价值比较。岗位评价主要保证薪酬的对内公平性问题，需要以必要的精确性、具体的金额来表示每一职务对本企业的相对价值。这些用来表示工作相对价值的金额并不是各个岗位的真正的薪资额，真正的薪资额需要经过外在公平性的矫正后最终形成。

（四）岗位分类与分级列等

这一步骤是指在工作评价后，企业根据其确定的薪资结构线，将众多类型的职务薪资归并组合成若干等级，形成一个薪资等级系列。通过这一步骤，就可以确定企业内每一职务具体的薪资范围，保证职工个人的公平性。

具体工作内容是：首先，对岗位进行横向的职系分类；其次，根据评价结果按照一定的分数段进行纵向的岗位分级；最后，考虑不同岗位级别的重叠幅度。分级时应当考虑两个平衡：不同职系间岗位的平衡和同类职系岗位的平衡；不同职系和级别的岗位薪酬水平不同。

（五）薪酬调查与确定薪酬水平

薪酬调查重在解决薪酬的对外竞争力问题。建立有竞争力和公平性的薪酬，必须进行详细准确的薪酬调查。在调研数据的基础上，通过了解其他企业或者市场如何确定职位的相对价值，参照同行或同地区其他企业的现有薪资来调整本企业对应工作的薪酬，才能保证企业薪酬制度的公平性和竞争性。

薪酬调查即通过一系列标准、规范和专业方法，对旅游市场上相关职位分类、汇总和统计进行分析，获取旅游企业各职务的薪酬水平及相关信息，形成能够客观反映市场薪酬现状的调查报告，为旅游企业薪酬设计提供有效的决策依据和参考。

薪酬调查的对象是旅游市场中有竞争关系或产业链上有上下游关系的旅游企业。其中，与本企业有较强竞争关系和相似性的企业是调查的重点对象。

薪酬调查的内容主要包含：所在行业的平均工资水平；本地区其他行业的工资水平；同行业企业的工资结构；不同职位和不同级别的职位薪酬数据、奖金状况；同行业企业的福利情况及劳动政策；员工的流失去向和招聘来源；上年度的薪资增长状况；长期激励措施以及未来薪酬走势分析。

薪酬调查的渠道：企业之间的相互调查；委托专业机构进行调查；从公开的信息中了解；从流动人员中了解。数据来源首先是公开的资料，如国家及地区统计部门、劳动人事机构、工会等公开发布的资料，图书及档案馆中年鉴等统计工具书，人才交流市场与组织，有关高等学府，研究机构及咨询中介机构等；其次则是通过抽样采访或散发专门问卷进行收集。通过新招聘的职工和前来应聘的人员，也能获得有关其他企业的奖酬状况。各企业发布的招聘广告和招聘信息中也常常披露其奖酬和福利政策。

薪酬调查的步骤：成立人力资源调查工作小组；确定调查目的，制订人力资源调查计划；确定调查范围；设计薪酬调查问卷；整理、统计分析相关资料信息；撰写薪酬调查分析报告，提出本企业薪酬制度建设的建议。

（六）确定薪酬结构

薪酬结构是指薪酬的构成要素以及各要素在总量中所占的比重。薪酬的构成要素主要有基本工资、奖励工资、津贴、福利和服务、可变薪酬等。

根据不同职系岗位性质确定薪酬结构，包括确定固定部分与绩效浮动部分比例以及工龄工资各种补贴等其他工资构成部分。一般来讲，级别越高的浮动部分比例越大，岗位对工作结果影响越大则浮动比例越大。

（七）进行薪酬测算

基于各个岗位确定的薪酬水平和各岗位上员工的人数，对薪酬总额进行测算；针对岗位某些员工的薪酬总额和增减水平进行测算，做到既照顾公平又不能出现较大幅度的偏差。

（八）对薪酬定级与调整等做出规定

从制度上规定员工的起始工资和今后岗位调整规则。

薪酬调整是指旅游企业薪酬体系在经过一段时间的运行后，针对企业发展战略以及人力资源策略的变化，对企业薪酬管理做出系统诊断，对薪酬体系做出调整的措施。薪酬调整是保持薪酬动态平衡、实现组织薪酬目标的重要手段，也是薪酬管理的日常工作。

薪酬调整的具体内容有：薪酬体系调整、薪酬水平调整、薪酬结构调整、薪酬等级调整、不同等级的人员规模与薪酬比例调整等。

二、员工福利方案设计

福利待遇是旅游企业薪酬体系的重要组成部分。建立一个良好的福利待遇体系能够体现人文关怀，增加员工对企业的归属感，吸引和留住优秀人才，进一步推动公司企业文化建设，形成良好的企业向心力和凝聚力。

（一）福利项目内容

旅游企业的福利项目有：保险福利、休息休假、津贴补贴、教育培训福利等。

1.保险福利

保险福利分为社会保险、商业保险企业补充养老保险和企业补充医疗保险等。其中，社会保险是法定福利，包括养老保险、医疗保险、失业保险、工伤保险、生育保险五种保险。商业保险计划如意外保险。

2. 休息休假

休息休假包括带薪年休假、婚假、产假、哺乳假、病假、丧假、公休假和探亲假等。

3. 津贴补贴

津贴补贴有午餐补贴、节日补贴、生日补贴、员工大事补贴、通信费、交通费、独生子女补贴、防暑降温补贴、困难补助、丧葬费、抚恤费和供养亲属生活补助费等。

4. 教育培训

教育培训福利包含员工在职或短期脱产免费培训、公费进修等。

（二）制定旅游企业员工福利制度的注意事项

要与企业条件相符。所制定的福利政策应考虑旅游企业的实力。

要充分沟通。在设计福利前和实施过程中要及时与员工进行沟通，以便了解员工的需求和福利的实施效果，只有这样才能起到激励效果。

要有选择性。设计弹性福利制度，更能满足企业员工的需求。

（三）旅游企业员工福利的发展趋势

一是灵活福利（弹性福利制度）；二是长期护理保险（包括家庭护理、疗养院服务等）。

【案例】

景区内"挑夫"的利益分配模式

有一家著名风景区，区内"挑夫"的利益分配模式几经转变。景区内的挑夫挑着重重的担子，一步一步地爬上台阶，挑夫挑的大多是日常用品，包括大米蔬菜，或者是床单被褥，当然也有饮料和食品等，挑夫是非常耗体力和耐力的。

1. 固薪养挑夫

为了满足游客和商户的需求，由景区统一按重量与件数收取搬运费，然后请了一批挑夫，基本上是员工的亲属或朋友。付给挑夫的每月工资是固定的，加班时再付加班费。

挑夫每天的工作就是接到单后帮助游客和山上的商户搬运物品或行李，新来的挑夫一般比较勤快，但久而久之就和老挑夫一样，想着各种办法少干活，多拿加班费。挑夫的流动性也比较大，因为工作劳累赚的钱也不多。剩下一些老挑夫身体都不太好，景区还要负担他们的社保和医疗。

2. 按劳取酬

后来景区就做了薪酬变革，改为"底薪＋提成"的机制，给挑夫发一部分的底薪，然后按收取的搬运费给挑夫们计算提成。刚实施的时候挑夫们很有热情，抢着接单干活，但后来又开始出现新的问题，如下所示。

（1）在淡季，由于挑夫比较多且景区接的单不够，很多挑夫就自己向游客和商户销售，私自接单，每单收的费用比景区给的提成还要高很多。

（2）在旺季的时候，挑夫们忙不过来就捡收费高、比较轻的活干，造成客户投诉。

3. 挑夫养景区

景区领导决定来个彻底变革，清退了所有的自有挑夫。由挑夫每月向景区支付合作费，景区给每个挑夫发统一服装，制定指导价格政策和管理规则。由挑夫自行与游客、商户沟通和销售。

原来景区只有 20 多个挑夫，后来发展到 100 多个挑夫。过去景区只能在这个项目上实现收支平衡，现在能净收不少的合作费。挑夫们的收入以前平均只有 3000~4000 元，现在普遍在 8000~10000 元。虽然挑夫们比较之前辛苦了很多，但干得很带劲。

来源：环球人力资源智库微信公众号，"某著名风景区的薪酬设计，简直是我们的学习标杆"，2020-05-05.

第六节　景区人力资源战略管理▲

一、景区人力资源战略管理体系

人力资源战略规划是一个不断调整变化的动态系统，是指根据企业的发展战略，分析和评估未来的人力资源需求和供给，构建科学有效的"招人、育人、用人和留人"管理机制，高效完成人力资源配置、人力资源开发、人力资源评价和人力资源激励职能，确保企业获得各种必需的人力资源。

战略性人力资源管理强调一种"适应性"。即人力资源管理实践与企业战略性之间的适应性和匹配性，其最大的特点就是将人力资源管理与企业战略目标和进程有机结合起来，其核心任务就是要基于公司的战略目标来配置所需人力资源，根据定员标准来对人力资源进行动态调整，引进满足战略要求的人力资源，对现有人员进行职位调整和职位优化，建立有效的人员退出机制以输出不满足公司需要的人员，最终有效构建企业核心竞争力。

人力资源管理体系是指围绕人力资源管理六大模块而建立起来的一套管理体系，包括人力资源规划、招聘与配置、培训与开发、薪酬福利管理、绩效管理、员工关系管理。

（一）制定高效的人力资源规划

人力资源规划是在人力资源和企业发展战略基础上，对企业内外部人力资源供给状况和企业发展战略中人力资源需求状况进行对比分析。企业可以通过人力资源的规划实现具有竞争优势的人力资源配置，强调人力资源与组织战略的匹配，强调通过人力资源管理活动实现组织战略的灵活性，强调人力资源管理活动的目的是实现组织目标。

（二）建立有效的人才招聘体系

人才招聘体系要求科学有效、反应迅速、灵活多样，最大限度地保证企业稳定发展。因此，景区的人力资源招聘工作需减少盲目性和随意性。构建有效的招聘体系不完全出于招聘工作本身的任务要求，而是要以企业经营发展的战略为中心、围绕企业中短期经营目标、结合宏观经济发展趋势来开展。构建景区人力资源招聘体系，主要有以下三个工作抓手。

（1）通过工作分析，制定明确、详细的职位要求描述。

（2）明确人力资源需求预测流程。

（3）创建层次丰富的招聘渠道和灵活多变的招聘方法。

（三）构建人才供应体系

几乎所有快速发展的企业都在经历外部人才激烈竞争所带来的招聘的"瓶颈"，因为人才短缺而阻碍业务发展的情况随处可见，提升人才供给速度成为企业在快速发展过程中的核心组织能力。为了解决人才"瓶颈"，企业有必要建立人才供应体系，构建内部人才库和外部人才库，实时动态管理，平衡需求与供给，为企业发展提供核心动力。构建人才供应体系，要注意如下三个要点。

1. 盘点企业人才，建立合理安全库存

用科学、客观的方法来盘点现有人才的技能和素质，并依据盘点结果进行晋升和培养是最大化利用现有存量人才资源的有效途径。

2. 对人才能力进行动态评估

对员工能力进行细化，同时就人岗匹配度进行重新评价，全范围评价各级人才；同时，动态评估能够为今后的人才培训、人才规划等提供参考。

3. 建立企业外部人才库

企业可策略性地整合外部供应商资源，建立外部人才库，利用外部资源补给实现景

区人才需求的及时补给。

（四）构建战略性薪酬福利管理制度

战略性人力资源管理体系应有正确理念的指导，而作为其中重要组成部分的薪酬福利管理也不例外，其理念主要有公平理念、团队合作理念、透明理念、激励原则等。

（五）构建全面绩效管理体系

构建全面继续绩效管理体系是一个循序渐进的过程，景区需要抓住关键点，逐步推进，并在实施过程中不断完善该体系。通常情况下，构建全面绩效管理体系需关注以下问题。

1. 更新全面绩效管理观念

景区管理层需要意识到：全面绩效管理是一个循环管理过程，其最根本目的是持续不断地提高组织绩效，使员工的能力和企业的核心能力得到不断提升，实现企业和员工的共同发展。

全面绩效管理是全体员工的绩效管理，不仅仅是人力资源经理的职责，上至高层领导，下至基层员工，在全面绩效管理体系的推进和实施过程中都应该承担相应的绩效管理责任，各级管理者应该把绩效管理作为其日常工作。

2. 明确战略目标，加强绩效沟通

景区发展战略指导全面绩效管理，全面绩效管理是实现企业战略的工具和方法，全面绩效管理体系的推动过程中，绩效目标一定要由管理者和员工经过充分沟通，双方共同确定和完成，建立彼此的信赖关系是绩效沟通成功的首要前提。通过绩效沟通，可以减少团队和员工可能发生的纠纷，让其清楚地知道公司战略目标的实现和团队、员工整体目标的达成是联系在一起的。

3. 据实调整绩效指标体系的相应系数

对各个部门的指标体系设立一个参数，这个参数可以从工作量、实现的难易程度、复杂程度、风险性等方面加以考虑，各个因素也可以赋予一定的权重，由各个部门主管一起协商决定。

4. 加强人力资源基础性工作

完善的人力资源管理配套体系是全面绩效管理体系建立和实施的基础。因此，在此之前一定要首先优化公司的组织结构，完善与绩效管理相关的薪资福利体系、岗位说明书、任职资格等配套体系和基础工程，还需建设一种与企业的绩效管理系统相融合的以绩效为导向的企业文化。

5. 建立高效绩效反馈机制

建立健全绩效反馈机制是成功实施绩效管理变革的重要保证，高效的绩效反馈机

制，可让员工第一时间反映绩效问题，部门主管也可第一时间和高层主管进行面谈，反馈绩效目标制定及完成的情况。

（六）合理的员工关系管理

战略性人力资源管理理论强调，组织的人力资源管理活动必须与组织所处的外部和内部环境相适应，与组织战略相一致，同时要保持人力资源管理各职能之间的相互匹配性，其以一种权变的观点来审视员工关系，要求企业确保员工关系的灵活性，以便能够帮助组织赢得竞争优势。

二、景区战略性人力资源管理核心职能

景区战略性人力资源管理核心职能包括人力资源配置、人力资源开发、人力资源评价和人力资源激励。

（一）人力资源配置

即景区要基于自身的战略目标来配置所需的人力资源，根据定员标准来对人力资源进行动态调整，引进满足战略要求的人力资源，对现有人员进行职位调整和职位优化，建立有效的人员退出机制以清除不满足公司需要的人员，通过人力资源配置实现人力资源的合理流动。

（二）人力资源开发

即景区需要对现有人力资源进行系统的开发和培养，从素质和质量上保证满足其战略发展的需要，并且根据景区战略需要组织相应培训，并通过制定领导者继任计划和员工职业发展规划来保持员工和景区的同步成长。

（三）人力资源评价

即景区需要对其员工的素质能力和绩效表现进行客观评价，一方面保证公司的战略目标与员工个人绩效得到有效结合，另一方面为景区对员工激励和职业发展提供可靠的决策依据。

（四）人力资源激励

即景区需要依据公司战略需要和员工的绩效表现对员工进行激励，通过制定科学的薪酬福利和长期激励措施来激发员工充分发挥潜能，在为公司创造价值的基础上实现自己的价值。

【案例】

欢乐谷的人力资源管理

1.欢乐谷的企业文化

欢乐谷将"打造中国最好的主题公园"作为企业发展目标和欢乐谷人共同的使命，以"创造欢乐"为企业核心价值观，有效调动全体员工的热情和智慧参与企业文化活动，并把企业文化活动的成果用于工作，融入服务，成功实现"创造欢乐、传递欢乐、共享欢乐"的持续发展。

欢乐谷的企业文化可以表述成一个"欢乐文化动力环"。企业文化（Culture）就像圆心，顾客至上理念是欢乐谷获得成功的必备要素，卓越的领导力（Leadership）让欢乐谷的运作充满动力，以沟通渠道（Tunnel）为连接各个节点的桥梁，成长舞台（Raise）是员工学习和成长的良好平台，优秀员工（Employee）是欢乐谷成功不可或缺的力量。这五方面，Cu-L-Tu-R-E，共同构筑了魅力十足的欢乐文化。

2.以欢乐文化为核心的人力资源管理

（1）顾客至上的永恒理念。

顾客是永远的伙伴，是欢乐谷成功的全部理由。在客户眼中，每一位员工都代表欢乐谷。欢乐谷用细节打动顾客，用爱心温暖顾客，用欢乐留住顾客。

（2）永葆激情的领导风格。

欢乐谷具有自己独特的领导风格，对员工的人格培养表现为：热切不断的求知欲，要求勤于学习，不可了无新意；卓尔不群的创造力，要求思维开阔，具有丰富的创意；凝聚团队的合作力，具体表现为善于沟通，不崇尚个人主义。

（3）永远顺畅的沟通渠道。

沟通渠道像一座桥梁，把企业和员工连接起来。欢乐谷推出了三种行之有效的沟通渠道：总经理会客室、三五小团队、圆桌会议。

①总经理会客室：为了倾听员工的心声，为员工提供表现自我的舞台，欢乐谷定期举办"总经理会客室"活动。

②三五小团队：由各部门员工组成，可以是本部门，也可以是跨部门的员工，其工作职责就是在部门经理的带领下，参与企业管理，帮助企业发现问题，并针对问题提出改进建议。

③圆桌会议：欢乐谷采用圆桌会议，从而打破主次界限，使每一位员工平等交流，让信息更加畅通地传递。

（4）提供广阔的成长舞台。

员工是公司发展的根本动力和服务的有生力量。欢乐谷通过全面实施人才强企战略，建立和完善人才培养、选拔和使用的机制，关注员工在不同发展阶段的不同需求和职业生涯，努力为员工实现自我价值提供更为广阔的舞台。因此，欢乐谷建立了以企业文化为统领的培训体系，以培养员工职业道德观念为出发点，使每一个员工在思想和行为上与企业价值观保持一致，共同努力，去实现企业发展目标。

（5）培养"六会"优秀员工。

好的企业离不开好的员工，欢乐谷能迅速成长的原因就是因其培养了优秀的员工。欢乐谷以培养"会赞美、会表演、会导览、会合作、会细节、会创造"的优秀人才为宗旨，使每一位欢乐谷人都能成为最炫的明星员工。

①会赞美：欢乐谷要求员工首先要学会对游客发自内心的称赞。赞美作为一种感觉很有效的交际技巧，有效缩短了人与人之间的心理距离。因此，欢乐谷的秘诀是赞美要源于内心、发自真心、充满爱心。

②会表演：在欢乐谷，不仅有专业的演员，还有很多业余表演者，他们都是在每个岗位上的一线员工，通过全身心地投入到每一个场景中，引导游客参与其中。欢乐谷的员工不仅是一名演员，更是一位领舞者，在欢乐的舞台上带领游客共同创造欢乐。欢乐谷的表演极具个性，同时有一套规则可循，即活泼的语言、丰富的表情、灵活的动作。

③会导览：导览是指欢乐谷的员工主动向游客介绍园区项目分布情况、讲解园区项目的特点以及节目表演时间表，为游客提供向导、讲解以及其他优质服务。这一服务主要依赖于与游客直接接触的一线员工。因此，欢乐谷注重培养员工人人都是导览员的思想，以做一个游客满意的向导为工作目标，要求员工语言正确、通顺，表达清楚、流畅，能激发游客玩乐的性质。这就要求欢乐谷要注重培养员工丰富的知识储备、优质的服务信念、快速的应变能力。

④会合作：欢乐谷的企业文化强调团队协作的重要性，包括与他人交流沟通的能力、与他人合作的能力。欢乐谷的员工在发挥团队精神方面主要有三个方面的经验，即充分发挥个性、坚持协同合作、培养团队凝聚力。

⑤会细节：随着经济一体化的发展，社会分工越来越细，欢乐谷非常重视员工细节的管理。对员工的细节要求体现在三个方面，即善于抓住影响全局的关键细节、在平时培养注重细节的习惯、在精益求精中追求细节的完美。

⑥会创造：创造力是推动欢乐谷发展的核心力量，是欢乐谷员工必备的基本能力。欢乐谷以创造三法则——领悟性、领先性、领秀性为内功心法，不断提升员工及企业的创造力。

来源：杨小兰.A级旅游景区提升规划与管理指南［M］.北京：中国建筑工业出版社，2015.

第七节　景区人力资源综合激励▲

一、物质激励和精神激励

（一）物质激励

物质激励是指运用物质的手段使受激励者得到物质上的满足，从而进一步调动其积极性、主动性和创造性。物质激励有奖金、奖品等，通过满足要求，激发其努力生产、工作的动机，其出发点是关注人们的切身利益，不断满足人们日益增长的物质文化生活的需要。根据马斯洛的需求层次理论，人必须有足够的物质基础以满足其最基本的生理和安全需求。因此，物质激励往往是管理者最常用的激励方式之一。

物质激励就是根据满足个人物质利益的要求，来调动员工的积极性和主动性。物质激励的主要方式有工资、奖金、福利、分红、持有公司股份等内容。

（二）精神激励

精神激励即内在激励，其依据是：个人在满足一定的物质需要后，都有一种更高境界的需要——自我实现的需要，即人们都力求最大限度地将自己的潜能充分地发挥出来。只有工作中充分表现自己的才能和显示自己的价值，才会获得最大的满足。精神激励即内在激励，是指精神方面的无形激励，包括向员工授权、对工作绩效的认可、公平和公开的晋升制度、提供学习和发展的机会、实行灵活多样的弹性。

情感是影响人们行为最直接的因素之一，任何人都有渴望各种情感的需求。这就要求管理者要多关心员工生活，包括其精神生活和心理健康，以提高员工的情绪控制力和心理调节力，努力营造一种相互信任、相互关心、相互体谅、相互支持、互敬互爱、团结融洽的氛围。其主要方法包括领导行为激励法、榜样典型激励法、奖励惩罚激励法、信任激励法及支持激励法。

（三）物质激励与精神激励的结合

1. 精神激励和物质激励紧密联系、相辅相成

精神激励需要借助一定的物质载体，而物质激励则必须包含一定的思想内容，只有两者结合，在景区的激励机制中把握两者的平衡，才能使景区的员工激励事半功倍。作为管理者，应该灵活掌握两种激励模式的手段和方法，使两者有机结合的功效最大化。若物质激励占全部比例，精神激励为零时，最终激励效果为零；当精神激励占全部比

例，物质激励为零时，最终激励效果也为零。为此，只有当精神激励和物质激励达到适当比例时，激励效果才能最大化。但这种比例没有标准答案，要根据员工收入的高低及企业的发展阶段来确定。

2. 景区首先关注物质激励

首先，在景区内部构建系统的多元化回报与激励体系；其次，在调查研究员工内在需求现状的基础上，有针对性地制定物质激励措施；最后，通过组织文化和氛围建设，在景区内部构建长效的激励源泉。

3. 重点关注最有效的非物质激励方法

加大人力资源开发的物质投入，通过系统的培训教育，提高员工的职业化能力，提升员工的组织承诺度；通过文化和氛围建设，增强企业凝聚力；通过机制优化和变革，提升员工对企业的认同感。当代社会经济正处于转型阶段，企业员工多属于新型知识人才，对精神激励的应激效果远远高于物质激励，这也是未来人才激励模式的发展方向。

4. 马斯洛需求层次理论是确定两者比例的重要依据

当员工的需求处于一、二级状态时，应以物质激励为主，精神激励为辅，包括增加工资、改善劳动条件、给予更多的业余时间、提高福利待遇等；强调规章制度、职业保障，并保护员工不致失业，提供医疗保险、失业保险和退休福利，避免员工收到双重的指令而混乱；当员工的需求处于四、五级状态时，应以精神激励为主，物质激励为辅，其措施包括公开奖励和表扬，强调工作任务的艰巨性及成功道路上所需要的高超技巧，在公司刊物发表文章表扬、优秀员工光荣榜等；设计工作时运用复杂情况的适应策略，根据员工的特长委派相应的任务，在设计工作和执行计划时为下级留有余地。

5. 根据景区发展阶段结合

若景区处于初创阶段，应以物质激励为主，精神激励为辅；当景区处于成熟阶段，应以精神激励为主，物质激励为辅。

【案例】

华为多样的利益分配激励

价值评价公平、公正是有效激励的前提。华为人之所以能够并愿意持续奋斗，最重要的原因就是公司有合理的激励政策。所谓激励，具体体现为各种形式的利益分配。企业的活力在很大程度上受利益驱动。企业的经营机制，说到底就是一种利益驱动机制。

任正非说："企业持续发展的动力不是人才问题，是利益分配的问题。"让每个做出价值贡献的人都得到合理的回报，让他们感受到公平公正，他们就有持续奋斗的动力，能持续创造好业绩，形成正循环，公司所有人都努力，这个力量是惊人的，会推动公司取得商业成功。华为的事实证明了激励的重要作用。

华为公司激励体系的基本原则是"以奋斗者为本"，激励冲锋的奋斗者，"只要前面这批人是冲锋的，对他们的激励到位了，剩下的人就会跟上，我们就会越打越强"。

华为的激励强调全面回报，在物质激励层面，包括工资、奖金、安全退休金、医疗保障、股权、红利等经济利益。

工作表现好，每年都可以加薪，甚至一年加薪两三次。华为的年终奖平均占员工年度收入的30%左右。年终奖跟所属部门和个人的年度绩效考核直接紧密相关，充分拉开差距，导向业绩产出。绩效考核优秀（A）的员工，可能拿到相当于十几个月工资的奖金。绩效考核一般（B）的员工，可能只有几个月的奖金。绩效待改进（C）的员工，可能没有奖金或者奖金极少。员工配股也一样，公司每年有配股额度，跟所属部门和个人的年度绩效考核直接紧密相关，充分拉开差距，优秀员工每年可以配几十万股以上，这意味着每年有几十万元的分红，绩效不好的员工则没有配股额度。

华为也采用多元化激励，通过设置项目奖等，及时激励团队和个人。每次地震、海啸、核泄漏事件以及战争，在当地都有华为人的身影，他们在事件影响之下坚持工作。等局面稳定之后，公司就会发项目奖，一般在几百万元，奖励给团队。到一些治安条件差的地方出差，华为员工万一不幸被抢劫了，公司会全额补偿个人经济损失，还另外给予几万元的"抢劫补贴"，作为额外的安抚。

非物质激励包括机会、职位、荣誉。公司强调：对员工而言，最大的非物质激励就是机会。确实如此，人才需要一个平台施展才华。当年李江也是遇上了华为在国际市场大发展的机遇，作为我们产品线的第一拨市场开拓人员，有了发挥的机会，才历任马来西亚销售总监、印度销售总监、亚太区销售总监、国际部渠道负责人等职。

来源：混沌学院微信公众号，"华为做to B的秘密：用好7种武器，搞好3种关系"，2020-08-02.

二、长期激励和短期激励

（一）长期激励

长期激励机制，是企业的所有者（股东）激励经营管理者与员工共同努力，使其能够稳定地在企业中长期工作并着眼于企业的长期效益，以实现企业的长期发展目标，通过给予高级管理人员以约定的价格，购买未来一定时期内公司股份（股票）的权利来约束和激励员工和高级人员的一项企业管理制度。其主要激励形式如下。

（1）溢价股票期权——股票的预购价格高于发行时的市场价值，其目的在于比标准股权产生更强的激励作用。

（2）长期期权——将股权期限延长到十年以上，使授予期限比传统期限长三至四年，其目的是将公司高层管理人员长期留在公司。

（3）指数化股权——股票的预购价格按照一种股指上下变动，激励绩优股的产生。

（4）外部标准的长期激励——分期授予基于外部标准而不是内部标准的预算或目标。推动本公司与其他公司进行业绩比较，尤其是同行业的大型公司。只有业绩继续高于这些公司，才能获得风险收益。

（5）职业津贴——在雇员退休以前，股票不得全额兑现。这种方法适用于对公司核心雇员的激励和约束为了延长核心员工在组织的工作时间。

（二）短期激励

短期激励即激励薪酬。鉴于绩效评价结果包括个人绩效、群体绩效和公司绩效三个层次，因此也可以将激励薪酬分为个人激励薪酬、群体激励薪酬和公司激励薪酬。短期激励是以员工、团队或者组织的短期绩效为依据而支付给员工个人或团体的薪酬。相对于基本薪酬而言，激励薪酬具有一定的可变性，经营者薪酬实施的前提是业绩，而激励薪酬是和业绩密切联系在一起的。因此，它对员工的激励作用更强。

（三）长期激励与短期激励的结合

对短期激励来说，通常属于一次性激励，而长期激励则不一样，需要长时间对员工产生激励作用。短期激励有着灵活性与时效性等特点，而长期激励则表现在持久性与稳定性等方面。对此，事业单位在开展人力资源管理工作的过程中，应该把短期与长期两种激励方式结合起来，如一个绩效管理周期结束后，针对表现较好的员工应给予一定奖励，而对潜力较大的员工，事业单位要实行长期激励措施，让事业单位发展有足够的人才储备。

1.适宜于长期激励的情况

十分复杂、难度较大的任务；对于目标不明确，需要长期努力方可见效的工作；对于需求的层次较高，事业心较强的员工；在劳动条件较好，工作注意度较高的单位奖励频率宜低。

2.适宜于短期激励的情况

对于比较简单容易完成的任务；对于目标明确短期内可见成果的工作；对于只注重眼前利益的员工；劳动条件和人事环境差的单位。

1. 景区人力资源规划的影响因素包括哪些？

2. 景区人力资源的评估标准包括哪些？

3. 景区工作分析包括哪些程序？

4. 景区招聘包括哪些程序和步骤？

5. 景区初步筛选人员的方法有哪些？

6. 景区战略性人力资源管理包括哪些核心职能？

7. 作为景区职业经理人，您会怎么激励景区员工？

【案例延伸】

华侨城：中国式景区人力资源管理与开发模式

华侨城位于深圳湾畔，始建于 2003 年，2007 年成为首批国家 5A 级旅游景区，也是首批全国文明风景旅游区及国家级文化产业示范园区。华侨城主要包括四个核心园区：锦绣中华、民俗村、世界之窗、欢乐谷。至今，华侨城仍是深圳旅游业的标志性景区。

华侨城的成功除了归功于优越的地理位置（处于全国改革开放前沿——深圳）和科学独到的旅游规划之外，也要归功于其高素质的人才结构和先进的人才管理。作为人造旅游景区，华侨城的建设理念、观赏对象、品牌营造等方面均需依靠大量人力来实现。因此，提升景区人力资源机制与配套体系能够为景区的经营管理带来更多附加值，促使旅游景区向高质量发展。

（1）用人制度。

华侨城用人制度采用的是"双向选择"。作为改革开放的前沿，一方面，深圳为怀抱梦想、充满干劲的年轻人提供各种各样的机会。另一方面，作为我国最大的移民城市，深圳在筛选人才方面留有很大余地，初步形成了人才市场机制，这意味着人才选择华侨城的同时，也需要通过华侨城的考核，优胜劣汰。同时，通过岗位轮换制强化的员工的压力感与危机感；通过薪资区分管理人员档次，培养员工的竞争意识。

（2）激励机制。

1998 年，华侨城实施了"二挂钩""一评估"的约束激励机制，即利润总额与净资产挂钩、当年增加利润与上年实现利润挂钩以及财务综合评估。针对不同部门、工种采用不同的激励方式。对于生产型部门，实行计时计件与质量相结合的分配方式；对于艺术型部门，根据文化风格及管理水平进行量化管理；对于易产生直接效益的部门，根据量化和比较的绩效考核，采用动态控制的方式。此外，建立"品牌＋理财＋制度＝效益"的运行机制来规范企业运作，规范员工行为。

（3）员工队伍培养。

为了保证和提升员工素质，华侨城不断加强对员工的动态培训。在上岗之前，所有员工须通过培训及考核；制定《员工培训大纲》，规定各部门经理每年必须经过20小时的培训学习，各层管理干部在提拔之前必须经过一定程序的培训和考核；按照人力资源优先投资的原则，建立"学习型组织"，由景区出资在暨南大学中旅学院举办旅游专业培训班，各旅游企业都认真抓好职工培训，组织员工学习经营管理、旅游、英语等知识，在此过程中也逐步强化了员工的服务意识。

目前，我国景区人力资源开发与管理模式存在很多弱点，国内很多景区已经开始改革，逐步引入绩效考核机制和提前退休、集团内部人才调动、雇用合同工等方式，以适应多变的环境。但是，旅游景区的情况各不相同，在汲取其他景区经验的同时，不可一味照搬，而是应该取其精华，进行创造性地实践。

来源：

［1］采胤杉.国内外旅游景区人力资源开发与管理模式研究——以美国迪斯尼乐园和中国深圳世界之窗、华侨城为例［J］.攀枝花学院学报，2009，26（2）：58-61.

［2］李海瑞，王兴斌.深圳三景区成功的奥秘——"锦绣中华"、"中国民俗村"和"世界之窗"的考察报告［J］.旅游学刊，1995（5）：30-34，61.

［3］蒯迪岸.试论人造旅游景区的建设经营与创新发展——写在深圳世界之窗开业六周年之际［J］.旅游学刊，2000（4）：28-32.

案例思考：

1. 结合旅游行业现状，华侨城的人力资源管理模式需要做出什么样的调整？

2. 不同类型的旅游景区人力资源管理有什么不同？

【本章参考】

［1］陈胜军.人力资源管理概论［M］.北京：对外经济贸易大学出版社，2009.

［2］方海，赵玉秀.人力资源系统管理与运作［M］.西安：西安电子科技大学出版社，2014.

［3］郭军礼.浅析人力资源管理与旅游景区发展的关系［J］.旅游纵览（下半月），2013（4）：231-232.

［4］刘琴琴，戴剑.新常态下的人力资源管理战略、体系和实践［M］.上海：上海财经大学出版社，2017.

［5］卢向东，陈鹏飞，潘金辉.公共图书馆卓越绩效管理——以深圳龙岗图书馆为例［M］.

武汉：武汉大学出版社，2015.

［6］牟涛．人力资源管理与旅游景区发展关系研究［J］．现代经济信息，2019（1）：100-109.

［7］王丽娟．员工招聘与配置（第2版）［M］．上海：复旦大学出版社，2012.

［8］许丽娟．员工培训与发展［M］．上海：华东理工大学出版社，2008.

第 四 章

景区财务管理

【学习目标】

◇ **景区职业经理人（助理）**

  ● 掌握景区财务会计要素

  ● 掌握景区财务管理的基本方法

  ● 掌握景区成本费用控制流程及方法

◇ **景区职业经理人（中级）**

  ● 熟悉景区财务报表构成

  ● 掌握景区财务指标分析方法

  ● 掌握景区财务风险识别及控制

  ● 了解景区投融资分析方法

◇ **景区职业经理人（高级）**

  ● 熟悉景区成本费用控制流程及方法

  ● 掌握景区财务风险防范及项目投融资分析

  ● 掌握景区投融资管理方法

本章导读

　　旅游景区财务管理与一般企业的财务管理相似，是指景区有关资金的筹集、运用和回收、分配等方面的工作。景区财务管理的目标是保证旅游景区有足够的资金维持其正常的运营，并能获得一定的财务回报。因此，景区职业经理人需要了解和掌握基本的财务管理知识，学习景区成本控制及财务报表、风险控制、投融资分析等内容。

随着我国经济发展持续向好，旅游业迅猛发展，我国旅游收入在国内生产总值的比重也在持续增加。未来，旅游行业的发展将为我国乃至全球经济发展带来更多红利。但景区繁荣发展的同时，诸多管理性弊端已初现端倪。已有数据表明，我国旅游景区企业收入虽连年增长，但有些景区已经存在成本增长率超过收入增长率的现象，利润指标也在逐年下降。这表明，相比于景区的快速发展，景区的财务管理已经滞后。在实际经营中，已有很多景区因财务问题不堪重负，其中不乏国家级景区。2009 年，昆明石林风景区因负债 7 亿元致使票价上涨；无独有偶，贵州荔波、山西五台山等同样深陷债务危机。更有甚者，因无法偿清债务宣告景区破产，如河南洛阳的龙潭大峡谷景区和养子沟景区、重庆的龙门阵景区、山东的大乳山景区、河北的狼牙山景区均因不能偿清债务而申请破产或重组。

第一节　景区财务管理基础

一、财务会计要素

（一）会计要素的概念

会计要素相当于对会计语言词汇的基本分类。会计要素是对会计对象（即会计主体的资金运动）的基本分类，是会计对象的具体化，是用于反映会计主体财务状况和经营成果的基本单位。

（二）会计要素的构成

我国的《企业会计准则——基本准则》（2014 年修正本）定义了六大会计要素：资产、负债、所有者权益、收入、费用和利润。

其中，资产、负债和所有者权益三项会计要素反映企业的财务状况，构成资产负债表要素；收入、费用和利润三项会计要素反映企业的经营成果，构成利润表要素。

1. 资产

资产是指企业过去的交易或者事项形成的，由企业拥有或者控制的，预期会给企业带来经济利益的资源。

资产同时具有特征：（1）资产应为企业现在拥有或者控制的资源；（2）资产预期会

给企业带来经济利益；（3）资产是由企业过去的交易或者事项形成的。另外，会计中入账的资产必须是可以计量的。

资产可以分为流动资产和非流动资产。流动资产是指可以在1年或者超过1年的一个营业周期内变现或者耗用的资产，景区的流动资产主要包括库存现金、银行存款、应收及预付款项、存货等。非流动资产是指在1年或者超过1年的一个营业周期以上才能变现或者耗用的资产。景区的长期资产包括：长期股权投资、固定资产、无形资产等。

2. 负债

负债是指企业过去的交易或者事项形成的，预期会导致经济利益流出企业的现时义务。

负债同时具有如下特征：（1）负债是企业承担的现时义务；（2）负债的偿还预期会导致经济利益流出企业；（3）负债是由企业过去的交易或者事项形成的。

负债一般按其偿还速度或偿还时间的长短划分为流动负债和非流动负债两类。流动负债是指将在1年或超过1年的一个营业周期内偿还的债务，主要包括短期借款、应付票据、应付账款、预收账款、应付职工薪酬、应交税费、应付利润、其他应付款、预提费用等。非流动负债是指偿还期在1年或超过1年的一个营业周期以上的债务，包括长期借款、应付债券、长期应付款等。

3. 所有者权益

所有者权益，又称股东权益，是指企业资产扣除负债后，由所有者享有的剩余权益。由于所有者权益是企业资产扣除负债后剩余的部分，因此还称为净资产。

所有者权益的来源包括所有者投入的资本、直接计入所有者权益的利得和损失、留存收益等。所有者权益通常由股本（或实收资本）、资本公积（含股本溢价或资本溢价、其他资本公积）、盈余公积和未分配利润构成。

4. 收入

收入是指企业在日常活动中形成的，会导致所有者权益增加的，与所有者投入资本无关的经济利益的总流入。收入的取得通常表现为资产的增加，或者负债的减少。

收入同时具有如下特征：（1）收入是企业日常活动中形成的；（2）收入会导致所有者权益增加；（3）收入是与所有者投入资本无关的经济利益总流入。

5. 费用

费用是指企业在日常活动中形成的，会导致所有者权益减少的，与向所有者分配利润无关的经济利益的总流出。费用实际上是企业为获得收入而付出的相应"代价"。

费用同时具有如下特征：（1）费用是企业在日常活动中形成的；（2）费用会导致所有者权益的减少；（3）费用是与向所有者分配利润无关的经济利益的总流出。

费用按经济内容，可以分为以下费用要素：（1）外购材料；（2）外购燃料、动力；（3）工资及职工福利费；（4）折旧费；（5）利息支出；（6）税金；（7）其他费用，是指不属于以上各种费用要素的费用支出。

费用按经济要途，可以分为：（1）生产成本，是企业为生产一定种类和数量的产品所发生的费用，生产成本又可细分为直接材料、直接人工和制造费用。（2）期间费用，是不计入产品生产成本、直接计入发生当期损益的费用，期间费用又包括管理费用、财务费用和销售费用。

6. 利润

利润是指企业在一定会计期间的经营成果，即企业经济利润流入减去经济利润流出后的差额。利润不能单独确认，要依赖于收入、费用、利得和损失的确认，其金额取决于对收入、费用、利得和损失金额的计量。

二、财务会计等式

（一）会计等式的概念

企业每发生一笔经济业务，都是资金运动的一个具体过程。每个资金运动过程都必然涉及相应的会计要素。会计要素之间的这种内在关系可以通过数学表达式予以描述，由此形成会计等式。会计等式，又称会计恒等式，是会计要素之间基本关系的数学表达式。

（二）会计等式的内容

1. 静态会计等式（第一会计等式）

资产、负债和所有者权益，实际上是同一资金运动的两个方面。一个是"来源"，一个是"去向"。因此，这两方面之间必然存在着恒等关系。这一恒等关系用公式表示出来就是：

$$资产 = 负债 + 所有者权益$$

这一会计等式是最基本的会计等式，也称为会计第一会计等式、静态会计等式、存量会计等式等。

2. 动态会计等式（第二会计等式）

企业经营管理和财务管理的一个重要目标是实现盈利。将一定期间的收入与费用相比较，收入大于费用的差额为利润；反之，收入小于费用的差额则为亏损。

因此，收入、费用和利润三个要素之间的关系可用公式表示为：

$$收入 - 费用 = 利润$$

这一等式也称为第二会计等式、增量会计等式，反映了企业某一时期收入、费用和利润的恒等关系。

三、企业账务管理目标

（一）利润最大化

利润最大化是西方微观经济学的理论基础，可以利润最大化这一概念分析和评价企业的行为和绩效。但是，利润最大化的目标存在如下缺点：（1）没有考虑利润实现的时间，即没有考虑资金时间价值；（2）利润最大化没有考虑风险问题，这可能导致企业不顾风险去追求最多的利润；（3）单纯追求利润最大化容易诱导企业短期行为，不利于企业的成长与长远发展。

（二）股东财富最大化

股东财富最大化是指财务管理活动的目标是为股东创造更多的财富。与利润最大化目标相比，股东财富最大化目标有其积极的方面：（1）因为风险会对股票价格产生重要影响，因此股东财富最大化目标考虑了风险因素；（2）因为不仅目前利润会对股票价格产生影响，预期未来利润同样也会对股票价格产生影响，因此股东财富最大化可以在一定程度上克服企业追求利润上的短期行为；（3）股东财富最大化目标比较容易量化，便于考核和奖惩。

同样，股东财富最大化目标也存在一些缺点：（1）它只适用于上市公司，对非上市公司则很难适用；（2）它只强调股东的利益，而对企业其他利益相者的利益重视不够；（3）股票价格受多种因素影响，并非都是企业所能控制的，把不可控因素引入理财目标是不合理的。

（三）企业价值最大化

企业价值最大化是指通过兼顾多方的利益需要，通过合理经营，在保证企业长期稳定发展的基础上使企业总价值达到最大。企业价值最大化的优点具体体现在以下几个方面：（1）强调风险与报酬的平衡，将风险限制在企业可以承担的范围之内；（2）为股东创造财富，有利于培养长期稳定的股东关系；（3）关心员工利益，创造有利的工作环境；（4）加强与债权人的联系，培养长期可靠的资金供应者；（5）关心顾客利益，以保持销售收入的长期稳定增长；（6）诚信合法经营与承担社会责任，有利于企业的成长与发展。

第二节 景区财务管理基本方法

一、财务管理方法的概念与分类

财务管理方法是为了实现财务管理目标、完成财务管理任务，进行理财活动时，所采用的各种分析技术与管理手段。

财务管理方法有很多，可按多种标准进行分类。

（1）根据财务管理方法的特点，可分为定性财务管理方法和定量财务管理方法。

（2）根据财务管理内容，可分为筹资管理方法、投资管理方法、营运资金管理方法、利润及其分配管理方法。

（3）根据财务管理的环节，可分为财务预测方法、财务决策方法、财务计划方法、财务控制方法、财务分析方法。

二、定性财务管理方法

定性财务管理方法是通过研究，定性描述财务管理中客观事物的规律性，进而采取相应管理对策的财务管理方法。景区财务管理常用的定性财务管理方法主要有以下几种。

（一）归纳演绎法

归纳演绎是归纳法与演绎法的合称。归纳法是从个别前提导出一般性结论。例如，根据"大量投资活动都存在风险"的事实，推出"所有投资活动都有风险"。演绎法则是从一般性前提导出特殊性结论。演绎的前提由归纳提供，归纳也可借助于演绎论证的结果来检验自身判断的正确性。

（二）分析综合法

分析法，又称分解法，是把整体分解为各个部分、各个要素分别进行考察研究；综合则是把事物各个部分联结成为一个整体而加以考察研究。

例如，为了深入了解企业资产的构成，可以企业资产划分为"流动资产"与"非流动资产"分门别类地进行分析与管理。同时，从总体上认识负债的特性，可以综合考虑"短期负债"和"长期负债"的共性特征，进而形成对负债的总体认识。

（三）因果分析法

因果分析法是根据此现象与彼现象、此变量与彼变量之间的内在联系或逻辑联系推理得出两者之间因果关系的管理方法。在一种结果多种原因或一种原因多种结果情况下，人们常结合排除法来进行因果关系判断。

（四）比较法

比较法是通过与参照条件的比较，来认识客体的特征、属性、状态，进而采取对策的财务管理方法。根据参照条件的不同，比较分析可进一步分为纵向比较法和横向比较法。纵向比较的参照条件是客体自身在以往时期的状况；横向比较的参照条件是同一时期其他相似或相近客体的状况。

（五）鱼刺图法

鱼刺图法是对问题原因进行直观分析的一种方法，即利用鱼刺图把各种影响因素按其影响程度的大小分成若干个等级，影响大而直接的因素称为一级影响因素，以此类推，下级影响因素是上一级影响因素的原因。通过层层列示影响因素，可由表及里地把造成问题的原因梳理出来。

（六）业务跟踪法

业务跟踪法就是顺着业务交易和处理的路径，全过程了解管理状况，发现问题产生原因的常用方法。通过业务跟踪可以了解企业业务处理细节，从而采用有效对策。

三、定量财务管理方法

定量财务管理方法，亦称"数量化财务管理方法"，是通过研究，量化描述财务管理中客观事物的规律性，进而采取相应管理对策的财务管理方法。景区财务管理常用的定量财务管理方法如下。

（一）80/20 法则

80/20 法则是麦肯锡公司发现的，在管理活动中广泛存在并应用的一种法则和管理方法。它表明企业各种资源的投入与产出之间并不对称的关系：80% 的资源投入带来20% 的产出，而另外 20% 的资源投入却带来 80% 的产出。

（二）ABC 管理法

ABC 管理法又称重点管理法或分类管理法，其基本原理是对影响组织活动和成效的各种因素依其重要性分成 A、B、C 三类，并采取不同的管理措施。

（三）结构分析法

结构分析法，又称比重分析法，是计算某项经济指标的各个组成部分占总体的比重，并分析其变化，从而为预测和控制结构变化对指标的影响提供依据。

（四）指数分析法

指数分析法，又称动态分析法，是指两个或两组同质绝对数的比值，它以相对数的形式综合反映某指标值的变动方向和变动程度。通过指数分析，有助于人们更深入地了解现象发展的动态。

（五）比率分析法

比率分析法是指两个不同的绝对指标进行相互比较而形成的相对指标，它反映了分析对象的某种特征或属性。比率分析法在财务分析中有着广泛的应用。

（六）因素分析法

企业经营管理活动是一个有机整体，反映企业经营活动的每个经济指标的变化，都受到若干因素的影响。因素分析就是把构成经济指标的各项因素分解出来，测定这些因素变动对经济指标变化的影响方向和影响程度。

（七）敏感性分析法

敏感性分析法发展成为一种专门技术，是指研究与分析一个系统因周围条件发生变化而引起其状态或输出结果变化的敏感程度的方法。反映敏感程度的指标是敏感系数。敏感系数 = 目标值变动百分比 / 参量值变动百分比。

（八）平衡分析法

平衡分析法是利用各项指标之间的数量平衡关系来进行分析的方法。常见的平衡分析有：盈亏平衡分析和投入产出平衡分析。盈亏平衡分析，也称量本利分析或保本（利）点分析，是在对成本习性分析的基础上，通过建立产品销售量、不同性质的成本和营业利润之间的数量关系式来进行分析的方法。

（九）数学模型法

模型是用适当的规则对实际物体所进行的简洁模仿。数学模型所要模仿或表达的是变量之间的数量依存关系。数学模型是对于现实世界的某一特定对象，为了某个特定目的，做出一些必要的简化和假设，运用适当的数学工具得到的一个数学结构。在财务管理中，较为典型的数学模型有量本利模型、存货模型等。

第三节　景区成本费用控制

一、景区成本费用的概念、构成及分类

（一）景区成本费用的概念与构成

景区成本费用是指景区在向游客提升服务业务的经营管理过程中，发生的各项直接支出和耗费。

景区成本费用按其经济内容可划分为营业成本和期间费用。

1. 营业成本

营业成本是景区企业在业务经营过程发生的各种直接支出，包括原料耗用成本、代收代付费用、商品进价成本和其他成本。

（1）原材料耗用成本。

指为制造一定产品而支出的材料费。不同性质的景区有不同内容的直接材料支出，如在景区园艺方面，有苗木、盆景、景观架等直接材料支出；在景区餐饮业务方面耗用的食品、饮料、调料和配料等成本等。

（2）代收代付费用。

如借调、聘用导游和翻译人员的劳务报酬，为游客支付的人身保险费用，按规定上交旅游主管部门的宣传费，游客观看文艺节目、参加娱乐活动而支付给文化部门或其他部门的费用等。

（3）商品的进价成本。

包括商品销售业务已销商品的进价成本。

（4）其他成本。

如出售无形资产、出售除商品以外存货的实际成本。

2. 期间费用

期间费用指一定会计期间内发生的与企业生产经营没有直接关系和关系不密切而直接计入当期损益的各项费用，主要包括销售费用、管理费用、财务费用等。

（1）销售营业费用。

又称营业费用，指各营业部门在经营中发生的各项费用，如运输费、装卸费、包装费、保管费、展览费、广告宣传费、经营人员的工资（含奖金、津贴和补贴）、职工福

利费、工作餐费、服装费以及其他营业费用。

（2）管理费用。

指企业为组织和管理业务经营活动而发生的费用以及由企业统一负担的费用，包括公司经费、工会经费、职工教育经费、劳动保护费、待业保险费、劳动保险费、董事会费、坏账损失费、存货盘亏和毁损费、上级管理费以及其他管理费用。

（3）财务费用。

指企业经营期间发生的利息净支出、汇总净损失、金融机构手续费，以及为筹集资金所发生的费用。

（二）景区成本费用的分类

1. 按照成本习性不同划分

成本习性是指成本总额对业务量的依存关系。景区的成本费用按照成本习性的不同划分为固定成本、变动成本和混合成本。

（1）固定成本。

指一定业务量范围内，其总额不随经营业务量的增减变化而发生变化的成本费用。一般包括员工薪酬、租金、折旧费、利息费、保险费等。

固定成本按照管理决策行动能否改变其数额，又可以细分为：①约束性固定成本，指不能通过当前的管理决策行动加以改变的固定成本，如租金、折旧费、员工的基本薪酬；②酌量性固定成本，指可以通过管理决策行动改变其数额的固定成本，如科研开发费、广告费、职工培训费等。

（2）变动成本。

指在一定时期内，其总额随着经营业务量的增减变化而发生变化的成本费用。例如，景区餐饮业务的食品原材料支出会随着就餐客人的增加而增加。虽然变动成本总额随业务量的变动而变动，但单位变动成本却不随业务量的变动而变动。

（3）混合成本。

总额中既包括固定成本也包括变动成本，混合成本主要包括电话费、维修保养费等。混合成本可以采用一定的方法将其分解为固定成本和变动成本。

2. 按照计入方式不同划分

（1）直接成本。

指景区在为游客提供服务过程中，所发生的各项直接支出，也就是直接用于游客的费用，如"营业成本"，主要包括原材料成本、商品进价成本等。

（2）间接成本。

指一定会计期间发生的，与景区生产经营没有直接关系和关系不密切的成本费用。间接成本不计入营业成本，直接体现为期间费用。包括销售费用、管理费用、财务费用。

3. 按照成本是否可控划分

（1）可控成本。

可控成本是指成本的发生能明确归属某一单位权责范围内，而且能加以控制的成本。例如，采购费用属于采购部门的可控成本，办公费用对管理部门来说也是可控成本。

（2）不可控成本。

不可控成本是指成本的发生不能明确归属某一单位权责范围内，而且不能加以控制的成本。例如，折旧费用对采购部门来说就是不可控成本。

二、景区成本费用控制流程

景区成本费用控制流程主要由以下四个环节组成。

（一）制定成本费用标准

成本费用控制以成本费用预算为主要依据，而成本费用预算又以成本费用标准为基础。因此，进行成本费用控制首先要制定成本费用标准。

（二）编制成本费用预算

成本费用预算是景区进行成本费用控制的标准。以制定成本费用标准、业务量、预计消耗量等为基础编制景区总预算，并分解到各经营部门和职能部门，条件完备时，甚至可以分解各岗位和员工，形成成本费用控制的标准。

（三）监控成本费用形成过程

由于有了成本费用控制的标准，因此在成本费用的形成过程中，要周期性地把景区成本费用发生的实际情况与控制标准对比，及时纠正偏差，以保证成本费用支出控制在预算范围之内。

（四）纠正偏差并予以奖惩

针对成本差异发生的原因，查明责任者，分别情况，提出改进措施，加以贯彻执行，并根据成本费用控制成果对相关责任人予以奖惩。

三、景区成本费用控制方法

景区成本费用控制方法主要包括预算控制法和制度控制法。

（一）预算控制法

预算控制法是根据预算规定的收入与支出标准来监督各部门活动，以保证景区经营目标的实现，并使成本费用支出严格有效控制状况的一种方法。

例 4-1 假定某景区在编制下期销售及管理费用预算时，由营销及管理部门的全体职工反复协商后一致认为计划期间发生的费用项目及开支水平为：

（1）市场开拓费 200000 元；

（2）产品研发费 300000 元；

（3）员工培训费 200000 元；

（4）房屋租金 100000 元；

（5）销售及管理人员工资 120000 元；

（6）差旅费 80000 元；

（7）办公费 60000 元。

同时，在上述成本费用项目中，房屋租金、销售人员工资、差旅费和办公费在预算期需全额得到保障。对市场营销费、产品研发费和员工培训费，根据历史资料进行"成本—效益分析"，市场开拓费 1 元成本收益 10 元，产品研发 1 元成本收益 18 元，员工培训费 1 元成本收益 12 元。

要求：假定该景区预算期对于销售及管理费用可动用的财力资源只有 940 000 元，考虑应如何排列层次和顺序，分配资金落实预算。

解：该预算分配可以分两步进行：

第一步：房屋租金、销售人员工资、差旅费和办公费属于约束性固定成本，计划期不可减少，需全面得到保证，共计 80 000 + 120 000 + 80 000 + 60 000 = 340 000（元）。

剩余可分配资金 = 940 000-340 000 = 600 000（元）

第二步：市场营销费、产品研发费、员工培训费属于酌量性固定成本，将剩余可分配资金按成本收益率进行分配：

$$市场开拓费 = 600\,000 * \left[10 \div （10 + 18 + 12） \right] = 150\,000（元）$$
$$产品研究费 = 600\,000 * \left[18 \div （10 + 18 + 12） \right] = 270\,000（元）$$
$$员工培训费 = 600\,000 * \left[12 \div （10 + 18 + 12） \right] = 180\,000（元）$$

（二）制度控制法

制度控制法是利用国家及景区企业内部各项成本费用管理制度来控制成本费用的一种方法。景区应该制定各项开支消耗的审批制度，日常考勤的考核制度，设备设施的维修保养制度，各种材料物资的采购、验收、保管、领发制度，报批审批制度，以及相应的奖惩办法，对于降低成本费用有显著效果的要予以重奖，对成本费用控制不力造成超支的要予以惩罚。只有这样才能真正调动员工节约成本费用、降低消耗的积极性。

第四节 景区财务报表与指标体系[*]

一、财务报表的概念与构成

（一）财务报表的概念

财务报表，又称会计报表，是企业财务信息的主要载体，也是对企业财务状况、经营成果和现金流量的结构性表述。

（二）财务报表的构成

企业财务报表主要包括资产负债表、利润表、现金流量表。

1.资产负债表

资产负债表是反映企业在某一特定日期财务状况的会计报表。资产负债表以会计恒等式"资产 = 负债 + 所有者权益"为依据，按照一定的分类标准，反映在某一时点上，企业的资产、负债和所有者权益的基本状况，属静态报表。资产负债表大多采用账户式（左右式）结构。资产负债表的结构如表 4-1 所示（以黄山旅游股份有限公司为例）。

表 4-1 资产负债表

2019 年 1~12 月

编制单位：黄山旅游发展股份有限公司 单位：元 币种：人民币

资产	年末数	期初数	负债和所有者权益	年末数	年初数
流动资产			流动负债		
货币资金	1801357943.33	1785011451.67	短期借款	903377.60	
交易性金融资产			交易性金融负债		
应收票据			应付票据		
应收账款	41179588.85	57674365.15	应付账款	93327545.65	89958031.61
应收款项融资			预收账款	21631440.62	24997363.27
预付账款	24719467.22	17061201.35	应付职工薪酬	53119928.63	55023234.88
其他应收款	16158656.53	32322455.66	应交税费	55755603.31	129287342.25

资产	年末数	期初数	负债和所有者权益	年末数	年初数
存货	29390179.12	25809702.84	其他应付款	118241757.53	106837566.54
一年内到期的非流动资产			一年内到期的非流动负债		
其他流动资产	297580885.19	318883891.54	其他流动负债		
流动资产合计	2210386720.24	2236763068.21	流动负债合计	342979653.34	406103538.55
非流动资产			非流动负债		
债权投资			长期借款	2624580.00	2624580.00
可供出售金融资产		456073923.77	应付债券		
长期应收款	133464248.60		递延收益	33472011.95	26851216.57
长期投资	41479491.29	35905206.72	递延所得税负债	65535483.40	39866088.63
其他权益工具投资	296380000.00		非流负债合计	101632075.35	69341885.20
其他非流动金融资产	236158243.15		负债合计	444611728.69	475445423.75
投资性房地产			所有者权益		
固定资产	1506707470.73	1643103524.45	实收资本 / 股本	729379440.00	747300000.00
在建工程	208979500.29	40289633.47	资本公积	367102137.31	502521118.29
无形资产	177154613.00	182948500.86	减：库存股	0.00	125848300.16
商誉	7495748.36	7495748.36	其他综合收益	195753447.17	135429150.00
长期待摊费用	94902865.11	76858977.16	盈余公积	375683134.81	375683134.81
递延所得税资产	20475079.41	14263429.50	未分配利润	2691160573.89	2447411850.07
其他非流动资产	34194452.85	9617309.76	少数股东权益	164087971.16	145376945.50
非流动资产合计	2757391712.79	2466556254.05	所有者权益合计	4523166704.34	4227873898.51
资产总计	4967778433.03	4703319322.26	负债和所有者权益合计	4967778433.03	4703319322.26

2. 利润表

利润表是全面、总括地反映企业一定期间生产经营成果的一种财务报表，是以"利润＝收入－费用"这一会计等式为依据编制而成的。利润表全面揭示了企业在某一特定时期实现的各种收入、发生的各种费用、成本或支出，以及企业实现的利润或发生的亏损情况。因此，利润表是动态报表。利润表结构如表4-2所示（以黄山旅游发展股份有限公司为例）。

表 4-2 利润表

2019 年 1~12 月

编制单位：黄山旅游发展股份有限公司 单位：元 币种：人民币

项目	行次	本年金额	上年金额
一、营业收入	1	1606740374.50	1620953548.06
其中：营业收入	2	1606740374.50	1620953548.06
二、营业总成本	3	1134082886.56	1144160215.47
其中：营业成本	4	707438217.88	743383284.46
税金及附加	5	26196199.89	27389475.20
销售费用	6	104729833.67	108978804.53
管理费用	7	303627181.39	262629635.58
财务费用	8	-7908546.27	1779015.70
其中：利息费用	9	16778.41	
利息收入	10	11525026.83	4340840.01
加：其他收益	11	7063417.39	3441395.54
投资收益（损失以"-"填列）	12	36597343.67	306502987.39
汇总收益（损失以"-"填列）	13		
公允价值变动收益（损失以"-"填列）	14	-2364305.65	
信用减值缺失（损失以"-"填列）	15	-1059686.70	
资产减值损失（损失以"-"填列）	16	-869804.26	19184752.47
资产处置收益（损失以"-"填列）	17	52985.18	18769801.93
三、营业利润（亏损以"-"填列）	18	512077437.57	824692269.92
加：营业外收入	19	1674496.83	2000289.87
减：营业外支出	20	2870379.67	11457498.76
四、利润总额（亏损总额以"-"填列）	21	510881554.73	815235061.03
减：所得税费用	22	147234722.16	210103513.31
五、净利润（净亏损以"-"填列）	23	363646832.57	605131547.72

3. 现金流量表

现金流量表是直接或间接反映报告期内企业现金流入、现金流出和现金净流量的报表。现金流量表同利润表一样，属于期间报表，也是动态财务报表。

现金流量表采用报告式结构，分类反映经营活动产生的现金流量、投资活动产生的现金流量和筹资活动产生的现金流量，最后汇总反映企业某一期间现金及现金等价物净增加额。

现金流量表的结构如表4-3所示（以黄山旅游发展股份有限公司为例）。

表4-3 现金流量表

2019年1~12月

编制单位：黄山旅游发展股份有限公司　　　　　　单位：元　　　　　　币种：人民币

项目	行次	本年金额	上年金额
一、经营活动产生的现金流量：	1		
销售商品、提供劳务收到的现金	2	1697504814.50	1703159391.05
收到的税费返还	3		
收到的其他与经营活动有关的现金	4	393685849.80	373188665.00
现金流入小计	5	2091190664.30	2076348056.05
购买商品、接受劳务支付的现金	6	454696575.07	495269059.65
支付给职工以及为职工支付的现金	7	371464798.41	359775764.16
支付的各项税费	8	292760297.33	236849073.47
支付的其他与经营活动有关的现金	9	546135852.61	526833688.71
现金流出小计	10	1665057523.42	1618727585.99
经营活动产生的现金流量净额	11	426133140.88	457620470.06
二、投资活动产生的现金流量：	12		
收回投资所收到的现金	13	2125507370.13	3218506895.53
取得投资收益所收到的现金	14	34982195.02	43518085.96
处置固定资产、无形资产和其他长期资产收回的现金净额	15	22304956.67	164343.59
收到的其他与投资活动有关的现金	16	11525026.83	648592590.08
现金流入小计	17	2194319548.65	3910781915.16
购建固定资产、无形资产和其他长期资产所支付的现金	18	232591346.73	89868606.79
投资所支付的现金	19	2119000000.00	2694900000.00
取得子公司及其他营业单位支付的现金净额	20	110029657.03	
支付的与其他与投资活动有关的现金	21	130000000.00	5162.72
现金流入小计	22	2481591346.73	2894803426.54
投资活动产生的现金流量净额	23	-287271798.08	1015978488.62
三、筹资活动产生的现金流量：	24		
吸收投资所收到的现金	25	18200000.00	490000.00
借款所收到的现金	26	903377.60	
收到的其他与筹资活动有关的现金	27		
现金流入小计	28	19103377.60	490000.00
偿还债务所支付的现金	29		

项目	行次	本年金额	上年金额
分配股利、利润或偿付利息所支付的现金	30	116560567.50	222392851.75
支付的其他与筹资活动有关的现金	31	25057918.51	125848300.16
现金流入小计	32	141618486.01	348241151.91
筹资活动产生的现金流量净额	33	−122515108.41	−347751151.91
四、汇率变动对现金的影响	34	257.27	−13828.28
五、现金及现金等价物净增加额	35	16346491.66	1125833978.49
加：期初现金及现金等价物余额	36	1785011451.67	659177473.18
六、期末现金及现金等价物余额	37	1801357943.33	1785011451.67

二、景区财务指标体系

（一）景区财务指标的概念与构成

景区财务指标体系由反映景区偿债能力分析指标、营运能力分析指标、盈利能力分析指标和成长（或发展）能力分析指标四个方面的财务指标构成。景区财务指标体系构成如表4-4所示。

表4-4 景区财务指标体系构成

偿债能力 分析指标	流动比率 速动比率 现金比率 超现金比率 资产负债率 产权比率 已获利息倍数
营运能力 分析指标	应收账款周转率和周转天数 存货周转率和周转天数 营业周期 固定资产周转率 总资产周转率
盈利能力 分析指标	营业净利率 总资产报酬率 净资产报酬率
成长能力 分析指标	营业收入增长率 净利润增长率 总资产增长率 净资产增长率

（二）偿债能力分析指标

偿债能力分析指标是反映企业偿还到期债务（包括本金和利息）能力的财务指标。偿债能力分析指标包括短期偿债能力分析指标和长期偿债能力分析指标。

1. 短期偿债能力分析指标

（1）流动比率。

流动比率是企业流动资产与流动负债之间的比值。流动比率是衡量企业短期偿债能力的重要指标。

流动比率计算公式为：

$$流动比率 = \frac{流动资产}{流动负债}$$

$$2019\ 年黄山旅游流动比率 = \frac{流动资产}{流动负债} = \frac{2210386720.24}{342979653.34} = 6.44$$

流动比率可以体现企业的偿还短期债务的能力。流动比率越大，企业的短期偿债能力越强。通常认为，流动比率等于 2.0 较为合理。

（2）速动比率。

速动比率，又称酸性测试比率，是速动资产与流动负债的比值。

速动比率的计算公式为：

$$速动比率 = \frac{流动资产 - 存货}{流动负债}$$

$$2019\ 年黄山旅游速动比率 = \frac{流动资产 - 存货}{流动负债} = \frac{2210386720.24 - 29390179.12}{342979653.34} = 6.36$$

在流动资产中，存货的变现能力最差，极可能产生损失。而速动比率由于在计算时不包含存货因素，所以能比流动比率更好地反映企业的短期偿债能力。习惯上认为，速动比率等于 1.0 较为合理。

（3）现金比率。

现金比率是景区现金类资产与流动负债的比值。现金类资产是指货币资金、交易性金融资产和现金等价物等能够即时偿还流动负债的资产。

现金比率的计算公式为：

$$现金比率 = \frac{现金类资产}{流动负债}$$

$$2019\ \text{年黄山旅游流动比率} = \frac{\text{现金类资产}}{\text{流动负债}} = \frac{1801357943.33}{342979653.34} = 5.25$$

现金比率是对短期偿债能力要求最高的指标，主要适用于那些应收账款和存货的变现能力都存在问题的企业。这一指标越高，说明企业短期偿债能力越强。

（4）超现金比率。

超现金比率，又称现金流量比率，是经营现金净流量与流动负债的比值。

超现金比率的计算公式为：

$$\text{超现金比率} = \frac{\text{经营现金净流量}}{\text{流动负债}}$$

$$2019\ \text{年黄山旅游超现金比率} = \frac{\text{经营现金净流量}}{\text{流动负债}} = \frac{426133140.88}{342979653.34} = 1.24$$

超现金比率指标越高，说明企业支付当期债务的能力越强，企业的财务状况越好；反之，则说明企业支付当期债务的能力较差。

2. 长期偿债能力财务指标

（1）资产负债率。

资产负债率是景区负债总额除以资产总额的比值，也就是负债总额与资产总额的比例关系，又称为债务比率。

资产负债率的计算公式为：

$$\text{资产负债率} = \frac{\text{负债总额}}{\text{资产总额}} \times 100\%$$

$$2019\ \text{年黄山旅游资产负债率} = \frac{\text{负债总额}}{\text{资产总额}} \times 100\% = \frac{444611728.69}{4967778433.03} \times 100\% = 8.9\%$$

资产负债率越高，说明景区的长期偿债能力越差，财务风险越大；反之，这个比率越低，说明景区长期偿债能力越强，财务风险越小。

（2）产权比率。

产权比率是负债总额与所有者权益总额之间的比值，也称为债务股权比率。它也是衡量企业长期偿债能力的指标之一。

产权比率的计算公式为：

$$\text{产权比率} = \frac{\text{负债总额}}{\text{所有者权益总额}} \times 100\%$$

$$2019 \text{ 年黄山旅游产权比率} = \frac{\text{负债总额}}{\text{所有者权益总额}} \times 100\% = \frac{444611728.69}{4523166704.34} \times 100\% = 9.8\%$$

产权比率反映了借入资金相对于所有者提供资金的倍数。这一比率越高，说明相对于所有者投入资金，债权人投入的资金比例越大，企业长期偿债能力越弱，财务风险越大。因此，从偿债能力角度来看，这一比率越低越好。

（3）已获利息倍数。

已获利息倍数，又称利息保障倍数，是景区经营收益与利息费用的比率，用以衡量企业偿付借款利息的能力。

已获利息倍数的计算公式为：

$$\text{已获利息倍数} = \frac{\text{息税前利润}}{\text{利息费用}} = \frac{\text{净利润 + 所得税 + 利息费用}}{\text{利息费用}}$$

公式中的分子即息税前利润，是包括净利润、所得税和利息费用在内的总和。如果利息费用没有在财务报告中单独列出，这时习惯用财务费用近似代替利息费用。

$$\begin{aligned}
2019 \text{ 年黄山旅游已获利息倍数} &= \frac{\text{息税前利润}}{\text{利息费用}} = \frac{\text{净利润 + 所得税 + 利息费用}}{\text{利息费用}} \\
&= \frac{363646832.57 + 147234722.16 + 16778.41}{16778.41} \\
&= 30449.75
\end{aligned}$$

已获利息倍数反映了企业所实现利润支付利息费用的能力。这一指标越大，说明支付利息的能力越强；反之，则说明支付利息的能力比较弱。该指标若低于1，说明企业实现的利润不足以支付当期费用，表明企业有极大的财务风险。

（三）营运能力分析指标

按照资金流动性划分，可以将营运能力分析指标划分为短期资产营运能力分析指标和长期资产营运能力分析指标。

1. 短期资产营运能力分析指标

（1）应收账款周转率和周转天数。

应收账款周转率，又称应收账款周转次数，是指一定会计期间内景区应收账款转为现金的平均次数。该指标是一定时期的营业收入与应收账款平均余额的比值。

应收账款周转率计算公式为：

$$\text{应收账款周转率} = \frac{\text{营业收入}}{\text{应收账款平均余额}}$$

其中：

$$应收账款平均余额 = \frac{本年末应收账款余额 + 上年末应收账款余额}{2}$$

$$2019 年黄山旅游应收账款周转率 = \frac{营业收入}{应收账款平均余额} = \frac{1606740374.50}{\dfrac{57674365.15 + 41179588.85}{2}}$$

$$= 32.51（次 / 年）$$

应收账款周转率越高，说明其收回越快，利用效率越高；反之，说明营运资金过多停滞在应收账款上，影响正常资金周转及偿债能力。需要注意的是，应收账款周转率分析要与企业的经营方式结合考虑，以下几种情况单独使用该指标并不能全面客观地反映景区应收账款管理的实际情况：①季节性经营的企业；②大量使用分期收款结算方式；③大量使用现金结算的销售；④年末大量销售或年末销售大幅度下降。

应用应收账款周转率，还可以计算应收账款周转天数。应收账款周转天数是指从形成应收账款到收回款项所需时间，即应收账款周转一次所需时间，也是反映应收账款周转快慢的指标。应收周转账款周转天数越少，说明回收越快，利用效率越高。

应收账款周转天数计算公式为：

$$应收账款周转天数 = \frac{360}{应收账款周转率}$$

$$2019 年黄山旅游应收账款周转天数 = \frac{360}{应收账款周转率} = \frac{360}{32.51} = 11.07（天）$$

（2）存货周转率和周转天数。

存货周转率是一定会计期间存货的次数，侧重于反映存货生产和销售的速度。该指标是一定时期的营业成本与存货余额的比值。

存货周转率计算公式为：

$$存货周转率 = \frac{营业成本}{平均存货余额}$$

$$2019 年黄山旅游存货周转率 = \frac{营业成本}{平均存货余额} = \frac{707438217.88}{\dfrac{25809702.84 + 29390179.12}{2}}$$

$$= 25.63（次 / 年）$$

通常，存货周转率越高，说明存货周转越快，存货利用效果越好。但是，如果存货周转过高，也可能说明企业管理方面存在问题，如经常缺货、采购过于频繁等。所以在实际工作中，要深入调查企业库存构成，结合企业的销售、管理等各项政策进行分析。

存货周转天数是指企业从形成存货开始，到消耗、销售为止所经历的天数。周转天数越少，说明存货变现的速度越快，企业资金占用在存货的时间越短，存货管理工作的效率越高。因此，存货周转率不仅可以反映企业的销售能力，还可以衡量企业生产经营中的各个环节运用和管理存货的工作水平。

存货周转天数计算公式为：

$$存货周转天数 = \frac{360}{存货周转率}$$

$$2019\,年黄山旅游存货周转天数 = \frac{360}{存货周转率} = \frac{360}{25.63} = 14.05（天）$$

同应收账款周转率和应收账款周转天数的关系一样，由于存货周转天数是在存货周转率倒数基础上计算出来的，因此存货周转天数同存货周转率的变化趋势正好相反，存货周转天数越少，存货周转速度越快，企业运营能力越强。

（3）营业周期。

营业周期是指企业从取得存货到销售存货并收回现金所需的时间。营业周期的长短取决于存货周转天数和应收账款周转天数。

营业周期计算公式为：

$$营业周期 = 存货周转天数 + 应收账款周转天数$$

$$2019\,年黄山旅游营业周期 = 存货周转天数 + 应收账款周转天数$$
$$= 11.07 + 14.05 = 25.12（天）$$

营业周期长短对企业的生产经营与管理绩效具有重要影响。一般来说。营业周期越短，企业流动资产数量相对较少，企业资产的流动性相对较好，流动比率、速动比率大都相对较高，应收账款或存货占用较少。

2. 长期资产营运能力分析指标

（1）固定资产周转率。

固定资产周转率是反映固定资产周转情况，衡量固定资产利用效率的指标。该指标是一定时期的营业收入与固定资产净值的比值。

固定资产周转率计算公式为：

$$固定资产周转率 = \frac{营业收入}{平均固定资产净值}$$

$$2019\text{年黄山旅游固定资产周转率} = \frac{\text{营业收入}}{\text{平均固定资产净值}}$$

$$= \frac{1606740374.50}{\dfrac{1643103524.45 + 1506707470.73}{2}}$$

$$= 1.02\text{（次／年）}$$

固定资产周转率反映企业固定资产周转速度。固定资产周转率越高，说明企业固定资产投资得当，结构合理，利用率越高；反之，如果固定资产周转率不高，说明企业固定资产利用效率不高，企业营运能力不强。

（2）总资产周转率。

总资产周转率是一定时期的营业收入与全部资产的比值。它是反映企业全资产运营效率和速度的重要指标。

总资产周转率计算公式为：

$$\text{总资产周转率} = \frac{\text{营业收入}}{\text{平均资产总额}}$$

$$2019\text{年黄山旅游总资产周转率} = \frac{\text{营业收入}}{\text{平均资产总额}}$$

$$= \frac{1606740374.50}{\dfrac{4703319322.26 + 4967778433.03}{2}}$$

$$= 0.33\text{（次／年）}$$

总资产周转率指标反映了企业总资产的周转速度，周转越快越好。要判断这个指标是否合理，可以同景区历史水平、行业平均水平或主要竞争企业进行对比。

（四）盈利能力分析指标

1. 营业净利率

营业净利率是净利润与营业收入的比值。该指标表明每单位营业收入为景区所创造的净利率。该指标能够很好地说明景区通过经营服务活动所取得的成果和盈利水平。

营业净利润率计算公式通常为：

$$\text{营业利润率} = \frac{\text{净利润}}{\text{营业收入}} \times 100\%$$

$$2019\text{年黄山旅游营业净利率} = \frac{\text{净利润}}{\text{营业收入}} \times 100\% = \frac{363642836.57}{1606740374.50} \times 100\% = 22.6\%$$

营业净利率反映了通过企业生产经营活动获取利润的能力，是反映企业获利能力的主要指标。这一指标越高，说明企业获利能力越强。

2. 总资产报酬率

总资产报酬率，又称总资产收益率、总资产回报率，是净利润与总资产的比值，反映了总资产的获利程度，同时也表明了全部资本（包括债务资本和权益资本）的收益水平。

总资产报酬率计算公式通常为：

$$总资产报酬率 = \frac{净利润}{平均总资产} \times 100\%$$

$$2019 年黄山旅游总资产报酬率 = \frac{净利润}{平均总资产} \times 100\%$$

$$= \left(\frac{363646832.57}{\dfrac{4703319322.26 + 4967778433.03}{2}} \right) \times 100\%$$

$$= 7.5\%$$

该比率是衡量景区全部资产营利性的财务指标，可以用来反映和评价景区资产的整体应用效果，进而可以用来衡量景区经营管理能力与获利水平。

根据营业净利率和总资产周转率计算公式，可以推出：

$$营业净利率 = \frac{净利润}{营业收入} \times 100\%$$

$$总资产周转率 = \frac{营业收入}{平均资产总额}$$

$$总资产报酬率 = \frac{净利润}{平均总资产} \times 100\% = \frac{净利润}{营业收入} \times \frac{营业收入}{平均总资产} \times 100\%$$

$$= 营业净利率 \times 总资产周转率$$

2019 年黄山旅游总资产报酬率 = 营业净利率 × 资产周转率 = 22.6% × 0.33 = 7.5%

3. 净资产报酬率

净资产报酬率，又称股东权益报酬率、净资产收益报酬率、净资产回报率等，是净利润与净资产（即所有者权益）的比值，反映了净资产的获得程度，表明了权益资本的收益水平。

净资产报酬率计算公式通常为：

$$净资产报酬率 = \frac{净利润}{平均股东权益（或平均所有者权益）} \times 100\%$$

$$2019 年黄山旅游净资产报酬率 = \frac{净利润}{平均所有者权益} \times 100\%$$

$$= \left(\frac{363646832.57}{\dfrac{4227873898.51 + 4523166704.03}{2}} \right) \times 100\% = 8.3\%$$

净资产报酬率是所有盈利能力财务分析指标中，最具综合性、代表性和可比性的指标。它既是景区全部努力的结果，又可反映景区为投资者创造财富能力的高低。该指标越高，说明景区盈利能力和为投资者创造财富的能力越强。

可以把净资产报酬率的计算公式分解成以下三个部分。

净资产报酬率 ＝ 净利润 ÷ 所有者权益
　　　　　　＝（净利润 ÷ 营业收入）÷（所有者权益 ÷ 营业收入）
　　　　　　＝（净利润 ÷ 营业收入）×（营业收入 ÷ 所有者权益）
　　　　　　＝（净利润 ÷ 营业收入）×（营业收入 ÷ 总资产）×
　　　　　　（总资产 ÷ 所有者权益）
　　　　　　＝ 营业净利率 × 总资产周转率 × 权益乘数

其中，营业净利率和总资产周转率在上文有相关解读。权益乘数是指股东投入的每一元资本所能运用的资产是多少，集中反映企业对资产负债表中负债与所有者权益的管理效率，可以反映企业对财务杠杆的使用情况，其中权益乘数和资产负债率有着不可分割的联系，具体如下所示。

权益乘数 ＝ 总资产 ÷ 所有者权益 ＝ 总资产 ÷（总资产 － 总负债）＝ 1 ÷（1 － 资产负债率）

由上述公式可以看出，权益乘数是与资产负债率同方向变化的，资产负债率越高，权益乘数越大，故而企业的财务杠杆越大。

因此，净资产报酬率可以分解成三个决定因素：营业净利率、总资产周转率、权益乘数。

（五）成长能力财务指标

1. 营业收入增长率

营业收入增长率，也称销售收入增长率，是指本年营业收入增长额与上年营业收入的比值。

营业收入增长率计算公式为：

$$营业收入增长率 = \frac{本年营业收入增长额}{上年营业收入} \times 100\%$$

$$= \frac{本年营业收入 - 上年营业收入}{上年营业收入} \times 100\%$$

$$2019年黄山旅游营业收入增长率 = \frac{本年营业收入增长额}{上年营业收入} \times 100\%$$

$$= \frac{本年营业收入 - 上年营业收入}{上年营业收入} \times 100\%$$

$$= \frac{1606740374.50 - 1620953548.06}{1620953548.06} = -0.9\%$$

营业收入增长率可以反映出营业收入的增长速度。营业收入增长速度越快，则企业在一定时间内的成长与发展潜力越大。

2. 净利润增长率

净利润增长率是本年净利润增长额与上年净利润绝对值的比值。该指标反映了企业获取利润方面扩张的能力。

净利润增长率计算公式为：

$$净利润增长率 = \frac{本年净利润增长额}{|上年净利润|} \times 100\% = \frac{本年净利润 - 上年净利润}{|上年净利润|} \times 100\%$$

$$2019年黄山旅游净利润增长率 = \frac{本年净利润增长额}{|上年净利润|} \times 100\%$$

$$= \frac{本年净利润 - 上年净利润}{|上年净利润|} \times 100\%$$

$$= \frac{363646832.57 - 605131547.72}{|605131547.72|} \times 100\% = -39.9\%$$

净利润是一个非常重要的财务指标，在一定程度上反映着企业的经营效率与效果。该指标通过对不同期间净利润的对比，反映了景区净利润增长的速度以及成长的趋势和潜力。

3. 总资产增长率

总资产增长率，也称总资产规模增长率，是企业本年总资产增长额与上年年末（或本年年初）总资产额的比值。

总资产增长率计算公式为：

$$总资产增长率 = \frac{本年总资产增长额}{上年年末总资产额} \times 100\%$$

$$= \frac{本年年末总资产额 - 上年末总资产额}{上年年末总资产额} \times 100\%$$

$$2019年黄山旅游总资产增长率 = \frac{本年总资产增长额}{上年年末总资产额} \times 100\%$$

$$= \frac{本年年末总资产额 - 上年末总资产额}{上年年末总资产额} \times 100\%$$

$$= \frac{4967778433.03 - 4703319322.26}{4703319322.26} \times 100\%$$

$$= 5.6\%$$

总资产增长率越高，表明企业一定时期内资产规模扩张的速度越快。但在分析时，还需要关注资产规模扩张的质量，避免盲目扩张，给景区未来的成长与发展造成巨大的隐患和风险。

4.净资产增长率

净资产增长率，又称所有者权益增长率、资本积累率和资本保值增值率，是本年净资产增长额与上年末（或本年初）净资产额的比率。

净资产增长率计算公式为：

$$净资产增长率 = \frac{本年净资产增长额}{上年末净资产额} \times 100\% = \frac{本年末净资产 - 上年末净资产}{上年末净资产} \times 100\%$$

$$2019年黄山旅游净资产增长率 = \frac{本年净资产增长额}{上年末净资产额} \times 100\%$$

$$= \frac{本年末净资产 - 上年末净资产}{上年末净资产} \times 100\%$$

$$= \frac{4523166704.34 - 4227873898.51}{4227873898.51} \times 100\%$$

$$= 7.0\%$$

该指标等于1，说明企业实现了资本保值；大于1，说明企业资本实现了增值。实践中，还要结合企业资本增长的具体情况和原因，进行深入分析。

第五节　景区财务风险管理 *

一、景区财务风险识别

财务风险是指企业由于负债经营，受各种难以预料或控制因素的影响，致使财务状况恶化，并最终导致企业丧失偿债能力甚至破产的可能性。

财务风险形成的原因是负债经营。只要企业负债经营，财务风险都将始终存在，负债经营企业不可能完全消除财务风险，只能采取措施，尽可能降低财务风险发生的可能性及其对企业造成的损害。充分认识财务风险形成原因及影响因素，是采取有效措施的基础和前提。

二、景区财务风险防范

财务风险的影响因素众多，包括企业外部因素和企业内部因素。

（一）企业外部因素

1. 宏观经济环境

宏观经济环境是影响企业生存、发展和盈利的重要因素。企业经济效益会随着宏观经济运行周期、宏观经济政策、利率水平和物价水平等宏观经济因素的变动而变动。如果宏观经济运行良好，通常企业总体盈利水平较高，财务状况趋好，财务风险就会减少；如果宏观经济运行不乐观，企业投资和经营会受到影响，盈利水平下降，财务风险就会加大。

2. 国家经济政策

当国家经济政策发生变化，如调整利率水平、变更信贷政策等，企业资金成本将可能随之变化，给企业财务状况带来不确定性。如利率水平提高，企业有可能需要支付过多的利息或者不能履行偿债义务，由此会产生较大的财务风险。

3. 行业融资特性

行业融资特征也是分析企业财务状况的重要环节。行业负债融资比例，以及行业所处的生命周期的不同发展阶段，也会对企业财务风险产生影响。有些行业负债融资比例较高，或行业处于高速成长期，大比例负债融资，都会加大财务风险。

4. 重大外部事件

包括景区在内的旅游业，是敏感度极高的行业，非常易容受外部事影响，当外部发生重大的不利事件，如自然灾害、流行疫病和社会危机时，行业总体盈利水平会普遍下降，财务风险急剧增加。

（二）企业内部因素

1. 企业资本结构

当企业资金中自有资金和借入资金比例不合理，则会造成企业资本结构不合理，从而引发财务风险。如果举债规模过大，加重企业利息负担，降低企业偿债能力，就容易产生财务风险。

2. 企业投资决策

投资决策对企业未来的发展起着至关重要的作用，正确的投资决策可以降低企业风险，增加企业盈利，进而降低企业财务风险；相反，错误的投资决策可能会给企业造成灾难性的损失，增大企业财务风险。

3. 企业人员风险意识

企业人员特别是企业中、高层管理者，如果缺乏风险意识，对财务风险认识不足，忽视了对企业财务风险的预测与防范，导致突发事件发生时，企业应变能力不足，容易产生重大的财务风险。

三、景区财务风险控制方法

（一）防护性控制

防护性控制是指景区在日常经营与财务管理活动中，财务风险发生前，预先制定一系列制度，进行系统性安排，尽可能把财务风险控制在企业可以承受的范围之内。

（二）前馈性控制

前馈性控制是指景区通过对实际财务系统运行的监视，运用科学的方法预测，建立财务预警系统，在财务风险发生之前可以提前发现，并及时采取一定措施，消除和减弱财务风险发生的可能性及其可能造成的损失。

（三）反馈控制

反馈控制是一时发生财务风险，可以及时发现并采取切实有效的措施，尽可降低财务风险给景区造成的损失。

四、财务风险控制措施

（一）强化风险意识，树立全员风险防范观念

强化风险意识，树立全员风险防范观念是建立有效的风险防范机制、应对风险的前提。不仅企业财务人员要强化财务风险意识，景区全体员工都应进行相关学习与培训，使全体员工意识到财务风险存在于经营管理工作的各个环节之中，使全体员工时刻保持风险意识，重视风险防范工作。

（二）适度负债，合理安排资本结构

严守负债经营先决条件，企业息税前利润率大于负债成本率是企业负债经营的先决条件。适度利用财务杠杆作用，将财务风险控制在自身可承受范围之内。合理安排资本结构，实现资金成本最低化。

（三）提升运营与盈利能力，增强风险防范能力

持续增强景区经营管理水平、科学选择投资项目、保持产品与服务市场竞争力、提升运营与盈利能力，是增强景区风险防范能力的基础与保证。只有使景区持续保持较高的运营与盈利能力，才能为风险防范提供资金保障与物质基础。

（四）建立风险预警机制，加强财务风险管理

通过风险预警机制，对景区的营运过程进行跟踪、监督，对财务报表和财务指标进行分析，一旦发现某种异常应及时应对，避免或减少风险损失。

（五）设立风险防范基金，增强风险抵抗能力

在景区盈利水平较高时，通过利润留存、专项资金储备等方式，设立财务风险防基金，增加景区资金储备，增强景区抵抗风险能力。

第六节 景区投融资管理▲

一、景区投资项目选择

投资是指特定经济主体为了在未来可预见的时期内获得收益，在一定时期内向一定领域投放资金的经济行为。所有的投资行为都是以收回投入资金并获取收益为目的。在

选择景区投资项目时，需从诸多方面进行全面评估，力求找到最佳投资项目。估算的主要内容如下所示。

（一）景区投资费用估算

景区投资的目的是收回投入资金并获取收益，因此科学的估算投资费用成为投资分析的重要内容。

1.投资费用构成

（1）规划与设计费用。其主要包括：旅游区总体规划与设计费、景物设计费、建筑物设计费。

（2）土地使用费。其主要包括：土地使用权购买或租赁费。

（3）游览景观建设费。

（4）餐饮、住宿、康乐和购物等服务设施建设费。

（5）基础设施建设费。其主要包括：道路、桥梁、码头、索道等交通设施建设；给水、排水设施；电力设施；邮电通信等信息设施；卫生设施等。

（6）设备费（含购置与安装费）。其主要包括：客房用设备费、服务用设备费、公用设置费。

（7）开办费。其主要包括：工商登记、广告宣传、开业庆典等费用。

（8）其他费用。其主要包括：从筹建到开业各类工作人员的工资、福利、培训费等；银行借款利息费等。

2.投资费用估算方法

投资费用可为分为简单估算和详细估算两大类方法。

（1）简单估算法。

简单估算法中常用的是单位生产能力估算法。单位生产能力估算法，又称为单位产量投资指标法，是以类似景区项目的单位产品投资额乘以拟建景区项目设计生产能力，得到拟建景区项目的固定资产投资估算额。其表达式为：

$$I_2 = i_1 \times N_2 \times P_f$$

式中：I_2——拟建景区项目固定资产投资；

i_1——类似景区项目单位生产能力投资；

N_2——拟建景区项目生产能力；

P_f——类似景区项目与拟建景区项目的价格修正系数。

例 4-2　光华旅游公司拟开发一个面积为 4 平方千米的 ABC 景区，三年前开发的某同类景区的面积为 3 平方千米，总投资额为 9000 万元，在此期间价格上涨了 10%，试估算开发 ABC 景的投资费用。

解：

ABC 景区的投资费用为：

$$I_2 = i_1 \times N_2 \times P_f = \frac{9000}{3} \times 4 \times （1 + 10\%） = 13200 （万元）$$

这种方法比较简单，但是由于两个旅游项目建设的时间、地点不同，固定资产构成内容通常存在差异，因此估值误差相对较大。

（2）分项估算法。

分项估算法是将投资费用按项目分解估算，最后进行加权汇总的估算方法。该方法较为复杂，可参阅相关专业书籍。

（二）景区营业收入估算

景区项目营业收入估算分为生产经营单一旅游产品和多种旅游产品两种情况。

对于生产经营单一产品的景区项目，营业收入用产品销售单价乘以产品年产量即可得到每年的销售收入，其估算公式为：

项目年营业收入 = 产品年单价 × 产品年销售量

对于生产经营多种产品的景区项目，应先计算出每一种产品的销售收入，再汇总在一起，求出项目生产期的各年销售收入，其估算公式为：

项目年营业收入 = ∑ 产品年单价 × 产品年销售量

例 4-3　光华旅游公司投资开发的 ABC 景区，有观光、餐饮和购物三个产品业务，其中观光产品业务为景区主要业务，通过相关调研与测算，在正常生产经营年份，景区预计平均每天可接待游客 1920 人，观光门票价格为 90 元 / 人；每天有 40% 的游客选择在景区内就餐，每人每天的餐饮消费额为 60 元；每天有 20% 的游客选择在景区购物，每人每天的景区购物消费额为 80 元，景区每年开放 330 天，估算 ABC 景区项目每年的营业收入。

解：每年 ABC 景区观光业务营业收入：90 × 1920 × 330 = 57024000（元）
　　　　　　　　　　　　　　　　　　　= 5702.4（万元）

　　　每年 ABC 景区餐饮业务营业收入：1920 × 40% × 60 × 330 = 15206000（元）
　　　　　　　　　　　　　　　　　　　= 1520.6（万元）

　　　每年 ABC 景区购物业务营业收入：1920 × 20% × 80 × 330 = 10138000（元）
　　　　　　　　　　　　　　　　　　　= 1013.8（万元）

　　　每年 ABC 景区项目实现营业收入：5702.4 + 1520.6 + 1013.8 = 8236.8（万元）

（三）景区运营成本费用估算

1. 营业成本估算

景区营业成本主要为变动成本，其金额占营业收入的一定比例，可以通过所占比例计算出来。

例4-4 光华旅游公司拟投资开发的ABC景区营业成本构成中，观光业务的营业成本占其营业收入的10%，餐饮业务的营业成本占其营业收入的60%，购物业务的营业成本占其营业收入的70%，估算ABC景区项目每年的营业收入。

解：每年ABC景区观光业务营业成本为：$5702.4 \times 10\% = 570.2$（万元）

每年ABC景区餐饮业务营业成本为：$1520.6 \times 60\% = 912.4$（万元）

每年ABC景区购物业务营业成本为：$1013.8 \times 70\% - 709.7$（万元）

每年ABC景区项目营业成本为：$570.2 + 912.4 + 709.7 = 2192.3$（万元）

2. 销售费用估算

销售费用中固定销售费用主要为经营部门员工的薪酬福利费，可单独估算，其他销售费用为变动成本，可按营业收入的一定比例估算。

在项目投资初步估算中，员工送薪酬可以采用员工平均薪酬福利费乘以员工人数求得，其计算公式为：

$$员工薪酬福利费 = 每名员工平均薪酬福利费 \times 员工人数$$

例4-5 光华旅游公司投资开发的ABC景区，经营部门共有员工25人，每人每月的平均薪酬福利费用为0.8万元，其他销售费用为变动成本，占营业收入的3%，估算ABC景区项目每年的销售费用。

解：每年ABC景区经营部门员工薪酬福利费用为：$0.8 \times 12 \times 25 = 240.0$（万元）

每年ABC景区其他销售费用为：$8236.8 \times 3\% = 247.1$（万元）

每年ABC景区年销售费用为：$240.0 + 247.1 = 487.1$（万元）

3. 管理费用估算

管理费用的固定部分主要为固定资产折旧、无形资产——土地使用权的摊销费（租赁费）和行政管理部门员工的薪酬福利费，可单独估算，其他部分为变动成本，可按营业收入的一定比例估算。

在项目投资分析中，景区固定资产折旧通常采用平均年限法，折旧计算公式为：

$$固定资产年折旧额 = 固定资产原值 \times 固定资产年折旧率$$
$$= 固定资产原值 \times \left(\frac{1 - 净残值率}{预计使用年限} \right)$$

景区无形资产土地使用权摊销费的计算公式为：

$$无形资产年摊销额 = \frac{无形资产原值}{预计使用年限}$$

例 4-6 光华旅游公司投资的 ABC 景区中，项目投资总额 132000 万元，其中固定资产投资为 5200 万元，固定资产预期可使用 30 年，净残值率为 5%；无形资产——土地使用权投资 8000 万元，使用年限为 40 年。项目建设期 3 年，第一年年初投资 10000 万元，第二年年初再投资 2000 万元，第三年年初投资剩余的 12000 元，项目所有投资均为光华旅游公司的权益性投资。项目第四年进入正常生产经营年份。在正常生产经营年份，需聘用行政管理员工 15 名，每人每月平均薪酬福利费为 0.8 万元；管理费用中除了固定资产折旧费、无形资产摊销费和管理员工薪酬福利之外，其他管理费用收入占营业收入的 2%，估算 ABC 景区项目每年的管理费用。

解：

每年 ABC 景区固定资产折旧额为：

$$固定资产年折旧额 = 固定资产原值 \times \left(\frac{1 - 净值率}{预计使用年限} \right) = 5200 \times \left(\frac{1 - 5\%}{30} \right) = 164.7（万元）$$

每年 ABC 景区无形资产摊销额为：

$$无形资产年摊销额 = \frac{无形资产原值}{预计使用年限} = \frac{8000}{40} = 200.0（万元）$$

每年 ABC 景区管理员工薪酬福利费为：$0.8 \times 12 \times 15 = 144.0（万元）$

每年 ABC 景区其他管理费为：$8236.8 \times 2\% = 164.7（万元）$

每年 ABC 景区管理费用为：$164.7 + 200.0 + 144.0 + 164.7 = 673.4（万元）$

4. 财务费用估算

在投资项目初步估算中，财务费用为长、短期借款的利息支出，其计算公式为：

$$长期（短期）利息支出 = 长期（短期）借款本金 \times 长期（短期）借款利率$$

例 4-7 光华旅游公司拟投资开发的 ABC 景区，项目投资全部为权益性资本投入，项目财务费用仅为垫支流动资金的短期借款利息支出，项目总投资额为 13200 万元，流动资金借款占项目总投资额的 5%，年利率为 6%，估算 ABC 景区项目每年的财务费用。

解：每年 ABC 景区年财务费用为：13200 × 5% × 6% = 39.6（万元）

（四）投资收益、营业外收入、营业外收入、营业外支出估算

在项目投资分析中，对投资收益、营业外收入、营业外支出不做估算，将金额视为零。

（五）利润总额（即税前利润）估算

在项目投资分析中，利润总额计算公式为：

$$利润总额 = 营业收入 - 营业成本 - 销售费用 - 管理费用 - 财务费用$$

例 4-8 根据前面 ABC 景区项目财务估算数据，估算每年 ABC 景区的利润总额。

解：每年 ABC 景区的利润总额为：8236.8-2192.3-487.1-673.4-39.6 = 4844.4（万元）

（六）所得税估算

在投资项目初步估算中，所得税计算公式为：

$$所得税 = 利润总额 \times 所得税税率$$

例 4-9 ABC 景区项目应交所得税税率为 25%，根据前面财务估算数据，估算每年 ABC 景区的所得税。

解：每年 ABC 景区的所得税为：4844.4 × 25% = 1211.1（万元）

（七）净利润估算

在项目投资分析中，净利润的计算公式为：

$$净利润 = 利润总额 - 所得税$$

例 4-10 根据前面 ABC 景区项目财务估算数据，估算每年 ABC 景区的净利润。

解：每年 ABC 景区的净利润为：4844.4-1211.1 = 3633.3（万元）

（八）现金流量估算

1. 现金流量的概念

现金流量是指项目在其计算期内各项现金流入量与现金流出量的统称，是评价投资方案是否可行时需要事先估算一个基础性数据。现金流入量与现金流出量相抵后的余额，称为净现金流量，其估算公式为：

$$净现金流量 = 现金流入量 - 现金流出量$$

项目投融资决策需要对项目投资支出和投资回报进行对比分析，以分析判断投资项目的可行性。项目的投资支出和投资回报，均以现金的实际收支为主要的计算基础，项目从筹建施工、正式投产运营到退出报废为止的整个项目期间内所发生的现金收支，形成该项目的现金流量。

2. 现金流量估算

依据现金流量按照发生的时间顺序和产生来源，可将现金流量归集为项目建设期现金流量、项目经营期现金流量、项目终结期现金流量三类分别进行估算与分析。

（1）项目建设期现金流量估算。

项目建设期现金流量主要表现为建设投资支出，主要包括项目建设投资，通常表现为现金流出。

（2）项目经营期现金流量。

项目经营期现金流量指该项目直接引起的经营收入，主要是销售商品、提供劳务收到的现金，它是投资项目的最主要的现金流入。

在总成本费用中，固定资产折旧费用、无形资产摊销费用等非付现成本，是建设投资所形成的固定资产的补偿价值，并不构成现金流出。

因此，经营期间的现金流出包括总成本费用中除去固定资产折旧费和无形资产摊销费等非付现成本以后，都是付现成本，需要以现金方式支付。

（3）项目终结期现金流量。

项目终结期现金流量是指项目寿命终结期间进行经营活动所产生现金流量，垫支流动资金的收回、处于固定资产、无形资产等资产残值的收回等，主要表现为现金流入。

例 4–11 ABC 景区项目建设期 3 年，经济分析计算期 10 年，根据项目现金流量估算方法，估算出 ABC 景区项目的现金流量（见表 4-5）。

表 4–5 ABC 景区项目现金流量

单位：万元

名称	建设期			经营期									
	1	2	3	1	2	3	4	5	6	7	8	9	10
现金流入（CI）	0.0	0.0	0.0	8236.8	8236.8	8236.8	8236.8	8236.8	8236.8	8236.8	8236.8	8236.8	18450.1
营业收入				8236.8	8236.8	8236.8	8236.8	8236.8	8236.8	8236.8	8236.8	8236.8	8236.8
流动资金回收													660.0
无形资产回收													6000.0
固定资产回收													3553.3
现金流出（CO）	10000.0	2000.0	1200.0	4898.8	4238.8	4238.8	4238.8	4238.8	4238.8	4238.8	4238.8	4238.8	4238.8
建设投资	10000.0	2000.0	2000.0										

名称	建设期			经营期									
	1	2	3	1	2	3	4	5	6	7	8	9	10
流动资金垫支				660.0									
付现营业成本				2192.3	2192.3	2192.3	2192.3	2192.3	2192.3	2192.3	2192.3	2192.3	2192.3
付现销售费用				487.1	487.1	487.1	487.1	487.1	487.1	487.1	487.1	487.1	487.1
付现管理费用				308.7	308.7	308.7	308.7	308.7	308.7	308.7	308.7	308.7	308.7
付现财务费用				39.6	39.6	39.6	39.6	39.6	39.6	39.6	39.6	39.6	39.6
所得税				1211.1	1211.1	1211.1	1211.1	1211.1	1211.1	1211.1	1211.1	1211.1	1211.1
净现金流量（NCF）	-10000.0	-2000.0	-1200.0	2126.9	2786.9	2786.9	2786.9	2786.9	2786.9	2786.9	2786.9	2786.9	13000.2
累计净现金流量	-10000.0	-12000.0	-13200.0	-11073.1	-8286.2	-5499.3	-2712.5	74.4	2861.3	5648.2	8435.1	11222.0	24222.2

（九）景区项目投资决策分析方法

1. 静态投资决策分析方法

静态分析方法不考虑资金的时间价值，因此又称为非贴现方法。静态分析方法的常用分析指标包括投资报酬率和静态投资回收期。

（1）投资报酬率。

① 投资报酬率的含义。

投资报酬率，又称投资利润率、投资收益率、投资回报率，是项目在正常经营年份的利润总额与项目投资总额之比。对于生产经营期内各年利润总额利润变化幅度较大的项目，应计算生产经营期平均利润总额（即税前利润）与项目投资总额的比率。

② 投资报酬率计算公式。

投资报酬率计算公式为：

$$\text{ROI} = \frac{NB}{K}$$

式中：K——投资总额，$K = \sum_{n}^{t=0} K_t$，K_t 为第 t 年投资额，n 为投资年限；

NB——生产正常年份的利润总额或平均利润总额。

③ 投资报酬率判断标准。

设基准投资报酬率为 ROI_0，则判断标准为：

若 $\text{ROI} \geq \text{ROI}_0$，则项目可行，可以考虑接受；

若 $\text{ROI} < \text{ROI}_0$，则项目不可行，予以拒绝。

例 4-12　ABC 景区项目投资者要求的基准投资报酬率为 20%，根据上述资料，计算 ABC 景区项目投资报酬率，并判断该项目方案是否可行。

解：根据前面净利润估算，ABC 景区项目的投资额为 13200 万元，年利润总额为 4844.4 万元，其投资报酬率为：

$$\text{ROI} = \frac{NB}{K} = \frac{4844.4}{13200} \times 100\% = 36.7\%$$

可见，ABC 景区项目投资报酬率为 36.7% > 20%，大于基准投资报酬率，该项目方案可行。

（2）静态投资回收期。

① 静态投资回收期的含义。

投资回收期是指通过净现金流量回收全部投资所需要的时间，即投资项目的未来累计净现金流量与原始投资额相等时所经历的时间。投资回收期可分为静态投资回收期和动态投资回收期，静态投资回收期属于静态投资决策分析方法，而动态投资回收期是考虑资金的时间价值时收回初始投资所需的时间，故属于动态投资决策分析方法。

静态投资回收期是在不考虑资金时间价值条件下，以项目的净现金流量回收其全部投资所需要的时间，一般以年为单位。通常一般采用项目投资运营开始算起。

② 静态投资回收期计算公式。

静态投资回收期计算公式为：

$$\sum_{t=0}^{\text{SPP}} NCF_t = 0 \ \text{或} \sum_{t=0}^{\text{SPP}} \left(CI_t - CO_t \right) = 0$$

式中：SPP——投资回收期；

NCF_t——第 t 年净现金流量；

CI_t——第 t 年现金流量入；

CO_t——第 t 年现金流量出量。

此外，静态投资回收期还可以根据累计净现金流量计算求得，其计算公式为：

$$\text{SPP} = \text{累计净现金流量开始出现正值的年份数} - 1 + \frac{|\text{上年累计净现金流量}|}{\text{当年净现金流量}}$$

③ 静态投资回收期判断标准。

设基准静态投资回收期为 SBP_0，判断标准为：

若 $\text{SBP} \leqslant \text{SBP}_0$，则项目可行，可以考虑接受。

若 $\text{SBP} > \text{SBP}_0$，则项目不可行，予以拒绝。

静态回收期法的优点是计算简便，易于理解。这种方法是以回收期的长短来衡量方案的优劣，投资时间越短，所冒的风险就越小。

例 4-13 ABC 景区项目投资者要求的基准静态投资回收期为项目投入运营后 5 年，

根据上述资料，计算 ABC 景区项目静态投资回收期，并判断该项目方案是否可行。

解：根据表 4-5，ABC 景区项目的累计净现金流量开始出现正值的年份为项目投入运营后第 5 年，其静态投资回收期为：

$$SPP = 累计净现金流量开始出现正值的年份数 - 1 + \frac{|上年累计净现金流量|}{当年净现金流量}$$

$$= 5-1 + \frac{|-2712.5|}{2786.9} = 4.97 \text{ 年}$$

可见，ABC 景区项目静态投资回收期为 4.97 年＜5.0 年，小于基准静态投资回收期，该项目方案可行。

2. 动态投资决策分析方法

动态投资决策分析方法是依据资金时间价值的原理和方法，将不同时期的现金流量按某一可比基础换算成可比的量，据以分析和评价投资效益的方法。该方法考虑了资金的时间价值，因此又称为贴现方法。动态投资决策分析方法主要包括净现值法和内含报酬率法。

（1）净现值法。

①净现值含义。

净现值（Net Present Value，NPV），又称财务净现值，是指按基准收益率（又称折现率）将项目寿命周期年内各年净现金流量折现到建设初期的现值之和。

②净现值计算公式。

净现值计算公式为：

$$NPV = \sum_{t=0}^{n} \left[NCF_t \times (1+i)^{-t} \right]$$

或：

$$NPV = \sum_{t=0}^{n} \left[(CI_t - CO_t) \times (1+i)^{-t} \right]$$

式中：NPV——投资项目净现值；

n——项目寿命期；

i——基准收益率，又称折现率；

NCF_t——第 t 年净现金流量；

CI_t——第 t 年现金流量入；

CO_t——第 t 年现金流量出量。

③净现值判断标准。

根据计算出的项目净现值，判断标准为：

若 NPV ≥ 0，说明项目的实际报酬率高于或等于所要求的报酬率，项目可行，可以考虑接受。

若 NPV < 0，说明项目的实际报酬率低于所要求的报酬率，项目不可行，予以拒绝。

净现值的优点是考虑了资金的时间价值因素和项目在整个计算期内的生产经营情况，可以反映项目在其寿命周期内的收益状况。净现值的缺点是必须事先确定基准收益率、标准折现率或必要报酬率。同时，净现值是一个绝对量指标，不能确切地反映项目的投资收益率水平。尽管如此，净现值仍然是分析投资项目收益水平的重要指标。

例 4-14 ABC 景区项目要求的基准收益率为 10%，根据表 4-5 中 ABC 景区项目的净现流量（NPV）数据，计算 ABC 景区项目净现值，并判断该项目方案是否可行。

解：

$$\text{NPV} = \sum_{t=0}^{13} \left[NCF_t \times (1+i)^{-t} \right] \{ (-10000.0) \times (1+10\%)^0 + (-2000.0) \times (1+10\%)^{-1} + (-1200.0) \times (1+10\%)^{-2} + 2126.9 \times (1+10\%)^{-4} + 2786.9 \times (1+10\%)^{-5} + 2786.9 \times (1+10\%)^{-6} + 2786.9 \times (1+10\%)^{-7} + 2786.9 \times (1+10\%)^{-8} + 2786.9 \times (1+10\%)^{-9} + 2786.9 \times (1+10\%)^{-10} + 2786.9 \times (1+10\%)^{-11} + 2786.9 \times (1+10\%)^{-12} + 13000.2 \times (1+10\%)^{-13} = 2563.4 \text{（万元）}$$

可见，ABC 景区项目净现值为 2563.5 万元，净现值大于零，该项目方案可行。

（2）内部报酬率法。

① 内部报酬的含义。

内部报酬率，又称内含报酬率、内部收益率等，是指项目在整个计算期内各年净现金流量现值累计之和等于零（或净现值等于零）时的折现率。它反映项目所占用资金的盈利水平，是考察项目资金使用效率的重要指标。其定义式为：

② 内部报酬率计算公式。

根据内部报酬率的定义，其计算公式为：

$$\sum_{t=0}^{n} \left[NCF_t \times (1+IRR)^{-t} \right] = 0$$

或：

$$\sum_{t=0}^{n} \left[(CI_t - CO_t) \times (1+IRR)^{-t} \right] = 0$$

式中：IRR——投资项目内含报酬率；

n——项目寿命期；

NCF_t——第 t 年净现金流量；

CI_t——第 t 年现金流量入；

CO_t——第 t 年现金流量出量。

实践中，通常根据净现值公式，采用线性内插法计算求得其近似解：

$$IRR = i_1 + \frac{|NPV_1|}{|NPV_1| + |NPV_2|} (i_2 - i_1)$$

式中：IRR——投资项目内含报酬率；

i_1——试算的低贴现率；

i_2——试算的高贴现率；

NPV_1——i_1 对应的净现值；

NPV_2——i_2 对应的净现值；

（$i_2 - i_1$）的值通常为 2%~4%。

③ 内部报酬判断标准。

若设定的基准内部报酬率为 IRR_0，判断标准为：

若 $IRR \geqslant IRR_0$，则表明项目报酬率已经达到或超过设定的基准内部报酬率水平，项目可行，可以考虑接受。

若 $IRR < IRR_0$，则表明项目报酬率未达到设定的基准内部报酬率水平，项目不可行，予以拒绝。

内部报酬率通过把项目收益与投资总额联系起来，据以判别项目盈利能力的大小，其主要优点在于揭示了投资项目所具有的最大获利能力，从而使之成为衡量投资项目投资收益高低非常有用的评价指标。但财务内部收益率过高或过低时，往往缺乏实际意义。

例 4–15 ABC 景区项目要求的基准内部报酬率为 10%，根据表 4-5 的净现流量数据，计算 ABC 景区项目内部报酬率，并判断该项目方案是否可行。

解：根据净现值公式，可求得：

$i_1 = 12\%$ 时，$NCF_1 = 386.9$ 万元；$i_2 = 14\%$ 时，$NCF_2 = -1397.1$（万元）

$$IRR = i_1 + \frac{|NPV_1|}{|NPV_1| + |NPV_2|} (i_2 - i_1)$$
$$= 12\% + \frac{|386.9|}{|386.9| + |-1397.1|} \times (14\% - 12\%) = 12.4\%$$

可见，ABC 景区项目内部报酬率等于 12.4% > 10%，项目内含报酬率大于基准内部报酬率，该项目方案可行。

二、景区项目融资管理

（一）景区筹资的概念

景区筹资，又称景区融资，是指景区企业为了满足经营活动、投资活动、改善资本结构或其他需要，运用一定的筹资方式，通过一定的筹资渠道，筹措所需资金的一种财务活动。

（二）景区筹资渠道

景区筹资渠道是指景区筹集资金的来源方向与通道。一般来说，景区最主要的筹资渠道有两条：直接筹资和间接筹资。

直接筹资是指景区与投资者协议或通过发行股票、债券等方式直接从社会取得资金。间接筹资是指景区通过银行等金融机构，间接从社会取得资金。

具体来说，景区企业的筹资渠道主要有：国家财政资金、财政补贴、银行与非银行金融机构、资本市场、其他法人单位与自然人投入、企业自身积累等。

（三）景区筹资方式

1. 吸收直接投资

吸收直接投资是指景区以投资合同、协议等形式定向地吸收国家、法人单位、自然人等投资主体资金的筹资方式。这种筹资方式通过签订投资合同或投资协议，规定双方的权利和义务，主要适用于非股份制公司筹集权益资本。

2. 发行股票

发行股票是指以发售股票的方式取得资金的筹资方式。股票的发售对象，可以是社会公众，也可以是定向的特定投资主体。这种筹资方式只适用于股份有限公司，而且必须以股票作为载体。

3. 发行债券

发行债券是景区以发售公司债券的方式取得资金的筹资方式。按我国《公司法》《证券法》等法律法规规定，只有股份有限公司、国有独资公司、由两个以上的国有企业或者两个以上的国有投资主体投资设立的有限责任公司，才有资格发行公司债券。

4. 向金融机构借款

向金融机构借款是根据借款合同从银行或非银行金融机构取得资金的筹资方式。这种筹资方式广泛适用于各类企业，它既可以筹集长期资金，也可以用于短期融通资金，具有灵活、方便的特点。

5. 商业信用

商业信用是指企业之间在商品或劳务交易中，由于延期付款或延期提供劳务所形成的借贷信用关系。商业信用是由于业务供销活动而形成的，它是企业短期资金的一种重要的和经常性的筹集方式。

6. 留存收益

留存收益是指景区从税后净利润中提取的盈余公积金以及从可供分配利润中留存的未分配利润。留存收益是景区将当年利润转化为所有者对企业追加投资的过程，是一种权益性筹资方式。

7. BOT 运营模式

BOT（Build Operate Transfer，BOT）模式，即"建设—运营—转让模式"，是指承建者或发起人（通常为非国有部门，可以是本国的、外国的或者联合的企业财团），通过契约从委托人（通常是政府）手中获得某些基础设施的建设特许权，成为项目特许专营者，由私人专营者或某国际财团自己融资、建设某项基础设施，并在一段时期内经营该设施，在特许期满时，将该设施无偿转让给政府部门或其他公共机构。我国景区在实施项目融资过程中，有效利 BOT 模式，既能调动各方的积极性，又能有效实现优势互补。

三、景区项目投融资风险管理

（一）景区投融资风险的概念

景区投融资风险是指景区在投融资活动中，特别是项目投融资活动，不利事件发生的可能性及其可能给景区造成的损失。

（二）景区投融资风险的类型

景区投融资风险既包括投资风险（既经营风险），又包括融资风险（财务风险）。根据风险来源，景区投融资风险主要包括以下几种类型。

1. 政策风险

由于国家政策调整，使景区经营或投资项目原定目标难以实现所造成的损失，如税收、金融、环保、产业政策等的调整变化，税率、利率、汇率、通货膨胀率的变化都会对景区经营或项目经济效益带来影响。

2. 市场风险

由于市场需求变化，或竞争对手的竞争策略调整，使景区或所投资项目的产品销路不畅、产品价格低迷等，以致产量和销售收入达不到预期的目标，给景区经营或投资项目预期收益造成损失。

3.技术风险

景区经营或投资项目所采用的技术，特别是引进技术的先进性、可靠性、适用性和经济性发生重大变化，导致景区经营或投资项目不能按期进入预期生产经营状态；或生产经营能力利用率降低；或生产经营成本提高，产品质量达不到预期要求等。

4.经营管理风险

由于景区经营管理或投资项目的组织结构不当、管理机制不完善或是主要管理者能力不足等，导致景区经营业务或投资项目不能按计划实施，投资超出估算，或未能制定和实施有效的企业竞争战略，在市场竞争中失败。

5.资金风险

景区经营或投资项目的资金来源的可靠性、充足性和及时性得不到保证，产生融资困难，造成景区经营或项目资金不足，对景区经营或项目实施造成损失。

6.其他风险

如社会动荡、自然灾害、流行疫病、战争等因素所造成的风险。

（三）投融资抗风险分析方法与技术

景区投融资抗风险分析的基础是景区经营或所投资项目在支付一定的成本后能够创造预期收益，通过找到盈亏平衡点，以判断景区经营或投资方案对风险的承受能力，从而为投资决策提供依据。在此基础上，还要进行敏感性分析和概率分析，以明确敏感因素和风险发生的可能性。

1.盈亏平衡分析法

盈亏平衡分析，又称量本利分析或本量利分析，它是研究产品产量（量）、生产成本（本）、销售收入（盈利能力）等因素的变化对投资项目经营过程中盈亏程度的影响，其实质是分析产量、成本和盈利三者之间的平衡关系。

线性盈亏平衡分析需要满足以下前提假设：（1）变动成本与产量成正比例变化，即变动成本与生产量呈反比例增减变化；（2）在所分析的产量范围内，固定成本保持不变。（3）产品的销售价格保持不变，且产品产量等于销量；（4）项目只生产单一产品。若项目生产多种产品，应折算为一种产品，或选择主要产品进行分析；（5）用项目建成投产后，对正常生产年份的数据或企业正常经济状态下的数据进行分析。

根据以上假设条件，生产总成本函数可表示为：

$$C = F + VQ$$

销售收入函数可表示为：

$$R = PQ$$

式中：C——生产经营正常年份（或正常生产经营状态下）的生产总成本；

    F——总固定成本；

    V——单位产品变动成本；

    R——生产经营正常年份的销售收入；

    P——单位产品价格；

    Q——生产经营正常年份的产（销）量；

确定这种线性盈亏平衡点，通常可以采用图解法和数学计算法两种方法。

（1）图解法。

应在以表示收入与支出的价值量为纵坐标轴、以表示产品产量或销量为横坐标轴的图上。

从盈亏平衡图（见图 4-1）上可以看出，在平衡点 BEP 上，总成本与总收入相等，即 $Q = Q^*$，项目既不盈利也不亏损；若生产的产量超过平衡点产量，即 $Q > Q^*$，则项目盈利；反之，若低于此点，即 $Q < Q^*$，则项目亏损。因此，平衡点越低，达到平衡点的产量和销售收入、成本也就越少，只要生产少量的产品就能达到项目的收支平衡，而且达到项目设计生产能力时，企业盈利就越多。故平衡点的值越小，亏损的风险当然就越小，企业或项目抵抗风险的能力就越强。

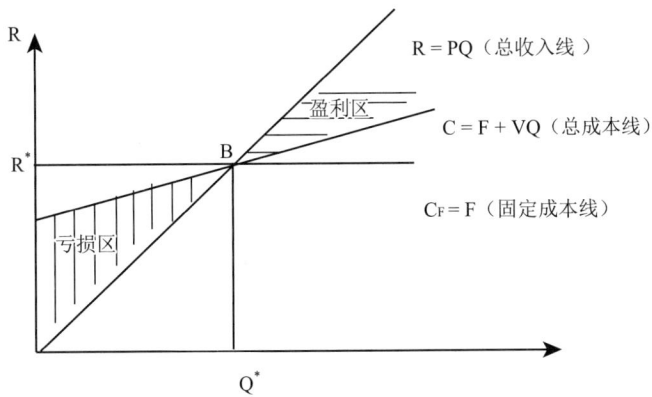

图 4-1 盈亏平衡

（2）数学计算法。

根据盈亏平衡点（BEP）条件，即此时产品销售收入等于生产总成本，即存在：

$$R = C$$
$$PQ = F + VQ$$

于是，盈亏平衡点 BEP 的产量，即保本产（销）量：

$$Q^* = \frac{F}{P - V}$$

亏平衡点 BEP 的销售收入，即保本销售收入：

$$R^* = PQ^*$$

例 4-16 ABC 景区项目生产经营正常年份每天的平均游客量为 1920 人，年固定成本为 748.7 万元，每年游客每次在景区的综合消费费用为 130 元，景区产品的综合单位变动成本为 42 元，每年景区向游客开放 330 天，求该景区每天的保本游客量和保本销售收入。

解：该景区的年保本游客量为：

$$Q^*_{年} = \frac{F}{P-V} = \frac{748.7}{130-42} = 8.508（万人/年）= 85080（人/年）$$

该景区的年保本游客量为：

$$Q^*_{天} = \frac{Q^*_{年}}{330} = \frac{85080}{330} = 258（人/天）$$

该景区每天的保本销售收入为：

$$R^* = PQ^* = 130 \times 258 = 33540（元）$$

可见，ABC 景区项目每天游客人数达到 258 人就可以达到盈亏平衡，显著低于正常生产经营年份每天的平均游客量（生产经营正常年份每天的平均游客量为 1920 人），该景区有显著的抗风险能力。

2. 敏感性分析

敏感性分析，既分析并测定各个因素的变化对项目指标的影响程度，即研究和分析项目的投资、成本、价格、产量和工期等主要变量发生变化时，导致对评估项目经济效益的主要指标如投资报酬率、投资回收期和净现值等指标的影响程度，从而判断项目指标在其外部条件发生不利变化时的承受能力，即抗风险能力。

敏感性分析作为一种风险分析，主要是为了表明项目承担风险的能力，如某个不确定性因素变化引起项目经济评估指标的变化不大，则认为项目经济生命力强，抵抗风险能力大。显然，项目经济评估指标对不确定性因素的敏感度越低越好。

【本章思考】

1. 景区成本费用控制的方法主要有哪些？结合景区经营管理实践，谈谈如何加强景区的成本费用控制。

2. 景区财务指标体系主要由哪些财务指标构成？试应用景区财务报表，对景区财务进行分析与评价。

3.景区投资决策分析的方法有哪些？试结合景区投资实践，对景区投资活动进行分析与评价。

【案例延伸】

龙潭大峡谷景区：我国第一个破产的国家 5A 级旅游景区

洛阳龙潭大峡谷景区位于洛阳市新安县，峡谷全长 5.5 千米，平均宽度 10 余米，最窄处不足 1 米，有"水往高处流、石上檀、石上天书"等著名景点，有"中国嶂谷第一峡""峡谷绝品"等称号，也是所在县唯一的国家 5A 级旅游景区。

龙潭大峡谷景区运营公司万山湖公司曾是河南的明星旅游企业，成立于 1998 年 12 月，注册资本 2 亿元，其股份构成为：董事长陈建林（已故）持有 66.41% 股份，洛阳荆紫仙山旅游开发有限公司持有 25% 股份，张勇、陈天喜等 11 人持有剩余 8.59% 股份，两家公司表面各自独立，实际上财务管理、人员、事务高度混同。

陈建林曾在 1998—2005 年担任新安县副县长，分管旅游；2005 年，本应退居二线的他因"无法发挥自己的作用"便辞去公职，投身于旅游开发。此后成为万山湖公司的董事长。在他执政期间，景区曾多次招商，但因尚未形成旅游市场，投配套设施缺乏，该景区未得到投资商青睐。因此，景区决定改制，依靠民间借贷维持景区生存。在此举措下，该景区先后在民间筹措资金 2000 万元以及 2006 年的 1000 余万元投入开发建设；2008 年年初，景区获得了国家开发银行 4000 万元的贷款支持。

2013 年 1 月 16 日，龙潭大峡谷景区正式被批准为国家 5A 级旅游景区。届时，龙潭大峡谷景区年均接待游客 90 余万人次，仅门票一项，景区年收入就达到 7650 万元左右。但大量借贷使龙潭大峡谷早已暗藏隐忧。陈建林曾在接受媒体采访时表示：融资难一直困扰着民营企业。因此，在陈建林接手龙潭大峡谷的十年间，景区每年都背负着大量的高利贷，最多时一年支付利息 5000 多万元，基本与全部门票收入相抵。同时，因资不抵债，景区陷入多项财务纠纷，给景区经营带来一定阻碍。2017 年，陈建林离世，使得本就经营困难的景区危机更甚。同年 7 月，龙潭大峡谷景区因不能偿还到期债务，该景区所属的洛阳万山湖旅游有限公司被当地法院裁定受理进入破产程序。与此同时，与洛阳万山湖旅游有限公司有高度关联的洛阳荆紫仙山旅游开发有限公司（荆紫仙山景区），也在 2017 年 11 月合并破产，进入了破产重整的程序之中。由于该景区是新安县唯一的国家 5A 级旅游景区，是该县的旅游龙头，即使破产，景区也在正常开放之中。2018 年，新安当地有关部门在媒体刊登了招商公告，面向社会招募投资人接盘。

来源：

［1］人民日报.龙潭大峡谷景区："5A"风光背后官司缠身［EB/OL］.（2018—05—31）

〔2021-06-16〕. https://baijiahao.baidu.com/s?id=1601950149533019809&wfr=spider&for=pc.

〔2〕新京报.5A级景区龙潭大峡谷破产重整，公开招募投资人〔EB/OL〕.（2019-03-13）〔2021-06-16〕. https://baijiahao.baidu.com/s?id=1627882073104465689&wfr=spider&for=pc.

〔3〕邢丽涛.洛阳龙潭大峡谷申请破产，5A级景区缘何沦落至此？〔EB/OL〕.（2018-07-10）〔2021-06-16〕. http://ici.sdu.edu.cn/info/1009/2847.htm.

案例思考：

1. 从景区财务管理的角度，龙潭大峡谷景区破产的原因是什么？

2. 作为景区职业经理人，您认为龙潭大峡谷景区后续的招商投资应该注意什么？

3. 景区应该如何规避投融资风险？

4. 景区应该如何平衡经济利益与健康发展的关系？

【本章参考】

〔1〕陈国辉，迟旭升.基础会计〔M〕.大连：东北财经大学出版社，2018.

〔2〕董观志.景区运营管理〔M〕.武汉：华中科技大学出版社，2016.

〔3〕段世霞.项目投资与融资〔M〕.郑州：郑州大学出版社，2009.

〔4〕荆新，王化成，刘俊彦.财务管理学〔M〕.北京：中国人民大学出版社，2019.

〔5〕刘林.项目投融资管理与决策〔M〕.北京：机械工业出版社，2009.

〔6〕王德刚.现代旅游区开发与经济管理〔M〕.青岛：青岛出版社，2001.

〔7〕王化成，黎来芳，佟岩.财务管理〔M〕.北京：中国人民大学出版社，2010.

〔8〕王化成，支晓强，王建英.财务报表分析〔M〕.北京：中国人民大学出版社，2014.

〔9〕宋常.财务分析学〔M〕.北京：中国人民大学出版社，2007.

〔10〕苏益.投资项目评估〔M〕.北京：清华大学出版社，2017.

〔11〕张青.项目投资与融资分析〔M〕.北京：清华大学出版社，2012.

〔12〕张新民，钱爱民.财务报表分析〔M〕.北京：中国人民大学出版社，2011.

〔13〕张玉凤.旅游企业财务管理〔M〕.北京：北京大学出版社，2006.

〔14〕赵素娟，苏玲朵.旅游企业财务管理〔M〕.北京：清华大学出版社，2016.

〔15〕北京商报.盲目扩张后遗症爆发　狼牙山景区运营方资金链断裂〔EB/OL〕.（2020-05-09）〔2021-06-16〕. https://baijiahao.baidu.com/s?id=1666320193982381205&wfr=spider&for=pc.

〔16〕高菊.重磅！洛阳4A景区养子沟申请破产〔EB/OL〕.（2020-05-09）〔2021-06-16〕. http://hn.cnr.cn/whly/20200509/t20200509_525083493.shtml.

［17］野三坡官网.河北野三坡旅游投资有限公司　关于公司重整事项的公告［EB/OL］.（2020-06-19）［2021-06-16］. http://www.hbysp.cn/know/dynamic/all/notice/2020-06-19/detail-0001969.html.

［18］云南信息报.石林世界遗产地整体搬迁，原住民告政府违法［EB/OL］.（2010-06-12）［2021-06-16］.https://news.qq.com/a/20100612/000021_1.htm.

第 五 章

景区安全生产与应急技能

【学习目标】

◇ **景区职业经理人（助理）**

- 掌握景区安全风险源及风险类别
- 掌握景区安全系统
- 掌握景区安全应急预案，能对突发事件做出有效应对

◇ **景区职业经理人（中级）**

- 掌握景区安全管理流程
- 掌握景区安全生产管理的主要内容，能有效应对景区突发事件

◇ **景区职业经理人（高级）**

- 掌握景区危机管理

本章导读

　　景区企业是旅游业的重要组成部分，也是游客开展旅游活动的空间载体。但是，受景区类型的复杂性、风险来源的多样性和游客群体的流动性等因素的影响，景区场所的安全事故频繁发生，给游客的生命和财产安全造成了较大的威胁。因此，熟悉景区安全生产过程，掌握景区安全应急技能，对于促进旅游景区的安全发展将具有重要意义。

【引导案例】

　　2020 年 10 月 1 日 13 时许，山西省太原市迎泽区小山沟村台骀山景区冰雕馆发生

一起重大火灾事故，造成 13 人死亡、15 人受伤。发生原因是，当日景区 10kV 供电系统故障维修结束恢复供电后，景区电工在将自备发电机供电切换至市电供电时，进行了违章带负荷快速拉、合隔离开关操作，在照明线路上形成的冲击过电压击穿装饰灯具的电子元件造成短路；火车通道内照明电气线路设计、安装不规范，采用的无漏电保护功能大容量空气开关无法在短路发生后及时跳闸切除故障，持续的短路电流造成电子元件装置起火，引燃线路绝缘及聚氨酯保温材料，进而引燃聚苯乙烯泡沫夹芯板隔墙及冰雕馆内的聚氨酯保温材料。

该事件是 2020 年全国生产安全事故十大典型案例。安全是旅游活动的前提和基础，旅游景区安全直接关系到游客人身财产安全及旅游体验，从而影响景区形象及未来发展。因此，安全是景区旅游发展的生命线。同时，旅游产业本身关联性强，易受外部环境影响，注重景区安全管理及防范能够有效规避外来风险。

来源：急事大观微信公众号，2021-01-07.

第一节　景区安全风险

一、景区安全风险源

景区安全风险源是指景区场所潜藏的、可能导致安全事故或突发事件发生的风险隐患。景区安全风险源主要包括人员风险因素、环境风险因素、设施风险因素和管理风险因素等。排查和识别可能导致景区旅游安全事故或事件的风险源，对其进行预先调控和管理，并采取跟踪管理和控制机制，有利于消除游客面临的安全隐患、减少安全事故或事件的发生。

（一）景区环境风险因素

1. 自然环境

景区的自然环境和社会环境是影响景区安全的重要结构因素。景区类型不同，自然环境及其所潜藏的旅游安全风险也存在差异。洪水、泥石流、滑坡等是近年来各地较为常见的景区安全风险，部分景区还发生过地震、海啸等重大灾害风险。部分静态的地形因素如断崖、山峰等也可能使技能不足的游客产生安全事件。

2. 社会环境

景区内和景区周边的社会环境也潜藏着众多安全风险。例如，部分景区刑事治安事件屡见不鲜，严重威胁游客的生命财产安全；部分景区周边或内部的餐饮点安全管控不严，食品质量不合格，常导致游客食物中毒；部分景区周边和内部的个体经营者存在欺客、宰客等不良行为，展出的商品以次充好、质价不符、乱收费、强买强卖等。

（二）景区人员风险因素

景区人员风险因素包括游客自身因素和景区员工因素。游客是景区安全的重要风险来源，部分游客风险意识薄弱、刻意追求个性体验、采取自以为是的危险行为等，都是导致景区突发事件的重要原因。部分游客个体安全意识较为薄弱，其在遭遇意外风险或突发事件时容易陷入恐慌和混乱的困境；个别游客喜欢追求个性化的旅游体验，参与高刺激、高挑战性的旅游活动，这无疑增加了游客的风险程度。此外，部分游客自以为是，不按规章行事或不听劝告，采取危险的旅游行为，乱攀乱爬、越位游览、不按规定操作游览器械等，容易导致意外突发事件的出现。

景区员工是支撑游客完成游览观赏行为的重要主体，景区员工的安全技能、安全知识和安全观念，是影响员工安全应急操作及其安全应急表现的重要因素。但是，许多景区没有配备专职的景区安全人员，大部分景区没有对景区工作人员进行常态化的安全培训，使其在服务工作中缺乏安全风险意识，面对安全风险时缺乏处置应对的技能，这是触发景区安全事故的重要原因。因此，景区员工是景区突发事件的重要风险来源。

（三）景区设施设备风险因素

设施设备是维持景区经营运作的重要基础，但设施设备也是潜藏安全风险、造成景区安全突发事件的重要因素。常见的设施设备风险包括：景区设施设备在设计过程中存在安全失误，如2010年华侨城太空迷航设备发生垮塌事故，其中设计不当是导致事故的重要原因；景区设施设备在运转过程中发生技术故障、无法正常运转等导致事故的发生；景区设施设备维护不足、老化严重等导致突发事故的发生；工作人员错误操作导致设备故障或事故的发生等。许多景区的游乐设施设备属于大型设施设备，其运转过程需要大量的能量转换，因此突发事件发生时容易导致较大程度的伤害。景区设施设备风险是景区需要重点防范的风险因素。

【案例】

景区高风险游乐设施问题接连不断　游客玩摇摆桥死亡

2019年11月2日，在湖南常德桃源县枫林花海景区，56岁的张某某和妻女两人一起来到景区游玩，之后他和两名陌生游客一起登上了"网红摇摆桥"，其间不慎从桥上跌落在气垫上。几分钟后，张某某身体出现不适，经抢救无效死亡。

（来源：中国青年网，2019）

【案例】

无锡融创乐园过山车故障致游客倒挂半空

2020年9月5日下午，无锡一游乐园的过山车突发故障，致多名游客倒挂空中一事引发网络关注。事发地无锡融创乐园当日晚间发布声明致歉，称当时共有20名游客滞留，事故发生后已组织滞留游客安全离开，无人员伤亡。

（来源：潇湘晨报，2020）

（四）景区管理风险因素

景区是承载游客行为活动的空间场所，景区的安全管理水平与景区的安全表现息息相关。其中，不科学、不完善、不规范的景区安全应急管理是导致安全事件发生的重要成因，这主要表现为：①景区安全应急资源投入不足。由于景区安全产出难以完全地量化和表达，因此许多景区在安全经费、安全应急设施、安全应急人员的投入上并不充足，这使景区的安全运营缺乏支撑基础。②景区安全应急管理制度的缺失。许多景区缺乏安全与应急预案，对安全管理缺乏激励与惩罚措施，没有形成安全管理的制度体系，这使景区的安全管理缺乏制度依据和指导方向。③景区的风险因素管控不当。绝对安全的景区是不存在的，大部分景区存在天然的自然环境风险。在管理上，许多景区又存在风险隐患，缺乏排查和分析、景区游览线路缺乏安全设计、安全监控不力、安全应急设施配置不科学等管理缺陷，这都成为引致景区安全风险的重要因素，如表5-1所示。

表5-1　景区突发事件的风险成因

成因结构	风险成因类型表
景区环境因素	自然环境因素，如洪水、泥石流、滑坡、地震、海啸等
	社会环境风险如周边治安环境差、个体经营者违法违规经营、文化冲突
景区人员因素	游客安全意识薄弱、风险戒备意识不足；刻意追求个性化、刺激性的旅游体验；游客自以为是、采取危险的旅游行为
	景区员工安全素质低下；景区员工不当操作
景区设施设备因素	设施设备设计不当、设施设备故障、安全应急设施配置不足、设施设备维护不当
景区管理因素	安全经费、安全应急设施、安全人员等景区安全资源投入不足
	旅游安全法制薄弱；景区安全管理制度与规范缺失
	景区的风险因素管控不当

> **【案例】**
>
> **河南一女子漂流坠入漩涡溺亡**
>
> 2020年7月29日，女子赵某一行4人到商城县苏仙石邓楼村仙石谷漂流。16时许，赵某不慎坠入水中漩涡，后被救援人员救出，经抢救无效死亡。事后，赵女士家属指责景区管理混乱，"漂流所在的河道无人管理，水流把她（赵某）吸到一个漩涡处，该处有一个洞口，水深约1.8米，漩涡的吸力很大"。河南商城县安委会办公室通报称，经调查，赵某已于事发前在漂流终点上岸，后又下水找鞋时坠入漩涡。目前涉事企业漂流项目已被叫停，多部门正对涉事企业进行全面排查。该企业负责人因涉嫌重大劳动安全生产事故罪，被警方立案侦查。
>
> （来源：搜狐网，2020）

二、景区生产运营风险

（一）自然灾害风险

自然灾害风险是指对旅游景区可能造成破坏与负面影响的异常的自然现象，主要包括气象灾害、海洋灾害、洪水灾害、地质灾害、地震灾害、农作物灾害、森林灾害、极端的自然因素等灾害风险。自然灾害对景区造成的负面影响可大可小，重大自然灾害可能造成极为惨重的游客伤亡和财产损失。如2008年的汶川地震造成四川省65处全国重点文物保护单位和119处省级文物保护单位遭受不同程度的损失。2017年的九寨沟地震导致部分资源景点消失了，九寨天堂洲际大酒店破坏严重。

（二）事故灾难风险

事故灾难风险是指具有灾难性后果的旅游事故风险，它是在旅游活动过程中发生的、迫使旅游活动暂时或永久停止，并造成大量的旅游人员伤亡、经济损失或环境污染的非预期事件。景区场所的事故灾难风险包括火灾爆炸风险、设施设备风险、交通安全风险、涉水安全风险、坠落风险、动物袭击风险、踩踏挤压风险等。

（三）公共卫生风险

公共卫生风险是指突然发生、造成或可能造成社会公众健康严重损害的重大传染病疫情、群体性不明原因疾病、重大事物和职业中毒以及其他严重影响公众健康的风险。如新冠肺炎疫情对我国旅游产业造成沉重的影响，对景区的经营运作也带来巨大的安全挑战，做好疫情防控成为景区经营运作的前提。

食物中毒也是景区内餐饮运营点较易发生的公共卫生风险，且容易造成群死群伤。2020年10月16日，四个团队（四川环游旅行团、杭州金椰风旅行社、杭州旅诚旅行社及心旅途旅行社）的游客中午均在三亚凤凰百合花水果宴餐厅食用午餐，结果出现呕吐、腹疼、腹泻等疑似食物中毒症状，而后执法人员检查发现该餐厅存在从业人员未取得有效健康证上岗和未能提供食品供应商资质和产品检验报告的行为，调查确认了该餐厅经营不符合食品安全标准的食品导致食物中毒。

（四）社会安全风险

社会安全风险是景区管理的主要风险，一般是指由于人为因素造成或者可能造成严重的社会危害，并产生重大社会影响，需要采取应急处置措施的风险因素。社会安全风险主要包括刑事治安风险、恐怖袭击风险、群体性安全风险等。例如，2015年8月17日19点左右，泰国曼谷市中心著名旅游景点四面佛附近发生爆炸，造成20人遇难，其中包括7名中国公民（5名大陆居民和2名香港居民）。近年来，境外的恐怖袭击事件频繁发生，对事发地的旅游景区造成安全威胁。

【案例】

杭州西湖迎来游客"小高峰"，更要确保景区安全、平稳、有序

突如其来的新冠肺炎疫情打乱了所有企业的脚步，尤其是旅游行业颇受打击。"暮春三月，草长莺飞"，杭州最美季节如约而至。连日晴好的天气，使得西湖景区在结束封闭后的首个周末，迎来了游客"小高峰"。

为确保市民游客的安全，西湖景区各管理单位恪守各项疫情防控管理措施，确保景区安全有序。通过卡口管控与动态巡查相结合，确保西湖景区疫情管控工作及面上秩序管控工作平稳有序。

（1）突出重点，分类管控。

关注核心区域，组建应急力量进行"抗疫"保障；关注重点工作，针对违停、违建、犬类问题等，开展专项行动。

（2）掌握要点，合理应对。

西湖景区执法管理一线"抗疫"工作人员必须掌握目前的防疫形势及重点知识，并做好市民游客服务应对工作。

（3）加强保障，自我防护。

执法管理一线"抗疫"工作人员需做好通讯及物资准备工作；做好个人防护，提倡非接触服务。

（4）严格管控，落实到位。

2月20日起，西湖水域监察大队采取定人、定岗、定责的"三定"原则实行手划（摇橹）码头包干负责制。码头执法管理人员根据现场客流量统筹，对候客区进行功能分区和细致监测，并对经营船只做到及时消杀，消除隐患。

据统计，周末两天，杭州市园林文物监察支队（西湖景区大队）共出动执法管理队员383人次，卡点执勤198人次，违停贴单251辆，违停车辆劝离869辆，劝导未按规定佩戴口罩行为527起，劝导攀折树枝、踩踏草坪、公园遛狗等不文明行为64起。

来源：杭州西湖西溪景区微信公众号，"恪守疫情防控管理措施——游客'小高峰'，也要确保景区安全、平稳、有序"，2020-02-24.

第二节　景区安全管理系统

景区安全管理系统是景区承担安全管理职责、执行安全管理任务、处置旅游突发事件的体制和机制基础。建立功能完善的景区安全管理系统是景区减少旅游安全事故、降低安全损失的重要前提。总体上，景区需要建立完善的安全管理组织系统、明确安全管理的控制机制、建设有效的安全解说系统、提供完善的安全保障。景区安全系统结构如图5-1所示。

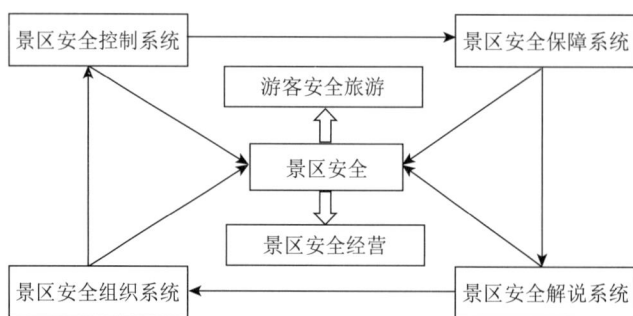

图5-1　旅游景区安全系统结构

一、景区安全管理机构

景区安全管理组织系统是指景区设立安全与应急管理机构，承担安全与应急管理职责的系统。景区安全与应急管理机构是指景区设立的负责景区内安全与应急事务的工作机构。作为安全应急管理的全职机构，它负有贯彻实施法律法规、负责景区日常安全管理、承担景区安全预防、监测、预警、突发事件处置等安全任务的职责。从广义上说，景区内所有的管理机构都承担着安全管理的部分职能，需要在所辖的工作范围内承担相应的安全管理职责。

（一）景区安全管理机构的设立

旅游景区应设立专业（专门）的安全管理机构，专门负责旅游景区的安全管理工作。小型旅游景区在设立安全管理机构时，应考虑是否依托城镇安全管理机构等社区安全管理资源。如果景区与依托城镇相邻，景区可以与当地城镇的相关安全机构（如110、120、消防、医院、海事、山地救援组织等）相结合，方便、快捷地建立起景区安全组织机构。如果景区管委会与当地政府为同一机构，则应考虑将城镇安全机构的功能扩大至景区，由城镇安全管理机构直接担负景区的部分安全管理职能。如果景区远离依托城镇，景区必须建立完整、独立的安全管理机构。在设立景区安全管理机构、规划安全管理职能时，要综合考虑景区自身的特点。自然资源类景区要加强野外救援的安全功能建设，人文资源类景区则应加强防火、防盗等安全功能建设。

（二）景区安全管理的职能机构

一般情况下，景区可以设立在景区管委会管理下的景区安全委员会，并在景区安全委员会下面设立行政办公室处理日常事务，设立应急管理小组处理应急突发事件。同时，应设立景区预警工作组、景区监察队伍、景区治安队伍、景区消防队伍、景区综合救援队等安全职能机构；具有完善功能的旅游景区安全管理组织结构如图5-2所示。

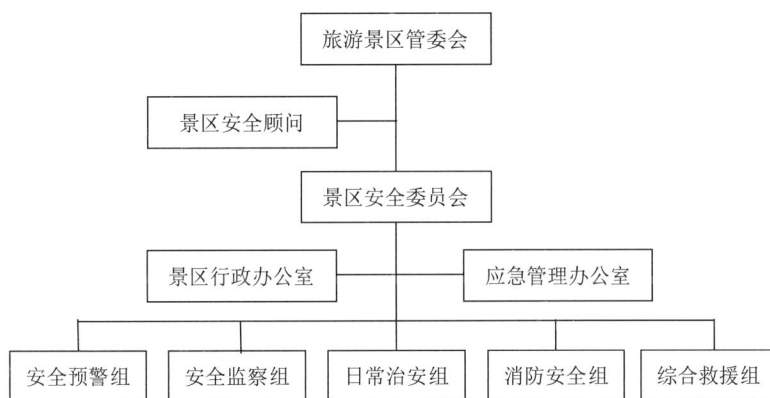

图 5-2　旅游景区安全管理组织结构

1.景区安全预警工作组（办公室）

加强预防预警工作是减少景区事故、减缓事故影响、降低灾难后果的重要工作内容。因此，景区应设置预警工作组，或者由景区安全委员会下设的办公室负责安全预防预警工作。景区工作组（或办公室）应时刻保持通讯畅通，并能及时调遣和配置相应的安全职能机构。在春节、"五一""十一"等旅游旺季时节，景区预警工作组（或办公室）应针对景区容量、服务要素、气候等可能影响旅游秩序的事项进行安全分析，并适时发布警示信息。

2. 景区监察队

景区监察队是负责景区行政执法工作的职能机构，担负着维护景区经营秩序、打击不法经营行为、保障执法监察的管理职责。景区监察队伍的工作有利于推动景区经营管理的正常化，为景区营造良好的内外部环境，减少安全事故产生的土壤。部分景区设立的旅游执法队、旅游执法处等是具有类似职能的机构。

3. 景区治安队

景区治安队是负责旅游景区日常治安管理任务的职能机构，担负着各类刑事治安事件的预防和处置工作，主要的工作内容包括防治盗窃、防治抢劫、防治打架斗殴、执行门禁勤务、维护景区内和景区周边的环境安全等。在规模较大的景区，地方公安局可在景区设立景区公安分局，全面处理与景区有关的各种治安管理工作。

4. 景区消防队

景区消防队主要承担景区的消防工作，主要任务包括消防宣传、巡查执勤、火灾演练、火灾预警、火灾扑救等。按照建制的不同，景区消防队可分为专职消防队和义务消防队两种。

5. 景区综合救援队

景区综合救援队的主要任务是满足不同事故的救援需求，为遇险游客提供救援服务。此外，景区救援队还应承担游客安全教育、景区安全设施维护保养、景区节庆活动秩序维持等日常工作。在进行野外救援工作时，景区救援队应该充分利用公安、消防等公共救援力量和民间志愿者救援力量的支持。

二、景区安全预警系统

（一）景区安全预警系统的目标

（1）通过提供景区安全信息和预警服务，使游客能够更好地认识安全的重要性，从而加深他们对景区安全问题的印象，提高其对景区安全问题的防范意识。

（2）利用景区安全预警系统，增强景区对游客的安全引导，减少游客安全事故。

（3）加强景区与游客之间的沟通，提高游客对旅游景区安全管理措施与景区管理者工作的理解力度，促进旅游景区的可持续发展。

（二）景区安全预警系统的任务

（1）构建旅游景区安全预警系统的结构。

（2）确定旅游景区安全预警系统的内容。

（3）确定旅游景区的安全预警方式。

（4）估算旅游景区安全预警系统的投资费用。

（三）景区安全预警系统的具体措施

（1）对社区居民进行深入的普法教育。

（2）在景区旅游旺季到来之前，进行有针对性的反营销宣传活动。

（3）景区的信息部门、旅游宣传机构应与当地治安管理部门加强在执法与安全信息发布方面的合作，同时争取景区内其他各部门广泛的理解、支持和参与。

（四）景区安全预警系统的类型

1. 景区安全标志预警系统

安全标志是用于表达特定安全信息的标志，由图形符号、安全色、几何形状（框）或文字构成。《安全标志及其使用导则》（GB 2894—2008）将安全标志分为四大类型，具体包括禁止标志、警告标志、指令标志、提示标志。所有标志一定要按照国际规范制作和悬挂，让所有游客都能看得懂。标志牌一定要置于明显位置和明亮环境中，不可有障碍影响视线，也不可放在移动的物体上。标志牌的材质在满足坚固耐用、遇水不变形的特性之外，还要与景区的资源环境相协调。例如，山地景区内用石质材料，森林景区内用木质材料等。旅游景区的各种标志牌必须制作精良，表面不得有任何瑕疵。为保证效果和防止出现纠纷，安全标志牌至少每年全面检查一次，及时更换或维修不符合要求的牌子。

2. 景区导游安全预警系统

旅游景区导游安全预警系统主要由导游安全预警和便携式语音安全预警两种方式组成。在旅游景区内，景区导游在带领游客游览过程中，除了为游客提供导游讲解服务之外，还得随时提醒游客注意人身与财产安全，并照顾游客以免发生安全事故。便携式语音安全预警是建立在便携式语音预警设施的基础之上。在便携式语音预警的内容中可根据需要加入游客安全提示，以提高游客在游览中的安全意识。

3. 景区安全音像预警系统

景区音像安全预警系统是集声音、文字、图片、音像等于一体的预警系统，一般与电脑的多媒体功能相结合，通过电脑的复合功能实现景区多媒体预警的更新升级。景区音像预警系统能向游客进行立体预警，全面传递景区的安全信息，对游客的安全行为进行明确的指引和提示，以提升景区安全预警系统的功效。

4. 景区安全印刷物预警系统

景区印刷物安全预警是以宣传单、手册、门票等印刷物作为载体进行安全预警的系统。印刷物系统既有简洁明了、发行量大的特点，也有投资成本低的优点。比如，在景区门票上嵌套"旅游安全提示"，这种预警效果更为直接，效果也更加明显。

三、景区安全控制系统

景区安全控制系统是针对景区的风险隐患、过程管理等进行预防性控制的系统，包括安全目标与计划控制、安全制度与机制控制、安全技术与设施控制、文化与观念控制等管理功能。

（一）景区安全目标与计划控制

安全计划与目标控制是景区通过设定安全发展目标、制订安全行动计划、实现预先控制景区安全管理收益的综合控制机制。具体而言，景区可以通过设定明确的安全成本指标、安全收益指标和安全效益指标等指标体系来衡量和评估景区的安全发展目标与行动计划，并为景区的安全管理决策提供依据和基础。主要的控制性指标有以下三个。

1. 景区安全成本

景区安全成本指实现景区安全所消耗的人力、物力和财力的总和，包括实现某一种安全功能所支付的直接和间接的费用。它是衡量景区安全活动消耗的重要尺度。适度的安全预算和投入，是景区有效开展安全生产与经营活动的基础。不重视安全投入的景区，其安全生产工作将如同无源之水。

2. 景区安全收益

景区安全收益是指景区安全投入带来的产出。景区安全的实现不但能减少或避免旅游过程中的直接伤亡和损失，而且能通过维护和保护景区生产力，提升景区的发展形象，并促进景区企业生产增值动能的强化。景区安全收益具有潜伏性、间接性、延时性和迟效性等特点。

3. 景区安全效益

景区安全效益指景区安全收益与安全投入的比值，它反映了景区安全产出与旅游安全投入的关系，是景区安全经济决策的重要指标之一。景区安全资源投入量的大小、投资比例增长速度的快慢、安全资源分配和投入的方向是否合理，直接关系着景区安全事业发展的规模和速度，关系着景区安全经济效能的发挥，从而影响着景区的收支能否合理、协调、稳定地发展和增长，关系着景区运行的安全状态。

（二）景区安全制度与机制控制

景区安全制度是景区针对安全管理工作和业务操作所制定的强制性和规范性的安全行为规则。同时，景区在安全管理过程中所形成的各种工作机制和工作方案需要定期进行总结和固化，并最终形成工作制度，以实现景区安全运行与管理的常态化。景区安全制度包括安全管理机构的运行制度、安全生产责任制度、岗位安全操作守则、职业健康管理制度、安全激励制度、游客安全保障制度、各类突发事件应急预案等。

景区安全管理制度包括但不限于以下制度。

（1）安全生产教育和培训制度。

（2）景区突发事件应急预案。

（3）紧急事件和安全事故应急救援预案。

（4）岗位安全责任与操作规程。

（5）工程作业（施工、检修和维修）安全管理制度。

（6）特种作业人员管理制度。

（7）设施设备安全管理制度。

（8）消防安全管理制度。

（9）食品安全管理制度。

（10）职业健康管理制度。

（11）游客安全保障制度。

（12）安全奖惩管理制度。

（三）景区安全技术与设施控制

景区安全技术与设施控制是指景区通过采用先进、完备、可靠的设施设备和技术条件来支撑安全管理的行为，它既指景区常规设施设备和特种游乐设施设备的安全可靠，也包括景区采用专门的安全技术装备和智慧旅游手段来支撑安全管理工作。景区安全技术与设施控制包括以下几个方面。

1. 推行本质安全技术

本质安全技术是指景区设施本身具有内在的防止事故发生的功能，它具体包括两个方面的技术内容：①失误安全功能。设施设备的操作者即使操作失误也不会发生事故和伤害，它要求设施设备具有自动防止人的不安全行为的功能。例如，电梯超载时蜂鸣器会自动鸣响，电梯不能关门且不能运行。②故障安全功能。指设备设施发生故障或损坏时还能暂时维持正常工作或自动转变为安全状态。上述安全功能应该潜藏于景区设施设备内部，即它应该在规划实施阶段就被纳入，而不是在事后再进行补偿实现。

2. 建设安全预警系统

安全预警系统是景区内承担景区安全风险信息采集、分析、对策制定和信息发布等功能的平台。现代化的景区需要通过现代化的科技装备和多源化的信息接口，及时获取与景区安全有关的风险信息，并结合风险评估等技术手段进行风险等级判断和对策分析，以提出和发布预警信息，实现减少安全事故或减缓安全损失的目的。当前，火灾隐患识别、景区边界管理、人脸识别与自动统计、景区洪峰预测、雷击信息预测等风险隐患的监测识别和预报系统不断成熟，为景区的安全预警提供了可靠的科技手段。景区安全预警系统的主要功能有以下四个。

（1）景区安全信息收集。

景区安全信息收集的主要功能是收集景区及其所在区域的旅游安全信息，建立人防、物防和技防相结合的风险监测监控网络，在主要的风险区域建立视频监控系统，实现对风险信息的实时监测和实时收集。

（2）景区安全信息分析。

景区安全信息分析的主要功能是对所获得的原始安全信息进行评估和判断，并根据这些安全信息所代表事件的严重程度，划定其安全级别并提出相应的警示内容，为旅游安全对策的制定提供依据。

（3）景区安全对策制定。

景区安全对策制定的功能是根据各种安全风险的严重性和概率进行策略分析，制定相应的行动措施。比如，对旅游不安全的区域进行进入限制、对有灾情的情况提出安全解决方案等。

（4）景区安全信息发布。

景区安全信息发布的主要功能是将经过确认和选择的旅游安全信息，通过应急广播、手机平台、户外大屏幕电视、景区门户网站、政府公共信息渠道等途径，有尺度地向景区游客及相关旅游企业传递和发布风险预警信息，以避免安全事故的发生。

旅游安全警告装置是指备有对危险性的活动或设施设备操作进行事前警示功能的装备设置。旅游安全警告装置包括景区危险地段的标牌警示、设施设备的使用安全警示、危险活动项目的文字警示说明书等。旅游安全警告装置的设立必须充分考虑旅游活动和旅游设施设备操作的安全性，并兼顾运作主体的安全适应性，通过两者的匹配分析来决定警告装置的设立类型。

3. 采用安全装置

景区安全装置的采用是防范安全隐患的重要手段。比如，特种设备的安全防护装置、高空场所的安全护栏、变电系统的保险装置、旅游道路上的自动监控装置等，它们对于维护景区游客和员工的生命、财产安全、实现景区经营活动的安全监控有着至关重要的作用。

4. 开展预防性试验

预防性试验包括对旅游活动的安全预防性试验和旅游设施设备的安全预防性试验两个层面的技术管理内容。旅游活动的预防性试验是指旅游企业对经营过程中的各种活动进行事前的检测，判别其安全级别，并做出适当的评价和安全防范措施。旅游设施设备的安全预防性试验是指对旅游活动中或旅游经营运作中所使用的各种设施设备的强度、刚度、安全可靠性进行试验检测，通过设施设备的安全性保证旅游活动和旅游经营的安全性。

5.加强设施设备的检查和维护

对旅游设施设备进行技术检查和维护是保证设施设备能安全、良性运转的基本要求。旅游设施设备的技术检查和维护包括设施设备运行前、运行中、运行后的例行检查以及定期检查。检查应该有较为完善的安全检查表，登录检查过程所检测到的各种技术数据，为设施设备的维护和保养提供完备的技术档案。安全检查表除了记录各种技术数据以外，应该将检查人、检查时间及处理结果等相关的检查信息一并列入记录之中，这些信息同时也构成了安全监控的内容之一。

（四）景区安全文化与观念控制

安全文化是安全管理中的重要管理手段，是推动景区建立可持续安全发展观、维持良性安全管理传统的管理工具。安全文化作为一种亚文化，是从属于组织文化的子概念。安全文化是在经验主义管理、科学管理的基础上逐步产生的一种新的管理思想，是在现代市场经济发展的基础上形成的一种管理思想和理论。它从管理理论的角度强调了安全管理机构在安全执法行为中的作用，认为安全管理组织是一个有机的整体，在这个整体中人处于管理的中心和主导的地位。

景区企业应该形成符合自身发展需要的安全文化，建立起安全生产领域的价值取向、职业道德、职业纪律、管理哲学、指导方针、工作战略等，这些基本要素构成了景区安全文化的要素体系。景区的安全文化建设与景区的文化背景、生产生活条件、从业人员的安全意识、文化素质有关。

景区安全文化建设的工作任务包括：树立景区安全文化目标、塑造景区安全精神、树立景区安全形象、建立景区安全风尚和道德规范、提高员工文化素质、开展安全心理和安全行为教育、建设景区安全保障网络。在日常工作中，还应该加强班组安全生产教育、安全工作技术教育和安全操作与服务规章制度教育，并加强职业卫生工作技术推广、安全隐患评估与整改等，以全方位地形成重安全、保安全的文化和观念。

四、景区安全保障系统

景区的安全运行和发展是一个系统工程，它需要综合安全资源的保障与支撑。缺乏安全保障要素，景区的安全工作将失去基础和依托。

（一）安全制度保障

景区安全制度既是一种控制手段，也是一种保障资源。只有建立系统、全面、完整、细致的安全管理制度，对景区的安全管理体制、机制、任务、预案等以制度的形式进行固化，并建立有效的制度执行机制，景区的安全管理才有可靠的基础和依托。从景区的发展实践来看，大部分景区越来越重视安全管理制度建设，但是仍然有相当比例的景区缺乏专项安全管理制度，缺少分层级岗位的安全操守细则，景区各部门安全职责也定位不明。同时，景区普遍重视景区总体预案的编制，但是分项预案例、岗位安全操作性预案建设不理想，已有预案的设计质量不够，员工对预案的熟悉程度不够，景区缺乏应急演练，实际操作能力欠缺。因此，景区应增强预案的针对性和可操作性，提升景区应急预案的质量水平。

（二）安全投入保障

安全资金和安全技术的投入水平反映了景区对安全工作的重视程度。景区应该将安全工作列入重要事项，每年编列景区安全预算，根据安全工作的实际需要进行投入核算，为景区的安全发展提供充足的资金支持。同时，有条件的景区应该注重安全技术和装备的应用，即采用先进的安全科技和设施装备，为景区安全工作提供自动化、智能化的技术条件。近年来智慧景区技术与平台发展迅速，大部分高 A 级旅游景区注重智慧景区的建设，智能服务、智能识别、智能推荐、智能安防等功能相辅相成，对景区做好全方位的安全工作提供了重要的支撑。

（三）安全人才保障

景区安全管理工作需要综合性的安全人才队伍的支撑。首先，景区应重视安全与应急队伍的建设。对于大型旅游景区，应建设专门的安全队伍，配备大型的、特种救援救生设备，满足景区应急和社会应急的综合需求；对于中小型旅游景区，应建设专兼职应急队伍，满足景区专业应急的需求。其次，景区应充分发挥志愿者组织和个人的作用，通过提供训练场所、活动经费等方式，培养服务于景区应急救援的志愿者组织和志愿者个人，并着力提升志愿者组织的专业水平。最后，景区应加强游客的安全引导和培训，提升游客的安全素质，强化游客的安全观念和安全应急能力，发挥游客在旅游安全工作中的能动作用。

（四）安全教育保障

景区应重视对从业人员、游客群体和当地民众的安全培训和教育。对从业人员，景区应该加强安全观念教育、安全知识教育和安全实操演练培训，使从业人员掌握系统的安全工作知识与技能，能有效应对安全生产过程中出现的安全风险和突发事件。对游客而言，景区应通过多方位的风险警示、通俗的安全手册、有效的引导方式，让游客掌握安全旅游的基本观念，了解和掌握基本的安全与应急知识。对社区居民，景区应该加强安全引导和安全沟通，及时地向民众传输与景区安全有关的风险信息，明确民众的安全责任，在景区周边社区开展安全文化建设，引导当地民众作为安全文化的建设主体，发挥民众在安全应急工作中的能动作用。

（五）旅游保险保障

旅游保险是景区提升安全保障能力的重要手段。选择合适的景区保险产品，有助于景区转移安全风险，对遭遇安全事故的游客给予充分的赔偿与保障，帮助景区迅速地脱身于安全事故带来的赔偿压力和舆论压力。通常，景区应根据自身情况和需要、购买公共责任保险、特种项目保险和游客人身意外伤害保险等相关保险产品。公众责任保险，又称普通责任保险或综合责任保险，它以被保险人的公众责任为承保对象，是责任保险中独立的、适用范围最为广泛的保险类别。特种旅游保险是对特种旅游项目的相关责任作为承保对象。人身意外伤害险是人身保险的一种，简称意外伤害保险，指在保险有效期间内，如果被保险人遭受意外伤害而因此在责任期限内不幸残疾或身故，由保险公司给付身故保险金或残疾保险金。经营高空、高速、水上、潜水、探险等高风险旅游项目的景区，应该购买相应的责任保险。

【案例】

景区综合安防管理系统如何守护羊台山森林公园绿道安全

羊台山森林公园海拔 588 米，有"深圳西部第一峰"之称，被评为深圳八景之一。羊台山绿道是龙华区环城绿道的重要一环，全长 27.9 千米，充分展现了羊台山秀美的自然风景以及沿线山、水、城、高铁的优美景观，为广大市民提供了一个休闲、健身、游玩的好去处。

羊台山作为龙华区一张新的亮丽名片，加强景区建设及管理的重要性日益凸显。尤其是在节假日、黄金周期间，游客大量聚集，存在严重的安全隐患。国家及地方政府一再发文强调，要进一步加强节日期间的旅游安全工作，严防各类安全事故发生。因此，在羊台山建设旅游景区综合安防管理系统势在必行。

根据项目的特性和设计原则的要求，以物联网技术、网络通信技术、智能分析技术、大数据等为基础，建设旅游景区综合安防管理系统，对于景区的需求如下：（1）建设全方位、全天候、高清化、智能化的视频监控系统，以满足现代旅游景区安全管理的需求，实现大场景全景监控，并具有较好的夜晚、起雾环境下的监控效果和对危险部位的智能分析报警应用。（2）建立景区广播系统，实现景区宣传、广告及常规性信息发布，在发生紧急情况时，可联动发布紧急性通告通知类信息。（3）建立紧急报警系统，实现对绿道休闲人员紧急情况报警和公安消防等部门联动。（4）建立完整的网络传输系统，连接安防及各管理系统的数据，使相关内部信息能够正常、安全、流畅地交互。（5）建设多级架构的整体系统，从街道总控中心到景区分控中心，其中街道总控中心作为监督角色，可以抽查下面景区的实时视频。

专家提出了相应的解决方案如下。

（1）系统组网：环形组网＋多级级联。

本项目的关键需求，主要是实现视频监控组网和音频广播组网，视频监控选择网络视频监控，广播系统也选用 IP 音频广播，并且视频点位与广播点位分布基本在同一立杆上，所以在组网上可选择在同一局域网内，前端设备也可放在同一交换机上。绿道北段 15.1 千米，南段 12.8 千米。区域长度近 30 千米，不适合用星形组网，考虑环形组网和多级级联，用一条主光纤分区域进行组网，大大节省了光纤和施工，也增加了系统稳定性。

（2）项目关键点：做好防雷。

旅游景区大多数处于郊区空旷地带，不同于城市环境，容易遭受雷击，特别是深圳处于亚热带地区，雷电发生概率大，全年持续时间长。据调研显示，旅游景区容易遭受雷击的部位主要有：①景区内高大的建筑物，包括高大树木、珍贵古树、大型景观建（构）筑物；②处于暴露空旷地带的建筑设施，包括凉亭、索道、缆车、金属结构的游乐设施等；③弱电系统，包括监控设备、机房、网络设备、消防系统及控制系统等。

（3）专家建议：多级防雷设计。

绿道处于雷电高发地区，而且地域又有高压输电线路，方圆近 20 平方千米，整个系统供电线路处于室外环境，而且伴有强电、强磁环境，需全面考虑整个安防网络的防雷问题，特别是前端低压配电线路防雷、室外弱电箱设备防雷和室外监控点防雷。

来源：安防大课堂微信公众号，"项目实战：景区综合安防管理系统如何守护羊台山森林公园绿道安全"，2020-09-15.

五、景区流量管控系统

（一）景区承载量

景区游客量也是影响景区安全的重要因素，包括大型活动中的人员管控、景区日常游客量的管控、总游客量与瞬时游客量的计算等。基于游客安全管理视角，中国于 2015 年发布的《景区最大承载量核定导则》（LB/T 034—2014）制定了不同类型旅游地的最大旅游承载量标准，界定了景区最大承载量、瞬时承载量、日承载量和空间承载量、设施承载量、生态承载量、心理承载量、社会承载量（见表 5-2）。其中，最大承载量是指在一定时间条件下，在保障景区内每个景点旅游者人身安全和旅游资源环境安全的前提下，景区能够容纳的最大旅游者数量。

景区最大承载量的核定原则是：测算出空间承载量和设施承载量，并根据实际情况确定景区最大承载量的基本值；在此基础上，以生态承载量、心理承载量、社会承载量等方面的指标或经验值作为参考。

表 5-2　景区旅游承载量标准

承载量	说明
最大承载量	指在一定时间条件下，在保障景区内每个景点旅游者人身安全和旅游资源环境安全的前提下，景区能够容纳的最大旅游者数量
空间承载量	指在一定时间条件下，旅游资源依存的游憩用地、游览空间等有效物理环境空间能够容纳的最大旅游者数量
设施承载量	指在一定时间条件下，景区内各项旅游服务设施在正常工作状态下，能够服务的最大旅游者数量
生态承载量	指在一定时间条件下，景区在生态环境不会恶化的前提下能够容纳的最大旅游者数量
心理承载量	指在一定时间条件下，旅游者在进行旅游活动时无不良心理感受的前提下，景区能够容纳的最大旅游者数量
社会承载量	指在一定时间条件下，景区周边公共设施能够同时满足旅游者和当地居民需要，旅游活动对旅游地人文环境的冲击在可接受范围内的前提下，景区能够容纳的最大旅游者数量
瞬时承载量	指在某一时间点，在保障景区内每个景点旅游者人身安全和旅游资源环境安全的前提下，景区能够容纳的最大旅游者数量
日承载量	指在景区的日开放时间内，在保障景区内每个景点旅游者人身安全和旅游资源环境安全的前提下，景区能够容纳的最大旅游者数量

（二）景区承载量计算

根据《景区最大承载力核定导则》可以对瞬时承载量以及日承载量等景区承载量进行计算。

1. 瞬时承载量

景区瞬时承载量一般是指瞬时空间承载量 C_I，由以下公式确定：

$$C_I = \sum X_i / Y_i$$

式中：X_i——第 i 景点的有效可游览面积。

Y_i——第 i 景点的旅游者单位游览面积，即基本空间承载标准。

景区设施承载量是景区承载量瓶颈时，或景区以设施服务为主要功能时，其瞬时承载量取决于瞬时设施承载量，瞬时设施承载量 D_I 由以下公式确定：

$$D_I = \sum D_j$$

式中：D_j——第 j 个设施单次运行最大载客量，可以用座位数来衡量。

例如，某景区核心游览面积为19000m²，游客平均最小占用面积为2m²，则瞬时最大空间容量（S）＝总游览面积（X）÷平均占用面积（Y）＝19000÷2＝9500（人）。

2. 日承载量

景区日承载量一般是指日空间承载量，日空间承载量 C_2 由以下公式确定：

$$C_2 = \sum X_i / Y_i \times \text{Int}（T/t）C_1 \times Z$$

式中：T——景区每天的有效开放时间；

t——每位旅游者在景区的平均游览时间；

Z——整个景区的日平均周转率，即 $\text{Int}（T/t）$ 为 T/t 的整数部分值。

以上文中某景区为例，假设该景区开放时间为上午8：00至18：00，即 T 为10个小时，估测每位游客在景区平均游览时间约为2小时，即 t 为2小时，则日周转率（Z）＝每日开放时间（T）÷平均浏览时间（t）＝10÷2＝5，日大空间容量（C）＝瞬时最大空间容量（S）×日周转率（Z）＝9500×5＝47500（人）。

当景区设施承载量是景区承载量瓶颈时，或景区以设施服务为主要功能时，其日承载量取决于日设施承载量，日设施承载量 D_2 由以下公式确定：

$$D_2 = \frac{1}{a} \sum D_j \times M_j$$

式中：D_j——第 j 个设施单次运行最大载客量；

M_j——第 j 个设施日最大运行次数；

a——根据景区调研和实际运营情况得出的人均使用设施的个数；通过系数 a 去掉单一旅游者使用多个设施而被重复计算的次数。

当旅游者在景区有效开放时间内相对匀速进出，且旅游者平均游览时间是一个相对稳定的值时，日最大承载量 C 由以下公式确定：

$$C = \frac{r}{t} \times （t_2 - t_0）= \frac{r}{t_1 - t_0} \times （t_2 - t_0）$$

式中：r——景区高峰时刻的旅游者人数；

t——每位旅游者在景区的平均游览时间；

t_0——景区开门时刻（即景区开始售票时刻）；

t_1——景区高峰时刻；

t_2——景区停止售票时刻。

（三）景区游客流量管控

在大型活动、节假日期间，景区往往面临着游客扎堆出游的状况，短时间内的人员集聚会对景区的设施设备、生态环境等造成重要影响，在一定程度上也带来了较大的安全隐患。因此，景区在日常经营中，应综合考虑景区的饱和度以及承载力，做好景区游客流量管控，既是保护旅游环境可持续发展的要求，也是防范因游客短时间内的聚集带来安全风险隐患的关键措施。景区可以通过门票预约、实时监测、疏导分流、预警上报、专项预案等措施加强对景区内游客流量的安全管控，从而保障景区的安全发展及游客的安全旅游。

1. 实行门票预约制度

在疫情防控常态化阶段，景区景点严格落实"限量、预约、错峰"的要求，根据自身承载能力和当地疫情防控指挥机构要求，合理确定、严格执行限量要求，积极引导游客提前预订门票，预估旅游者数量，控制好接待游客数量，并全面实施门票预约制度。

【案例】

故宫博物院实行限额预约

预约方式：故宫博物院实行实名制预约参观，观众朋友可通过故宫博物院网络售票网站（https://gugong.ktmtech.cn/），使用第二代身份证或护照信息预约购票，当日24时前可预约10日内门票。目前旺季票价60元，每日限额5000人（8：30~13：00，3000人；13：00~16：00，2000人），额满为止。请严格按照预约时间段参观。故宫博物院会根据疫情防控形势变化，及时调整每日限额人数。

来源：故宫博物院官方网站 https://gugong.ktmtech.cn/Announcement/Detail?id=86.

---

2. 打造实时监测平台

有条件的景区可建设客流动态监测系统。景区可利用人脸识别和出入门禁统计等技术系统，实现对景区客流规模和分区域客流的精准统计，并可对不同景点客流状态进行视频监测，实时了解景区客流形势。景区可通过新媒体、移动终端等多渠道及时向外公布景区流量信息，为旅游者出游决策提供参考。

3. 实施疏导分流举措

（1）交通调控。有针对性地启动交通运力动态调整预案，通过周边道路管控、区内停车控制等措施削减游客数量，错峰接待。

（2）入口调控。①合理设计旅游者排队等候的方式和途径。通过开通快速入园通道疏导分流入口处游客。②通过折扣补偿、延长有效期、多种形式的通票等，减少景区入口或设备设施入口的旅游者数量。③在景区入口大门及售票区，增设电子显示牌，提供给旅游者最及时的信息。

（3）区内调控。①通过分时入园、高峰限时逗留，减少景区内旅游者数量。②在主要景点前设置电子显示屏，显示旅游者的密集分布情况，供旅游者合理选择下一个景点。③必要时根据预案，派专人将旅游者疏导至广场、绿地等公共空间或应急避难场所。

【案例】

布达拉宫景区严控景区参观游客数量

布达拉宫景区于 2021 年 2 月 26 日开始调整参观时间，为维持良好的游览秩序，避免游客参观时间过于集中造成单位时间建筑压力过大，参观时间暂定为早上 9：00~下午 3：40。若游客增多，开放时间调整顺延。游客达到 5000 人时开放 2 号线增加接待量（2 号线可增加 600 人的接待量）。

届时参观游客需提前一天登录"布达拉宫票务预订系统"微信小程序预约门票；朝佛群众经体温检测和安检后直接进入。

来源：布达拉宫官方网站 http://www.potalapalace.cn/home2/bgdtdoc316.html.

---

4. 及时预警上报

景区内旅游者数量接近最大承载量或达到最大承载量时，应向社会公告并同时向当地人民政府报告，在当地人民政府的指挥、指导、协助下，配合景区主管部门和旅游行政主管部门启动应急预案。同时，景区应立即停止售票，向旅游者发布告示，做好解释安抚和分流疏导等相关工作。

5. 制订专项预案

景区应针对节假日及大型活动制定相应的旅游者流量专项控制预案。专项应急预案应包括突发事件的组织指挥体系及职责、预警和预防机制、保障措施、现场处置、应急响应步骤等要素。

第三节　景区安全应急预案

一、指导方针

根据原国家旅游局颁布的《旅游突发公共突发事件应急预案》（简本）的精神，旅游景区处置突发事件的原则包括以下四项。

1. 以人为本，救援第一

景区在处理旅游突发事件时应以保障游客生命安全为根本目的，尽一切可能为游客提供救援、救助。

2. 属地救护，就近处置

景区应在本地区政府领导下，积极进行或协助本地区旅游行政管理部门进行应急救援工作，运用一切力量，力争在最短时间内将危害和损失降到最低程度。

3. 及时报告，信息畅通

景区在发现突发事件后要在第一时间立即向上级部门及相关单位报告，或边救援边报告，并及时处理和做好相关善后工作。

4. 平战结合，以平备战

景区应将事前预防与事后应急有机结合，按照应急处置的战时要求，把应急管理的各项工作落实在日常管理中，提高景区的突发事件防范水平。

二、应急管理机构

（一）领导指挥机构

景区应急领导机构是景区成立的应急管理办公室和应急管理指挥小组，前者负责处理日常事务，后者在重大突发事件发生时成立，通过两者结合的方式来全面应对各种应急管理工作。景区应急指挥小组是景区负责应急管理的最高指挥机构，由总经理、保安部经理及设备、卫生、物资等部门领导组成，景区应急指挥小组下设应急管理办公室。综合型应急管理机构的结构如图5-3所示。

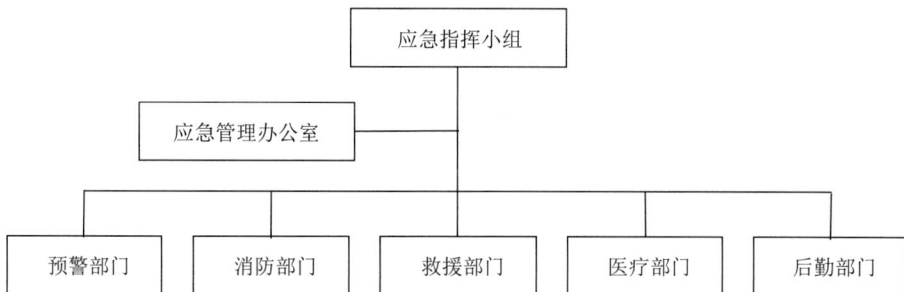

```
                    ┌──────────────┐
                    │  应急指挥小组  │
                    └──────┬───────┘
         ┌──────────────┐  │
         │ 应急管理办公室 ├──┤
         └──────────────┘  │
    ┌──────┬──────┬───────┼───────┬──────┐
┌───┴──┐┌──┴───┐┌─┴────┐┌─┴────┐┌─┴────┐
│预警部门││消防部门││救援部门││医疗部门││后勤部门│
└──────┘└──────┘└──────┘└──────┘└──────┘
```

图5-3 景区综合性应急管理机构结构

（二）指挥机构职责

应急指挥小组负责景区"应急救援预案"的制订和修订；组建应急管理专业队伍，组织实施和演练；检查督促做好重大事故的预防措施和应急管理的各项准备工作。

应急指挥小组在重大事故发生时，应立即到位，全面掌握景区突发事件方面的信息，研究应对策略和措施，制订具备可操作性的应急方案，调度方案所需资源，现场指挥处理突发事件。突发事件解决后，应急指挥小组需要组织事故调查，总结应急管理经验和教训。

三、应急处置程序

（一）应急处置的任务和训练

景区应根据实际需要，建立各种专业的应急队伍，包括抢险抢救队、医疗救护队、义务消防队、通信保障队、治安队等。应急队伍是应急管理的骨干力量，承担景区各类重大事故的处置工作。在平时，景区要加强对各队伍的培训。应急指挥小组要从实际出发，针对危险源可能发生的事故，每年至少组织一次模拟演习。一旦事故发生，指挥小组能准确指挥，各队伍能根据各自任务及时有效地排除险情、控制并消灭事故、抢救伤员，做好应急救援工作。

为了保证应急救援工作及时有效，事先需要对各种通信工具、警报及事故信号做出明确规定；报警方法、联络号码和信号使用规定要置于明显的位置，使每一位值班人员熟练掌握；针对危险源并根据需要，将抢修抢险、个体防护、医疗救援、通信联络等装备器材配备齐全；平时要有专业人员维护、保管和检验，确保器材始终处于完好状态。

（二）应急处置程序

景区旅游突发事件发生后，景区应该立即开展应急处置工作，应急响应的任务和流程主要包括：接警与初步研判→初步判断→先期处置→启动应急预案→现场指挥与协调→抢险救援→扩大应急→信息沟通→临时恢复→应急救援行动结束→调查评估。应急处置流程如图 5-4 所示。

（三）应急预案检查

对于景区安全事故的应急预案的检查一般可分为三个层次，第一层次是检查预案程序，第二层次是检查预案内容，第三层次是检查预案配套的制度和方法。

1. 检查预案程序

（1）危险源的确定程序。

找出可能发生事故的地段、设施、建筑、能量等，注意不同时段不同危险源的危险等级；分析可能引发事故的原因并预测其后果；将危险分出层次，确定危险源等级。

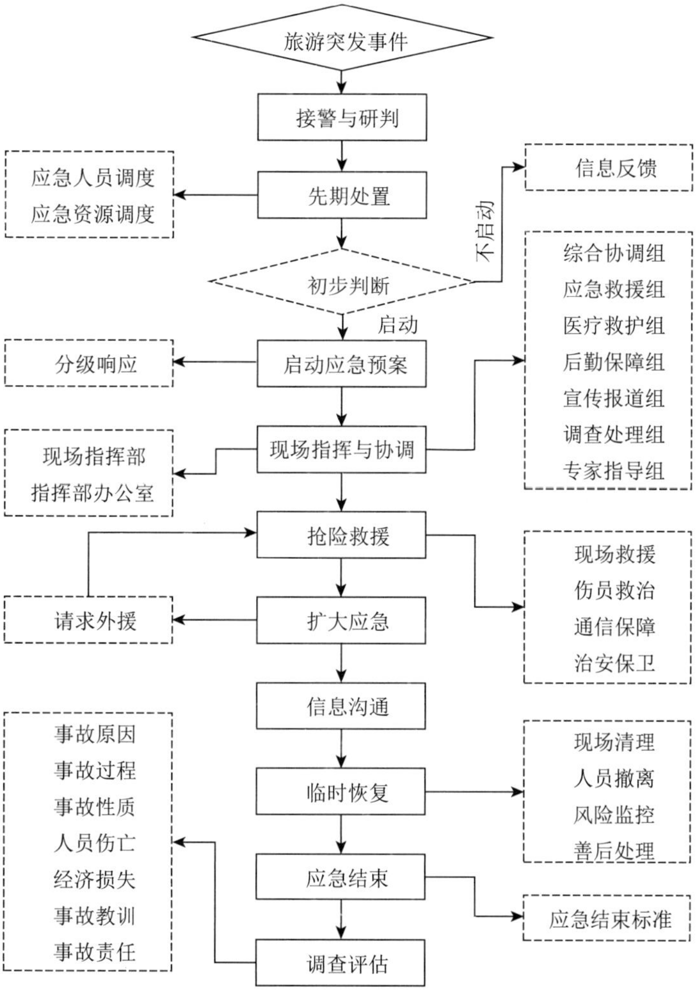

图 5-4　景区旅游突发事件应急流程

（2）事故预防程序。

遵循事故预防 PDCA（Plan，Do，Check，Act）循环的基本过程；通过安全检查掌握危险源的现状；分析产生危险的原因；拟定控制危险的对策；对策的实施；实施效果的确认；保持效果并将其标准化，防止反复；持续改进，提高安全水平。

（3）应急救援程序。

根据危险源模拟事故状态，制订出每种事故状态下的应急方案。当发生事故时，每位员工都知道各种紧急状态下，每一步"做什么"和"怎么做"。这就需要通过演习来打通应急程序，将各个环节、各个岗位考虑周全，不能出现盲点。

2. 检查应急预案内容

此处主要检查两个方面：一是程序所包含的内容是否遗漏；二是这些内容是否正确。

3. 检查应急预案配套的制度和方法

为了能在事故发生后，迅速、准确、有效地进行处理，必须制订好与景区事故应急预案相配套的制度、程序和处理方法。此外，还要做好应急预案的各项准备工作，对景区员工进行经常性的应急预案的常识教育，落实岗位责任制和各项规章制度，同时还要建立值班制度、检查制度。

【案例】

临安区旅游系统水上项目应急演练

为贯彻"安全第一、预防为主的综合治理"安全生产工作方针，切实杜绝重大事故，避免和减少安全事故的发生，切实做好安全生产，提高景区突发事件的应变能力。近日，2021年临安区旅游系统水上项目应急演练在临安龙井峡漂流举行。本次演练由临安区应急管理局指导，临安区文化和广电旅游体育局、临安区龙岗镇人民政府主办，临安浙西大龙湾风景旅游有限公司承办，临安区各旅游企业参加了本次活动。

此次活动主要针对景区突发洪水和游客受伤这两个科目进行了演练，通过实战演习，进一步提高了临安旅游企业对处置突发事件的预防预警、应急处置和自救互救能力；检查了实操景区——龙井峡漂流面对漂流时的突发事件的应急救援措施和各部门间的协同作战能力。整个演练过程组织有序，演练单位配合默契，观摩企业认真学习总结，达到了演练的预期目的。

临安区在2017年和2018年也进行了旅游系统应急演练活动。2017年的应急演练主题是消防，演练内容主要从防火安全知识、火灾现场报警、自救与逃生、火灾扑救、火灾逃生、人员急救、消防设备的联动运行等方面进行专业培训。2018年的应急演练主题是水上项目，具体活动分为了"山洪暴发演练""河道翻船演练""救护演练"三个环节。

来源：

[1] 三渡微信公众号，"防患未然，牢筑景区安全防线｜记2021临安区旅游系统水上项目应急演练"，2021-08-05.

[2] 临安文旅发布微信公众号，"夯实旅游安全基础，临安区旅游系统水上项目应急演练活动在龙井峡漂流举行"，2018-05-16.

[3] 临安文旅发布微信公众号，"应急救援长练，安全意识为先——临安区旅游系统开展应急演练"，2017-11-16.

第四节 景区安全管理流程 *

景区安全风险管理是景区预防性安全管理的重要基础，景区安全风险的识别和评估则是安全风险管理的主要任务流程。科学开展景区安全风险管理，有助于景区实现低风险运行和高安全收益。

一、景区安全管理目标制定

（一）景区安全管理目标的制定原则

1. 整合一致原则

景区安全目标是各科室、各部门分目标的依据，各科室、各部门的目标均要服从景区总体安全管理目标。

2. 均衡协调原则

各科室、各部门的目标之间，要注意协调均衡，正确处理好主次目标之间的主从关系和各分目标之间任务、范围、职责、权责关系以及各个目标实施进程上的同步关系，以保证景区安全管理总体目标的实现。

3. 分层负责原则

景区的领导班子要对景区的安全管理总体目标负责，同时还要对各科室、各部门的分目标提出要求。各科室、各部门的安全管理负责人必须对本科室、本部门的目标负责。

（二）景区安全管理目标的制定程序

景区每年初根据景区安全目标规划和上级指令，结合景区实际情况，研究制定出景区安全目标，并形成文件下发到各科室、各部门。

各科室、各部门的安全目标制定实行自上而下、层层分解的制度。

各分管领导要按照安全生产责任制的职责在景区安全目标的指导下，与科室、部门的负责人研究制定本科室、本部门的分目标，形成书面资料上报上级领导审核。

各科室、各部门按照分管领导所确定的分目标，由各科室、各部门安全生产的第一负责人根据科室、部门的具体情况，细化成各具体目标，要对每项目标完成的时间、进度和所达到的标准具体要求，建立安全责任制，实行安全目标管理，保证组织、人员、制度、措施的落实，确保落实到每个岗位，责任到人。

（三）景区安全管理的目标内容

上级部门及景区所布置、安排的日常工作。

景区布置的重大安全工作。

景区安全管理的实际，需要完善和强化的安全工作。

（四）景区安全管理的目标实施

各科室、各部门按照本科室、本部门所制定的目标，由科室、部门负责人检查督促本科室、本部门的目标完成情况，针对目标完成情况及未完成原因进行分析、通报，奖优惩劣，增添措施，保证目标进度。

负责景区安全管理的总负责人按时检查各科室、各部门目标完成情况，对存在的问题提出整改意见，对今后工作做出具体的安排意见。

二、景区安全风险源识别

景区安全风险源的识别是指辨别景区风险源的存在并确定风险源的特征特性和发展规律的过程。对于旅游景区而言，应根据游客在景区空间载体中的行为活动规律和从业人员的工作行为规律分别进行排查辨识，寻找出可能导致游客和从业人员遭受人身伤害或财产损失的企业内风险源或状态因素。根据突发事件的分类结构，景区突发事件一般包括事故灾难、社会安全事件、公共卫生事件、自然灾害事件等四大类。常见的景区安全风险及其隐患源如表5-3、表5-4、表5-5、表5-6所示。

表5-3　景区常见事故灾难风险源

序号	风险名称	风险源
1	车辆伤害	车辆驾驶
2	机械伤害	设施设备
3	淹溺	危险水域
4	拥挤踩踏	人群集聚
5	火灾	有木质建筑、易燃易爆物、燃气、电缆、插板
6	物体打击	假山石、广告牌
7	生物袭击	景区生物
8	坍塌	临时舞台/活动座椅、堆放商品或放置储存柜
9	高处坠落	电梯、扶梯、特种设备、大客流、高风险项目
10	触电	配电柜、动力电缆

表 5-4　景区常见社会安全事件风险源

序号	风险名称	风险源
1	人身伤害、财产损失	恐怖袭击、盗窃、抢劫、绑架、伤害等刑事案件
2	网络安全事件	设备故障、损坏和网络攻击等
3	劳资纠纷事件	劳资矛盾
4	经济安全事件	经济管理制度等
5	涉外突发事件	涉外矛盾

表 5-5　景区常见公共卫生事件风险源

序号	风险名称	风险源
1	人身伤亡	传染疾病等疫情
2	食品安全事件	食物、水源
3	环境污染事件	废气、化工废料、生活垃圾等
4	职业危害事件	生产、服务和作业活动方式、设备等
5	动物疫情	动物疾病

表 5-6　景区常见自然灾害风险源

序号	风险名称	风险源
1	滑坡、泥石流	落石
2	洪涝、淹溺	洪涝灾害
3	地震	地质运动
4	火灾	明火
5	暴雨、冰雹、雪	雨雪、冰雹天气
6	冰冻灾害	雨、雪、冰冻天气
7	物体坍塌	岩石、落石等物体
8	气体中毒	有害气体、放射性气体
9	动植物伤害	植物、动物
10	雷击	雷电天气

三、景区安全风险的评估

景区安全风险的评估主要是指对可能导致景区旅游突发事件的风险因素及其伤害后果等进行风险可能性和风险后果的综合评价，以确定风险源和危险区域可能导致的风险伤害与损失。

（一）风险严重性评估

旅游突发事件是指突然发生，造成或者可能造成游客人身伤亡、财产损失，需要采取应急处置措施并予以应对的自然灾害、事故灾难、公共卫生事件和社会安全事件。以性质、危害程度、可控性以及造成或者可能造成的影响为指标，旅游突发事件分为特别重大、重大、较大和一般四级。

1. 特别重大旅游突发事件

旅游突发事件具有下列情形之一的，构成特别重大旅游突发事件。

（1）造成或者可能造成人员死亡（含失踪）30人以上或者重伤100人以上。

（2）游客500人以上滞留超过24小时，并对当地生产生活秩序造成严重影响。

（3）其他在境内外产生特别重大影响，并对游客人身、财产安全造成特别重大威胁的事件。

2. 重大旅游突发事件

旅游突发事件具有下列情形之一的，构成重大旅游突发事件。

（1）造成或者可能造成人员死亡（含失踪）10人以上、30人以下（不含30）或者重伤50人以上、100人以下（不含100）。

（2）游客200人以上滞留超过24小时，对当地生产生活秩序造成较严重影响。

（3）其他在境内外产生重大影响，并对游客人身、财产安全造成重大威胁的事件。

3. 较大旅游突发事件

旅游突发事件具有下列情形之一的，构成较大旅游突发事件。

（1）造成或者可能造成人员死亡（含失踪）3人以上10人以下（不含10）或者重伤10人以上、50人以下（不含50）。

（2）游客50人以上、200人以下（不含200）滞留超过24小时，并对当地生产生活秩序造成较大影响。

（3）其他在境内外产生较大影响，并对游客人身、财产安全造成较大威胁的事件。

4. 一般旅游突发事件

旅游突发事件具有下列情形之一的，构成一般旅游突发事件：

（1）造成或者可能造成人员死亡（含失踪）3人以下或者重伤10人以下。

（2）游客50人以下（不含50）滞留超过24小时，并对当地生产生活秩序造成一定影响。

（3）其他在境内外产生一定影响，并对游客人身、财产安全造成一定威胁的事件。

旅游突发事件级别如表5-7所示。

表 5-7　旅游突发事件级别

认定标准		一般	较大	重大	特别重大
人员死亡（含失踪）		3＞人数	10＞人数≥3	30＞人数≥10	人数≥30
人员重伤		10＞人数	50＞人数≥10	100＞人数≥50	人数≥100
人员滞留	人数	50＞人数	200＞人数≥50	人数≥200	人数≥500
	滞留时间	时长＞24h	时长＞24h	时长＞24h	时长＞24h
	影响当地生产生活秩序	一定	较大	较严重	严重
社会影响	影响区域	境内外	境内外	境内外	境内外
	影响程度	一定	较大	重大	特别重大
	威胁游客人身财产安全	一定	较大	重大	特别重大

　　基于突发事件所造成的损害的严重程度不同，需要动用的救援力量和采取的救助措施也不尽相同，景区的经营者和管理者的处置措施要和旅游突发事件的级别相匹配。

（二）风险可能性评估

　　风险发生的可能性可以分为很大、大、较大、一般、较小五个等级，分别对应5、4、3、2、1五个分子。风险可能性等级标准如表5-8所示。

表 5-8　风险可能性等级分布

风险可能性等级		发生概率	
级别	分值	大型突发事件	日常生产运营
很大	5	1年内至少发生1次	时常发生
大	4	1年内可能发生1次	较多情况下会发生
较大	3	2~5年内可能发生1次	某些情况下会发生
一般	2	5~10年内可能发生1次	极少情况下才发生
较小	1	10年内可能不发生1次	一般情况下不会发生

四、景区安全风险的应对

（一）景区安全风险的应对策略

　　景区安全事故一旦发生，应在全面了解事态的基础上，针对不同的对象确定适宜的对策，尽量控制事故影响扩大化。具体来说，主要是做好受害者、媒体、旅游者、业务往来单位四个方面的工作。

1. 针对受害者

（1）了解情况，承担责任。

认真了解事故发生的前因后果及受害者的相关情况，向受害者表达歉意并通知有关各方，实事求是地承担相应的责任。

（2）把握分寸，解决问题。

倾听受害者的意见和赔偿要求，如合情合理，应尽快提出补偿方案和补偿标准，并具体落实；如要求过分，要大度、忍让，不在事故现场发生争辩，选择合适的场合与其讲明事理；拒绝时要注意方式方法。

2. 针对媒体

（1）统一新闻发布。

在向媒体公布与事故相关的消息时，景区要争取事先在景区内部统一认识和统一口径；语言表达要言简意赅，不能模棱两可，以免引起媒体的误解。

（2）提供准确信息。

①主动向媒体提供与事故相关的准确消息，公开表明景区的立场和态度，以减少媒体的推测，协助媒体做出正确的报道。②要求媒体在事实未完全明了之前，不要对事故发生的原因、损失等进行推测性报道。

（3）引导舆论导向。

景区要注意引导媒体以公正的立场和观点来进行报道，不断提供公众所关心的信息，如补偿方式和善后措施等，注意要适当表示歉意，向公众说明事实真相并向相关公众表示道歉。

（4）采取补救措施。

当记者发表了不符合事实真相的报道时，景区应立即向该媒体提出更正要求，指明失实之处，并提供与事实相符的信息；派遣发言人接受采访，表明景区的立场，要求公平处理，但应注意避免对抗，产生敌对情绪。

3. 针对业务往来单位

景区的业务往来单位包括旅行社、开户银行及其他合作单位等。当事故发生时，应采取如下对策，保持与业务往来单位的持续合作。

（1）传递信息。

尽快如实地向业务往来单位传递事故发生的相关信息，如有必要，应亲赴有关合作单位做出当面解释。

（2）通报对策。

以书面的形式向有关单位通报正在采取的对策、措施，并在事故处理过程中，定期向业务单位传达事故的处理经过。

4.针对旅游者

（1）对于一般旅游者。

在向其道歉、说明事故经过的同时，要看重说明事故的处理办法和今后的预防措施。

（2）对于消费者团体的代表。

要向其详细介绍事故的发生原因和处理过程，通过他们取信于各界公众。

5.上级主管部门

（1）及时汇报。

事故发生后，及时向上级主管部门汇报，不能文过饰非，更不能歪曲事实，混淆是非。

（2）定期汇报。

事故处理中，应定期报告事态的进展，及时与主管部门取得联系，求得主管部门的指导与支持。

（3）认真总结。

事故处理后，详细总结，以书面形式向上级报告处理经过、解决方法及今后的预防措施。

（二）景区常见安全事故的处理方法

1.打架斗殴处理

（1）景区内若发生打架斗殴事件，离现场最近的工作人员应将双方隔离开来，防止事态的进步恶化。

（2）通知保安员，安抚稳定双方情绪，保安员带双方当事人到保卫科，保安队长了解当事人的姓名、年龄、单位和起因后，做好调解工作。

（3）如双方不服调解，保卫科应通知派出所前来处理。

（4）如打架斗殴中有人受伤，保卫科应立即将伤者送医疗室治疗或即刻拨打120急救电话。

（5）保卫科做好事故处理记录。

2.火灾事故处理

（1）景区发生火灾火警时，现场员工应立即报告消防中心，讲清失火的准确位置及火势大小；并立即关闭现场电源，就近取下灭火器进行扑救，并疏导旅游者至安全处。

（2）消防中心接警后，首先报告景区安全保卫部主任，按程序报总经理室值班领导或拨打119；通知景区消防队，组织力量扑救。

（3）工程部电工接报后，应立即关闭火灾现场区域电源；医务人员接报后应立即赶赴现场，抢救受伤人员；行政车队安排好救护或应急用车。

（4）火被扑灭后，安保人员维护好现场。安全保卫部负责协助公安消防机关调查起火原因，提交安全事故调查报告。

（5）善后处理，财务部派人到现场清点损失物资，并负责办理保险索赔事宜。

3. 交通事故处理

（1）景区若发生交通事故，工作人员立即报告上级主管部门或企业，实行归口管理，交通事故发生后，景区相关工作人员要尽力抢救伤员，立即拦截车辆或拨打120将伤员送往医院；同时，迅速报告主管部门和当地急救中心、医院，请求火速救援。

（2）主管部门与事故发生地有关单位保护好事故现场。景区保安人员、公安、消防治安的民警接到报案后，应火速赶赴现场，划定保护范围，禁止无关人员进入，防止物品丢失和现场被破坏。

（3）有关单位负责人及时组织、指挥有关人员进行抢救，清理、勘查现场，在抢救伤亡时，尽量不破坏现场；条件允许的，要拍照、录像，监护肇事者或重大嫌疑人；寻找目击者，听取、记录谈话内容；组织人员清理现场。

（4）参与调查事故原因。对特别重大的事故，应严格按照国务院《生产安全事故报告和调查处理条例》处理。

（5）按照有关法律和安全条款组织赔偿。

（6）事故处理后，要写出事故调查报告，内容包括：事故经过和处理、事故原因及责任、事故教训和今后防范措施等。

第五节　景区突发事件应对 *

一、应急处理领导机构

景区应急管理机构是为应对突发事件处置而成立的管理机构。其建立应遵守统一指挥、分工协作的原则，要顺应应急管理专业化发展的趋势。根据其成立的时间属性，可以将景区应急管理机构分为以下三类。

（一）景区常设性应急管理机构

景区常设性应急管理机构一般是以景区应急管理办公室的形式存在。该机构主要负责组织应急预案的制订、演练和安全知识宣传，收集有关旅游安全的信息及编写应急管理制度等。在突发事件发生时，该机构的主要任务是突发事件的预警、辅助决策、传达指令、调度资源、与景区外的专业救援部门联动等。在突发事件发生结束后，该机构的主要职责是处理索赔、补充资源、与媒体沟通、向上级汇报等。应急办成员需具有专业的应急管理知识和经验，较强的沟通和协调能力，敏捷的反应能力，较好的语言功底，同时能熟练地操作管理信息系统。规模较大的景区应该考虑建立常设性的应急管理机构。

（二）景区临时性应急管理机构

景区临时性应急管理机构是为了应对突发事件紧急处置而建立的临时性事件管理机构。它一般由景区管委会负责人或景区安全委员会负责人担任景区应急管理小组的总指挥，同时依托景区的常设职能机构进行应急运作。它的成立具有临时性，突发事件处置一旦结束，景区应急管理小组通常也宣告解散。

（三）景区综合型应急管理机构

景区综合型应急管理机构是指景区成立应急管理办公室负责处理日常事务，在重大突发事件发生时成立临时性应急管理指挥小组，通过两者结合的方式来全面应对各种应急管理工作。景区应急指挥小组是景区负责应急管理的最高指挥机构。在事件发生时，应全面掌握景区突发事件方面的信息，研究应对策略和措施，制订具有可操作性的应急方案，调度方案所需资源，现场指挥处理突发事件。应急指挥小组属于临时成立的紧急管理机构，它需要依托常设机构来进行运作。紧急任务一结束，应急指挥小组也宣告结束，其他常设机构成员的工作转为处置日常的安全管理业务。

二、应急处理沟通机制

指挥部应及时将突发事件实时信息向上级报告。指挥部组织专职信息负责人员对接各协调联动部门，第一时间收集整理突发事件信息和处置进展情况，对事件的进展进行梳理与分析，撰写突发事件情况通稿，及时报县委、县政府及有关部门审核。

指挥部应通过新闻发言人加强舆论引导。对突发公共事件的新闻报道工作实行审核制，重大突发事件的报道要经国家、省、市旅游主管部门及省、市、县级人民政府审核同意后，统一发布，报道内容要及时、客观、真实，不得迟报、谎报、瞒报、漏报，涉及国家秘密的，应当遵守国家有关保密规定。要积极会同宣传部门向社会发布突发事件情况，及时引导舆论。发布的信息要确保准确性和权威性，对公众起到正确、正面引导作用。

三、应急处理策略

（一）接警与研判

景区事发现场的工作人员应该立即对突发事件的基本情况、时间、地点、涉及范围、规模、人员伤亡及财产损失状况等情况进行初步研判，并将研判结果立即报告景区安全管理部门，由安全管理部门汇报至景区应急办，组织做好应急响应工作。

（二）先期处置

突发事件发生后，景区现场人员或应急指挥小组应当立即开展先期处置，做好应急人员调度与应急资源调度，组织旅游者、旅游从业人员、当地居民开展自救、互救，第一时间通告周边区域可能受到危害的人员，指挥景区内部应急救援队伍和工作人员营救受害人员，做好现场人员疏散和公共秩序维护。采取有效措施全力控制事态发展，防止次生、衍生事件的发生，最大限度避免人员伤亡。

（三）启动应急预案

景区应急办在接到突发事件报告后，应对景区突发事件类别、级别、危害状况进行确认，了解和掌握事件及涉事人员的相关信息，决定是否启动突发事件应急预案。达到突发事件应急预案响应要求时，应立即宣布启动突发事件应急预案。突发事件应急预案应按照分级响应原则，启动与旅游突发事件等级相应的应急响应，并按照事件报告要求向不同层级的政府应急机构进行报告。同时调集应急队伍、应急物资，派出应急协调人员和专家赶赴现场，参与景区突发事件应急处置。

（四）现场指挥与协调

景区应急办派出应急管理人员到事发现场进行指挥与协调，或者由事发现场最高级管理人员进行现场指挥与协调。景区现场指挥部可下设指挥部办公室、综合协调组、应急救援组、医疗救护组、后勤保障组、宣传报道组、调查处理组、专家指导组等工作组。根据现场情况，指挥长可调整各组的设立、组成单位及职责。

1.指挥部办公室

负责应急处置工作事务及应急小组协调工作；及时传达贯彻上级应急工作的重要批示；收集掌握景区突发相关信息，供领导决策。

2.综合协调组

及时掌握突发事件动态，根据指挥部部署，协调救援力量，做好旅游突发事件的组织协调工作。

3.应急救援组

负责事故现场抢险救援工作，封闭事故现场及相关游览区、景区点，同时配合安监、公安、行政执法等职能部门有序开展救援行动；组织调配参与现场救援的人员、交通工具、通信设施等资源；收集汇总相关风险信息，组织技术研判；组织协调遇险遇难人员搜救工作，确保应急救援任务顺利进行。

4. 医疗救护组

负责组织协调医疗专家和卫生应急队伍等医疗卫生资源；组织协调突发事件现场医疗救护和卫生防疫工作；为现场救援人员提供医疗卫生保障服务。

5. 后勤保障组

负责安全应急救援中的物资器械供应、运输以及伤员的救护、后送。负责统一安排应急救援车辆，保证救援车辆的调配使用，负责应急救援工作的交通、电力、通信、物资、器材、生活保障。

6. 宣传报道组

负责抢险救援事件的实事报告以及与新闻媒体的沟通协调，及时发布应急救援进度、应急处置情况，积极引导舆论。

7. 调查处理组

对景区突发事件发生的原因及损失情况展开调查，明确责任，妥善处理。

8. 专家指导组

为突发事件应急处置、灾情评估和灾后恢复重建提供决策咨询和技术支持，必要时参加突发事件现场应急处置工作。

（五）抢险救援

（1）组织营救和救治受伤人员，疏散、撤离并妥善安置受到威胁的人员，以及采取其他救助措施。

（2）迅速控制危险源，标明危险区域，封锁危险场所，划定警戒区，实行交通管制以及其他控制措施，对突发事件涉及范围加强治安巡逻。

（3）立即抢修被损坏的交通、通信、供水、排水、供电、供气、供热等公共设施，向受到的危害人员提供避难场所和生活必需品，实施医疗救护和卫生防疫以及其他保障措施。

（4）依法禁止或限制使用有关设备、设施，关闭或限制使用有关场所，中止人员密集的活动或可能导致危害扩大的生产经营活动以及采取其他保护措施。

（5）启动本级政府设置的财政预备费和储备的应急救援物资，必要时调用其他急需物资、设备、设施和工具。

（6）保障食品、饮用水、燃料等基本生活必需品的供应。

（7）在抢险救援过程中，及时做好风险监测，采取防止次生、衍生事件的必要措施。

（六）扩大应急

若在抢险救援过程中，因突发事件次生或衍生出其他突发事件，导致事态扩大，现有的救援力量及采取的应急措施不足以控制事态发展，需由多个部门（单位）增援参与应急处置的，现场应急指挥部应启动扩大应急机制，及时向当地人民政府及当地应急管理部门报告。由县人民政府报上一级人民政府请求支援，协调和配置应急资源，参与应急处置工作。加大抢险救援资源的投入，扩充救援人力、救援资金以及救援物资。

（七）应急救援行动结束

当险情排除，现场抢救活动结束，事故现场得以控制，导致次生、衍生事故隐患消除，造成游客受到伤害和威胁的危险因素得到控制，游客安全离开危险区域并得到良好安置时，经现场指挥机构确认和批准，现场应急处置工作结束，应急救援队伍撤离现场。

四、应急处理后的恢复与发展

（一）临时恢复

救援行动完成后，进入临时应急恢复阶段，现场指挥部要组织进行现场清理、人员清点和撤离、警戒解除以及善后处理等工作；现场指挥部派遣应急管理部门、环保部门、公安消防部门、卫生防疫部门等对突发事件所涉及区域进行风险监控；现场指挥部联合景区制定恢复生产、生活计划。做好后续处理和伤亡人员的抚恤等善后工作。

（二）调查评估

应急行动结束后，景区应积极配合主管部门依照有关规定开展调查评估工作。调查评估工作需对突发事件发生的原因、过程和损失，以及事前、事发、事中、事后全过程的响应、处置和应急救援能力，进行全面客观的调查、分析、评估，找出不足并明确改进方向，提出改进措施，形成突发事件调查评估报告；景区应根据调查和总结成果，进一步完善和改进应急预案。事故调查报告的主要内容应包括：事故发生所在景区的基本情况；事故造成的人员伤亡和经济损失情况；事故发生的时间、地点、原因、过程及事故性质；事故造成的人员伤亡和经济损失情况；事故教训和应当采取的措施；事故的影响；事故责任者的处理建议；其他需要载明的事项。

第六节　景区危机管理▲

景区危机管理是对景区旅游危机事件实行的预防、规避和应对活动与措施的总称。景区危机管理的对象是各种类型和各种来源的景区旅游危机事件。其行为主体主要是旅游景区安全管理部门，游客及旅游从业人员是重要参与者和利益相关者。景区危机管理的主要目标是减少景区旅游危机事件，减缓和降低危机事件对景区的综合影响，恢复和提升景区的旅游形象和客源市场。

一、景区危机分类

旅游景区是一个脆弱的产业，自然灾害、经济危机、文化冲突等都会危及旅游景区的存在发展，导致其偏离正常的发展轨迹。根据旅游危机事件的分类，旅游景区危机可以分为安全性危机、政治性危机、经济性危机、社会文化危机四大类。其中安全性危机主要包括自然灾害、疾病疫情、恐怖袭击等事件引发的危机，政治性危机事件主要包括政治关系恶化、军事冲突等事件引发的危机，经济性危机事件主要包括金融危机、经济形势恶化等事件引发的危机，社会文化危机事件主要包括文化冲突、游行示威等事件引发的危机。旅游景区危机的主要分类及表现如表5-9所示。

表 5-9 旅游景区危机的分类及表现

景区危机大类	景区危机亚类	具体表现
安全性危机	自然灾害	对旅游景区造成巨大破坏性影响的各类自然灾害，如地震、海啸、飓风等
	疾病疫情	涉及旅游景区的具有传染性、波及范围较广、导致大规模人员患病或死亡的传染病疫情
	恐怖袭击	对旅游景区造成巨大影响的由极端不法分子制造的不符合国际人道主义的袭击事件
政治性危机	政治关系恶化	旅游客源国家和旅游目的地国家的政治外交关系破裂，对旅游景区产生冲击的事件
	军事冲突	包括小规模的武装冲突和大规模的实弹战争，不仅会对涉及军事冲突的国家旅游业产生冲击，甚至会对世界旅游业产生影响
经济性危机	金融危机	包括金融资产价格大幅度下跌、金融机构倒闭、金融市场（股市、债市）暴跌等事件，不仅会影响客客的消费能力，还会影响旅游目的地的社会稳定
	经济形势恶化	包括影响游客消费能力和旅游目的地社会稳定的各类经济事件
社会文化危机	文化冲突	旅游客源地和旅游目的地在社会观念、民族、宗教信仰等方面发生冲突
	游行示威	针对旅游景区或对旅游景区经营运作产生影响的各种集会、游行、示威事件

二、景区危机特征

旅游景区作为旅游业中的一个重要内容，其本身具有较大的脆弱性，容易受到外界的干预和影响。从景区自身所具有的特点及旅游产业的特性来看，景区危机也同旅游业一样具有较大的脆弱性。景区危机的特征主要包括突发性、紧迫性、危害性以及双重性。

（一）突发性

作为一种非预期事件，景区危机是一种打破常规的突发性事件，会给旅游景区及其相关行业与企业带来巨大的冲击并造成混乱。但是，绝大多数危机在爆发之前都会有一定的征兆，如果能及时发现这些征兆并采取恰当的措施，就能有效降低危机带来的危害。

（二）紧迫性

当危机真正爆发后，将迅速扩大与蔓延，其演化速度与危害程度往往是惊人的。若无法及时把握危机的走向、遏制危机的恶化势头，那么势必造成无法估量的损失。此外，处理危机的最佳时间往往转瞬即逝。因此，从全局的角度出发，适时地把握并有效逆转危机的走势非常关键。

（三）危害性

景区危机的危害性主要表现为波及面广、后续影响持续时间较长等方面。旅游景区与其他旅游行业密切相关的特点，导致其在发生危机的时候往往能迅速地波及其他多个行业，从而将危机的危害性与影响范围迅速扩大。

（四）双重性

景区危机作为危险与机遇的综合体，在危机之中隐含转机。危机除了给景区及相关行业带来破坏性的影响与危害之外，还会带来一定的契机。因此，在危机来临时，应审时度势并清晰地厘清危机与契机，切忌消极应对。

三、景区危机管理

根据罗伯特·希斯 4R 危机管理理论，景区危机管理主要包括景区危机缩减（Reduction）阶段、危机预备（Readiness）阶段、危机响应（Response）阶段以及危机恢复（Recovery）阶段四个阶段。

（一）景区危机缩减管理

景区危机缩减阶段是景区危机管理过程中的核心环节，它贯穿于景区企业危机管理的整个过程，是景区开展危机管理的主要基础。该阶段的主要任务是要尽可能采取措施预防危机的发生，景区要从危机风险减缓和危机处置保障等方面降低危机风险，缩减危机发生的可能性及冲击力，减缓或降低旅游危机事件对景区的综合影响。

主要工作包括：危机风险减缓主要从危机风险识别、危机风险评估和危机风险控制等环节入手；景区应通过构建危机监测体系来监测和识别风险；景区应识别危机风险是来自于景区内部还是外部，外部环境风险大多是不可控因素，内部危机风险则大多是可控因素；景区可以通过危机管理降低其危害。危机风险评估既要考虑风险本身的特征，也要考虑动态因素和人的心理感觉对客观性的影响。预防和控制危机风险可以采用风险回避、风险转移、减少损失的方法。

（二）景区危机预备管理

景区危机预备阶段是景区危机管理工作的重要环节，是为了应对景区危机事件而有针对性地开展危机管理准备工作的统称。主要工作包括：合理估算景区的危机管理资金，扩充资金的来源，科学分配危机管理各环节所需的资金额度；通过采购、调用、捐赠等方式筹措景区危机管理所需的物资，根据景区危机管理需求和危机险源空间分布特点来合理配置物资；识别景区企业危机管理中的人员需求，从景区企业内部和外部选拔和储备各类危机管理人员；建立与政府公共危机资源的互动机制，充分依托地方政府的危机管理平台和资源储备，为景区危机安全事件的处置提供资源基础。

（三）景区危机响应管理

景区危机响应阶段是承担景区危机事件的紧急响应、事件现场的危机处置、涉事人员紧急搜救和紧急治疗、舆情处置与管理等关键应急任务的工作环节，它是景区企业综合危机管理能力的具体体现。主要的管理任务包括以下四项。

1. 开展安全救援工作

危机事件发生后，生命救援是第一要务，要依托景区救援力量、公共救援力量、公益救援力量等各类救援组织和力量开展救援工作，尽最大可能拯救危机中遭受伤害的人员，减少死亡人员、降低危机事件导致的综合损失。

2. 掌控舆情进展

要根据相关要求及时举办新闻发布会，或者建立合适的媒体沟通管道，客观、透明、及时地传递危机事件信息。在事实清晰的情况下，坦率地告知和回应是及时掌控舆情进展的有效手段。隐瞒实情和推卸责任会招致更大的危机，带来更大的损失。

3. 改正错误事实

对明确的错误行为应该立即承认错误，并及时向公众表达承担事件责任的意愿和措施，同时立即改正之前所做过的错误行动，用新的正确的举动来回应公众的质疑，以取得媒体和公众的谅解。

4. 表达负责任行动

积极地承担社会责任，通过赔偿、捐款、公益等各类措施来重新树立正面的伦理形象，这对于景区重回正轨具有重要作用。

（四）景区危机恢复管理

景区危机恢复阶段是承担景区危机事件善后处理和景区经营秩序及发展能力恢复的工作环节，景区企业的危机恢复工作应强调面向未来、面向功能提升的恢复目标。其策略重点主要包括以下三个方面。

1. 恢复重建的战略或战术规划

恢复重建规划是危机后的重要管理任务，景区应确定各阶段恢复重建的战略目标或具体的战术目标，明确实现这些目标的手段、措施和方法。在重大危机事件背景下，应建立体系明确的恢复重建战略或任务体系。

2. 媒体与营销的恢复计划

针对景区安全形象的恢复重建，景区企业应加强与各类媒体的沟通与合作，促进景区企业安全形象的传播。制订一系列可行的营销计划来激活景区客源市场，逐步提升市场信心和游客购买力。

3. 恢复重建的支撑要素建设

针对实体设施和资源的恢复重建，景区应该建立系统化的政策与制度体系，提供充足的资金、人才、技术来推动恢复重建，要积极通过保险手段来为恢复重建工作提供支持。

【本章思考】

1. 景区安全风险源包括哪些？
2. 景区安全管理包括哪些职能机构？
3. 请简要叙述景区应急预案的处置程序。
4. 景区常见的安全事故有哪些？对应的处理方法是什么？
5. 景区的危机管理策略包括哪些？

【案例延伸】

"网红桥"事故频发，"到此一游"如何安？

2021年2月12日，贵州毕节大方县奢香古镇内一架网红桥发生断裂事故，造成了3人擦伤。事故铁桥为景区内一游玩设施，在当地较为出名，是当地一座"网红桥"。事发时，大批游客正在桥上游玩通行，突然桥体发生断裂坍塌，有多名游客未能及时逃离。事发后，景区工作人员迅速赶赴紧急处置。

近年来，不少景区景点竞相投资开设诸如吊桥、蹦床、滑道、玻璃栈道等游乐设施项，有些项目更是成为远近闻名的"网红"打卡点，吸引人们纷纷"到此一游"。随之而来的安全事故近年来也频频发生，这理应引起各地高度重视。

祸患积于忽微。在尚未造成重大事故之前，某些景区总是以为安全问题是小事，管理不够上心。殊不知，生命不可重来，亡羊补牢很可能为时已晚。安全措施必须前置，尤其是在节假日人流量较大的时期，景区更要强化管理，科学引导。既要注重对游乐设施的运行检查，也需预判客流量突然增大所带来的安全隐患。

相关部门的监管责任更不能缺失。景区近年新兴的游乐项目可谓五花八门，这些项目设施的产品、材料、设计、安装等是否符合标准，景区安全保障措施是否达到应有要求，这需要进一步完善行业管理标准、强化监管检查力度。

此外，也要注意景区之外一些"网红"项目的安全保障问题。2021年2月13日，湖北宜昌一座"网红桥"发生侧翻，多人掉落茶园，所幸无人员受伤。当地乡政府工作人员称，该吊桥不是景区，是一公共休闲措施，对游客免费开放。这为我们敲响了警钟：一些"火了"的网红地，带来的是"多了"的"打卡人"，当地也应有"网感"，可借力打造旅游品牌，前提是保障安全，及时完善安全措施。

除网红桥外，近年来，游乐场设备断裂、坠落、悬停、倒塌等安全事故多发。无论是游乐设施的使用者还是运营方，都要努力确保游乐设施安全运行，安全第一。各大旅游景点应该定期排查游乐设施的安全隐患，最大限度地确保游客安全。

来源：郭书琼."网红桥"事故频发，"到此一游"如何安？［EB/OL］.央广网.2021-02-15. http://news.cnr.cn/comment/cnrp/20210215/t20210215_525414427.shtml.

案例思考：

1．"网红桥"等设备设施引起的安全事故属于景区安全风险源中的哪一类因素？

2．从景区安全管理的角度，请对"网红桥"断裂事故进行分析。

3．作为景区职业经理人，你会怎样应对此次事故？

【本章参考】

［1］董观志.景区运营管理［M］.武汉：华中科技大学出版社，2016.

［2］罗美娟，郑向敏，沈慧娴.解读旅游危机的类型与特征［J］.昆明大学学报，2008（2）：59-63.

［3］张河清.旅游景区管理［M］.重庆：重庆大学出版社，2018.

［4］四川省成都市地方标准：A级旅游景区安全风险辨识与评估［S］.DB5101/T43-2018，2018-12-31.

［5］中华人民共和国旅游行业标准：景区最大承载量核定导则［S］.LB/T034-2014，2015-04-01.

第六章

游客服务技能

【学习目标】

◇ **景区职业经理人（助理）**
- 掌握游客服务主要流程
- 具备游客服务基本技能

◇ **景区职业经理人（中级）**
- 掌握景区服务质量持续提升的方法
- 具备较强的制定服务质量标准及优化服务流程的能力

◇ **景区职业经理人（高级）**
- 掌握景区游客服务技巧

本章导读

游客服务技能是指不同层级的景区职业经理人运用所掌握的知识和经验为游客服务的方式和能力。景区职业经理人通过学习和实践游客服务主要流程、游客服务基本技能，并在此基础上掌握景区服务质量评估和游客服务流程改进的方法，能促进游客满意度的提高。

从一般意义上讲，景区服务包括绝大部分景区业务的内容，这里将服务定义为主要依靠劳务所进行的服务活动，不包括伴随其他资源消耗的业务活动，如餐饮服务等。

具体而言，从 ISO 9000 出发，我们认为游客服务就是基于游客的需求，各类旅游组织或个人通过一系列前台活动和后台活动为游客创造愉悦。它包括"食、住、行、游、购、娱"等各种服务。

迪士尼乐园是全球最受欢迎的主题乐园之一，其独特之处不仅在于以城堡、花园、烟火、特色演出等构建了童话般的场景，还在于其所提供的独一无二的"童话体验"，身处其中的游客像王子、公主一样享受优质的游客服务。2016 年，中国内地首座迪士尼主题乐园在上海正式开园，上海迪士尼度假区延续了迪士尼的服务理念，即"世界第一的服务礼仪、严格的员工形象标准、微笑服务"等。在度假区内，乐园的 6 个主题园区中就设有 5 个游客服务中心，除主题乐园外还设有 3 个游客服务中心，力求实现游客满意。2020 年 8 月 24 日起，上海迪士尼度假区实行预约新规，所有游客须在到达乐园主入口前提交每位游客的入园日期及个人信息完成预约，获取上海迪士尼乐园预约码。此外，为应对新冠肺炎疫情造成的游客出行计划改变，上海迪士尼度假区不仅提供了退改服务，还提供了专门的联络邮箱以接待游客问询。

第一节　游客服务主要流程

一、景区入门接待服务

旅游景区的入门接待服务是指景区入口处的对客服务过程。景区入口是展现景区形象的重要窗口，因此景区入口要保持人口流动的通畅性、有序性，尽量避免出现人口堵塞的现象，尤其是在景区的旅游旺季，更要尽力避免游客长时间排队等候入园的情况发生。另外，景区内游客必游的一些重点项目也很容易出现排长队的现象，景区应当采取分流、疏导的措施，合理安排游客流量，有效缓解游客高峰拥堵，保障景区入口和热门项目的畅通。

（一）排队服务

1.排队服务的作用

景区的排队服务是游客进入景区接受的第一项服务，排队服务质量的高低会影响到游客对景区的评价。如果景区的分流、疏导措施不力，会降低游客的满意度，影响景区的声誉。"管理排队"在某种意义上成了景区提高游客满意度、加大竞争优势的一种营销措施。

2.排队服务的原则

景区在排队管理时需要遵循以下四项基本原则：（1）公平性原则，杜绝插队现象；（2）重要性原则，如果是 VIP 或老主顾，可以考虑单独开辟售票点；（3）紧迫性原则，如果游客出现紧急情况，可以考虑优先放行；（4）特殊性原则，对特殊人群开放单独窗口（如老、弱、病、残、孕游客）。

3. 排队服务的措施

在遵循以上四项原则的基础上，景区还可以采取一些具体措施使得游客对排队等待更有耐心。

（1）积极与游客进行沟通。

景区工作人员可以帮助游客克服在等待中产生的焦虑情绪，并尽可能准确地告知他们需要等待的时间。例如，现在很多餐厅企业会采取线上排队服务，使顾客可以随时随地把握排队进程。具体操作是让顾客使用小程序或 App，进行线上排队，排队过程中可以随时进手机页面查看其排队进程，并且手机页面上会显示等待时间，帮助顾客轻松掌握排队动态。

（2）为游客建立一个舒适的等待环境。

舒适的等待环境能使等候时间变得令人愉快，景区需要用细节营造一个舒适的等候环境。游客在景区的等候区等待时，一般会处于一种烦躁的状态，为了提升景区优质服务质量，景区需要为游客创造舒适的等待环境，营造与景区相适应的气氛。

（3）在游客等待的时候提供相关服务。

景区可以在游客等待时提供相关服务，如在景区的热门项目处设计与项目主题一致的排队区氛围，在过山车的排队等候区让排队的游客穿过曲折幽暗的隧道，用各种道具和灯光效果渲染气氛，让游客增加对这种体验的期待。

（4）尽量使游客等待的时候有事可做。

景区应尽可能使游客在排队等候的时候有事可做，相比在空闲时间等待，这样可以转移游客的注意力，使等待过程中游客的心态变得平和，让等待中的游客有事做、有盼头。

（5）不直接参与服务的员工和资源，避免让顾客看到。

如果在游客等待的时候，能够进入他们视野的员工都在忙碌的话，顾客会更耐心一些。相反，如果看到有些资源闲置在一边，顾客会感到不耐烦。

（6）充分利用科学技术，降低队伍的出现率。

如果游客能够不用排队等待而接受服务的话，这对景区和游客来说都是有利的。例如，安装电子排号系统，通过电子报号来避免顾客的排队。

【案例】

有了迪士尼快速通行证，不用排队

迪士尼推出了 FP 卡（Fast Pass，快速通行证），是为了帮助游客减少在适用的

景点排队等待的时间而设置的免费票务系统，可以缩短游客在迪士尼乐园的适用景点及其他指定热门体验景点排队等待的时间。游客可以提前下载迪士尼官方 App，通过 App 领取迪士尼快速通行证，也可以现场领取快速通行证。快速通行证会帮助游客预留排队位置，游客在领到迪士尼快速通行证后，可先游览主题乐园其他景点，随后在通行证标明的时间段内前往其适用景点。迪士尼 FP 卡可以帮助游客节省很多时间，在等待期间，游客可以慢慢玩人少的游戏，到了预约时间段再去玩指定游戏。

来源：江南晚报，"有了迪士尼快速通行证，不用排队"，2016-03-23，第 B06 版：旅游资讯.

（二）验票服务

1. 验票服务的概念及意义

验票服务，也称作检票服务，主要工作内容是组织游客有序进入景区。验票服务一方面关系到景区经济效益的真正实现，另一方面也关系到景区良好秩序的维护。目前，大多数景区已经采用电子门票系统，这就使得景区入口处原先的验票员工不用一一检查游客的门票，但是景区仍需要安排员工在入口处服务，以备不时之需。

2. 验票服务的流程

若景区实行纸质票通行，游客选择在景区实地买票或取票，则景区售票员需要对游客进行售票和取票服务，并且景区需要安排工作人员在入口验票处进行验票服务，要求游客人手一票，并认真查验。

目前国内大部分景区已采用较先进的电子门票系统，使景区管理更加便捷。通过该系统，景区可实现售票智能化、验票自动化、数据网络化、管理信息化的高科技管理体制。已经实行了电子门票系统的景区，还需要安排工作人员在景区入口检票处监督、帮助游客通过电子检票系统检票，并当自动检票机出现故障时，及时进行人工检票。

【案例】

刷脸三秒入乌镇，无限次进入景区

近些年来，乌镇旅游业逐步实现一张地图游乌镇、明星语音导游、一键找点位、景区无纸化支付 100% 覆盖等，极大地便利了游客的出行。景区应用了住宿入园自助系统，该平台通过整合酒店 PMS 系统、综合票务系统、电子制度系统及公安入住登记平台的业务，实现了住宿入园游客全流程的自助办理。乌镇利用人脸识别技术作为小镇的通行证，在小镇的入口处，应用了"刷脸入园"高科技，该系统使用多个相机镜头来识别人脸，并使用所获取的数据与数据库中的注册访客进行对比，整个过程只需花费几秒钟。面部识别技术的准确率据称高达 99.77%，比人的眼睛要精准很多。景区还针对住宿客人推出人脸识别服务，办理后，游客只需"刷脸"便可无限次进出景区，从民宿入住到坐船游览等项目，游客都可以"刷脸"完成。

来源：央广视听微信公众号，"感受乌镇黑科技：刷脸三秒入园，无限次进出景区"，2019-10-17.

二、游客咨询服务

当游客需要咨询服务时，景区的每一位员工都有职责服务游客，回答游客的咨询。景区主要提供游客咨询服务的部门是在景区的游客服务中心，服务中心的工作人员必须向游客提供咨询服务。游客服务中心主要向游客提供接待、咨询、投诉受理、失物招领、免费寄存、医疗救护等多项服务。景区工作人员应将游客的每次咨询看作是一次产品推销和增加景区收入的机会。部分游客可能会问及一些景区之外的情况，景区工作人员都应详细解答，且注意解答需具有真实性，不能刻意隐瞒或回答有误信息。无论是当面咨询、电话咨询，还是网络咨询，景区工作人员都应掌握其基本的工作要点。

（一）咨询服务的工作内容

（1）向游客宣传介绍景区资源。

（2）提供景区游程安排、游览线路、客流量变化、游览项目预告等信息资料。

（3）做好游客参谋，回答游客问题，为游客旅游活动提供建议。

（4）向游客宣传有关科普知识和安全防范知识。

（5）收集并向上级反馈游客意见。

（6）为游客提供便民信息。

（二）咨询服务的工作要点

1. 多人问询，先问先答

如果有多名游客同时咨询时，景区工作人员应先问先答。当回答前面游客的问题时，可以对后面询问的游客点头致意。如果遇到游客非常着急、插队到前面来问询的情况时，工作人员需征得先到游客的同意，如果先到游客不同意，而插队游客又非常着急，则可再与先到游客进行协商。景区工作人员需要辨别游客问询情况严重程度，如果后面游客受伤了，景区工作人员则需立即解决受伤人员的问题。

2. 了解最新的景区动态信息

为了让游客在景区内便捷、顺利地游览，景区工作人员需要了解最新的景区动态信息，其中要求熟练掌握景区内的景点项目布置、游览线路导览、基础设施设备等，还要求熟悉当天或定期在景区内举办的活动，如活动的举办地点、举办时间和参加办法等。景区工作人员掌握了必要内容后，可以熟练地向游客介绍景区，并向游客提供景区项目的线路、购物、休息等相关信息，提升游客的体验感和满意度。

3. 回答对本地及周边区域景点情况的询问

为了能够给游客提供全面优质的咨询服务，景区工作人员应尽可能多地了解景区周边区域的情况，如离景区最近的地铁站、商场、其他景区景点、住宿等信息。当有游客咨询景区周边区域情况时，工作人员也可以很清楚地回答该询问。同类型的景区之间存在着相互竞争的情况，如果这些景区地处位置相近，那么当其中一个景区的工作人员被咨询到周边竞争对手的情况时，工作人员不能有意无意地贬低对方，因为这样做很可能会适得其反。现在是大数据时代，网络上各种各样的信息资料都有，游客可以通过其他途径获取正确的信息，从而对采取这种做法的景区产生不好的印象。

4. 在不违背岗位原则时，尽量满足游客的想法

在景区工作人员的服务过程中，可能会遇到一些固执己见的游客，他们认为自己是对的、合理的，其他人就得按照他们的想法来解决问题。一旦景区出现这样的游客，工作人员不应与其正面冲突，应尽量地劝服。如果游客提出的要求不违反岗位原则和部门规定，工作人员应尽量满足其想法。其实现在多数游客是通情达理的，如果他们有一些违反规定的想法和要求，景区工作人员做到了充分理解和认真开导与解释，游客一般都会理解和接受。

（三）接受电话咨询的工作要点

1. 态度诚恳，达权通变

景区工作人员如果接到来电者打给同事的电话，来电者要求同事回电话，但是同事没有及时给来电者回电话，而来电者又来电催促时，工作人员再次接到电话时应该态度诚恳地答复对方，要让来电者觉得景区并没有忘记他的要求，并告知来电者准确的回电时间。如果是同事忘记回电了，工作人员可以婉转地讲些理由，以免来电者不愉快和同事难堪。

2. 注意连续拨打电话要点

景区工作人员如果打电话给对方，但是对方不方便接听，说之后再回复过来，可是工作人员等了好久都没有等到回电，那么可以适时打电话过去，再询问一下对方是否方便，如果仍不方便，双方可以约定一个时间再打。更好的办法是给对方手机留言。

3. 如正忙于其他事情，应说明情况或找人代接

景区工作人员在工作中，可能会遇到客人来访或者忙于其他紧急事情而导致不能接听电话，那么如果是熟人来电，则可以巧妙地告诉对方，自己现在不方便接听电话，稍后会打过去。这样做既提醒来电者现在不便于谈话，同时又可以让顾客感觉到自己被重视。如果有客人来电咨询而自己分不开身，可以让周边的同事代接一下。尽量不要让电话响个不停，也不要把话筒拿起导致来电者打不进来，这都会让咨询者对该景区或该岗位产生不好的印象。

4. 适当安抚，提出建议

景区工作人员在服务的过程中，可能会遇到部分来电者对一些服务不满意甚至发脾气的情况，这时工作人员要学会适当地安抚来电者，首先要静心聆听对方的倾诉，在他们倾诉的同时，工作人员要说些表示同情的话语，让他们知道你一直在听。同时需要分析导致其生气或失望的缘由，并提出相应的解决方法。工作人员在听明白来电者的问题及抱怨以后，争取和对方一起寻找解决问题的合理方法，探寻可行的建议，一旦对方同意该处理方案，工作人员就需要立马采取措施解决问题。

5. 使用过渡技巧解决对方离题

在打电话时，可能会遇到对方注意力不集中或离题的情况，工作人员如果感觉到了对方的注意力不太集中，就可以说"先生／女士，刚才我说得不是很清楚，我再重复一遍吧！"，或者提醒一下对方"您现在是不是很忙，如果不方便，我先挂掉，稍后再打回去好吗？"同样在谈话过程中，对方可能会离题，这个时候要学会使用过渡技巧将话题拉回来。

6. 巧妙挂掉对方电话

在电话服务过程中，可能会遇到来电者喋喋不休、毫无挂断电话的意思，为了不影响个人和景区的形象，工作人员可以采用以下三种方法委婉地挂掉对方的电话。

（1）金蝉脱壳法。

如果已经给了对方一个明确的答复，工作人员可以见机说"很高兴今天能为您服务，对不起，领导正在叫我，我们能否以后再聊？"或者"感谢您的来电，另一部电话正在响，我们以后再聊好吗？祝您玩得愉快！"

（2）总结法。

如果来电者得到相应的服务后，还想继续聊，工作人员可以说"先生／女士，我们来总结一下，刚才为您服务的内容，还有什么要补充的吗？"

（3）幽默法。

如果对方是熟人，为了不影响正常的工作，事情讲完后，工作人员可以这样说："好了，老朋友，你的三分钟已过，挂断电话吧！否则，你就会多付电话费了。"

（四）网络销售咨询的工作要点

网络销售咨询，在景区网站的推广、产品的销售以及游览结束后的游客维护等方面均起着重要的作用，其地位不可忽视。景区的网络销售咨询包括以下几个工作要点。

1. 及时回应，耐心解答

负责网站的在线预订咨询工作的工作人员，对访客咨询要及时回应，用语要专业规范，需要清晰地了解访客需求，细致耐心地解答相关疑问。

2. 投其所好，以心换心

景区工作人员可以站在访客的立场上分析问题，能给访客一种为其着想的感觉，这种投其所好的技巧常常具有极强的说服力。做到这一点，"知己知彼"十分重要，唯先知彼，景区工作人员才能从对方立场上考虑问题。景区工作人员需要站在访客的角度思考，为游客推荐最适合的项目或方案。

3. 及时确认订单，补充说明

景区工作人员必须具备职业操守，严格遵守网络信息安全性规范。在网站后台收到订单时，要及时确认支付成功的订单，向预订人进行确认，并补充说明相关注意事项。

三、景区游览过程服务

（一）景区游览服务的工作内容

在游客游览景区过程中，在不同的景点处，有很多一线员工负责游客游览过程的基础接待工作，其主要工作职责包括以下内容。

1. 关注游客行为

景区工作人员要及时制止或告知提醒游客的不文明行为。例如，绍兴鲁迅故里景区就专门设置了固定位置，给景区一线的接待人员设置了工作点，主要工作内容是倡导舒适卫生的景区环境，提醒游客不能大声喧哗，不能吃东西，禁止带宠物进景区等。

2. 疏散游客

景区工作人员需要及时进行游客的疏散沟通工作，避免发生游客拥挤现象。

3. 及时清理游客扔下的垃圾

现在游客的文明程度都有所提高，但可能会有个别游客随地乱扔垃圾，这时就需要景区的一线接待人员进行垃圾的及时清理工作。

4. 回答游客询问

景区一线接待服务人员可以说是景区的半个导游，他们肩负着为游客指路、回答游客疑问的职责，因此需要对景区历史、线路安排，以及景区周边信息等资料有所了解。

5. 及时发现并处理景区突发事故

如景区内发生了游客打架斗殴、失火、游客破坏景区环境等情况，景区一线接待人员一经发现，其有责任及时告知上级管理部门，并应及时处理这些突发事故。总之，在景区接待服务过程中，随时都可能发生意外情况，这就要求景区工作人员要及时发现并处理景区突发事故。

（二）景区讲解服务的接待行程要求

（1）开始一天的介绍之前应向游客问好，预报当天的天气情况，并简单介绍当天的行程安排。

（2）在整个行程中，导游员要随时注意活跃气氛，注意和游客交流，耐心听取游客对安排内容的意见反馈。

（3）讲解时，站立姿势须端正，禁止背对游客讲解。

（4）讲解时禁止使用不文明用语，禁止讲解不文明内容，讲解词必须有理有据，不可胡编乱造。

（5）讲解时不允许接听私人电话，如有重要工作电话必须接听时，接听前需向游客表示歉意。

（6）游览过程中沿途分主题进行介绍，如介绍景区概况、地理位置、历史文化、季候特征、生态环保、风土人情、风俗习惯、地方美食。

（7）合理安排客人的中途休息时间，游客休息时，导游应针对全体游客年龄情况，选择性和游客主动沟通。游客休息时，导游不得大声接听电话或大声喧哗，并且应及时提醒游客休息时间。

（8）可以教游客学说一句有趣的或适用、文明的当地方言。

（9）讲解的语言节奏、速度应根据大部分游客的年龄结构进行合理调整，吐字清晰、语速恰当、声音抑扬顿挫且有较强的感染力。

（10）行程结束前，须对游客给予工作的支持和配合表示感谢。

四、游客投诉处理服务

（一）游客投诉的处理原则

1. 真心诚意，具有解决问题的意愿

景区工作人员需要以"换位思考"的方式去理解游客的心情和处境，满怀诚意地帮助游客解决问题。只有这样，才能赢得游客的信任，有助于解决问题，提升游客的满意度。

2. 不与游客争辩

在游客情绪比较激动时，景区工作人员更要注意礼仪礼貌，要给游客讲话、申诉或解释的机会，争取控制住局面，而不能与游客针锋相对，强词夺理。

3. 维护企业利益不受损害

景区工作人员解答游客的投诉问题时，要维护企业利益不受损害，需要注意尊重事实，既不能推卸责任，又不能贬低他人或其他部门，避免出现相互矛盾，否则游客会更加反感。

4. "隔离"不满的游客

景区工作人员在处理游客的当面投诉时，首先应该"隔离"不满的游客，将游客引导至安静的场所，尽量避免在影响营运和销售的地方解决，以免影响其他游客。同时，当事人尽量要回避。

（二）游客投诉的处理方法

一旦游客对景区的服务质量产生不满和抱怨，景区就必须进行快速、主动的服务补救。若无法挽回，则必须对游客的投诉进行及时处理，因为这是游客预期的最后环节。

1. 服务补救

"服务补救"（Service Recovery）的概念最早是由 Hart 等于 1990 年提出来的，韦福祥在"服务补救"原有概念的基础上提出了新的观点，认为"服务补救"是服务企业在出现服务失误时所做出的一种即时性和主动性的反应，其目的是通过这种反应，将服务失误对顾客感知服务质量、顾客满意和员工满意的负面影响降到最低限度。这一概念强调的四个内容是服务补救的实时性、主动性、全过程性和全员性。

从旅游景区服务产品的特性来说，实行服务补救的重要性是不言而喻的，而且需要注意有些细节上的服务补救。例如，游客参与某一项游乐项目时，因景区工作人员的疏忽没能让游客享受到应有的服务内容，工作人员应该让游客重新体验该项目应有的服务。

（1）做好旅游景区服务补救工作的要点。

①预备补救措施。为了反映补救措施的实时性，旅游景区应该事先对可能出现的各种服务失误进行分析与评估，并预备各种补救方案，以便在失误发生时能快速做出反应。

②向服务人员授权。服务补救是对服务失误进行的补偿性服务，在服务运作系统中不能拘泥于原有的操作程序，这要求服务人员有一定的决定权，以便能快速、灵活地对问题做出处理。

③强调主动性。服务补救是在游客抱怨之前进行的，它与产生抱怨之后进行的服务补偿性质不同。服务补救是一种主动性的、带有歉意的对服务失误的弥补；而服务补偿

可以理解为游客抱怨（实质上可能是投诉）以后的被动性的补偿措施。两者对游客满意度产生的影响截然不同。

④把握最佳补救时机。服务补救的时间性十分重要，一般要求在服务失误的现场立即进行。服务补救越及时，补救成本越低，效果越好。否则，景区会引起游客更大的不满。

⑤服务补救的系统性。有些服务失误确实无法挽回，特别是由某些不可控的随机因素引起的服务失误，游客如果没有享受到某一特定的服务内容，旅游景区可以考虑用其他服务形式进行弥补。景区服务补救系统应该由服务失败的确认、游客面临问题的解决、服务补救信息的整合、整体服务质量的改进四个部分构成（见图6-1）。前两个部分的重点应在于确认并且解决游客投诉，是对个别问题的具体补救；后两个部分是对服务补救信息进行整合，并且结合景区服务质量信息以确认服务改进的方向，是对具体补救工作的总结。四个部分有机地进行分工与工作，能够维持和培养游客的满意度和忠诚度，帮助和促进景区提高整体服务质量。

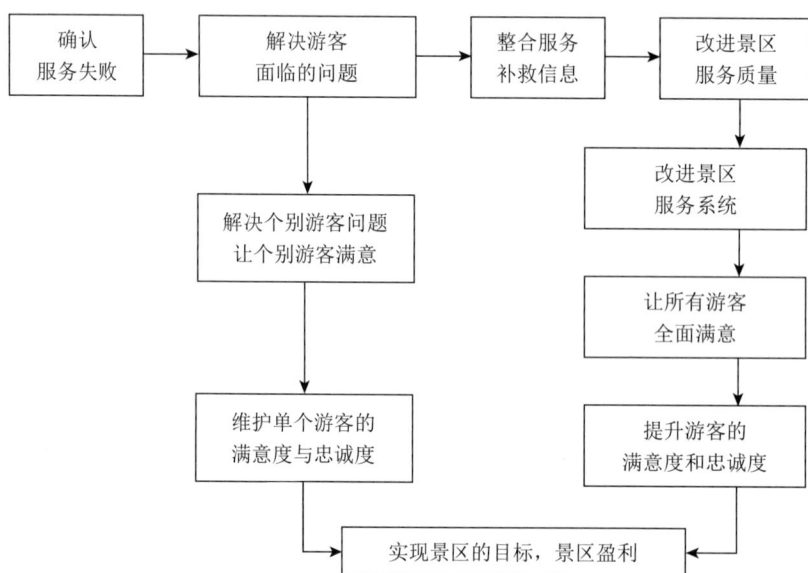

```
┌──────────┐    ┌──────────┐    ┌──────────┐    ┌──────────┐
│  确认    │───▶│ 解决游客  │───▶│ 整合服务  │───▶│ 改进景区  │
│ 服务失败 │    │ 面临的问题│    │ 补救信息  │    │ 服务质量  │
└──────────┘    └──────────┘    └──────────┘    └──────────┘
                      │                                │
                      ▼                                ▼
                ┌──────────┐                    ┌──────────┐
                │解决个别游客│                    │  改进景区 │
                │问题让个别 │                    │ 服务系统  │
                │游客满意  │                    └──────────┘
                └──────────┘                          │
                      │                                ▼
                      ▼                          ┌──────────┐
                ┌──────────┐                    │ 让所有游客│
                │维护单个游客│                    │ 全面满意  │
                │的满意度与 │                    └──────────┘
                │忠诚度    │                          │
                └──────────┘                          ▼
                      │                          ┌──────────┐
                      │                          │ 提升游客的│
                      │                          │满意度和忠 │
                      │                          │诚度      │
                      │                          └──────────┘
                      │      ┌──────────────┐          │
                      └─────▶│实现景区的目标， │◀────────┘
                             │  景区盈利     │
                             └──────────────┘
```

图 6-1　景区服务补救系统

（2）服务补救的方法。

对于一般有形商品而言，景区可以采取保修、调换、退款等方式来解决问题。但对于景区游览这种无形的服务产品来说，会面临更为复杂的情况，景区需要用更巧妙、更艺术的补偿性服务来弥补游客遭受的损失。这种具体行动的目的是让游客感受到景区真诚的服务态度和对游客的重视，并且很在意与他们继续保持联系。常见的方法有以下几种。

①打折。例如，景区的酒店可以因为游客对服务有所不满，而在住宿价格上给游客

打折。

②送赠品。送赠品包括送礼物、商品或服务，如赠送景区门票或特色纪念品。

③个人交往。当给游客造成不便时，打电话向游客表示歉意，当游客感受到你诚挚的关心和歉意时，这种私人交往会重建景区在游客心目中的形象和信誉。

应当注意的是，补偿性服务是在感情上给予顾客的一种弥补和安抚，这并不能代替整个服务。补偿性服务只能用在特定的情况下，即景区对游客造成的伤害或损失是无法改正和补偿的时候，应当在保障基本服务正常运行的情况下提供补偿性服务，在情感上来温暖游客。如果景区直接采用补偿性服务来代替预期服务，那么很有可能会引起游客的反感。

2. 调解解决

调解解决是指游客投诉后，管理机关主持旅游投诉者和被投诉者双方通过和解解决纠纷达成协议的行为。

旅游投诉所涉及的大部分是民事纠纷，所以旅游投诉受理机构应尽量调解。这样做，既可保护旅游者的合法权益，又可以避免矛盾激化。不过，调解不是"和稀泥"，而要以事实为根据，以法律为准绳，使有错方承认错误，受损方得到补偿。而且必须在双方完全自愿的基础上进行调解，使双方心悦诚服地达到调解的目的。

3. 投诉处理决定

（1）属于投诉者自身过错的，旅游投诉管理机构可以决定撤销立案，通知投诉者并说明理由。

（2）属于投诉者与被投诉者共同过错的，旅游投诉管理机构可以决定由双方各自承担相应责任。双方当事人可以自行协商确定各自承担责任的方式，也可以由投诉管理机关决定承担责任的方式。

（3）属于被投诉者过错的，旅游投诉管理机构可以决定由被投诉者直接承担责任，可以责令被投诉者赔礼道歉，或者依据法律承担赔偿责任。

（4）属于其他部门过错的，可以转送有关部门处理。

（三）游客投诉的处理步骤

（1）确认游客投诉的事实。

（2）表示同情和歉意。

（3）接受并感谢游客的投诉。

（4）尽快采取措施解决游客投诉。

（5）落实、监督、检查投诉的处理。

（6）总结提高。

游客投诉处理程序也可以采用如图 6-2 所示的处理步骤。

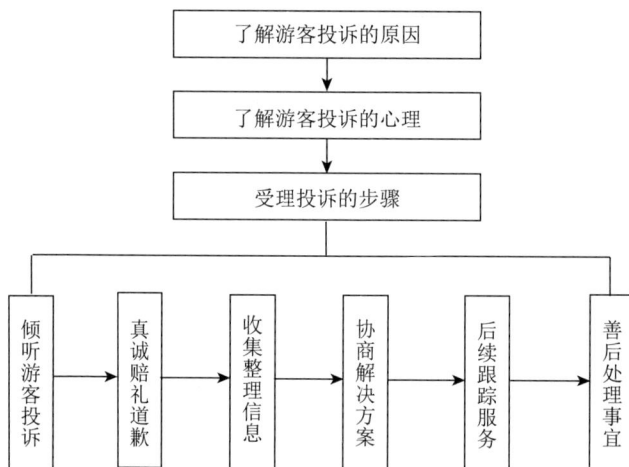

图 6-2 游客投诉处理程序

【案例】

景区收费不规范，免收门票藏猫腻

投诉内容：某游客于 2020 年 10 月 23 日到佛山市某景区游玩，据该游客了解，景点平时是免收门票的，但这天却被告知门票 20 元/人，但游客看到有些游客进出免门票，随后游客咨询为何不统一收取门票。该景点负责人解释道，免门票进出的是景区的清洁工等工作人员。但游客觉得该景点胡乱收费，要求景区负责人给予合理解释。

处理结果：经调查，该景区 0：00~8：00 免门票，其余时间收取门票 20 元/人，向游客做出解释后，游客对此表示接受。

投诉点评：景区门票是否收费，收多少，这些本应该让游客知道的信息却不明确，令人产生误解。无论数额大小，景区收费制度都应得到规范。并且当游客觉得不满时，景区工作人员应当立马表达歉意，随后根据掌握的游客投诉处理的基本方法和流程，来解决此次事件。

来源：额济纳旗文化市场综合行政执法局微信公众号，"【案例分析】旅游投诉案例"，2019-07-03.

第二节　游客服务基本技能

一、接待服务技能

景区中难度最大的服务工作莫过于接待服务工作，接待服务也是相对较难管理控制的环节之一，其原因主要在于接待服务工作的服务环节多、客流量不稳定等。从游客进入景区、提供咨询、安排导游、联系娱乐、到游客离开景区，整个工作过程始终直接面对游客。接待服务一般会给游客形成第一印象和最后印象，因此接待服务的地位和作用类似于饭店中的前厅服务。接待服务管理的工作内容所需技能主要包括：票务服务技能、入门接待服务技能和咨询服务技能。

（一）票务服务技能

票务工作是旅游景区实现收入的直接环节，该工作职责重大，一旦发生差错，对景区、员工和旅游者都会产生消极影响。票务服务的工作程序主要包括：售票前准备、售票、验票和交款统计。

相比传统的现金购票，现代网络支付（微信、支付宝等）的兴起，景区收受现金的情况已经变得屈指可数，因此售票员收到假钞的问题已经寥寥无几了。目前票务服务的管理难点主要在于优惠票问题和验票服务上。

1. 优惠票问题及其服务技能

大多数国家在制定旅游景区门票价格时，都会对社会特殊群体实行票价优惠政策，惠及老年人、儿童、学生、残障人士等。在优惠票的管理方面需要充分注意以下问题。

（1）应将本景区的各项优惠规定以告示的方式在网上公布或者放在游客容易看到的地方，尽量避免引起优惠票之争。

（2）如果遇到游客出言不逊等情况，景区工作人员切忌与游客争吵，应礼貌、耐心地向旅游者说明门票的优惠制度，争取旅游者的理解。

（3）除了按照制度优惠以外，有时也需要灵活处理。对于特别固执的游客，工作人员可以请来上级领导耐心解释，看到领导出面解释，游客会有被尊重的感觉，同时也会觉得优惠制度没有回旋的余地，可能会放弃不合理的要求。另外，景区可以采取赠票但附加有关条件的做法。例如，请游客做一次景区的"神秘游客"，对景区的服务质量进行监督评价，当游客完成后，退还游客的票款，也就相当于赠予其一张免费门票。

2. 验票服务的难点

无票人员几乎是每位检票员都遇到过的情况。在传统的人工检票方式中，无票人员的情况很容易出现，这给景区带来的不仅仅是经济利益上的损失，同时也使目睹此过程的游客对景区的管理产生怀疑，有损景区形象。无票入园不是小事，理应受到景区管理者的高度重视。

作为景区检票处的工作人员，务必坚持公私分明的原则。工作人员首先要以身作则，坚决杜绝自己的亲朋好友或其他社会关系人员无票入园。当发现其他同事有此情况发生时，应及时对其做劝说工作，并礼貌地向游客解释景区的规章制度，维护景区形象。

作为景区的管理人员，应从制度上根本解决无票入园这一问题。景区员工的朋友来到景区旅游，是员工热爱景区、以景区为傲的一种正常表现，可以考虑其特殊性，找到既能满足员工心理需求又不影响景区利益的合理解决途径。例如，景区可以定期给员工分发赠票，邀请员工的亲朋好友来景区游玩并担任质量监督员，对景区的服务质量等做出客观的评价，既满足了员工的需求，又解决了景区的服务质量难点。

（二）入门接待服务技能

景区入门接待服务的一个重要环节就是排队服务，排队队形的安排技能会影响到游客的旅游体验，进而影响游客的满意度和景区的声誉。排队队形安排，是在不同的旅游景区或景区的不同区域，根据游客规律，采取不同的队形和接待方式，是游客接待服务的重要技能。景区职业经理人应该掌握以下知识并将其吸收为自己的技能。

景区可以根据景区的游客流量、游客集中程度、热门参观排队项目点、排队区地形等特点来安排设计其排队的队形。队形一般可分为传统单行队形、多列队形、主题队形等5种形式，每种队形各有优缺点：（1）单列单人型。这种队形只设一名检票员，游客排成单列。（2）单列多人型。这种队形设置多名检票员，游客排成单列。（3）多列多人型。这种队形设置多名检票员，同时游客排成多列。（4）多列单人型。这种队形只设一名检票员，游客排成多列。（5）主题或综合队列。这种队形设置两名以上的检票员，队列迂回曲折，一般游客排成单列。

根据景区的排队现象，景区的管理者和服务者应设身处地地为游客着想，一方面提高服务效率，另一方面要掌握排队服务中的技巧，以降低游客的流失量，提高游客的满意度。

1.设计合理的队列结构

队列结构在设计时要注意以下问题：（1）根据排队的游客量以及活动的特殊要求等，灵活运用单通道、多通道、混合通道等多种队列通道设计模式；（2）注意队列的流动性和队列方向的变化，给游客以队伍在不断前进的感觉。

2.提供良好的排队环境

良好的排队环境包括舒适的座椅、具有吸引力的可视画面、优美的音乐、丰富的阅读材料、电视录像等，这些排队环境可以使等候时间变得愉快，让游客在不知不觉中度过等待时间。

3. 制造开始服务的感觉

景区可以派出工作人员为等候中的游客送上景区的宣传册，介绍景区的特色项目，或为游客表演个小节目，或组织游客做一些小游戏、猜一些谜语等。总之，景区制造出开始服务的感觉，可以很好地分散游客的注意力，消除游客的焦虑情绪。

4. 建立清晰的排队规则

公正对于每位参与排队的游客来说，是非常重要的，景区必须制定出严格公正的排队规则，并加以严格执行，以维护排队中的公平公正性。一般排队等待要遵循以下几个优先：（1）预订者优先。实际上，预订游客已提前确定了服务消费需求，应该实行优先服务。（2）先到者优先。对先到游客提供优先服务，杜绝强行插队、熟人插队的不良现象。（3）团队优先。考虑到团队的规模消费、服务所需时间相对较短，更为重要的是团队是由与景区有长远利益关系的中介机构发送的，因此，只要不与其他原则发生冲突，景区可以对团队实行优先服务。（4）特殊人群优先。对老人、幼儿、残障人、军人等社会特殊人群，在排队优先中都应该有不同程度的体现。

（三）咨询服务技能

1. 咨询服务的职业要求

（1）咨询服务人员应双目平视对方，全神贯注、集中精力，以示尊重与诚意，专心倾听，不可三心二意。

（2）应有较高的旅游综合知识，对于游客关于本地及周边区域景区情况的询问，要提供耐心、详细的答复和游览指导。

（3）答复游客的咨询，要做到有问必答、用词得当、简洁明了，不能说"也许""大概"之类没有把握、含混不清的话。

（4）能回答的要随问随答、决不推诿，对不清楚的事情，不能不懂装懂、随意回答，更不能轻率地说"我不知道"，经过努力确实无法回答的，要先向游客表示歉意，然后请求同事帮忙解决，并在服务结束后及时查询巩固此类信息。

（5）如果多人同时问询，应先问先答、急问急答，注意客人情绪，避免怠慢，使游客都能得到适当的接待和满意的答复。

（6）在咨询工作中遇到疑难问题，应灵活应变，事后应积极寻找答案，积累经验。

（7）接待游客时应谈吐得体，不得随意探询游客隐私，言谈不可偏激，避免夸张。

（8）及时了解该景区的动态信息，包括景区内开展活动的内容、时间和参加办法等，以便及时向游客提供游览景点的线路、购物和休息等信息。

（9）对于游客提出的意见和建议，应认真记录并及时向上反映。

（10）对游客关于周边区域景区情况的询问，不能故意贬低周边竞争景区，应客观地向游客做介绍。

（11）懂得外事礼仪，能使用一门以上外语与游客交流。

（12）应严守景区商业秘密，遵守国家法律法规政策，避免涉及敏感政治、宗教问题。

（13）需掌握景区信息之外的其他业务信息，如所在地的便民信息：政府机关、银行、医院、交通等信息。

虽然景区可以投入智能化的设备来提供咨询服务，如电脑触摸屏、虚拟景区等智能设施设备，但景区如果能够提供更具个性化的服务，会使游客的体验提升。虽然虚拟旅游盛行，但是虚拟旅游是代替不了现实旅游的，游客能从工作人员良好的仪态、双方有效的面对面沟通中加深旅游体验。此外，因为客人的来源广泛，需要工作人员拥有广博的知识面，景区应像高星级酒店培养"万事通"服务员一样努力提高景区工作人员的素质。

2. 咨询服务的注意事项

（1）景区工作人员接待游客时应谈吐得体，不探询游客隐私，避免夸张言论。

（2）工作时不得与他人闲聊，遇急事不慌张、不奔跑，避免造成游客心理紧张。

（3）不和某一位游客谈话太久而忽略了其他需要服务的游客。

（4）对前来咨询的游客，不得以貌取人，应一视同仁、平等对待。

二、讲解服务技能

讲解服务是景区职业经理人必须掌握的服务技能，讲解水平的高低是判断景区职业经理人综合水平的重要内容之一。想要成为一名优秀的景区职业经理人，就应该不断提高自己的讲解水平，掌握讲解的方法与要领。

（一）做好讲解前的准备工作

1. 注重日常知识积累

如果没有日常的知识积累，言之有物、言之有理、言之有据等讲解要求，概述法、分段讲解法、突出重点法等讲解技法，景区工作人员就很难做到运用自如，讲解也很难满足游客的求知需求。要提高讲解水平，知识积累是重要基础。

在日常工作和生活中，工作人员可以通过以下渠道积累知识。

（1）通过媒体关注"身边事"，收集城市及景区的点滴变化。

（2）通过阅读相关专业书籍，丰富自己在专业知识领域的积累。

（3）通过网络，寻找某一关注问题的相关背景知识。

2. 做好接到任务后的准备

虽然平时的积累非常重要，但是"临阵磨枪"也是做好讲解工作的要领之一。只有在接到讲解任务，确切了解游客情况以及游览线路和景点后，才能更有针对性地做好讲解前的准备。

（1）分析游客信息，厘清讲解重点。

如果旅游团成员的年龄偏长，可多准备一些民间传说、历史上的人文逸事、革命历史故事及人物等内容。如果旅游团成员多为年轻人，对他们关心的购物及娱乐方面的情况就要用心多收集一些，在讲解内容上要突出城市的新亮点、新变化。

当然，以某一个方面为重点，并非其他方面一点都不涉及，讲解技巧在于讲解内容的组合，主次分明，主题突出。

（2）温习"旧内容"，构思"新创意"。

在讲解前要注意"温故知新"。"温故"指的是对于自己不是特别熟悉或曾经出过错的讲解内容，需要再次温习，以免出错；"知新"指的是在讲解前有意识地去寻找自己未曾讲解过的知识点和内容，力争使每次讲解都有新信息、新创意。

（3）养精蓄锐，做好身体准备。

讲解服务也是一项"体力活"，边走边讲、眼观六路、耳听八方，因此在讲解前要养精蓄锐，保护好嗓子，注重日常的身体锻炼。

（二）把握讲解过程中的要领

讲解服务过程中，可能会受到其他因素的影响，如天气变化、行程变更、游客兴趣等，因此即使做了大量的前期准备工作，如果没有当场的随机应变、灵活应对，也可能达不到理想的讲解效果。在讲解过程中，工作人员要学会吸引游客的"耳朵"，也就是"讲游客最想听的"。其中，在景区讲解时应掌握的要领主要包括以下内容。

（1）在景区的游览指示图前，需向游客说明游览线路、重要景点、洗手间及吸烟区等重要位置。

（2）要做好景区的讲解，需要确定讲解主题，以主题为线条，将每一个小景点串联起来，引导游客去发现景区最独特之处。针对不同的游客，可以从不同的主题讲解，引导游客去发现美、欣赏美，满足他们的求知、求美的需求，给游客留下深刻的印象。

（3）在讲解每个景点时可以用"突出重点法"讲解其独特之处，用"触景生情法"延伸讲解与此有关的景区背景及历史，用"妙用数字法"讲解其历史、建筑特点等，用"类比法"将该景点与游客家乡或熟知的景点联系起来可以加深印象。

（4）导游在讲解自己熟悉或擅长的内容时，不要过于张扬卖弄，避免过多使用"你们知不知道……""让我来告诉你……"等语言，同时注意控制节奏，给游客缓冲、消化知识内容的时间。

（三）注意讲解后的导游服务

1.巧妙回答游客的提问

在讲解服务工作结束后，游客可能会提出各种各样的问题。如果问题与游览有关，而且工作人员也知道如何回答，可以在回答问题的同时进行深入讲解，会带来较好的效果，能增强游客对自己的信任；如果问题与游览无关，工作人员就要学会巧妙地回避。当遇到自己不清楚的问题时，切忌胡乱回答，以免被当面指出，贻笑大方，从而失去游客对自己的信任；如果知道确切答案，但游客有另一种说法时，要注意不要当众争执，不要直接指出对方的错误，要学会回避矛盾、找出共同点，给对方找"台阶"下，及时转换话题。

2.引导游客"换位欣赏"

景区工作人员在讲解服务结束后，要善于引导游客用眼睛去发现美、从不同角度去欣赏美、从不同层面去感受美。譬如，在某个角度拍照效果最好、从某个地方远眺风景最美等。

3.告知游客相关注意事项

景区工作人员在讲解服务结束后，要向游客说明自由活动的注意事项，针对他们值得去的地方及线路提出建议，反复强调集合的时间和地点，并告知游客可以在什么位置找到工作人员等。每个工作人员在实地讲解服务工作中都会自觉或不自觉地运用各种方法技巧，只要善于总结和提炼，往往就能掌握讲解中的重要要领。

三、投诉处理技能

对于游客投诉的妥善处理，可以将坏事变成好事，景区工作人员不仅可以从中取得经验，而且也有助于改进景区接待工作中的一些薄弱环节。面对游客投诉的处理应注意以下要点。

（一）耐心倾听，不与争辩

景区工作人员在接受游客口头投诉时，应尽量采取个别接触的方式，以避免对其他游客造成影响，对于集体投诉，最好请其派出代表，以免人多嘴杂，分散工作人员的思考。在接受游客投诉时，工作人员要保持冷静、耐心倾听，不管游客的脾气多大、态度多差，也不管投诉的事情是大是小、出入多大，都要让游客把话说完，要善于听其弦外之音，并请教游客自己的理解是否正确，以体现出对游客的尊重。同时要做好必要的记录，捕捉游客投诉的要点，既让游客感到工作人员听取投诉的态度是真诚的，是愿意帮助他们解决问题的，又为工作人员确定投诉问题的性质和严重程度提供依据。必要时可请游客签名留据，以为妥善解决问题提供帮助。若游客投诉时，态度蛮横、气氛紧张、

改变传统做法，将投诉处理工作分散到各售票处及机场柜台，并授权给现场工作人员及时处理旅客意见，顾客不必和更多人打交道，结果大幅度提高了服务质量，获得了顾客的满意和信赖。

3. 正确选择实施方案

服务流程再造需要在评估每个备选方案的基础上正确选定具体的实施方案，包括展开新流程时，能够随时根据实际情况修订调整。因为服务流程再造要取得成功，适应现实需要是十分重要的。服务流程再造使服务组织结构发生深刻变化，需要将金字塔形组织结构改变为扁平化、以小组为中心的组织结构。例如，以往生产部门员工称呼销售部门员工为"他们"，采用扁平化形式的业务流程小组后，所有部门的员工彼此都称为"我们"，从而衍生出小组的共同目标和团队精神，相互间形成了信任、尊重、协同、配合的"自愿文化"氛围；工作绩效的评价由同事和部下执行，而非上司简单决定。近年来，我国许多服务组织采取员工给管理人员打分的方式，将顾客满意度作为评价标准的事例越来越多，对工作报酬从"对时间与活动的报酬"转变为"对结果的报酬"，工作成果已不再是个人独享，而是返还给小组或团队共同分享。

4. 巩固成果

服务流程再造成果必须加以巩固。为此，需要管理者提高管理水平，珍惜服务流程再造后取得的每一步成果，并及时采用新制度加以肯定和巩固。对员工所取得的成果必须给予奖励，包括采取有效的激励机制以保持员工的参与热情，从根基上巩固服务流程再造的阶段性成果。与此同时，随着新业务流程投入运营，可能会给服务组织带来明显的效益，员工的参与意识和成就感也得到增强，但服务组织成员必须树立不断学习的精神，并将服务流程再造工程作为长期的工作坚持下去。

二、信息技术在服务流程改进中的应用

信息化是再造景区业务流程、规范业务管理的重要而有效的途径。可以这样说，信息化是企业业务流程再造所要追求的一种形式，只有企业业务流程实现了信息化运作，才有可能最终使企业经营效率最大化。以下以景区信息系统为例，分析景区业务流程的信息化再造问题。

（一）景区业务模型构建的难点

将实际单位的业务进行必要的分类，再按照技术和经济的原则将不同类别的业务进行归类，是景区业务管理信息系统能否开发成功的关键，也是景区企业业务流程再造能否成功有效的关键。与酒店、旅行社等旅游企业不同，景区业务本身具有很大的差异性和复杂性。景区业务的这种不规范所导致的业务关系的复杂和难于梳理，是景区业务建模的一个难点，也是迄今为止阻碍景区信息化发展的一个重要原因。根据对几家曾经希

望开发景区信息系统的公司所做的调查，未能建立科学合理的业务模型是这些单位景区系统开发失败的主要原因。因此，科学地梳理景区业务，归纳其基本的业务范围，从而确定系统开发的正确内容，是景区信息化系统开发的首要任务。

（二）业务梳理及总体业务模型的构建

1. 景区信息化系统的业务内容

为了从宏观上把握景区的业务，首先需要将景区企业分为不同的类型。根据资源和业务特点，可以将景区分为以下5类。

（1）风光型景区，如张家界国家森林公园、九寨沟地质公园等。这类景区的业务主要是组织游客进行观光。

（2）娱乐活动型景区，如迪士尼游乐园、北京欢乐谷等。这类景区的主要业务是组织游客参加各种娱乐活动。

（3）园林公园型景区，如颐和园、香山公园等。此类景区的主要业务是为居民提供日常休闲场所和配套的服务。

（4）博物馆型景区，如故宫、历史博物馆等。此类景区主要是利用自然和人文的一些资源为游客提供展览，展品是此类企业所拥有和提供给游客的主要东西。

（5）综合型景区，如北京房山十渡风景区。此类景区既有自然风光，也有博物馆和蹦极等娱乐活动，可以满足游客的多种需求。

作为产品的景区信息化系统，应该能够概括以上五类景区的核心业务内容，否则将会降低其本身应该具有的价值。

2. 景区具体业务

根据实际情况概括不同类型景区，可以将景区业务归纳为以下12个主要方面。

（1）资源管理：涉及一切自然存在的旅游资源，如地貌风光、气候、野生动植物等，也涉及一切由人类历史活动所形成的旅游资源，如寺庙、文物、民风民俗等人文资源。

（2）资产管理：资产是指一切经过人类加工过的具有价值的东西。景区资产涉及设施、设备、用具、展品等，还包括投资形成停车场、娱乐厅等设施，由于这些设施主要以空间形式提供服务，所以可以将其概括为场地。

（3）销售管理：主要涉及各类资源和资产的销售。景区销售主要有两种形式：售票和租赁。

（4）运营管理：一般景区都有明确的运营管理部门，具体负责资产或者客流的管理。

（5）活动管理：包括景区策划的活动、游客自己策划的活动和由历史民风民俗所形成的各类活动（这类活动又属于人文资源管理的内容）。

（6）服务管理：指对游客所能提供的各类劳务服务，如行李保管服务、咨询服务、其他劳务性服务。从一般意义上讲，景区服务包括绝大部分景区业务的内容，这里将服务定义为主要依靠劳务所进行的服务活动，不包括伴随其他资源消耗的业务活动，如餐饮服务等。

（7）人力资源管理：内部人力资源的管理，涉及岗位划分、人员数量的确定、职工基本信息管理、工作完成情况管理、报酬管理、培训管理等。

（8）办公管理：文件形成、传输、审阅审批、归档等管理，内部信息沟通管理，报表管理。

（9）顾客关系管理：对相关单位进行登记、归类、合同归档以及在运营中可以自动按照合同条款处理与相关单位的各种业务。

（10）卫生管理：责任区的划分与责任人的确定、卫生管理条例制定和执行。

（11）环境保护：责任区的划分与责任人的确定、环保管理条例制定和执行。

（12）安全管理：责任区的划分与责任人的确定、安全管理条例制定和执行。

需求分析的一个主要任务是，抽象和概括出不同类型景区的基本业务范围和特点，求得不同类型景区基本业务的最佳集合，以此作为景区管理信息系统开发的基础。在以上所列各项业务中，对一些内容可以从技术上进行归并。资源和资产都是景区对外开展业务的物质基础，具有类似的需求特点。因此，我们将其并为一个资源与资产模块进行处理；在运营管理中，因为有关资产运营的业务与资产管理是相同的，所以归在资产管理中，而客流管理可以单列；卫生管理和环境保护主要涉及区域划分和责任人的确定，以及业务处理的追述，可以合并处理。

3. 景区信息管理系统

通过分析和梳理，可以将涉及不同类型景区信息管理系统的主要业务需求的最小集归纳为以下11个主要部分。

（1）资源与资产子系统。司管景区资源与资产的台账和运营。将资源和资产合并管理的主要理由有两个：存在实体性、服务对象及服务功能的共同性。

（2）票务子系统。虽然景区的收入不完全依靠售票，但多数景区的主要收入由售票构成。因此，单独提取票务作为一个子系统可以反映景区的基本业务需求。将票务作为单独一个系统的第二个理由是票务与其所含服务有较少的具体对应关系；因为票务反映的实质内容是景区企业的营销问题，所以票务模块主要包含制票和售票记录等内容。

（3）活动管理子系统。从一般意义上看，活动也是一种旅游资源，应当纳入资源管理中。但是，活动从其存在的状态、管理的特点以及业务属性来看，与一般资源或资产又有很大的区别，所以在系统的设计中将其单独作为一个模块进行管理。

（4）相关单位管理子系统。景区是一个具有明显地域性质的企业，对景区企业进行经营管理在客观上要涉及许多地域内的其他企业。此外，相对于其他旅游要素而言，景区一般具有较高的知名度，通过景区与其他企业进行联系，也是众多游客的一般需求。因此，系统中设立一个相关单位管理子系统，有利于更广泛地服务于游客，提高系统的价值。

（5）预订业务子系统。预订子系统主要管理资源、资产、票务、活动及相关单位等内容的预订。

（6）环境卫生管理子系统。管理环境卫生责任区的划分、责任人的确定以及对景区环境的检查和消毒。

（7）服务安全子系统。司管安全问题，包括安全检查和事故处理等。

（8）办公管理子系统。主要是文件管理。

（9）赔偿保险子系统。包括赔入（景区以外的人员和单位赔偿给景区的价值）和赔出（景区赔偿给景区以外的个人和单位的价值）。

（10）人员管理子系统。人员管理涉及的范围包括工作人员管理和部门管理两个基本层面，管理的内容涉及基本信息管理、工作和绩效考核、培训及证书管理等。

（11）窗口售票和租赁子系统。之所以将售票和租赁单独设立一个模块，主要是因为这些业务在景区经营中一般属于前台业务，而预订、制票等业务属于后台业务。将其独立出来，有利于系统地管理和实际使用的方便。因为在实际业务过程中，制票、预订一般是由企业高层或销售部门管理的业务，而窗口的售票和租赁制是一般业务员的工作，将二者分开，也有利于系统的权限管理。

4. 景区业务模型

根据景区实际情况和以上分析，可以将系统的总体框架分为内、外两个大的组成部分。

外部系统主要由一个门户网站支撑，包括景区新闻发布、景区景点介绍、景区特色产品、景区在线服务、景区虚拟展示、景区导游信息等功能。

内部系统主要由系统软件来支撑，主要功能涉及景区内部业务，如办公自动化、订票管理、预订管理、游客管理、景区资源管理、景区景点管理、景区产品管理、民俗村管理、景区采购管理、景区库存管理、景区工程项目管理、景区安全监察管理、景区人力资源管理、景区费用管理、报表管理等。

业务模型所包含的这些子系统，彼此之间通过局域网进行通信。整个业务模型会通过 Web Services 抽取出部分服务供外部服务顾客调用。系统的业务模型、Web Services 接口、外部服务顾客共同组建了一个如图 6-5 所示的框架。

从功能使用的角度看，系统主要由系统管理人员、内部工作人员和外部顾客使用。其中，系统管理员通过身份认证可以访问景区管理信息系统，系统内部用户即工作人员继承系统管理员的公共属性且可以扩展为各级子系统管理员，如人员管理员、资源资产管理员、票务管理员、相关单位管理员等。系统外部用户即顾客也继承系统用户的公共属性且可以扩展为个人和相关单位。用户通过身份认证区分不同的用户角色赋予相应的权利，如维修部门工作人员只能访问与维修部门相关的系统信息和功能模块。

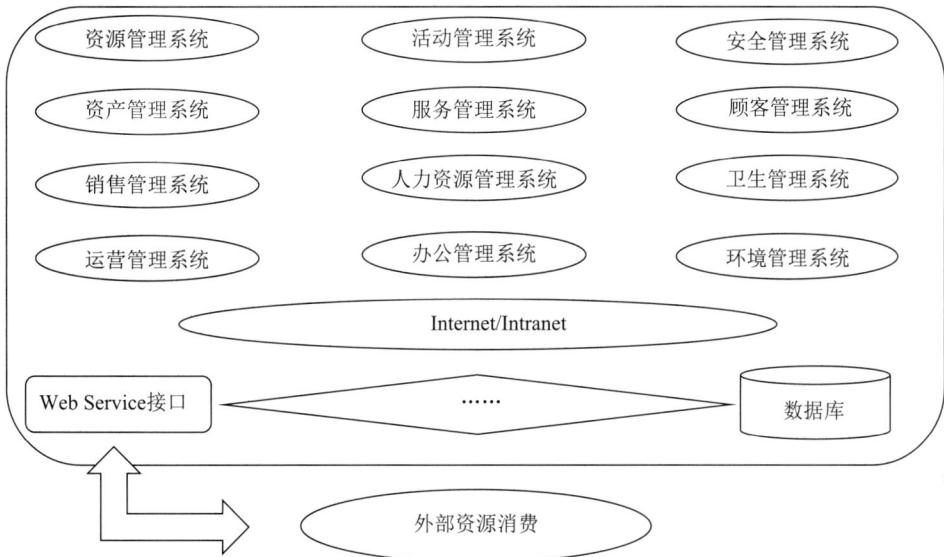

图6-5 业务模型的总体框架

【本章思考】

1. 游客服务包括哪些工作内容？
2. 景区员工应该怎样看待游客的投诉？正确处理游客投诉需要采取哪些措施？
3. 如何提升我国旅游景区的游客服务质量？

【案例延伸】

一次失败的导游讲解

李想是广东某景区的兼职讲解员，有一天他接待了一个来自广西的暑期旅游团。因为太阳太晒，他在离景区大门几十米远的树荫下等待旅游团的到来。结果有三个团同时到达，李想看到另外两个团的讲解员已经在接团了，他就等那两个团离开后才往大门走去。他想广西很多人也是讲广东话的，所以，他一上来就用广东话和大家打招呼，然后就说："你们既然是来自广西的，两广一家亲啦！所以大家不介意我说广东话吧？"结果没想到这个团大多数是来自广西桂林地区的游客，他们不讲广东话。李想只好用并不标准的普通话开始了讲解服务。

游览活动开始了，第一个景点，李想就开始滔滔不绝地进行讲解，过了5分钟后，围在他身边的游客越来越少；过了 10 分钟后，他身旁的游客已是寥寥无几。这时，有几位在附近树荫下的游客大声叫起来："导游先生，差不多就好了，有人要中暑了！"李想感到很郁闷。后面有些景点，他心有余悸，索性不做讲解。

游览结来了，有游客对李想的讲解极不满意，事后向当地旅游质监部门投诉，要求该景区退回导游讲解服务费。该景区又以被游客投诉为由，拒绝支付李想报酬，并明确表示以后不再委派他担任导游工作。对景区的做法，李想十分痛苦及不满。于是双方产生了纠纷。李想在写给旅游行政管理部门的信中指出：此次带团讲解，是受景区的委派，景区应该按照事先约定支付导游费用，并且承担相应的赔偿责任。而景区得知这一情况后，更是大为不满，并以李想未与景区签订合同为由，拒绝了这一要求。

来源：黎瑛.旅游景区服务［M］.北京：旅游教育出版社，2017.

案例思考：

1. 请说说案例中，李想为何会被投诉？你认为游客投诉的理由是什么。李想究竟存在哪些问题。

2. 李想与景区间的纠纷如何处理？如果你是景区职业经理人，该怎么来处理？

【本章参考】

［1］Hart C W，Heskett J L，Sasser W E. The profitable art of service recovery［J］. Harvard Business Review，1990，68（4）：148-56.

［2］黎瑛.旅游景区服务［M］.北京：旅游教育出版社，2017.

［3］Parasuraman A，Zeithaml V A，Berry L L. A conceptual model of service quality and its implications for future research［J］. Journal of Marketing，1985，49（4）：41-50.

［4］王昆欣，牟丹.旅游景区服务与管理［M］.北京：旅游教育出版社，2018.

［5］韦福祥.对服务补救若干问题的探讨［J］.天津商学院学报，2002（1）：24-26.

［6］张淑君，王月英.服务设计与运营：30 余家品牌企业服务运营深度揭秘［M］.北京：中国市场出版社，2016.

第 七 章

景区工程管理技能 *

【学习目标】

◇ **景区职业经理人（中级）**

- 掌握景区工程建设管理主要流程
- 掌握工程项目在资源、时间和质量方面的管控方法
- 掌握景区工程项目建设管理方法

◇ **景区职业经理人（高级）**

- 掌握景区工程管理技能

本章导读

　　景区工程就是对景区设施的开发、建设与维护工程，包括而不局限于住宿工程、康体娱乐工程、导识工程、环境景观工程、交通工程、给水工程、排水工程、电力工程、信息工程、环境卫生工程十大类。景区工程建设与维护，涉及景区食、住、行、游、娱、购等活动的方方面面。

【引导案例】

　　2011年，四直辖市照明科技论坛召开，北京十渡旅游风景区以"景观艺术照明，塑造大美境界"为设计理念，提出了被认为是经典旅游景区工程的"夜晚亮化工程"。这是一项高度跨界的文化、经济和富民工程，这项工程的专业性强、涉及面广、工程复杂。为确保规划的科学性、可实施性，以及技术的可靠性、造价的合理性等，必须确立

科学合理的价值评判和严谨的工作程序，并对每个程序提出明确的、规范的设计要求。从而合理运用景观艺术照明技法，塑造十渡大美境界。

第一节　景区工程项目管理流程

一、项目决策

在景区工程的项目决策阶段，主要是进行可行性研究和项目分析。景区项目可行性研究是在对投资建设有关的技术、经济、社会、环境等方面进行调查研究的基础上，对各种可能的拟建方案和建成投产后的经济效益、社会效益和环境效益等进行技术经济分析、预测和论证，确定项目建设的可行性。景区项目的可行性研究直接影响了项目的决策质量和设计质量。

景区项目决策是旅游策划在景区发展中的运用，一般可理解为为了达到特定目的，通过整合各种项目资源、市场分析，经过创造性思维，结合项目自身条件，找出资源与市场之间的核心关系，构思和设计项目方案，形成可操作实施的最佳方案，并对近期行动进行系统安排的过程。

景区工程的项目决策一般遵循以下几个原则。

（1）创新性原则。

（2）因地制宜原则。

（3）整体优势原则。

（4）综合设计原则。

（5）可操作性原则。

（6）一致性原则。

（7）综合效益最大化原则。

项目决策阶段的主要任务是要保证选址合理，使项目的质量和标准符合业主要求，并与投资目标、当地环境相协调，具体包括以下内容。

（一）景区环境分析

景区环境分析是景区工程项目决策的首要步骤。旅游景区在设计规划旅游项目时，必须首先了解竞争对手的情况以及各种内部、外部的环境因素。所谓对景区的内部环境进行分析，主要是对旅游景区自身的自然资源、人力资源、物力资源和财力资源等方面进行分析，分析了解景区的人才储备状况、基础设施水平和资金实力；而对旅游景区的外部环境分析，则主要是分析旅游市场需求状况、景区之间的竞争状况和市场上的旅游需求趋势。只有对景区环境进行深入、科学的分析，才能明确策划项目内部和外部竞合情况，才能保证决策项目的成功。

（二）景区资源特色分析

景区工程项目特色是由当地的旅游资源特色所决定的，景区项目需要与区域旅游环境保持一致。这就需要旅游项目策划者在设计前期即旅游资源调查过程中，对开发地旅游资源进行分析，明确各个旅游分区的旅游资源特色所在，并以此作为旅游功能分区项目设计的基调。

（三）旅游项目市场分析

旅游景区项目最终要成为旅游产品推向市场，实现各种项目预期效益。因此，旅游景区的项目创意设计就不能不对市场进行深入分析。市场分析包括客源市场地域分析、人口统计学分析等方面。目的是要在细分客源市场的基础上，针对目标市场进行策划和创意设计，以赢得市场青睐。

（四）旅游项目初步构思

旅游项目构思不能依赖于偶然的发现或灵感的火花，而是要在真正掌握项目区域旅游景区资源特色基础上，通过不断地发散思维来得到。发散性思维可能来源于策划人员自身，也可能来源于景区项目开发中所涉及的人或企业，如通过调查旅游者、旅游专家学者、旅游的竞争对手以及旅行社等中间商来寻求构思的原型。

（五）旅游项目构思评价

在市场导向原则下，策划者需要对不同的项目构思进行成本估算和营销测试，来对旅游景区的项目创意构思进行甄别，淘汰那些成功概率较小的项目，保留那些成功机会较大的项目，以提升项目成功概率。

在对已有项目构思进行甄别之后，就要将景区项目构思落实成为实实在在的项目创意设计，并通过招标等形式吸引投资者来建设。

二、招标与投标

招标与投标是在市场经济条件下进行工程建设、货物买卖、财产出租、中介服务等经济活动所采用的一种竞争形式和交易方式，是引入竞争机制订立合同（契约）的一种法律形式。景区工程招投标是国际通行的工程建设管理方式，是完全以市场经济的运行方式与结构为基础而进行的工程建设管理方式。

（一）招标投标概念

景区工程招标是指招标人在发包建设项目之前，公开招标或邀请投标人，根据招标人的意图和要求提出报价，择日当场开标，从中择优选定中标人的一种经济活动。景区工程投标是工程招标的对称概念，是指具有合法资格和能力的投标人根据招标条件，经过初步研究和估算，在指定期限内填写标书、提出报价，并等候开标，决定能否中标的经济活动。

从法律意义上讲，景区工程招标一般是景区建设单位（或业主）就拟建的工程发布通告，用法定方式吸引承包单位参加竞争，通过法定程序从中选择条件优越者来完成工程建设任务的法律行为。景区工程投标一般是经过特定审查而获得投标资格的建设项目承包单位，按照招标文件的要求，在规定时间内向招标单位填报投标书，并争取中标的法律行为。

（二）招标投标方式

1. 非限定性招投标（公开招标）

非限定性招投标，也称为公开招标，是指对于投标方的身份、资格、数量都不做任何限定的招投标，这种招投标的最大特点在于非限定性，对于任何有意于招标项目的建设方来讲，招标是完全公平的，投标是自由的。一般来讲，这种招投标广泛应用于国家政府投资的公共性项目、基础设施以及涉及广泛公共利益的私人投资项目。在具体实施中，非限定性招投标并非没有限定，在新闻媒体发布招标通告的同时，也要发布对投标意向者基本资格的要求，但这种限定仅限于基本技术经济能力的限定，而不具体限定投标意向者的数量、身份等。

公开招标的投标意向者众多，而且技术经济水平参差不齐，一般招标方在正式招标以前，会采用资格预审方式来淘汰一些投标人，最终确定5~8个有资格的投标人后，才开始正式投标。因此，这种招标方式可能导致招标人的资格预审和评标工作量加大，招标费用支出增加，同时也使得投标人中标概率减小，从而增加投标前期风险。

2. 有限度邀请招投标（邀请招标或选择性招标）

有限度邀请招投标，也称邀请招标或选择性招标，是指招标方直接邀请他认为具有技术经济基本能力的、能够有效地完成建设项目的投标人来进行项目投标。但这种投标的投标人数量是有限的，采用这种方式招标，邀请的投标方不得少于3人，且要求在严格的、规定的程序下公开进行。对于采用这种招标的项目，项目的投资、质量以及建设期限不得涉及第三方利益，否则必须采用非限定性招投标。

不论公开招标还是邀请招标，我国法律均规定至少保证3个投标人参与投标。当投标人少于3个时应当重新组织招标。公开招标和邀请招标对比如表7-1所示。

表 7-1 公开招标和邀请招标对比

对比项目	公开招标	邀请招标
竞争程度	非限制性竞争，竞争充分	有限竞争
招标成本	招标成本和社会资源耗费相对较大	招标成本和社会资源耗费相对较小
信息发布	招标公告	投标邀请书
优点	信息公开、程序规范、竞争充分、不容易被串标、围标；投标人较多，招标人挑选余地大，有利于从中选择合适的中标人	招标工作量相对较小，招标花费较少，投标人比较受重视，招标人选择的目标相对集中
缺点	素质能力良莠不齐，招标工作量大、花费时间较长	投标人数量相对较少，竞争性较差；招标人在选择邀请对象前所掌握的信息存在局限性，有可能得不到最合适的承包商和良好效益
适用范围	适用范围较广，大多数项目均可以采用公开招标方式，尤其规模较大、建设周期较长的项目更为适用	通常适用于因涉及国家安全、国家秘密、商业机密或者受技术复杂、自然环境等条件限制导致的只有少数几个潜在投标人可供选择的项目；招标项目较小，采用公开招标方式的费用占项目合同金额的比例过大的项目

在实际实施过程中，在按竞争的开放程度对招标进行分类时，除上述两种招标方式外，还有议标和两段招标等招标方式。

（三）招标投标原则

1. 招标人条件

招标人是依照《中华人民共和国招标投标法》等相关规定提出招标项目、进行招标的法人或其他组织。鉴于招标采购的项目通常规模大、耗资多、影响范围广，招标人责任较大，因此为了切实保障招投标各方的权益，景区招标人必须是法人或其他组织，自然人不能成为招标人。

2. 资金来源明确

景区工程资金来源渠道主要有国家和地方政府的财政拨款、自有资金、银行贷款、企业融资等。景区招标人在招标时必须确实拥有相应的资金或者拥有能证明其资金来源已经落实的合法性文件，并应当将资金金额和资金来源在招标文件中如实载明。

3. 景区能力要求

景区招标应当具备与招标工程相适应的经济、技术管理人员，要有组织编制招标文件的能力，要有审查投标单位资质的能力以及有组织开标、评标、定标的能力。若建设单位不具备上述相应的条件的，须委托具有相应资质的咨询、监理等单位代理招标。

4. 履行审批手续

按照国家规定需要履行审批手续的招标项目，景区应先履行审批手续。其中强制招标范围的项目，只有经有关部门审核批准后，而且建设资金或资金来源已经落实后，才能进行招标。对开工条件有要求的，还必须履行开工手续。

5. 公开公平原则

景区的招标投标活动必须具有高度的透明度，招标程序、投标人的资格条件、评标标准、评标方法、中标结果等信息都要公开，使每个投标人能够及时获得有关信息，从而平等地参与投标竞争，依法维护自身的合法权益。公开是公平、公正的基础和前提。公平性原则即机会均等，要求招标人一视同仁地给予所有投标人平等的机会，使其享有同等的权利并履行相应的义务，不歧视或者排斥任何一个投标人。按照这个原则，招标人不得在招标文件中要求特定的生产供应者以及含有倾向或者排斥潜在投标人的内容，不得以不合理的条件限制或者排斥潜在投标人，不得对潜在投标人实行歧视待遇，否则将承担相应的法律责任。

（四）招标投标过程

1. 招标过程

景区工程招标投标一般要经历招标准备阶段、招标投标阶段和决标成交阶段。招标准备阶段的工作由招标人单独完成，投标人不参与，其主要工作包括招标组织工作、选择招标方式和范围、申请招标、编制招标有关文件等。从发布招标公告开始，若为邀请招标，则从发出投标邀请函开始，到投标截止日期的期间称为招标投标阶段，其主要工作包括发布招标公告或发出投标邀请书、资格预审、发售招标文件、组织现场考察、标前会议等。从开标日到签订合同这一期间称为决标成交阶段，是对各投标文件进行评审比较，最终确定中标人的过程，其主要工作包括开标、评标和定标。景区工程招标投标工作流程如图 7-1 所示。

（1）招标公告。

对于公开招标的项目，招标人应当发布招标公告。招标公告应当说明招标人的名称和地址，招标项目的性质、数量、实施地点和时间以及获取招标文件的办法等事项。公告应当通过国家指定的报刊、信息网络或者其他媒介发布。招标公告内容应当真实、准确和完整。招标公告一经发出即构成招标活动的要约邀请，招标人不得随意更改。

招标公告基本内容包括：招标条件，包括招标项目的名称、项目审批、核准或备案机关名称、资金来源、简要技术要求以及招标人的名称等；招标项目的规模、招标范围、标段或标包的划分及其数量；招标项目的实施地点或交货与服务地点；招标项目的实施时间，即工程施工工期或货物交货期、提供服务时间等；对投标人或供应商、服务商的资质等级与资格要求；获取招标文件的时间、地点、方式以及招标文件售价；递交投标文件的地点和投标截止日期；联系方式，包括招标人、招标或采购代理机构项目联系人的名称、地址、电话、传真、网址、开户银行及账号等。

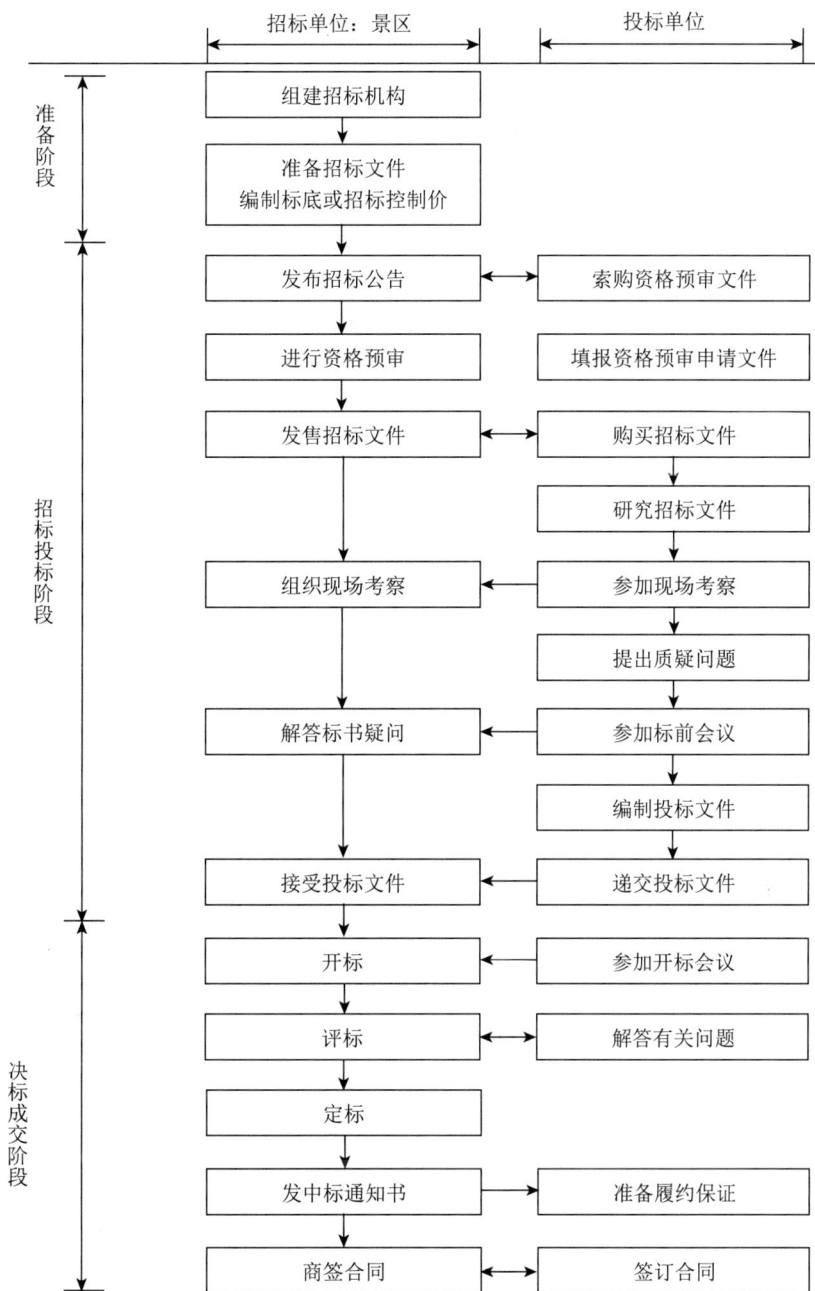

招标单位：景区		投标单位

准备阶段

组建招标机构

准备招标文件
编制标底或招标控制价

招标投标阶段

发布招标公告 ←→ 索购资格预审文件

进行资格预审 / 填报资格预审申请文件

发售招标文件 ←→ 购买招标文件

研究招标文件

组织现场考察 ← 参加现场考察

提出质疑问题

解答标书疑问 ← 参加标前会议

编制投标文件

接受投标文件 ← 递交投标文件

决标成交阶段

开标 ← 参加开标会议

评标 ←→ 解答有关问题

定标

发中标通知书 / 准备履约保证

商签合同 ←→ 签订合同

图 7-1 景区工程招标流程

（2）资格预审公告。

资格预审公告是指招标人通过媒介发布公告，表示招标项目采用资格预审的方式，公开选择条件合格的潜在投标人，使感兴趣的潜在投标人了解招标、采购项目的情况及资格条件，前来购买资格预审文件，参加资格预审和投标竞争。

景区工程项目资格预审公告内容包括：招标项目的条件，包括项目审批、核准或备案机关名称、资金来源、项目出资比例、招标人的名称等。

（3）投标邀请书。

招标人采用邀请招标方式的，应当向三个以上具备承担招标项目能力、资信良好的特定的法人或者其他组织发出投标邀请书。投标邀请书的内容和招标公告的内容基本一致，只需增加要求潜在投标人确认是否收到了投标邀请书的内容。

（4）资格审查。

招标人可以根据招标项目本身的要求，在招标公告或者投标邀请书中，要求潜在投标人提供有关资质证明文件和业绩情况，并对潜在投标人进行资格审查；国家对投标人的资格条件有规定的，依照其规定。招标人不得以不合理的条件限制或者排斥潜在投标人，不得对潜在投标人实行歧视待遇。资格审查分为资格预审和资格后审两种方式。

（5）编制招标文件。

招标人应当根据招标项目的特点和需要编制招标文件。招标文件应当包括招标项目的技术要求、对投标人资格审查的标准、投标报价要求和评标标准等所有实质性要求与条件以及拟签订合同的主要条款。

招标文件是招标人向投标人发出的旨在向其提供为编写投标文件所需的资料，并向其通报招标投标将依据的规则、标准、方法和程序等内容的书面文件，一般由以下七项基本内容构成。

①招标公告或投标邀请书。

②投标人须知（含投标报价和对投标人的各项投标规定与要求）。

③评标标准和评标方法。

④技术条款（含技术标准、规格、使用要求以及图纸等）。

⑤投标文件格式。

⑥拟签订合同主要条款和合同格式。

⑦附件和其他要求投标人提供的材料。

在具体内容方面，景区工程项目所有实质性要求和条件都必须列为招标文件的重要内容，必须包括项目的技术要求、技术标准、对投标人资格审查的标准、投标报价要求、评标标准、标段、工期和拟签订合同的主要条款等实质性要求与条件。另外，招标文件中的实质性要求和条件还应当包括：投标保证金的数额、方式和交纳方法；投标有效期和出现特殊情况的处理办法；货物交货期和提供服务的时间；价格调整及调整方法；备选方案及备选方案的评审办法；分包及相应要求；联合体投标及相应要求；工程量清单及相应要求；各项技术规格；投标文件的签署及密封要求等。

施工招标项目需要划分标段、确定工期的，招标人应当合理划分标段、确定工期，并在招标文件中载明。对工程技术上紧密相连、不可分割的单位工程不得分割标段。招标人不得以不合理的标段或工期限制排斥潜在投标人。

（6）招标文件出售。

招标文件通过出售的方式交付给有意的投标人，但招标文件或者资格预审文件的收费应当合理，不得以营利为目的。除不可抗力的原因外，招标文件或者资格预审文件发出后，不予退还；招标人在发布招标公告、发出投标邀请书后或者发出招标文件或资格预审文件后不得擅自终止招标。因不可抗力原因造成招标终止的，投标人有权要求退回招标文件并收回购买招标文件的费用。

依法必须招标项目自招标文件开始发出之日起至投标人提交投标文件截止之日止不得少于20日。自招标文件开始发出之日起至停止发出之日止，最短不得少于5个工作日。

2. 投标过程

投标是指投标人根据招标文件的要求，编制并提交投标文件，响应招标、参加投标竞争的活动。投标是招投标活动的第二阶段，投标人作为招标投标法律关系的主体之一，其投标行为的规范与否将直接影响到最终的招标效果。

（1）投标文件。

景区建设施工项目投标文件的内容应当包括拟派出的项目负责人与主要技术人员的简历、业绩和拟用于完成招标项目的机械设备等。投标人根据招标文件载明的项目实际情况，拟在中标后将中标项目的部分非主体、非关键性工作进行分包的，应当在投标文件中载明。景区工程建设项目投标文件的构成一般包括以下内容。

①投标函。

②投标报价。

③施工组织设计。

④商务和技术偏差表。

投标文件应当对招标文件提出的实质性要求和条件做出响应，不能满足任何一项实质性要求的投标文件将被拒绝。实质性要求和条件是指招标文件中有关招标项目的价格、项目的计划、技术规范、合同的主要条款等。

（2）投标文件递交。

投标文件的正本与副本应分开包装，加贴封条，并在封套的封口处加盖投标人单位章；未按规定要求密封和加写标记的投标文件，招标人不予受理。投标人应当在招标文件要求提交截止时间前，将投标文件送达投标地点。招标人收到投标文件后，应当签收保存，不得开启。在招标文件要求提交的截止时间后送达的投标文件，招标人应当拒收。

投标人在提交投标文件的同时，应按招标文件规定的金额、方式、时间向招标人提交投标保证金，并作为其投标文件的一部分。

3. 开标、评标、中标与合同签订

（1）开标。

开标就是招标单位（景区）在招标文件中规定的时间、地点，由投标方、工程项目的建设单位及其上级主管部门、项目投资部门，当地建设主管部门或招投标管理部门参加，也可以邀请当地公证部门参加，当众启封标书，公布各家的报价及标书的主要内容。公证人员在开标结果登记表上签字，作为开标的正式记录。如因特殊情况不能按标书规定的日期开标，招标单位必须提前书面通知各参加单位。

（2）评标。

评标需要组建评标委员会。评标委员会由招标人（景区）代表和有关技术、经济等方面的专家组成，成员人数为 5 人以上单数，其中技术、经济等方面的专家不得少于成员总数的 2/3。与投标人有利害关系的人不得进入相关项目的评标委员会，已经进入的应当更换。评标委员会应当按照招标文件确定的评标标准和方法，对投标文件进行评审和比较；设有标底的，应当参考标底。评标委员会完成评标后，应当向招标人提出书面评标报告，并推荐合格的中标候选人。招标人根据评标委员会提出的书面评标报告和推荐的中标候选人确定中标人。招标人也可以授权评标委员会直接确定中标人。

（3）中标。

中标是指在评标结束后招标人从中标候选人中确定签订合同当事人的环节。被确定为合同当事人的民事主体是中标人。确定中标人后，中标结果应当公示公告。公示结束后，招标人应当向中标人发出中标通知书，告知中标人中标结果，并同时将中标结果通知所有未中标的投标人。

（4）合同签订。

我国法律规定，招标人和中标人应当自中标通知书发出之日起 30 日内，按照招标文件和中标人的投标文件订立书面合同，合同的标的、价款、质量、履行期限等主要条款应当与招标文件和投标文件的内容一致。招标人和中标人不得再行订立背离合同实质性内容的其他协议，并且所订立的合同应该及时向工程所在地建设行政主管部门备案。

三、工程设计与施工

（一）工程设计

国内外有关研究证明，项目投资建设的关键在于施工以前的投资决策阶段和设计阶段。而在项目做出投资决策之后，控制项目投资的关键就在于设计。因此，设计阶段的质量控制是工程建设全过程质量控制的重点。

首先，景区工程项目需遵照设计的标准进行设计，以达到降低投资成本、缩短工期和保证质量的效果。在保证工程质量的前提下，为有效使用项目资金，往往推行限额设

计。其次，运用价值工程原理对不同设计方案进行比较，选出最优设计方案。然后编制工程设计概算。最后由监理工程师对设计概算进行审查。景区建设工程可以根据景区设施划分，不同的设施有不同的工程设计。景区设施工程建设图谱如图7-2所示。

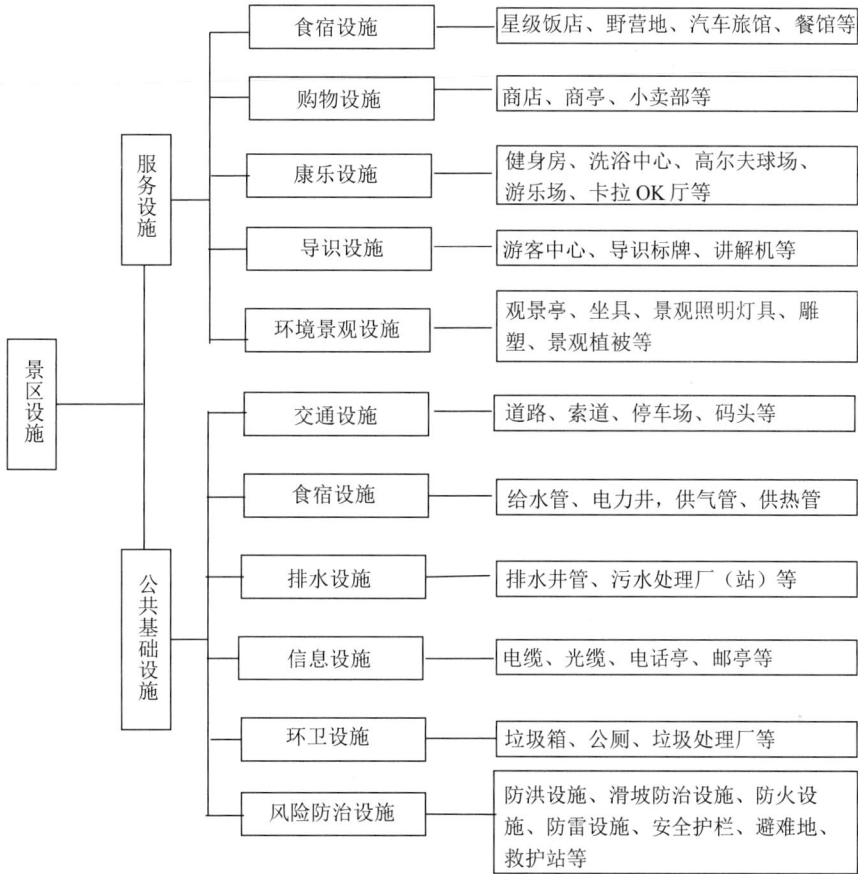

图7-2　景区设施工程建设图谱

1. 康乐工程设计

康乐设施布局要立足于整个景区旅游产品的空间布局和功能分区，其模式一般可分为集中式、分散式以及集中、分散相结合式三种。有些康乐设施可以非标准设置，以达到提高游客满意度的目的，从而增加景区整体吸引力。适度超前是保持景区康乐设施持续吸引力的重要途径。景区康乐设施设计可借鉴其他景区的成功经验，根据景区的规模、目标市场、经营宗旨和方针等，确定康乐设施、设备的档次和水平，使之先进而适用。尤其对于主题公园而言，要尽量避免同一地区的同种游乐设施的重复建设。

此外，大众化的选择和设计，无法在激烈的旅游市场竞争中占据有利地位。只有按照景区的经营方针、经济实力、环境特质，进行多康乐项目的可行性分析，建设与景区主题相符、具有特色的康乐设施，避免主题旅游景区设施设计与管理雷同、模仿现象的发生，才能增强景区的康乐设施吸引力。这种康乐设施的独特性设计，需要把相关的海外文化与国内传统文化相结合，实现设计思想上的吸纳—融合—创新。

2. 景观工程设计

旅游景区景观工程的设计与规划学、建筑学、景观学、生态学、植物学、民俗学、美学等息息相关。环境景观工程的设计和建设既要注重生态，又要讲究文化和艺术，因此在景区景观工程设计过程中，应把握好生态性、经济性和文化艺术性等设计原则。

（1）生态性。

在景区景观工程设计中，应尊重景区原有的地形、地貌、水体和生态群落，因地制宜地充分发挥景区自然条件的优势，力求使景区内的旅游活动能做到保护—利用—增值—保持的良性循环，从而保证生态结构健全、生态系统平衡、生态链条完整，实现生态的可持续性发展。

（2）经济性。

节能、节水、节材、节地，综合利用资源，既是生态问题，也是经济问题。在对景区环境景观设施的设计和建设中，应充分运用生态、科技等多学科的方法，以达到经济性的目的。这种经济性的环境景观设施设计原则，又具体体现为以下三项。

第一，少占地，少破坏地形。

第二，材料本地化、再生化、高耐久性。

第三，能源低消耗。

（3）文化艺术性。

每一个旅游景区都应有独特的传承文脉和本土文化，也都应具有高度的环境艺术水平。无论是不同地域的自然景观，还是不同民族、不同时代的环境艺术的物质构成（包括技术、材料等）和精神需求（包括心理、伦理和审美各个层次的需求）都是不同的。这些自然景观和文化艺术的差异，就是旅游景区特色和个性营造的基础。

旅游景区的环境景观设施既是功能设施，也是重要的文化表征。每一个设施在具备其基本功能的同时，还应当具备符合景区、景点乃至当地的文化艺术背景环境的文化艺术特质。环境景观设施的文化艺术特质应当与本地文化艺术大环境相协调、相融合，有增强其表现力的作用。环境景观设施的设计和建设需要在保护自然景色、历史遗迹、古树名木、乡土文化等景观要素的同时，再从中汲取灵感、提炼主题、突破时空界限，运用艺术的手法来营造协调的氛围，从而使环境景观设施在提供景区的自然景观、地域文化等基本功能的基础上，在文化艺术的表征上相得益彰。

3. 基础工程设计

景区的基础工程包括道路交通，水电气等工程建设。道路的规划设计应满足以下五大基本要求。

（1）功能性。

功能性是景区道路交通的基本要求，能够便利通达各景点和服务点，以保证旅游者能充分游览景区。

（2）安全性。

要根据不同道路的性质和特点，合理选择道路平面线形式、断面形式、路面结构、材料等，保证车辆、行人交通的安全和畅通。

（3）舒适性。

在空间位移的过程中，保证游客乘坐的舒适性，以便游客能很好地享受景区提供的其他服务。

（4）景观性。

景区道路设计要强化景区的自然和文化特色，注意道路的景观设计要与沿线自然条件和建筑物相协调，注意道路绿化的整体性和连续性。

（5）可持续性。

应重视道路设计和建设过程的生态要求，充分考虑道路建设的近远期结合问题。

例如，景区给水设施的设计、施工可简述为以下几个环节：第一步，根据景区旅游业发展现状及规划目标，确定给水设施的拟供水用途及供水量；第二步，根据备选水源的水质、水量、区位及景区用水需求等因素，确定取水方式，建设取水构筑物；第三步，根据水源、地形及未来发展规划，确定给水管网系统的类型；第四步，根据水源水质与拟供水量、用途，在供水系统前端及后端建设不同规模、不同工艺的水处理设施；第五步，根据景区的地形、财力及未来发展规划，确定输配水干管的走向、材质及管径，选择加压泵站、高位水池（水塔）的位置和占地规模。

（二）工程施工

景区工程施工阶段是整个质量控制和管理的中心环节，为了确保工程质量始终处于受控状态，可以采用以下手段实施监督管理。

1. 旁站监理

这是最主要的一种现场管理方法，在施工过程中现场观察、监督、巡视检查施工工序，及时发现潜在质量隐患，对于隐蔽工程的施工，进行旁站监理更为重要。

2. 量测

随时对建筑几何尺寸、定位轴线、层高和构配件、预埋件位置进行放线测量检查，及时发现偏差，及时纠偏整改返工。

3. 试验

对施工所用的各种材料进行小规模的实验，从而避免大的错误。

4. 质量监督工作程序

确定质量控制的见证点和停止点，加强对质量控制点的监控，突出质量重点。

景区工程的施工一般包含施工准备和正式施工两个阶段。施工准备工作通常包括以下内容。

（1）对新开工的项目，应在工程施工范围内，做好施工现场的四通一平工作（水通、路通、电力通、电信通和场地平整）。

（2）进行施工现场工程测量，设置工程的平面控制点和高程控制点。界定景区施工范围，按图纸要求将建筑物、构筑物、管线进行定位放线，并制订场地排水措施。

（3）结合景区道路、地质状况及运输荷载等因素综合确定施工用临时道路，以方便工程施工为原则。

（4）拆除清理时，保护好景区施工现场的名木古树。

（5）设置材料堆放点，搭设临时设施。在修建临时设施时应遵循节约够用、方便施工的原则。

各项准备工作就绪后，进入现场施工阶段。一般施工阶段的工作内容大致可分为两个方面的工作：按计划组织施工和对施工过程的全面控制。由于景区工程涉及的工程种类多且要求高，应在施工过程中随时收集有关信息，并将计划目标进行对比，即进行施工检查；根据检查的结果，分析原因，提出调整意见，拟订措施，实施调度，使整个施工过程按照计划有条不紊地进行。

四、工程验收

景区建设工程验收的主要依据是工程设计方案、施工图、施工承包合同等，验收阶段一般分为初步验收和正式验收两个步骤，正式验收后要形成《竣工验收报告书》。报告书主要包括以下内容：建设项目总说明、技术档案建立情况、建设项目建设情况、建设项目收益情况、建设项目存在和遗留的问题等。

景区工程验收是由国家、地方政府、建设单位以及单位领导和专家参加的最终整体验收。大中型景区建设项目的正式验收，一般由竣工验收委员会（或验收小组）的主任（组长）主持，具体的事务性工作可由总监理工程师来组织实施。正式竣工验收的工作程序如下。

（一）准备工作

（1）向各验收委员会单位发出请柬，书面通知设计、施工及质量监督等有关单位。

（2）拟定竣工验收的工作议程，报验收委员会主任审定。

（3）选定会议地点。

（4）准备好一套完整的竣工和验收的报告及有关技术资料。

（二）正式竣工验收程序

（1）由验收委员会主任主持验收委员会会议。会议首先宣布验收委员会名单，介绍验收工作议程及时间安排，简要介绍工程概况，说明此次竣工验收工作的目的、要求及做法。

（2）由设计单位汇报设计施工情况及对设计的自检情况。

（3）由施工单位汇报施工情况以及自检自验的结果情况。

（4）由监理工程师汇报工程监理的工作情况和预验收结果。

（5）在实施验收中，验收人员可先后对竣工验收技术资料及工程实物进行验收检查；也可分为两组，分别对竣工验收的技术资料及工程实物进行验收检查。在检查中可吸收监理单位、设计单位、质量监督人员参加。在广泛听取意见、认真讨论的基础上，统一提出竣工验收的结论意见，如无异议，则予以办理竣工验收证书和工程验收鉴定书。

（6）验收委员会主任或副主任宣布验收委员会的验收意见，举行竣工验收证书和鉴定书的签字仪式。

（7）建设单位代表发言。

（8）验收委员会会议结束。

景区工程项目验收是工程建设的最后一个程序，是全面检查工程建设是否符合设计要求和施工质量的重要环节；同时，也是检查承包合同执行情况的重要步骤，是对景区工程建设质量的一个总体考核，具有十分重要的意义。

第二节　景区工程项目管理控制

一、投资管控

（一）做好决策阶段的投资控制

在做出投资决策之前需要对景区工程项目进行可行性研究，即对与景区工程项目有关的技术、经济、社会、环境等方面进行调查研究，对项目各种可能的拟建方案认真地进行经济技术论证，通过可行性研究的成果产生可行性研究报告。

这一阶段还需要进行投资风险分析，即分析测算不确定性因素和随机因素，对景区工程建设项目预期经济效果的影响程度，对建设项目带来的风险的大小，并分析评价建设项目的抗风险能力，进而制定出规避投资风险的对策。

（二）进行设计阶段的投资控制

国内外有关研究证明，在工程决策及设计阶段，影响工程投资的可能性为30%~75%，而在施工阶段，影响工程投资的可能性只有5%~25%。因此，项目投资建设关键在于施工以前的投资决策阶段和设计阶段，而在项目做出投资决策之后，控制项目投资的关键就在于设计。因此，设计阶段的投资控制是工程建设全过程投资控制的重点。设计阶段的投资控制的主要措施包括以下内容。

1. 限额设计

限额设计是指在保证景区工程实体功能的前提下，以批准的可行性研究报告及投资估算控制初步设计为基础，按照批准的初步设计总概算控制施工图设计，从而保证不超过总投资额。限额设计属事前控制措施。实行限额设计，对防止景区项目投资失控可起到立竿见影的效果。

2. 运用价值工程理论优化设计

价值工程是通过对景区工程建设进行功能分析，找出其主要功能，从而以最低的成本实现景区工程建设的必要功能。价值工程理论是有效权衡工程造价和功能矛盾的一种现代化的管理手段。

（三）准确实施招标阶段的投资控制

景区工程项目建设以招标的方式选择施工单位，是运用竞争机制来体现价值规律的科学管理模式。通过招标，建设单位择优选择施工队伍，建设工程投资得到合理控制，从根本上改变了长期以来先干后算、投资失控的局面。

《建筑工程施工发包与承包计价管理办法》明确规定：在招投标中采用工程量清单计价。工程量清单计价要求由招标单位出具景区建设项目的工程量清单，投标企业对照提供的工程量清单，充分考虑市场和风险因素，结合自身条件，根据投标竞争策略进行自主报价。

（四）合理进行施工阶段的投资控制

施工阶段是把设计图纸和原材料、半成品设备变成工程实体的过程。由于建设项目的投资主要发生在这一阶段，因此是建设工程投资消耗最多的时期，有可能造成投资的浪费。所以，对施工阶段投资控制应给予足够的重视。加强施工期的投资控制，不仅要控制工程款的支付，还要合理优化施工的组织设计，严格审查工程预决算，把好工程材料价格关和工程变更关，做好施工记录，还有必要加强合同管理。另外，在施工过程中，监理工程师要定期采取适当的纠偏措施。

（五）正确进行景区工程竣工后的结算

景区工程结算是景区工程投资的最后一个环节，在做好前面四个阶段投资控制的基础上，把好结算关，它是后期控制的关键。景区工程结算审核工作依据通常包括：①工程合同商务管理手册；②设计图纸和设计修改通知单；③现场签证单；④关于工程完工结算的有关文件通知；⑤各标段施工合同及标书；⑥施工单位完工结算资料。

二、时间管控

（一）时间管控的含义

工程项目时间管控，是指为了确保景区工程在达到既定质量和预算的前提下，为能够按时按期完成施工建设而开展的一系列工程管理活动和过程，包括项目工期管理和项目进度管理。景区建设工程项目施工进度计划是用来确定建设工程项目所包含的各单位工程施工顺序、施工时间及相互衔接关系的计划。编制施工进度计划可以依据施工总方案、资源供应条件、各类定额资料、合同文件、工程动工时间目标、建设地区自然条件及有关技术经济资料等，主要包括以下内容。

1. 确定工程量

根据批准的工程项目一览表，按单位工程分别计算其主要实物工程量，不仅是为了编制施工进度计划，还是为了编制施工方案和选择施工、运输机械，初步规划包括主要施工过程的流水施工，以及计算人工、施工机械及建筑材料的需求量。因此，工程量只需粗略地计算即可。

2. 确定施工期限

各单位工程的施工期限应根据合同工期确定，同时还要考虑建筑类型、结构特征、施工方法、施工管理水平、施工机械化程度及施工现场条件等因素。如果在编制施工进度计划时没有合同工期，则应保证计划工期不超过工期定额。

3. 确定工程建设顺序及相互关系

确定施工顺序是为了按照施工的技术规律和合理的组织关系，解决各工作项目之间在时间上的先后和搭接问题，以达到保证质量、安全施工、充分利用空间、争取时间、实现合理安排工期的目的。一般来说，施工顺序受施工工艺和施工组织两方面的制约。当施工方案确定之后，工作项目之间的工艺关系也就随之确定。如果违背这种关系，将不可能施工，或者导致工程质量事故和安全事故的出现，或者造成返工浪费。其原则主要包括以下内容。

（1）同一时期施工的项目不宜过多，以避免人力、物力过于分散。

（2）尽量做到均衡施工，以使劳动力、施工机械和主要材料的供应在整个工期范围内达到均衡。

（3）尽量提前建设可供工程施工使用的永久性工程，以节省临时工程费用。

（4）急需和关键的工程先施工，以保证工程项目如期交工。对于某些技术复杂、施工周期长、施工困难较多的工程，亦应安排提前施工，以利于整个工程项目按期交付使用。

（5）施工顺序必须与主要生产系统投入生产的先后次序相吻合。同时还要安排好配套工程的施工时间，以保证建成的工程能迅速投入生产或交付使用。

（6）应注意季节对施工顺序的影响，使施工季节不导致工期拖延，不影响工程质量。

（7）安排一部分附属工程或零星项目作为后备项目，用以调整主要项目的施工进度。

项目进度计划的编制一般包含以下几个步骤：第一步，项目描述；第二步，项目分解；第三步，工作描述；第四步，工作责任分配的确定；第五步，工作先后关系的确定；第六步，工作时间估计；第七步，绘制网络图；第八步，进度安排。

（二）时间管控的方法

景区工程时间管控上，需要先用数学分析法计算出时间参数，得到时间进度网络图，再根据资源因素、活动时间等限制条件来调整活动的进度，最终形成活动进度计划。

1. 网络计划技术

网络计划技术自 20 世纪 50 年代末诞生以来，已得到迅速发展和广泛应用，其种类也越来越多。但总的来说，网络计划可分为确定型和非确定型两类。如果网络计划中各项工作及其持续时间和各工作之间的相互关系都是确定的，就是确定型网络计划；否则属于非确定型网络计划，如计划评审技术（Program/Project Evaluation and Review Technique，PERT）、图示评审技术（Graphical Evaluation and Review Technique，GERT）、风险评审技术（Venture Evaluation Review Technique，VERT）、决策关键线路法（Decision Critical Path Method，DCPM）等均属于非确定型网络计划。在一般情况下，景区建设工程进度控制主要应用确定型网络计划。确定性网络计划主要包括以下内容。

（1）时标网络计划。

时标网络计划是以时间坐标为尺度表示工作进度安排的网络计划，其主要特点是计划时间直观明了。

（2）搭接网络计划。

搭接网络计划是可以表示计划中的各项工作之间搭接关系的网络计划，其主要特点是计划图形简单。常用的搭接网络计划是单代号搭接网络计划。

（3）有时限的网络计划。

有时限的网络计划是指能够体现由于外界因素的影响而对工作计划时间安排有限制的网络计划。

2.关键路径法

（1）关键路径法的定义和特点。

关键路径法（Critical Path Method，CPM）是通过对时间参数的计算，分析每一项工作的时间紧迫程度和重要程度，并将机动时间为零的工作定义为关键工作，时间最长的路径就是关键路径。

关键路径法的特点是：所有工作都必须按既定的逻辑关系全部完成，且对每项工作只估计一个肯定的持续时间的网络计划技术。关键路径法的主要目的就是确定项目中的关键工作，以保证实施过程中能重点关照，保证项目按期完成。关键路径法是一种确定型的网络分析技术。

（2）关键路径的确定。

在一个网络图中，总时差为零的活动称为关键活动，时差为零的节点称为关键节点。一个从始点到终点，沿箭头方向由关键活动所组成的路线，就叫作关键路径。

①从网络图起点开始到终点为止，工期最长的线路即为关键路径。

②从网络图起点开始到终点工作总时差为零或从输入到输出经过的延时最长的逻辑路径，即为关键路径。

③关键路径的长度为完成项目所需的最短时间，关键路径上的工作即为关键工作。在计划执行过程中关键作业是管理的重点，在时间和费用方面则严格控制。

关键路径通常是从始点到终点时间最长的路线，要想缩短整个项目的工期，必须在关键路径上想办法，即缩短关键路径上的作业时间；反之，若关键路径工期延长，则整个项目完工期就拖长。

3.横道图法

横道图也称甘特图，由于其形象直观，且易于编制和理解，因而长期以来被广泛应用于施工进度控制之中。用横道图表示的施工进度计划，一般包括两个基本部分，即左侧的工作名称及工作的持续时间等基本数据部分和右侧的横道线部分，明确地表示出各项工作的划分、工作的开始时间和完成时间、工作的持续时间、工作之间的相互搭接关系，以及整个工程项目的开工时间、完工时间和总工期。

利用横道图表示工程进度计划，存在以下几个缺点。

（1）不能明确地反映出各项工作之间的错综复杂的相互关系，因而在计划执行过程中，当某些工作的进度由于某种原因提前或拖延时，不便于分析其对其他工作及总工期的影响程度，不利于建设工程进度的动态控制。

（2）不能明确地反映出影响工期的关键工作和关键线路，也就无法反映出整个工程项目的关键所在，因而不便于进度控制人员抓住主要矛盾。

（3）不能反映出工作所具有的机动时间，看不到计划的潜力所在，无法进行最合理的组织和指挥。

（4）不能反映工程费用与工期之间的关系，因而不便于缩短工期和降低工程成本。

由于横道图存在上述不足，给施工进度控制工作带来很大不便。利用横道图控制施工进度有较大的局限性。

（三）项目进度计划控制

项目进度计划只是根据预测对项目的实施做出的安排。但是，由于在项目进度计划编制时事先难以预测的问题很多，在计划执行过程中往往会产生或大或小的偏差。因此，在项目进程中，一要进行事前控制，必须不断监控项目的进程以确保每项工作都能按进度计划进行，二要进行事中控制，必须不断掌握计划的实施状况，并将实际情况与计划进行对比分析，必要时应采取有效的对策，使项目按预定的进度目标进行，避免工期的拖延。

项目进度计划控制的主要工作如表 7-2 所示。

表 7-2　项目进度计划控制的主要工作

依据	工具和方法	结果
项目进度基准计划	项目进度计划变更控制系统	项目进度计划的更新
项目进度计划实施情况报告	项目进度计划实施情况度量方法	纠偏措施
获准的项目进度变更申请	追加计划法	经验教训
项目进度管理计划书	项目进度管理软件	
	偏差分析法	

1.项目进度计划变更控制系统

项目进度计划变更控制系统规定了改变项目进度计划应遵循的程序，包括：项目进度变更申请程序、批准程序和权限安排、项目进度变更实施程序和责任分配、项目进度变更的跟踪控制程序和方法等。

2.项目进度计划实施情况度量方法

这种方法是用来测定和评价项目进度计划的执行情况，确定项目进度计划的完成程度和项目实际完成情况与计划要求的差距，并判断是否应采取纠偏措施。通常采用日常观测和定期观测的方法进行，并将观测的结果用项目进展报告的形式加以描述。

（1）日常观测与定期观测。

随着项目的进展，不断观测进度计划中所包含的每一项工作的实际开始时间、实际完成时间、实际持续时间、目前状况等内容，并加以记录，以此作为进度控制的依据。

记录的方法有实际进度前锋线法、图上记录法、报告表法等。观测间隔的时间因项目的类型、规模、特点和对进度计划执行要求程度的不同而异，可以是一日、双日、五日、周、旬、半月、月、季、半年等为一个观测周期。

（2）项目进展报告。

项目进度观测、检查的结果通过项目进展报告的形式向有关部门和人员报告。项目进展报告是记录观测检查的结果、项目进展现状和发展趋势等有关内容的最简单的书面形式报告。

3. 追加计划法

项目团队根据出现的工期计划变动情况使用追加计划修订原有的项目进度计划。首先，分析项目实施进度并找出存在的问题；其次，确定应采取哪些具体的纠偏措施；再次，制订追加计划；最后，实施新的计划安排。

4. 项目进度管理软件

对项目进度控制而言，项目管理软件是一种有效的工具。它可以追踪和对比项目进度计划的实施情况及其差距，预测和分析项目进度计划的变更等，自动分析、调整、更新或修订项目进度计划。

5. 偏差分析法

偏差分析法是将项目实际和预期的活动起始时间、结束时间与项目进度目标进行比较，据此提供项目进度偏差信息以及纠偏方案，其包括：项目进度的绝对偏差分析、项目进度的相对偏差分析、进度偏差成因分析。偏差分析法具体包括：甘特图比较法、实际进度前锋线偏差分析法的比较法、S形曲线比较法和香蕉形曲线比较法等。

三、质量管控

（一）景区工程质量内涵

景区工程项目质量是国家现行的有关法律、法规、技术标准、设计文件及工程合同中对工程的安全、使用、经济、美观等特性的综合要求。景区工程项目一般是按照合同条件承包建设的，因此，景区工程项目质量是在合同环境下形成的。合同条件中对景区工程项目的功能、使用价值及设计、施工质量等的明确规定都是业主的需要，因而都是质量的内容。

任何景区工程项目都是由分项工程、分部工程和单位工程所组成，景区工程项目质量包含工序质量、分项工程质量、分部工程质量和单位工程质量。此外，景区工程项目质量应包括如下工程建设各个阶段的质量及其相应的工作质量。各阶段的质量内涵见表7-3。

（1）工程项目决策质量。

（2）工程项目设计质量。

（3）工程项目施工质量。

（4）工程项目回访保修质量。

表7-3　景区工程质量内涵

工程项目质量阶段	工程项目质量内涵	合同环境下满足需要的主要规定
决策阶段	1. 可行性研究 2. 工程项目投资决策	国家的发展规划或业主的需求
设计阶段	1. 功能、使用价值的满足程序 2. 工程设计的安全性、可靠性 3. 自然及社会环境的适应性 4. 工程概（预）算的经济性 5. 设计进度的时间性	工程建设勘察、设计合同 及有关法律、法规
施工阶段	1. 功能、使用价值的实现程序 2. 工程的安全性、可靠性 3. 自然及社会环境的适应性 4. 工程造价的控制状况 5. 施工进度的时间性	工程建设施工合同 及有关法律、法规
保修阶段	保持或恢复原使用功能的能力	工程保修合同及有关法律、法规

（二）景区工程质量管控因素

在景区工程建设中，无论勘察、设计、施工和设备的安装，影响质量的因素主要有人、材料、机械和环境等方面。因此，事前对这些方面的因素严格予以控制，是保证景区项目工程质量的关键。

1. 人的管控

人的控制方法方面要加强劳动纪律教育、职业道德教育、专业技术知识培训、健全岗位责任制、激励机制。另外，要根据工程项目的特点，从确保质量出发，本着适才适用，扬长避短的原则来控制人的使用。施工现场对人的控制的主要措施和途径如下。

（1）以项目经理的管理目标和职责为中心，合理组建项目管理机构，贯彻因事设岗，配备合适的管理人员。

（2）严格实行分包单位的资质审查，控制分包单位的整体素质，包括技术素质、管理素质、服务态度和社会信誉等。严禁分包工程或作业的转包，以防资质失控。

（3）坚持作业人员持证上岗，特别是重要技术工种、特殊工种、高空作业等，做到有资质者上岗。

（4）加强对现场管理和作业人员的质量意识教育及技术培训。开展作业质量保证的研讨交流活动等。

（5）严格现场管理制度和生产纪律，规范人的作业技术和管理活动的行为。

（6）加强激励和沟通活动，调动人的积极性。

2. 材料的管控

根据景区工程材料信息和保证资料的具体情况，其质量检验程度分免检、抽检和全检验三种：①免检就是免去质量检验过程。对有足够质量保证的一般材料，以及实践证明质量长期稳定、且质量保证资料齐全的材料，可予免检。②抽检就是按随机抽样的方法对材料进行抽样检验。当对材料的性能不清楚，或对质量保证资料有怀疑，或对成批生产的构配件均应按一定比例进行抽样检验。③全检验。凡对进口的材料、设备和重要工程部位的材料，以及贵重的材料，应进行全部检验，以确保材料和工程质量。

景区工程材料质量管控主要是材料质量的检验，检验方法有书面检验、外观检验、理化检验和无损检验四种：①书面检验：通过对提供的材料质量保证资料、试验报告等进行审核，取得认可方能使用。②外观检验：对材料的品种、规格、标志、外形尺寸等进行直观检查，看其有无质量问题。③理化检验：借助试验设备和仪器对材料样品的化学成分、机械性能等进行科学鉴定。④无损检验：在不破坏材料样品的前提下，利用超声波、X射线、表面探伤仪等进行检测。

3. 机械的管控

施工机械设备是实现施工机械化的重要物质基础。在项目施工阶段，必须综合考虑施工现场条件、建筑结构形式、机械设备性能、施工工艺和方法、施工组织与管理、建筑技术经济等各种因素参与承包单位机械化施工方案的制定和评审。使之合理装备、配套使用、有机联系，以充分发挥建筑机械的效能，力求获得较好的综合经济效益。主要从机械设备的选型、机械设备的主要性能参数、机械设备的使用、操作、机械设备的数量和机械设备的完好状态加以控制。

4. 环境的管控

影响景区工程项目质量的环境因素较多，有工程技术环境，如工程地质、水文、气象等；工程管理环境，如质量保证体系、质量管理制度等；劳动环境，如劳动组合、劳动工具、工作面等。环境因素的控制应根据工程特点和具体条件，应对影响质量的环境因素，采取有效的措施严加控制。同时，要不断改善施工现场的环境和作业环境；要加强对自然环境和文物的保护；要尽可能减少施工所产生的危害对环境的污染；要健全施工现场管理制度，合理地布置，使施工现场秩序化、标准化、规范化，实现文明施工。

第三节 景区工程项目建设管理方法

一、景区建设成本管理方法

工程项目成本是指工程项目从设计到完成期间所需全部费用的总和。工程项目成本包括基础投资、前期的各种费用、项目建设中的贷款利息、管理费及其他各种费用等。景区工程项目成本的内容如下。

（1）工程项目决策成本是项目形成的第一个阶段，对项目建成后的经济效益与社会效益会产生重要影响。为对项目进行科学决策，在这一阶段要进行翔实的市场调查，掌握资料，进行可行性研究。完成这些工作所耗用的资金构成了项目的决策成本。

（2）招标费用投资者不管是自行招标或委托招标都需要一笔费用开支，这就是招标费用。

（3）勘察设计成本根据可行性研究报告进行勘察，根据勘察资料和可行性研究报告进行设计，这些工作耗用的费用总和构成勘察设计成本。

（4）工程项目施工成本在施工过程中，为完成项目的建筑安装施工所耗用的各项费用总和，包括施工生产过程中所耗费的生产资料转移的价值和劳动耗费所创造的价值中以工资和附加费的形式分配给劳动者的个人消费金。具体包括人工费、材料费、机械使用费、其他直接费和施工管理费。其中前四项称为直接费或直接成本，施工管理费称为间接费或间接成本，项目的施工成本是项目总成本的主要组成部分。

（一）项目成本影响因素

影响项目成本的因素有很多，主要有以下几个。

1. 质量对成本的影响

质量总成本由质量故障成本和质量保证成本组成。质量越低，引起的质量不合格损失越大，即故障成本越大；反之，则故障成本越低。质量保证成本是为保证和提高质量而采取相关的保证措施而耗用的开支，如购置设备改善检测手段等。这类开支越大，质量保证程度越可靠；反之，质量就越低。

2. 工期对成本的影响

工期会对成本产生影响，每个项目都有一种最佳施工组织，若工期紧急需要加大施工力量的投放，应采用一定的赶工措施，如加班、高价进料、高价雇用劳务和租用设备，势必会加大工程成本，进度安排少于必要工期时成本将明显增加。反过来，进度安排时间长于最佳安排时成本也要增加。这种最佳工期是最低成本下持续工作的时间，在计算最低成本时，一定要确定出实际的持续时间分布状态和最接近可以实现的最低成本。这一点如不限定，成本会随着工期变动而增加。

3.价格对成本的影响

在设计阶段对成本的影响主要反映在施工图预算上，而预算要取决于设计方案的价格，价格直接影响到工程造价。因此，在做施工图预算时，应做好价格预测，特别是准确估计通货膨胀使建材、设备及人工费的涨价率，以便较准确地把握成本水平。

4.管理水平对成本的影响

（1）对预算成本估算偏低，如征地费用或拆迁费用大大超出计划而影响成本。

（2）由于资金供应紧张或材料、设备供应发生问题，从而影响了工程进度，延长了工期，造成建设成本的增加。

（3）甲方决策失误造成的损失。

（4）更改设计可能增加或减少成本开支，但又往往会影响施工进度，给成本控制带来不利影响。

研究清楚成本的影响因素，我们就要采取科学的成本管理方法，来管理和控制景区工程成本。

（二）科学的成本预测

科学的成本预测建立在马克思主义哲学认识论的基础上，并以哲学、经济学和统计学作为理论基础，按照科学的预测程序进行。

1.预测程序

（1）环境调查。

环境调查包括市场需求量、成本水平及技术发展情况的调查。目的是了解工程项目的外界环境对项目成本的影响。

（2）收集资料。

收集资料主要包括：企业下达的有关成本指标，历史上同类项目的成本资料，项目所在地成本水平，工程项目中与成本有关的其他预测资料，如计划、材料、机械台班等。

（3）选择预测方法，建立预测模型。

选择预测方法时，应考虑到时间、精度上的要求，如定性预测多用于1年以上的长期预测，而定量预测则多用于10年以下的中期和短期预测。另外，还应根据已有数据的特点，选择相应的模型。

（4）成本预测。

成本预测是根据选定的预测方法，依据有关的历史数据和资料，推测施工项目的成本情况。

（5）预测结果分析。

通常利用模型进行预测的结果只是反映历史的一般发展情况，并不能反映可能出现的突发性事件对成本变化趋势的影响，况且预测模型本身也有一定的误差，因此，必须对预测结果进行分析。

（6）确定预测结果，提出预测报告。

根据预测分析的结论，最终确定预测结果，并在此基础上提出预测报告，确定目标成本，作为编制成本计划和进行成本控制的依据。

2. 预测方法

成本预测的方法分定性预测和定量预测。

（1）德尔菲法。

首先是挑选专家，具体人数视预测课题的大小而定，一般的问题需 20 人左右，专家选定后，即开始函询工作，并与专家建立直接的联系，通过函询收集专家的意见，并加以综合、整理后匿名反馈给各位专家，再征求意见，这样反复经过 4~5 轮，逐步使专家的意见趋向一致，作为最后预测的根据。

（2）定量预测法。

时间序列分析又称作趋势外推，它是按时间（年、月、日）顺序排列的历史资料，承认事物发展的连续性，从这种排列成本数据中推测出成本发展的趋势。这种方法简便易行，只要有历史的成本资料，就可进行预测。但是，这种方法的准确性较差，而且只能在社会经济稳定发展的条件下才有一定的实用价值。实际上，社会经济环境变化多端，很多因素影响成本水平，所以，时间序列分析方法只适用于短期预测。

（3）高低点法。

高低点法是成本预测的一种常用方法，它是以统计资料中业务量最高和最低两个时期的成本数据，通过计算总成本中的固定成本、变动成本和变动成本率来预测成本的。

（三）成本核算

为圆满地达到施工项目成本管理和核算目的，正确及时地核算施工项目成本，提供对决策有用的成本信息，提高施工项目成本管理水平，在施工项目成本核算中要遵守以下基本要求。

（1）划清成本、费用支出和非成本、费用支出的界限。

（2）正确划分各种成本、费用的界限。

（3）加强成本核算的基础工作。

建立各种财产物质的收发、领退、转移、报废、清查、盘点、索赔制度；建立、健全与成本核算有关的各项原始记录和工程量统计制度；制定或修订工时、料、费用等各项内部消耗定额以及材料、结构件、作业、劳务的内部结算指导价。

施工项目成本核算的方法目前有表格核算法和会计核算法。

1.表格核算法

表格核算法是建立在内部各项成本核算基础上，各要素部门和核算单位定期采集信息，填制相应的表格，并通过一系列表格，形成项目施工成本核算体系，作为支撑项目施工成本核算平台的方法。

表格核算法的实施是依靠众多部门和单位的支持，专业性要求不高。一系列表格由有关部门和相关数据提供单位，按有关规定填写，完成数据比较、考核和简单的核算。它的优点是比较简明，直观易懂，易于操作，实时性较好。它的缺点有：一是覆盖范围较窄，如核算债权债务等比较困难；二是较难实现科学的、严密的审核制度，有可能造成数据失实，精度较差。表格核算成本的历史较长，表格一般由以下几个要素组成。

（1）分部分项的工程报价收入。

（2）分部分项的项目施工成本收入。

（3）两者的差额，即公司经营性的收益。

（4）相关人员的确认。

项目责任成本总额确认如表 7-4 所示。

表 7-4　项目责任成本总额确认

项目名称：		年　月　日		单位：元
工程报价收入		项目责任成本收入		备注
分部分项名称	价格	分部分项名称	价格	
公司领导： 合约责任人： 公司人事科：		项目经理： 项目合约人：		

2.会计核算法

会计核算法是指建立在会计核算基础上，利用会计核算所独有的借贷记账法和收支全面核算的综合特点，按项目施工成本内容和收支范围，组织项目施工成本核算的方法。会计核算法以会计方法为主要手段，组织进行核算，有核算精确、逻辑性强、人为调节的可能因素较小、核算范围较大的特点。会计核算法之所以严密，因为它是建立在借贷记账法基础上的。收和支、进和出，都有另一方做备案。

（四）成本控制

项目成本控制是一个复杂的系统工程，主要包括以下几种方法。

1. 偏差分析法

在测量执行情况时主要运用的是偏差分析法，又叫挣值法，是评价项目成本实际开销与进度情况的一种方法，它通过测量和计算计划工作量的预算成本、已完成工作量的实际成本和已完成工作量的预算成本得到有关计划实施的进度和费用偏差，从而可以衡量项目成本执行情况。

偏差分析技术的核心思想是通过引入一个关键性的中间变量——挣值（已完成工作的预算成本），来帮助项目管理者分析项目成本、进度的实际执行情况同计划的偏差程度。运用偏差分析技术要求计算每个活动的关键值。

2. 费用变更控制系统

变更控制系统是一套修改项目文件时应遵循的程序，其中包括书面文件、跟踪系统和变更审批制度。这一系统规定了改变费用基线的程序，包括文书工作、跟踪系统和批准更改所必需的批准级别。在多数情况下，执行组织通常采用变更控制系统，然而当现有系统不再满足系统的需求时，管理小组则应开发出一个新的系统，以适应新的情况。无论是旧的还是新的系统，都要包括措施、信息和反馈三大要素。这三大要素之间形成了循环关系，保证了对项目变更的有效控制。

循环由措施开始，产生关于措施实施效果的信息，这些信息经过处理又作为反馈信息呈送给决策者，便完成了一次循环。如果反馈的信息表明一切正常，项目经理就可以指导项目团队按原定的项目计划继续进行；如果反馈的信息预示着要发生问题，项目经理就要采取补救措施，或调集资源，或调整计划，使项目得以顺利进行。在补救过程中又会产生新的信息。

3. 补充计划编制法

项目一般不可能都按照原先制订的计划准确无误地进行，当项目存在可预见的变更时，就需要对项目的成本基准计划进行相应的修订或者提出替代方案的变更说明。

4. 预算法

这种方法一般用在施工准备阶段。工程预算审批以后（或合同价款确定以后），由项目经理部根据会审后的施工图、施工定额以及确定的施工组织设计，编制施工预算。施工预算包括按施工定额口径计算的分项，分段（层）的工作量，用工用料及施工机械需要量的分析，整个工程的工料分析汇总表以及其所需要的机械机种数量施工预算与施工图预算对比表。施工预算作为项目经理部进行成本费用目标控制的依据，在工程开工之前必须认真编制。编制施工组织设计对于编好施工预算，进行成本控制是非常关键的。

5. 定额法

定额法，一般用在工程施工过程中，是施工单位以施工预算定额和费用开支标准控制实际成本，以达到降低成本的重要方法。在采用定额成本控制时，要将工程的直接费用按施工定额落实到施工任务单上，以施工任务单控制生产费用的实际支出。工程直接费用定额控制的重点是材料成本控制和人工费成本控制，项目经理部要以材料消耗定额为依据，执行限额领料制度。执行限额领料制度要填写限额领料单，由计划人员根据月度工程计划和消耗定额，按照每种材料及用途核定当月的领料限额，填制限额领料单，该单一式两份，分别交施工用料的工段和发料仓库，当工段接受任务时，持施工任务单和限额领料单到仓库领用材料。对人工费的控制，要由劳资人员对各类生产人员进行定员定额，要认真执行劳动定额，提高劳动效率；严格控制单位工程总用工数及工资支出，保证人工费控制在成本指标之内。对人工费的控制还可执行预算人工费包干的办法。工程施工中的间接费用，特别是固定费用，要按费用开支范围和开支标准编制费用开支计划，分级分口、包干使用，把间接费用控制在目标成本之内。

（五）成本风险控制

风险成本是风险事件造成的损失或减少的收益以及为防止风险事件采取预防措施而支付的费用。

（1）有形成本风险的有形成本包括风险事件造成的直接损失和间接损失。

（2）无形成本风险损失指由于风险所具有的不确定性而使项目实施组织和项目班子在风险事件发生之前或之后付出的代价。

（3）预防与控制费用为了预防和控制损失，必然要采取各种措施。例如，向保险公司投保、向有关方面咨询、配备必要的人员、购置用于预防和减损的设备、对有关人员进行必要的教育或训练以及人员和设备的维持和维护费用等。

一般的项目风险应对措施主要有以下几种。

1. 规避风险

这是从根本上放弃使用有风险的项目资源、项目技术、项目设计方案等，从而避开项目风险的一类风险应对措施。坚决不在项目实施中采用不成熟的技术。

2. 遏制风险

这是从遏制项目风险事件引发原因的角度出发，控制和应对项目风险的一种措施。例如，对可能出现的因项目财务状况恶化而造成的项目风险，采取注入新资金的措施就是一种典型的项目风险遏制措施。

3. 转移风险

这类项目风险应对措施多数是用来对付那些概率小，但是损失大，或者项目组织很难控制的项目风险。例如，通过合同或购买保险等方法将项目风险转移给分包商或保险商就属于风险转移措施。

4. 化解风险

这类措施从化解项目风险产生的原因出发，去控制和应对项目具体风险。例如，对于可能出现的项目团队内部冲突风险可以通过采取双向沟通、消除矛盾的方法去解决问题，这就是一种风险化解措施。

5. 削减风险

这类措施是针对无预警信息项目风险的主要应对措施之一。例如，当因雨天而无法进行室外施工时，采用尽可能安排各种项目团队成员与设备从事室内作业就是一种项目风险削减的措施。

6. 容忍风险

项目风险容忍措施多数是对那些发生概率小，而且项目风险发生所造成的后果较轻的风险事件所采取的一种风险应对措施。这是一种经常使用的项目风险应对措施，实际是一种不采取行动的措施。

二、景区建设质量管理方法

项目质量管理是为了保障项目产出物能够满足项目业主或用户以及项目其他相关利益者的需要所开展的对项目国际标准化组织有关产出物质量和项目工作质量的全面管理工作。项目质量管理的主要方法包括以下几种。

（一）目标管理法

（1）确定景区工程项目组织内部各层次、各部门的任务分工，既要对完成施工任务提出要求，又要对工作效率提出要求。

（2）把项目组织的任务转换为具体的目标，该目标有两类：一类是管理效率性目标，如工程成本、劳动生产率等；一类是产品成果性目标，如工程质量、进度等。

（3）落实制定的目标：一是要落实目标的责任主体，即谁对目标的实现负责；二是要明确目标主体的责、权、利；三是要落实对目标责任主体进行检查、监督的上一级责任人及手段；四是要落实目标实现的保证条件。

（4）对目标的执行过程进行控制即监督目标的执行过程，进行定期检查，发现偏差，分析产生偏差的原因，及时进行协调和控制。对目标执行好的主体进行适当的激励。

（5）对目标完成的结果进行评价即把目标执行结果与计划目标进行对比。评价目标管理的好坏。

（二）流程图法

流程图法提供了工程项目建设流程以及各活动之间的相互关系。流程图法有助于项目团队发现可能产生质量问题的工作环节，有助于明确项目质量管理的责任，寻找解决质量问题的方法和措施。

景区工程质量管理流程如图 7-3 所示。

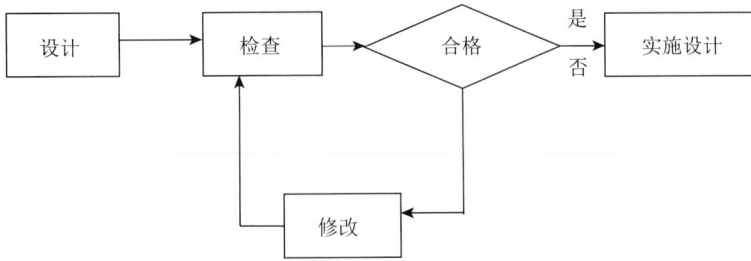

图 7-3　景区工程质量管理流程示意

（三）因果分析法

因果分析法通常利用因果分析图，也称为鱼刺图或石川图，是反映系统各组织部分之间相互关系的图示（见图 7-4）。这种图直观地表现了各种原因及其构成因素同各种可能出现的问题之间的关系，反映了潜在问题或结果与各种因素之间的联系，主要用于分析产生质量问题或缺陷的可能原因。因此，因果分析图可帮助项目班子事先估计可能会发生哪些质量问题，有助于提出具体处理措施。

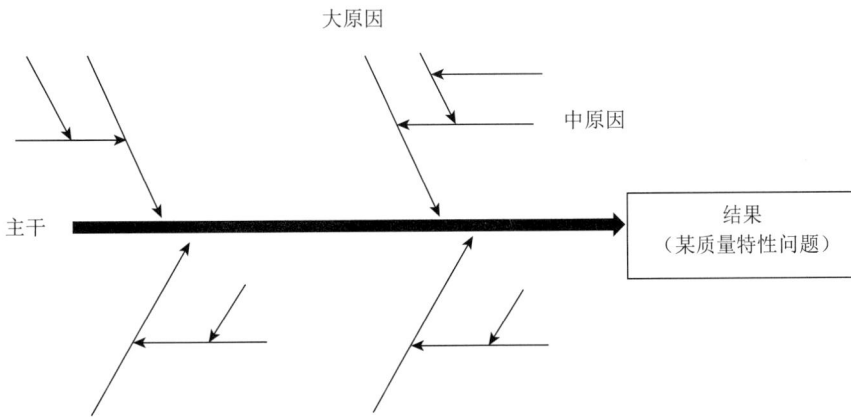

图 7-4　质量管理因果分析法示意

（四）项目过程分析法

项目过程分析是指针对项目、项目阶段或项目活动的过程，按照过程改进计划中列明的步骤和方法，从组织、管理和计划等角度识别出所需的改进，然后通过改进来保证项目质量的方法。过程分析的主要内容包括根源分析和行动方案分析。

除了以上质量管理方法以外，要保证景区工程项目质量，往往通用的做法是设置工程监理。建设工程监理是指监理单位受项目法人的委托，依据国家批准的工程项目建设文件，有关工程建设的法律、法规和工程建设监理合同及其他工程建设合同，对工程建设实施的监督管理（引自建设部和国家计委《工程建设监理规定》，建监〔1995〕第737号文）。监理工作主要内容是控制工程建设的投资、建设工期和工程质量，进行工程建设合同管理，协调有关单位间的工作关系。监理工作程序包括编写监理工作计划书、编写专业（或分项工程、分部工程）监理实施细则、制定监理工作方法、建立监理工作报告制度等。监理流程如图7-5所示。

质量管理按景区工程项目建设流程还可以细分为设计质量管理、施工质量管理、施工问题质量处理、工程质量验收、工程质量信息管理等内容，本教材不再展开阐述。

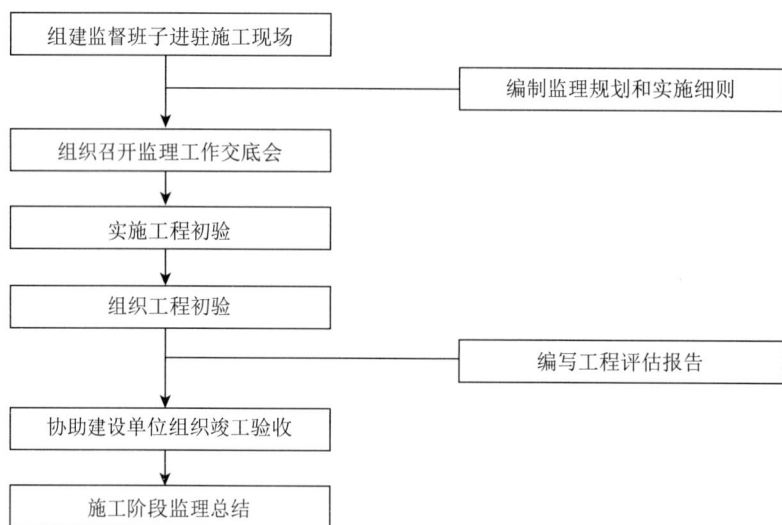

图7-5　景区工程项目监理流程

【本章思考】

1. 景区工程招投标流程有哪些？结合景区工程管理实践，谈谈如何加强景区工程招投标管理。

2. 景区工程质量管理有哪些措施？针对其中一种措施，结合某一项工程谈谈如何在工程管理中实施改进措施？

3. 景区建设质量管理方法有哪些？试结合景区工程实践，对景区建设工程质量管理进行分析与评价。

十渡风景区：文旅夜游塑造大美境界

随着我国国民大众对文化旅游的参与度越来越高，文旅景区的景观亮化和夜间旅游也完成了从探索到局部自醒，逐步走向战略化的进程。灯光工程亮化、夜游景观在一定程度上满足了"文旅＋夜间经济"的发展需求和城市亮化美化的需要，同时也满足了人们出行、消费、休闲的需要，整体提升了城市的影响力和幸福感。但是，各城市的夜间经济发展参差不齐。在一线城市中，上海和北京的夜游指数远远高于其他一线和新一线城市；作为中国的首都和历史文化名城，北京的夜游景点和夜场演出是全国最多的。文旅夜游除了可以用文化增加旅游魅力之外，做好景观灯光亮化工程也能为文化旅游"锦上添花"。

十渡风景区位于北京市房山区西南，有着中国北方唯一一处大规模的喀斯特岩溶地貌，是国家 4A 级旅游景区。2006 年 9 月 17 日，联合国教科文组织正式批准中国房山世界地质公园的申报。公园的申报成功，使北京由此成为世界上第一个拥有"世界地质公园"的首都城市。"十几里山水，渡一世凡尘"，十渡风景区因其独特的自然地貌与地质风光而成名，成了"新北京十六景"。此外，在佛教文化中，"十渡"是"十方世界，普度众生"的简称，象征着功德圆满。为提升十渡风景区的游客吸引力，景区在创造旅游产品、开展工程改造等方面做出了努力，以期实现攀山、戏水和游乐的融合。

2011 年，四直辖市照明科技论坛中，国家文化部艺术科技专家、天津舞台科学技术研究所所长张金玉将北京十渡风景区的夜晚亮化工程作为经典的旅游案例进行了解析。十渡风景区的夜晚亮化工程以文化生态学理论为指导，依据古今历史线索，深度挖掘经典人文知识，以期实现对夜晚经济活力的激发。这项工程围绕"燕山夜画"的总主题，构建集知识性、科学性、观赏性和趣味性为一体的旅游景区，在整体规划上注重界域的连续性、空间的流动性、时间的变化性，在形式上对象征性的文化要素进行结构组织和符号化处理并融入景观形象中。

十渡风景区夜晚亮化工程的特色在于艺术照明，包括通过光的表现力对景区夜晚空间进行艺术再创造，通过艺术照明技术手段增加空间的变幻效果，通过色彩运用营造戏剧化氛围。亮化工程的规划设计围绕自然景观营造和人文景观营造展开，从景区入口的一渡一直到十八渡，将自然景观和民间传说相融合，并通过夜晚景观再造进行创意设计，如依托中华民族人文始祖"伏羲"的传说创作"十渡的精神堡垒——智慧之光"景观。此外，夜间亮化工程还包括依托历史素材进行了大型实景演绎工程的策划，如拒马河大战剧情演绎。

最终，十渡风景区夜晚亮化工程构筑了夜间旅游的吸引物，成功吸引了游客在此处过夜，实现夜间消费，提升景区旅游综合收益。

来源：

［1］张金玉.景观艺术照明，塑造大美境界：北京十渡旅游经典景区夜晚靓化工程案例解析［A］.天津市照明学会.理性照明，让生活更美好——2011四直辖市照明科技论坛（天津）论文集［C］.天津市照明学会：中国照明学会，2011：6.

［2］灯光工程亮化，文旅＋夜间经济"卷土重来"［EB/OL］.搜狐网，2021. https://www.sohu.com/a/443000051_120348170.

案例思考：

1. 请结合案例思考，以自然景观为核心资源的景区应当如何管理景区工程？

2. 请结合本章知识，依托案例素材或自选案例地，设计景区工程项目标书。

【本章参考】

彭麟，蒋叶.工程招投标与合同管理［M］.武汉：华中科技大学出版社，2018.

第 八 章

智慧景区运营技能

🔍 **【学习目标】**

◇ 景区职业经理人（中级）

● 熟悉智慧景区基本概况

● 熟悉智慧景区信息化系统构建方法，包括景区智能监控、游客管理系统、资源环境监测、景区大数据分析等信息化系统内容

◇ 景区职业经理人（高级）

● 掌握智慧景区信息化系统

● 掌握景区电子商务管理以及智慧景区安全应急管理方法

本章导读

通过培训，了解景区信息化的基本态势，了解智慧景区的建设运营情况，包括景区网站管理、新媒体运营与管理、景区大数据分析、景区电子商务管理以及智慧景区安全应急管理。

【引导案例】

云南玉龙雪山旅游景区按照云南省政府"一部手机游云南"的指导思想，在五年规划中充实了内容，主要规划为"三统一、三场景、五体系、一站点"，40多个业务系统数据在景区展台汇聚后，通过集成总线进行内外交互，在提升景区内部建设的同时，也向省平台实时传输相关数据并得到反馈帮助。玉龙雪山主要采取了以下八大措施。

1. 自主导游导览

"游云南"App 的导览功能，有全面细致的景点介绍、旅游地图、景观直播、线路组织、语音讲解等服务，可以让游客根据定位随时挑选使用。景区还增加了新媒体宣传的比重，短视频、微电影比赛都在进行。

2. 线上购票和刷脸入园

2017 年，冰川索道实施了时段预订和限流方式，采用身份证＋面部图像识别入园，限流售票保障了资源的可持续发展，半小时周期的时段预订让游客在乘坐索道时不用排长队。2018 年，结合"游云南"的人脸识别方式后，刷脸入园变得更加快速简洁。

3. 智能停车找车

景区的 7 个停车场均免费提供，在"游云南"App 上实时展示各停车场的出入数据和空余车位信息，在微信小程序和现场入口显示屏幕上，还用图形显示了每个车位的实时状态，并提供了新能源汽车的车位预约和充电服务。

4. 导览读物机器人

玉龙雪山景区创新推出了结合 AI 人工智能"小雪"，可以用纳西族歌曲迎宾跳舞、主动问候、握手和拥抱，介绍景区资源、天气、交通、票务，推荐游览线路、美食美景，介绍"游云南"App，播报找人找物信息等，还可以陪游客聊天对话，深得游客喜爱。

5. 智能厕所

游客打开"游云南"App，就能快速找到景区厕所，清晰地了解厕所的位置、线路、使用状态和流量。根据景区管理服务特点，设置了温度、湿度、海拔、空气异味监测等指标，并创新设置了一键求助、超时提醒等人性化服务功能。

6. 视频感知和物联感知

景区采用了物联网设备、远程视频以及无人机空中巡逻的方式对周边森林进行了立体＋移动式监测，相关物资和人力都录入系统进行可视化管理和应急调配，全方位辅助森林安全。常规的视频监控，可以很好地保障游客在景区感受良好的旅游秩序和关联服务。

7. 自助医护帮助

除了常规的医护站、急救车之外，在游客密集区还提供了简便的自助医护设备，从创可贴、绷带到心脏急救包，扫码后都可免费获取，可以让游客在医护人员赶到之前简单处理意外问题。

8. 服务和评价

景区提升微信预订功能，设置游客的好友对话，旅游全程中客服中心都可及时为游客提供对应服务。景区广泛收集游客的评价意见，去改进、解决、预防问题。

来源：中科博道微信公众号，"智慧旅游到底怎么搞，十大智慧景区建设案例告诉你"，2019-10-28.

第一节　智慧景区基本概况 *

一、智慧景区的概念

信息技术时代对旅游景区的运营和管理带来了新的挑战。一方面，以互联网、移动互联网、大数据、人工智能、VR、AR、区块链、云计算、物联网为代表的信息技术驱动了旅游景区新变革，数字化、网络化、智能化的深度开发极大地改变了产业的商业模式和格局，催生了虚拟现实景区、虚拟现实娱乐和数字博物馆等全新的文化旅游形式，加快了数字文旅新生态和新数字供应链的形成。另一方面，新技术的应用也在不断拓展顾客体验的广度、深度和维度，个性化、自主化的消费需求不断得到满足，顾客兴趣被进一步激发，消费黏性普遍增强。

智慧景区是指景区能够综合利用物联网中各类传感器提供的各类量化传感数据，通过高性能通信网络，利用云计算技术进行高效能异构数据处理、智能数据挖掘；能够进行全面、及时、定量地感知景区环境、自然资源、旅游者行为、景区工作人员行为及景区基础设施和服务设施状态，能够对管理行为实现可视化及智能化管理与智能化决策支持；能够持续优化景区管理业务流程及组织结构；能够与旅游产业上下游单位互通管理和服务信息；能有效保护其旅游资源的真实性和完整性，持续提高对旅游者服务的质量；实现与自然的和谐发展。

智慧景区主要包括以下三个方面的内容。

一是智慧服务：游客能够了解景区信息，能够预订旅游产品并支付，享受个性、自助游览，发出救援及接受帮助。

二是智慧管理：有助于开展景区管理，加强对游客的监测与管理。

三是智慧营销：能够提升景区的经营管理水平与对外形象，开展基于大数据设计更为精准的营销方案，吸引游客主动参与景区形象传播。

二、智慧景区发展现状

旅游信息化是一个随着信息技术的发展而不断演进的过程。智慧旅游是旅游信息化发展的高级阶段。智慧旅游是信息技术面向旅游业的集成创新和应用创新，是为满足游客个性化需求，提供高品质、高满意度服务，促进旅游产业发展，而实现旅游资源及社会资源的共享与有效利用的系统化、集约化的管理变革，是旅游信息化发展的高级阶段。

从全国来看，2010 年江苏镇江全国率先提出智慧旅游概念，2011 年，国家旅游局批复同意在镇江建设国家智慧旅游服务中心。2012 年，国家旅游局确定"第一批国家智慧旅游试点城市"名单，共 18 个，22 家智慧旅游景区试点。2013 年，国家旅游局确定"第二批国家智慧旅游试点城市"名单，共 15 个。国家旅游局将 2014 年确定为"智慧旅游年"，2015 年，国家旅游局 1 月 10 日印发的《关于促进智慧旅游发展的指导意见》，推进智慧旅游。

在这之下，全国各地开始推进智慧景区建设。

第一，推进智慧景区建设试点。从 2010 年九寨沟提出建设"智慧九寨"开始，智慧景区开始进入游客的视野。2011 年，国家旅游局提出智慧旅游发展战略后各地开始智慧旅游探索。2012 年，国家旅游局公布了 22 家景区为"全国智慧旅游景区试点单位"。

第二，推出了一系列智慧景区建设纲领性文件。2015 年，国家旅游局印发《关于实施"旅游 + 互联网"行动计划的通知》，提出开展智慧旅游景区建设，推动全国所有国家 5A 级旅游景区建设成为智慧旅游景区，推动全国所有国家 4A 级旅游景区实现免费 Wi-Fi、智能导游、电子讲解、在线预订、信息推送等功能全覆盖。2015 年，国家旅游局印发《关于促进智慧旅游发展的指导意见》，提出建设一批智慧旅游景区、智慧旅游企业。2016 年，《"十三五"旅游业发展规划》，提出要建设一批国家智慧旅游城市、智慧旅游景区。2020 年，文化和旅游部下发《关于深化"互联网 + 旅游"推动旅游业高质量发展的意见》（文旅资源发〔2020〕81 号）：要加快建设智慧旅游景区，制定出台智慧旅游景区建设指南和相关要求，明确在线预约预订、分时段预约游览、流量监测监控、科学引导分流、非接触式服务、智能导游导览等建设规范，落实"限量、预约、错峰"要求。国有旅游景区应于 2021 年年底前全部提供在线预约预订服务。引导旅游景区开发数字化体验产品并普及景区电子地图、线路推荐、语音导览等智慧化服务。建设一批世界级旅游景区和度假区，树立智慧旅游景区样板。推进乡村旅游资源和产品数字化建设，打造一批全国智慧旅游示范村镇。2021 年，《"十四五"文化和旅游发展规划》提出，深入推进大众旅游、智慧旅游，支持一批智慧旅游景区建设，发展新一代沉浸式体验型旅游产品，推出一批具有代表性的智慧旅游景区，推进预约、错峰、限量常态化，建设景区监测设施和大数据平台。2021 年，《"十四五"文化和旅游科技创新规划》提出，要推进文化和旅游信息化。

第三，推出了一系列智慧景区建设标准。其中有关智慧景区建设的国家标准——《旅游景区数字化应用规范》（GB/T 30225—2013）规定了景区数字化技术应用的术语和定义、数字化技术的基础数据平台、应用服务平台及相关体系的规范标准。中国旅游景区协会推出的《数字化景区等级划分与评定》（T/CTAA XXX—2020）规定了数字化景区的等级划分条件及等级评定与管理。

总体上看，我国智慧景区建设经历了以下三个阶段。第一个阶段是旅游景区的初级信息化，主要是旅游信息发布方面，建设是面向旅游爱好者的旅游及其相关信息的介绍；在旅游管理方面，把旅游目的地的各种管理，包括设施、人员、旅游接待情况、统计报表向旅游单位及上级主管部门上报并用于后台的网站信息发布和更新等；在商务活动的平台方面，主要提供商务信息、旅游景点信息的发布、交易、邀约功能；第二个阶段是旅游景区的数字化阶段，主要是推进景区门票网络预售、电子商务网站、电子门禁系统、LED大屏幕信息发布、移动通信技术和集游客安全、资源保护等多功能为一体的综合视频监控系统；第三个阶段是旅游景区的智能化，主要是推进景区预约管理，导航、导游、导览和导购。

智慧景区建设方面，从2010年九寨沟提出建设"智慧九寨"开始，智慧景区开始进入游客的视野。2011年，国家旅游局提出智慧旅游发展战略后各地开始智慧旅游探索。截至2012年，共有62省市提出智慧旅游发展战略，其中北京、上海、四川、福建、河南、吉林、广西、镇江、南京、无锡、苏州、杭州、大连等地提出了智慧旅游发展规划，九寨沟、黄山、颐和园等则走在智慧景区建设的前列。

景区技术化发展从数字景区起步，目前已经走到了大服务转型的关键阶段，这一转型主要包括以下三个方面的特征。第一，从以技术为核心转向以需求为核心，游客满意程度成为智慧景区的工作核心；景区发展诉求从数字化转向智慧化，发展源动力从供给导向的智能转向需求导向的智慧；基于服务的流程再造成为工作的关键；景区的发展目标和智慧化工作的发展目标合一。第二，从基于独立管理平台的封闭式数字景区转向基于综合化服务平台的开放式智慧景区；构建智慧旅游体系成为智慧景区新的发展框架，景区智慧系统和社会化智慧系统合一。第三，智慧服务从景区管理服务的一部分变为融入景区管理服务的所有环节；景区智慧化水平成为管理的内生要素，人本关怀、技术支撑和精细服务合一。

目前国内智慧景区的发展趋势，是先发景区引领，逐步形成网络化格局。一方面，九寨沟、张家界、黄山、武夷山、泰山、颐和园等智慧旅游的先发景区引领着国内智慧景区建设的潮流，带动其转型升级；另一方面，新的网络化格局已经形成，2012年，国家旅游局公布了22家景区为"全国智慧旅游景区试点单位"，智慧景区的建设已经逐步形成合力。

智慧旅游新科技促使游客更方便地出行，游客的体验化、个性化的需求更容易获得满足。智慧旅游新理念推动政府与景区的管理、营销、服务水平全面提升；同时，智慧景区是景区创建4A、5A的一道必跨的门槛。智慧旅游市场需求逼迫智慧景区规划设计与技术产品服务供应商能力持续升级，从而推进智慧旅游产业发展。

创建国家5A级旅游景区信息化建设评分标准含有网站建设、电子商务和安全管理三部分，共计73分，是景区创建5A的一道必须要跨越的门槛。然而，该评分标准对旅游信息化做了最低规定，在智慧景区建设过程中，应远远超过这个标准。

未来，智慧景区将成为现代景区的服务标准之一，智慧景区将与智慧城市互联互通，以 App 应用为主的景区移动服务将占主导地位，如景区智能导游服务。

表 8-1　国家 5A 级旅游景区中智慧景区涉及内容

序号	评分标准	分数
1	拥有独立域名和中文网址	2
2	依托知名综合网站或权威旅游专业网站	4
3	内容丰富 / 全面说明景区情况	4
4	建成数字虚拟景区，可实现网上游览	7
5	支持语种	4
	网站建设小计	21
1	动态查询未来特定时间段预计游客接待量	5
2	预订门票 / 住宿 / 预订商品，其他（娱乐、餐饮或其他个性化服务的定制）	20
3	网上支付	5
	电子商务小计	30
1	监控设施（设闭路监控系统）	5
2	内部救援电话（向游客公布且畅通有效）	1
3	高峰期游客安全处置	7
4	安全巡查（设施完备，定时巡查，能有效维护安全秩序）	3
5	安全宣传，有关重点景区（水上项目、滑雪场）需安装安全广播	6
	安全小计	22
	总分	73

三、智慧景区发展趋势

（一）智慧旅游大发展

新一代信息技术的广泛应用，不仅推动了生产力的高速增长，还带来了新一轮的产业变革，使得跨界产业融合成为各行业发展的新趋势。作为信息技术广泛应用的领域之一，文旅产业正在经历一场场景与内容体验的提升革命。一方面，数字化、网络化、智能化的深度开发极大地改变了产业的商业模式和格局，催生了虚拟现实景区、虚拟现实娱乐和数字博物馆等全新的文化旅游形式，加快了数字文旅新生态和新数字供应链的形成。另一方面，新技术的应用也在不断拓展顾客体验的广度、深度和维度，个性化、自主化的消费需求不断得到满足，顾客兴趣被进一步步激发，消费黏性普遍增强。

"智慧地球"是 IBM（International Business Machines Corporation，国际商业机器公司或万国商业机器公司）在 2008 年提出的概念，分为三个要素即"3I"：物联化、互联化、智能化（Instrumentation，Interconnectedness，Intelligence），是指把新一代的 IT、互联网技术充分运用到各行各业。近年来，在 IBM"智慧地球"的引领下，随着国内外"智慧城市"建设的逐次展开，"智慧旅游"逐渐从概念走向实践。信息科技是提升旅游服务质量和管理水平的中坚力量。随着物联网、云计算、新一代通信网络、高性能信息处理、智能数据挖掘等技术开发应用，促进旅游业在旅游体验、产业发展、行政管理等方面创新，使旅游物理资源和信息资源得到高度系统化整合和深度开发激活，并服务于公众、企业与政府，打造一种全新的旅游形态，新型信息化技术应用在其中担当着重要的角色。

（二）景区发展面临新要求

随着我国旅游市场持续增长，旅游消费的障碍之墙随着越来越完备的旅游公共服务体系、越来越便捷的交通网络，以及全社会越来越深入的对旅游出行的关注而被逐步打破。对于景区发展而言，市场变得越来越复杂，更难以预测。互联网特别是移动互联网成为便捷式工具，网络如电力一般成为基础公共服务，互联网时代已深刻重塑旅游市场需求和行为模式。在此之下，旅游从纯粹线下活动走向线上和线下相结合，甚至随着移动网络发展，线上和线下实时结合，覆盖游前、游中、游后的全过程，全维度、全媒体、全体验活动。完全成长于互联网时代甚至移动互联网时代的网络原生族、手机原生族的日益成长，令旅游和网络天然地结合在一起，难以分割。

散客旅游已成为市场的绝对主体。管理 100 个人的团队与管理 100 个散客，信息模式完全不同。从团队到散客，带来的是海量流动、海量数据。这既是景区巨大的发展机遇，也是巨大挑战。目前景区管理模式不足以应对散客时代的海量流动。此外，现代商业发展的根本在于掌握海量数据，散客时代为景区带来远比旅行团更有价值、更丰富、更具变动性、因而也更有参考价值的一手数据，创造新的商业价值、管理价值和服务价值。

对于现代旅游景区和旅游业来说，一方面是超大规模的数量级散客旅游市场，另一方面又是大规模之下的个性化旅游需求和服务的凸显，如何在大规模下关注个体的需求，如何在批量化生产服务中体现对游客个性的关照，如何满足海量游客的个性化需求，成了新的挑战，这也需要我们改变传统的旅游服务方式，需要有新的智慧来革新旅游服务的环节和方式。所以，当前，旅游景区面临多面市场，一面是游客，一面是沟通景区和游客的海量服务企业，第三面是为其智慧化服务提供底层服务的电力、水力、定位、技术等部门。服务游客，需要全面对接多面市场。

1. 游客的需求

随着科学技术的飞速发展和日益普及，信息技术已逐渐融入人们需求的方方面面。在现代旅游中，游客对智慧化的需求贯穿于游前、游中和游后的整个过程。在出行前，游客就希望能够通过网络全面地了解景区信息进而自主、自助地进个性化的行程定制；在旅游过程中，游客希望能够通过各种移动终端进行景区导览、互动体验、商品导购和即时支付、咨询服务；在行程结束后，游客希望能对旅游体验进行分享、点评、查看旅游积分并对自己行程的合理性进行评估。总之，游客对旅游信息服务的"个性化"和"一站式"要求越来越强烈。

2. 景区商户需求

各类旅游企业对信息技术的需求更为迫切。例如，景区希望能对游客信息进行深入分析，进一步提高服务的个性化和人性化水平；希望对整个旅游市场需求进行精确分析，提高市场预测能力，从而据此开发和设计更有针对性的新产品，借助信息技术手段加强对景区及周边范围的安全监测和预警、游客流量控制和疏导；希望通过引入多种智能终端设备为游客提供导览、导游和景点解说服务，实现游客在景区内无障碍的畅通旅游。

3. 景区管理者需求

一方面，对于政府部门的日常业务办理和行业管理而言，希望能建立并优化 OA 系统中对日常事项的审批流程；增加更多的实用性业务模块；借助信息化手段打通内外网，实现移动（远程）办公，提高办公效能。另一方面，对于对外服务而言，管理部门希望能对游客的客源地信息进行精准的统计分析；希望能对整个景区的游客流量和流向实施动态监测与智能疏导，提高行业运行监管效率和游客满意度。

第二节　智慧景区信息化系统 [*]

一、智慧景区建设的总体目标

智慧景区是通过应用信息网络及相关信息技术，构建围绕景区管理、服务、营销三方面的数字化信息系统与运营体系，围绕用户体验获得感的提升，提高景区智能化经营管理、营销宣传及客户服务水平，满足游客不断提升旅游体验需求的旅游景区。

主要是通过智慧景区信息化系统建设，使游客能够了解景区信息，能够预订旅游产品并支付，享受个性、自助游览，发出救援及接受帮助；有助于开展景区管理，加强对游客的监测与管理；能够提升景区的经营管理水平与对外形象，基于大数据设计更为精准的营销方案，吸引游客主动参与景区形象传播。

智慧景区信息化系统建设的主要内容是面向游客需求如何定制、面向游客数据如何利用、面向游客终端如何开放、面向游客市场如何对接、面向游客问题如何管理，实现可定量（景区服务管理建立在数据定量的基础上）、可预测（游客宏观、微观数据均可预测）、可监控（景区动态可监控）、可定制（游客服务可以定制）、可管理（游客、环境、景区软硬件均可管理）、可引导（游客行为可引导）、可对接（服务活动可与市场对接，景区技术数据可与社会化服务商对接）、可节约（实现景区精明增长）、可反馈（游客体验可反馈）、可学习（景区智慧系统可自我学习）、可生长（景区智慧系统可自发生长）的建设目标。

智慧景区信息化系统建设主要包括智慧景区基础设施、景区智慧服务、景区智慧管理和景区智慧营销四项内容。

二、智慧景区基础设施

智慧景区基础设施建设主要包括以下四个方面。

第一，通信网络及互联网。涉及信息网络服务建设，以实现景区游客游览区域及游览路径无线网络、新一代移动通信网络（5G、4G）覆盖。

第二，物联网智能设施建设。主要涉及铺设环境监测传感器，传感器能够联入国际互联网。传感器可监测包含空气颗粒物浓度、负离子浓度、景区温度、相对湿度、大气压力、风力风向、水质、噪声和动植物等环境数据。传感器布设位置、数量合理。而且可以利用物联网、云计算等信息技术对景区各类传感器监控的数据进行数据分析、处理、存储和数据挖掘等操作。

第三，办公自动化设施。能够支持景区财务、物料及人事数据统计分析及管理，办公自动化。

第四，景区新基建设施。主要涉及景区智慧卫生间、智慧车场、智慧导示、智能照明灯新基建内容。

三、景区智慧服务

（一）景区信息服务

第一，自有平台，包括但不限于门户网站、微信公众号、微信小程序、App 等，能查询到景区基本信息、活动预告、旅游线路推荐、行程规划、交通导航、电子地图、景区推介服务、景区服务电话等信息。

第二，合作第三方平台，包括但不限于第三方门户网站、微信公众号、微信小程序、App 等，能查询到景区基本信息、活动预告、旅游线路推荐、行程规划、交通导航、电子地图、景区推介服务、景区服务电话等信息。

第三，交互式语音应答系统、自动呼叫分配系统，并支持呼入和呼出的景区旅游呼叫中心，并对接市（县）级旅游服务热线等服务资源，提供旅游产品查询、景点介绍、票务预订等服务。

（二）景区智能导游导览服务

依托移动互联网、物联网、地理信息技术、全球定位系统、自动识别技术、iBeacon 技术等，建立景区智能导游解说系统，为游客提供导航、导览、解说等服务。一方面，借助信息技术定位技术、人工智能技术，建立智能推荐系统，为游客提供地图定位、自助导游、自助导览服务，实现旅游景区游览线路规划的智能化。另一方面，依托景区内置射频识别技术（Radio Frequency Identification，RFID）的门票或者其他终端设备，游客可自动触发景点解说器，解说器会为游客提供智能语音导览服务。

智慧景区建设当中，应为游客提供定制化的全程的景区导览服务。借助于现代的识别技术，依据游客的位置、年龄、爱好等，为游客在景区的游览线路提供个性建议，游客可以选择个性的讲解语言、讲解风格。具体来说，景区智能导游导览服务主要包括以下服务。

第一，线路规划服务。游客能通过景区提供的或者自有的智能化移动终端，进行游览线路规划。

第二，提供电子地图。游客能在智能化移动终端上查询景区的电子地图，获得自身位置，确定游览线路和方向。

第三，提供自助导游讲解服务。游客能通过智能化移动终端，获得景区的文字、语音、图像及视频导游讲解服务。

（三）景区虚拟服务

景区虚拟服务主要包括以下三项。

第一，虚拟展示：能利用声、光、电、图技术展示或辅助展示景区的景观资源；能利用 VR（Virtual Reality，虚拟现实）、AR（Augmented Reality，增强现实）技术增强景观的现场展示效果，介绍景区景点。

第二，虚拟互动：能利用 VR、AR 技术提供现场互动服务，使游客获得沉浸式体验；支持在移动终端、景区触摸屏设备上应用数字虚拟景区，实现互动。

第三，太空旅行、深海探险，火山喷发、海啸、地震等极端天气体验，以及虚拟旅行游戏等。

（四）景区游客服务终端

智慧旅游实施环节中，一个重要的环节是各类游客终端的存在。借助于各种游客终端的存在，将游客与旅游数据中心相连接，将游客与企业、政府等部门联系起来，游客也因此能够获取相应的旅游服务，进入到智慧旅游的生态系统，获得旅游行程制定、预订、支付、导航、景点定位、景区游览、景区解说、美食推介、娱乐休闲、旅游咨询投诉、旅游分享等服务。游客终端成为一个智慧旅游的关键入口，这些终端工具的普及率也成为整个智慧旅游能否顺利推进的关键所在。

当前，依托移动互联网技术，景区开发各类游客服务终端，为游客提供各类泛在化、个性化旅游服务。除传统网站、触摸屏等终端外，手机端、第三方顾客端等移动智能终端，将游客与旅游数据中心相连接，游客能够获取相应的旅游服务，获得旅游行程制订、预订、支付、导航、景点定位、景区游览、景区解说、美食推介、娱乐休闲、旅游咨询投诉、旅游分享等服务。

此外，人工智能技术应用到景区管理中，产生出景区无人驾驶环保汽车、无人驾驶游艇、景区机器人导游、机器人景点解说、景区危险地段机器人清洁工和环境监测机器人等智能机器设备，用以代替传统人工工作，成为景区管理和服务的重要补充。

景区也利用游客服务终端，开展景区的智慧消费服务，目前可支持景区内餐饮、住宿网上预订、交易和支付；还支持对景区旅游要素产品（如纪念品、文创产品等）的网上预订、交易和支付。

为此，在智慧旅游的推进中，各个主体都将终端旅游开发作为重要抓手。一方面，面向游客的终端日益普及，且呈现出本地化、移动化、社交化、交互式的特征，使得游客能跳出位置和时间限制，获得泛在化、个性化旅游服务，获得相应的基于位置的服务，使得远程的分散的资源本地化，实现与旅游者实时的互联、互通和互动。另一方面，面向游客的终端开发日益创新，除了传统的网站、电脑、触摸屏等终端之外，手机端、第三方顾客端等移动智能终端层出不穷，更多的新的移动顾客端不断涌现，游客终端的普及率日益提高，以满足游客的旅游需求。

1. 手机类顾客端

许多景区为游客提供基于多种智能手机操作系统的旅游类顾客端软件，供游客下载和使用，游客可以获得旅游查询、旅游预订、位置服务、线路游览、景区解说，乃至聊天结伴、微博、照片上传等多种服务。

2. 景区触摸屏

一些景区设置了游览的顾客端，结合了导航、语音解说、行程规划等功能供游客选择。此外，部分景区也设置了 LED 显示屏、触摸屏等多媒体服务终端，为游客接入智慧旅游系统提供接口，也能够展示景区的各种信息，甚至一些景区还设置了智慧景区多媒体展示中心，借助 360 度动感环幕立体影院、虚拟仿真技术设备、电子沙盘、多点触摸互动屏等环境设备，利用声、光、电等多媒体科技手法来展示景区景观、自然文化遗产、生物多样性、古文物再现和虚拟旅游，使游客享受亦真亦幻、身临其境的新旅游体验服务。

3.二维码技术

一些景区利用二维码技术，为游客提供终端信息的接入和获取，各地景区二维码技术应用如表8-2所示。

表8-2　各地景区二维码技术应用

地区	主要功能
重庆南岸区	游客到重庆抗战遗址博物馆旅游，可在网上订票，随后会有一条二维码彩信发送到游客手机上，游客到景区入口刷二维码进入景区参观，每到一处景点，只需用手机扫一下景点的二维码，就能马上看到文字、图片或视频的景点介绍。
安徽黄山	游客刷一下特色民宿——"徽舍"门前的二维码，能获得包括酒店特色、设施介绍、房间价格、周边交通信息、住客点评等信息。此外，其他景区内的自然景点指示牌或者介绍牌处都放置了二维码，供游客通过手机拍摄获取该景点的相关介绍、命名故事、四季照片等信息，而在景区的岔路口指示牌区域，旅客通过拍码获取路径指导信息、相关地图信息、相关路径景点的大致介绍。
上海嘉定公园	公园内部九曲桥、缺角亭、逸野堂、顽石斋景点牌上，都新添上了一小块红色的二维码，游客用手机扫描一下，能够获得公园概况、景点介绍等信息。
四川 G5 国道项目	游客通过扫描"壹旅图"上面的二维码可以下载相关软件，就能获得四川许多知名景区的相关信息和收听收看景区（点）的讲解和视频。

四、景区智慧管理

（一）景区综合指挥平台

1.景区智慧指挥中心

景区智慧指挥中心具有集中展示景区全方位信息的显示大屏，汇总景区内部各项关键信息和数据指标；在集中展示大屏中显示景区真实、实时、多维度数据和信息。

智慧指挥中心能实现管理资源的整合，及对各职能部门的统一组织协调，整合系统各应用支撑系统的能力，实现资源监测、运营管理、游客服务、产业整合等功能，主要将多媒体技术、数字图像处理、网络远程传输、定位导航技术等有机地整合到一个平台上。景区管理高层可以在指挥中心、办公室或通过 5G 智能手机全面、及时、多维度地掌握景区实时情况，并能及时发号施令，以实现景区可视化、智能化管理。

2.景区动态监控系统

依托互联网、物联网、现代通信等技术，景区内部安置摄像监控系统、传感器，构建景区闭路电视健康系统、防盗报警系统、电子巡更系统、停车场管理系统等，形成景区动态智能监控系统，实现对景区内气候气象、地质、资源、游客、交通线路、景区车辆的定期或随机的巡视和监控，实现景区的可视化管理。其中重要的是视频监控系统，要建有全面覆盖景区、全天候、可视化的视频监控系统。视频监控设施应提供自动识别图像、视频、存储和报警功能。对游客集中区域、环境敏感区域、特种设备设施和高风险区域进行重点监控，监控数据可以通过国际互联网实时传输。

景区的视频安全监控可以接入景区景观、交通、客流等已有的监控视频图像，能对景区景点和资源进行视频监控，重点区域监控无盲点，能实现图像的实时远程查看；有专用的视频监控室，监控图像能在电脑和大屏幕墙上显示，并能进行切换、记录、回放等处理。

3. 动态位置监测与救援系统

依托景区智能监控系统，借助景区终端的移动设备，既能为游客提供基于位置的服务（Location Based Service，LBS），也能为景区管理提供及时动态的位置监测服务，为游客提供及时的救援服务。通过实时监测游客位置，当出现游客求救后，能够第一时间内定位游客的位置，提供及时救援行动。借助于系统，能够建立应急处理预案及应急响应系统，保证应急响应的及时性、科学性、系统性、有效性。景区广播同时具备应急广播功能，覆盖全景区，声音清晰。通过视频监控和定位技术等，实现对景区工作人员分布、状态的管理和调控，包括讲解员、安保、消防、保洁、管理人员等。通过计算实时车辆通过数量和停车场空位数量，利用管理系统形成停车场统计数据，加强景区交通宏观调控，并实施监控、调度景区内部交通。对监控终端进行控制，获取旅游综合信息，并通过资讯发布系统，发布景区实时状况、导览系统、通知公告、警示信息等。实践中，四川九寨沟景区构建了基于 RFID 技术的"智慧九寨"智慧景区管理模式，监控中心根据游客手中带有射频技术的电子门票便可对其进行跟踪定位，为游客提供导航定位、通信通话、足迹跟踪、危险预警、事故报警及事故救援服务等。

景区能够应急调度，进行景区车辆、巡查人员管理和执法调度。景区可支持管理人员实时跟踪巡查执法情况，方便指挥调度中心做出最准确、及时的决策；GPS 定位系统实现车辆动态管理：实时掌握车辆的运动位置，以实现应急调度；可以实现停车位监测和进出电子指示，能通过大屏实时查看入园停车数量及剩余停车位数量；广播应由景区控制中心和指挥调度中心统一控制，遇灾害或紧急情况时紧急广播。

景区利用全球定位系统，完善旅游救援系统，建立旅游救援基站、救援服务终端系统，实时自动上报旅游事故人员位置、数量与关键信息，具备电子地图、位置查询、应急指挥、报警处置等功能，提供导航定位、通信通话、足迹跟踪、危险预警、事故报警及事故救援服务等。

【案例】

黄山风景区智慧管理

1. 黄山风景区保护管理指挥调度中心

该中心是黄山风景区信息化建设的中枢，可以实现整个景区的信息管理、命令发布和综合管理调度任务。该中心运行的"黄山风景区指挥调度统一平台在"全国风景名胜区率先实现异构环境下的系统集成，是黄山拥有完全知识产权的软件系统，已获得计算机软件著作权。黄山风景区保护管理指挥调度中心还承担"安徽省旅游信息化工程技术研究中心"工作职能，研究中心的科研成果在黄山进行示范应用，并向周边景区辐射。

2. 黄山风景区视频监控系统

黄山风景区在交通要道、客流集散地、古树名木和病虫害防治点建设全数字视频监控系统，都布设了摄像头。该系统在景区旅游管理、安全防范和资源保护中发挥了重要作用。黄山将实现全山重要节点全覆盖，并完善提升监控功能。景区整合全山各单位装设监控探头，为指挥调度中心实时监控各类现场和指挥调度提供有力保障。

3. 黄山风景区地理信息系统与 GPS 定位

黄山风景区制作出覆盖 440 平方千米的三维数据，建成规划数据库、文化和自然遗产数据库、地质公园数据库，大大提高黄山风景区管理工作的数字化、科学化、规范化水平。GPS 定位系统可对一线管理人员及公务车辆进行实时定位，实时获知车辆及人员的方位信息，并能查询相关人员及车辆的行驶轨迹，对人员或车辆进行实时通信指挥调度。出现险情时，还可以进行报警，以便指挥相关人员及时做出应急处理。

来源：黄山风景区官网.

（二）电子门禁系统

越来越多的景区借助智能识别的技术，推行电子门票，景区采用电子门票之后，当游客进入景区安检处时，可被自动识别并进入景区，自动读取相应信息并将信息传送至景区的数据中心，实现景区门票的电子化、智能化管理，景区电子门票的主要模式如表8-3所示。

借助 RFID 技术、物联网、人工智能、自动识别技术等科技，景区开发出各类电子门票系统。景区电子门票形式多样，有电子二维码、接触式 IC 卡和身份证等形式。推行景区电子门票后，当游客进入景区安检出时，可被自动识别，读取相应信息并将信息传送至景区的数据中心，实现景区门票的电子化、智能化管理。景区电子门票系统也能够帮助景区实时地统计游客进入人数，为游客疏导提供数据支撑，也可以改变以往纸质、人工检票的高成本、低效率状态，消除游客的排队问题。电子门票通过电话、互联网、移动互联网等方式实现了景区门票的预订或预售，为游客提供方便。例如，美国迪士尼乐园和度假区已经开发出"My Magic Plus"的智能手环，实现门禁验票、游乐项目智能排队、酒店客房钥匙，以及消费支付等功能，极大提升了景区管理效率。

一方面，游客能通过景区的门户网站、第三方运营平台、智能化移动终端等途径，预约景区的游览日期、游览时段或游览项目。另一方面，景区采用电子门票之后，实现景区门票的电子化、智能化管理，能够帮助景区实时地统计游客进入人数，为游客疏导提供数据支撑，也可以改变以往纸质、人工检票的高成本、低效率状态，消除了游客的排队问题，而且电子门票通过电话、互联网、移动互联网等方式可实现景区门票的预订或预售，为游客提供方便。

表 8-3　景区电子门票的主要模式

类型	代表地区	功能
二维码	北京圆明园、大观园	向游客提供一种线上线下融合的"景区电子门票"服务
	重庆抗战遗址博物馆	游客网上订票之后，随后发送一条二维码到游客手机上，游客到景区入口刷二维码进入景区参观
	黄山	游客可以登录中国移动无线城市手机顾客端在线预订区购买门票，之后手机将会收到一个短信验证码，即电子门票，凭借电子门票至相应景区
一卡通	"中景通游卡"	井冈山、五台山、承德避暑山庄、镜泊湖等 50 余家国家 5A 级旅游景区和国家级风景名胜区联合推出的"中景通游卡"，游客凭该卡可在上述景区使用
身份证	厦门鼓浪屿	游客网络预订门票之后可以持二代身份证登船旅行
	北京	北京市旅游委正在推进凭身份证号进景区的识别系统，游客只要刷身份证就能完成检票

（三）游客管理系统

依托现代科技，通过智能门票、物联网、移动通信基站、视频监控系统、游客服务终端、游客定位技术等，能为景区游客流量控制及安全预警提供支持，实现对景区游客的实时监控和合理引导。第一，能够获取景区总量数据，以实现对景区客流的总量控制；第二，对景区游客实时分布情况进行监测，实现对游客可视化监测管理，分析景区内游客分布的热点区域，实现对游客进行动态的追踪，监视客流集散地、交通要塞、人流密集地等区域，一旦超过系统设定承载量则会自动提示预警，以合理分流游客；第三，借助大数据分析技术，建立景区游客流量预测分析系统，预测景区客流分布和拥堵情况。

景区游客流量统计数据主要来源于景区门禁、运营商基站定位和视频监控设备。其中景区门禁数据用以反映景区内当前总游客量；运营商基站定位可以反映游客在景区中的分布情况；视频监控设备可以反映某个监控点具体的游客情况。可以实时发布的旅游点流量热点图，以不同颜色标注某景区各个旅游点的游客情况。

由此，景区可以对人流进行实时监控与预警，包括入口、出口、热点区域等的人流实时计数、总量统计以及流量超控自动报警等。能够及时分析游客个体及群体异常行为，进行游客突发事件预测预警。能够预测客流高峰时段与位置，并实施相应的人流调控措施，通过预订分流、门禁分流、交通工具分流、活动时间分流等方式实现高峰期游客量分流。能够为游客提供导航、导览等服务，借助手机等移动顾客端，能提供实时交通信息，包括交通管制、交通事故、限行、停车场及车位状况，且在景区内为游客提供游览服务，引导游客在景区的线路游览。能够实时监测游客的位置，获取游客在深度引导游客，获得游客位置之后，能够了解到游客在景区内的实时分布，哪些位置游客数量密集，哪些景点是最受欢迎的景点，进而能够游客的高峰时段量。能够为游客提供及时的救援服务，通过时刻监测到游客的位置，当出现求救之后，能够第一时间定位游客的位置，展开救援行动。

实践中，在四川九寨沟景区监控中心，根据游客手中带有射频技术的电子门票便可对其进行跟踪定位。大连市旅游局建设了基于大连市电子地理信息系统的智慧旅游应用，为游客提供基于位置旅游服务。南京第二代智慧景区管理与导游系统，也借助网络定位服务等信息技术手段，提供景区的位置服务。

而且，借助景区的电子门票和实时位置服务能实现对景区实时游客流量、车流量的统计，当游客量超过一定预警线后可实施相应预警方案，并及时地引导、疏散游客。

与此同时，借助对游客的实时监控，能够实现对游客可视化的监测管理，分析景区内游客分布的热点区域，实现对热点景区的人流控制，可以实现对游客进行动态的追踪，实时监视到客流集散地、交通要塞、人流密集地等区域。这一信息既可以为景区管理部门监测管理使用，也可以传送给游客，游客可以依此做出相应的旅游调整。

各地景区游客容量监测系统如表8-4所示。

表8-4 各地景区游客容量监测系统

地区	主要功能
四川九寨沟	依据标有射频技术的游客门票，可对游客进行跟踪定位，监测游客的容量和流向，每个景点游客人数是否达到饱和，每位工作人员配有"景管通"的智能手机，可随时将相关信息向景区智慧中心报告，且监控中心也会随时将这一信息向各个景点的LED显示屏即时发送提示信息，提醒游客选择合适的景点，及时疏导旅游旺季景区景点游客拥挤、乘车站点拥挤、车辆调度不畅等问题

地区	主要功能
苏州	通过对游客流量进行实时监测，实时发布旅游点流量热点图，游客可根据这一信息主动避让高峰，选择相对人少的景点，并设立旅游安全预警系统，分别用红色、橙色、黄色和蓝色，向旅游者发布不同等级的安全预警信息
黄山	通过景区指挥控制中心或任何一台能上网的电脑，可实时掌握景区所有入口进山人数、各索道上下行动态人数
溪口	借助智慧旅游项目，可实时掌握各景点的客流量、游客构成等，了解景点交通、停车位置等状况，可及时对景区现场进行指挥调度
北京	借助景区智慧旅游系统可监控人流量，并测算出景区景点的旅游舒适度和安全指数，并对景区景点的售票、客流控制发出预警

（四）景区数据中心

利用物联网、云计算、大数据等现代技术，景区以游客为中心，搭建景区数据中心，将景区、旅行社、酒店、旅游相关产业信息资源以及游客信息整合在一起，支撑景区通过网站、电脑、触摸屏、手机、平板电脑等移动终端将为游客提供随时随地随需要的旅游信息服务。

第一，以游客为中心，构建旅游数据中心。通过各种技术收集整合相关旅游数据，将景区、旅行社、酒店、旅游相关产业信息资源，以及游客信息整合在一起，形成旅游云数据中心，既有旅游信息，也有非旅游信息；既有静态信息，也有动态信息；既有结构性信息，也有非结构性信息；既有旅游业信息，也有游客信息。例如，西樵山风景区在游客服务中心建设了数字化信息机房，建立了统一的数据中心，实现了信息资源集中、高效、便捷的管理和应用；苏州也建立了"云计算旅游数据中心"，提供"一云多屏"和"一云多路"的旅游信息服务。

第二，强化数据的分布式和开源式特征，将政府（旅游部门与其他职能部门）、企业（旅游企业和科技企业）、游客个人都融合进整个信息系统之中，实现多方的互动、交换和共享。一方面，加强旅游业界信息的共享和整合；另一方面，注重建立游客旅游信息的反馈机制。游客利用信息的同时，也会展示其自身消费行为、游记等个人信息，进而收集游客旅游行为信息，游客也主动参与到数据制造和分享中。例如，黄山市各景区通过二维码平台，基于 WIKI 百科模式，在景点、人文、商户、线路等信息下旅客可自主维护景点信息和自由评论，获取游客的信息。

第三，多渠道、多路径、多终端为游客提供移动、泛在的旅游信息服务。借助于旅游数据中心这一"数据云"，通过网站、电脑、触摸屏、手机、IPAD 等移动终端，将相关的信息推送给游客，提供随时随地随需要的旅游信息服务。苏州智慧旅游建设中"一云多屏"则是通过电脑、手机、触摸屏、数字电视和其他设备，全方位地向游客提供信息服务。

（五）资源环境监测

依托物联网（Internet of Things，IOT）、地理信息系统（Geographic Information System 或 Geo-Information system，GIS）、全球定位系统（Global Positioning System，GPS）、遥感技术（Remote Sensing，RS）、人工智能（Artificial Intelligence，AI）等技术：（1）建立景区资源调查和规划系统，实现旅游资源调查和规划的可视化、数字化，提升旅游资源调查和规划能力；（2）建立旅游资源调查、评价和监测系统，更精确地了解资源类型、特点、数量、规模、质量、级别、成因、时代、价值、密度、地域组合、季节变化、空间位置等方面的信息，监测动物、植被、景观、文物旅游资源的温度和湿度等状况，为旅游资源监测提供更直观的图像信息，准确评价旅游资源的内在性质、组成成分、成因机制与演化过程，提升旅游资源调查和监测水平；（3）搭建旅游规划系统，建立旅游规划相关信息的收集、存储、分析、管理、维护及辅助决策支持等功能，提供更丰富的旅游规划图表、空间等信息，支撑旅游目的地开发条件分析、旅游规划资源分析、环境容量及客源分析、旅游设施空间选址、旅游交通网络规划、经济效益分析、旅游专题制图等功能，提升旅游规划能力。

通过物联网、射频识别、传感器、红外感应器、全球定位系统、遥感技术、地理信息系统技术等应用，建立景区资源环境监测保护系统，实现对景区地理、资源和环境的动态监控，提升景区资源环境保护和管理水平。第一，通过射频识别、红外感应器、全球定位系统、激光扫描等技术实现对景区资源的监测，景区内重要资源都设置有一个 ID（Identity document，身份标识号），特别是对于一些文物资源，能监测这些资源的状况，对其损害程度进行识别。第二，也能实现对景区内的空气、水、地质等环境的监控，包括温度、湿度、风速、风向、雨量、光亮度、烟雾度、可燃物状态、噪声等信息，对景区的环境状况有实时的了解。第三，借助对景区环境监测，实现对景区自然灾害及时全面透彻的感知监测，如一些山地景区在潜在滑坡体安装传感器网，可监测山体形变，及时对滑坡灾害进行预警。第四，通过对景区资源和环境状况的监测，能够测度景区的承载容量，建立景区资源和环境的预警系统。

五、景区智慧营销

景区的智慧营销主要包括：新媒体营销、在线渠道运营、开展私域流量营销、大数据精准营销。

景区可以进行游客画像分析，支持对到访游客精准画像，可深入了解游客属性及出游行为特征。借助大数据分析技术，开展游客画像分析，自动完成相关信息的处理、分析、查询等任务，获得有关游客深度分析、景区热点分析等，洞察游客消费特征，及时掌握游客历史消费记录、消费偏好、消费层次水平等，帮助景区更好地掌握游客的消费行为，为景区管理、服务和市场开发提供数据支撑。

景区能够进行市场需求分析，支持目标市场需求分析，以了解市场对景区产品及服务打造的需求；开展景区市场分析、预测，分析游客基本特征、消费行为、消费路径、满意度等内容，准确推送景区信息、景区活动和优惠信息等，开展更加有针对性的营销推广主题活动。景区通过强化数据的分析和挖掘，提供个性化服务。一方面，通过对数据中心的处理、挖掘和分析，获得有关游客的深度分析、景区的热点分析、有关旅游业发展态势分析，洞察游客和旅游业特征，为景区、酒店等相关行业的产品开发、市场营销提供参考。另一方面，这一数据分析也能为游客提供针对性的服务，给提供信息服务的群体提供参考。

景区还可以进行渠道投放分析，支持渠道宣传效果分析，以便后续持续优化宣传资源投放效果。依托大数据分析技术，还能够对游客市场建立精确的市场分析和，开展市场分析、监测和预测，挖掘游客兴趣点、关注度、消费行为、满意度、出游趋势等，为旅游市场精准营销、定制旅游服务、建立旅游舆情监测系统等提供基础支撑。

【案例】

宋城演艺：探索"演艺王国"新模式

疫情防控之下，宋城演艺发展股份有限公司（简称"宋城演艺"）强化多元化内容、提升社交属性，积极探索经营模式创新，从"一台剧目、一个公园"的千古情模式向"多剧院、多剧目、多活动、多门票"的演艺王国模式转型升级，从"旅游演艺"向"旅游演艺＋城市演艺"扩展，从旅游消费市场向大众细分人群市场渗透。

1. 主要内容

（1）产品打造。

因疫情防控闭园期间，杭州宋城景区作为"演艺王国"的试验点，对演艺剧目以及演出剧院进行了大规模的整改打造。

一是演艺剧目更多样，内容更多元。杭州宋城景区在《宋城千古情》的基础上，陆续推出亲子秀《WA! 恐龙》、5D实景剧《大地震》、全息秀《幻影》、怀旧剧《喀秋莎》、走动式演出《上甘岭》《库克船长》等，恢复武侠剧《燕青打擂》、互动剧《铡美案》等经典剧目，完成了从一台剧目到多台剧目，由单一的歌舞演艺模式向走动式、沉浸式、儿童剧等多种演艺类型发展的转变，不仅覆盖了各个年龄段的游客，更贴合现阶段游客对旅游演艺的新需求。

二是场地深度契合演出，构建剧院矩阵。杭州宋城景区深度挖掘现有资源，推出不同类型、不同体验的演出场所，打造悬崖剧院、森林剧院、水上看台等全新剧院，让游客能更好地沉浸于演出之中，给游客独特的观演感受及体验。

（2）体验升级。

一是各类活动层出不穷，以创意丰富游客体验。宋城演艺针对不同群体逐步推出了国潮宋城、亲子宋城、闺蜜宋城、狂欢宋城等系列演出活动，积极创新，策划的"宋城天灯节"主题活动，以"游宋城、看千古情、逛灯会、放河灯、赏百秀"为主题，上演了《天灯盛会》《华灯巡游》《初上灯会》《森林音乐会》《悬崖音乐会》等全新的演出和活动。

二是"网红宋城"延续经典，跨界融合引燃爆点。宋城演艺旗下各景区因地制宜，结合自身产品特性和属地市场需求，创新产品形式和内容，积极开展多样化异业合作，打造网红打卡点，推出网红演员。

例如，杭州宋城景区打造的"杭州宋城奇妙夜"活动，进一步探索异业合作的升级版。该活动突破惯有风格，将软萌的动漫IP融入节会元素，通过对主题街区的新颖包装，与已有网红打卡点互融，设计了丰富多彩的互动体验活动，吸引众多亲子家庭和动漫粉丝加入，打造出不一样的"杭州宋城"。又如，杭州乐园特别打造的现场娱乐沉浸式体验——"国潮万圣节"，则以剧本杀为模式展开。2020年10月31日，杭州乐园接待游客2.31万人次，创8年来历史接待纪录。杭州乐园秋季日均演出节目场次破百，最高达128场，"国潮万圣节"活动进入微博本地热搜。

（3）服务提升。

宋城演艺继续推行五星级服务，提升服务标准，倡导服务文化，树立全员服务理念。旗下各景区的游历线路进一步优化，提高了游客游玩的舒适度；优化衍生品、餐饮等商业设置，提升了二次消费的转化率。改变传统商业模式，全力发展商业自营模式，是打造"演艺王国"的重要组成部分。

（4）科技应用。

在不断探索演艺内容的同时，宋城演艺还高度重视科技与演出内容、园区管理相融合，自助购票、人脸识别、3D投影、全息、VR、AR、一键播控系统、现场动捕等科技手段，广泛应用于演出演艺的前、中、后端。宋城旅游的小程序1.0版本于2020年6月12日正式上线，其功能涵盖购票、园区导航、信息查询、游客咨询、餐饮休闲等，为游客提供了从购票到游玩的一站式便捷服务。

2.社会反响

疫情暴发初期，宋城演艺董事长黄巧灵就发出了"致宋城全体员工和家人"的一封信，率先作出"不裁员不减薪"的承诺，彰显了企业担当。同时，公司化危为机、厉兵秣马，在做好疫情防控的前提下，利用闭园停业期，开展各个项目的整改提升，对硬件设施、内容创作、市场营销、景区商业、精细化用工等多方面进行了优化升级。2020年，杭州宋城"演艺王国"模式雏形初现，珠海项目开工，西安、郑州项目完成首演，上海、佛山等项目积极推进。媒体多次对宋城演艺进行宣传，在向文旅企业传播正能量的同时，也提振了行业信心。

3. 经验总结

（1）创意产业可复制和规模化。

宋城演艺以"演艺"为核心竞争力，打造了"宋城"和"千古情"两大品牌，连续十一届获得"全国文化企业三十强"称号。"千古情"系列演出，每年演出8000余场，每年观众达3500余万人次，在演艺市场，剧院数、座位数、年演出场次、年观众人数、年演出利润上均属前列。

（2）内容为王，创意制胜。

宋城演艺自成立之初便秉承"建筑为形、文化为魂"的理念，突出强调表演节目的创意创新，每一个景区内的建筑、剧院、演出都汇聚当地文化特色，量身定制。20多年来坚持常改常新，不断在演出中加入现代科技和潮流元素，促使内容与时俱进和保持高品质，从而赢得消费者的青睐和市场口碑。

（3）在演艺中坚持"科技创新"。

宋城演艺极其重视科技的应用，一台台精彩绝伦的演出是文化内核与科技的交相辉映。科技手段能丰富艺术表现形式，增强观演体验，甚至能改变观演关系，也有助于加强舞台和现场管理。

来源：中国旅游报微信公众号，"文化和旅游市场信用和质量工作典型案例展示（八）"，2021-07-24.

第三节　智慧景区电子商务管理▲

一、线上售票及线下验票管理

在互联网时代，随着在线旅游的发展，越来越多的景区开始使用便捷的旅游电子交易平台，使游客能通过各类游客服务终端，在线完成景区门票与旅游服务购买活动。景区使用的旅游电子交易平台既包括第三方旅游交易平台，也包括景区自建的旅游电子交易平台。

（一）线上售票系统管理

一般来说，景区的线上售票系统可以分为三个模块，分别是游客模块、旅游景区模块和后台管理模块。

1. 游客模块

游客通过访问景区的网站、App 或小程序等，浏览相应的旅游景区信息，并进行账户注册、景区门票预订等，在网站预订时需要预留游客的手机号码；预订成功后系统会自动以短信和微信公众号的方式通知游客其订票编码、取票密码等信息，这时游客可以方便地到指定地点取票。目前很多景区已取消取票这一环节，游客也可以凭借身份证或者二维码电子凭证进入景区。

2. 旅游景区模块

游客要预订门票的景区，必须是同系统服务商签订协议的景区。系统服务商可以为景区开设一个专门的账户，让景区来更新景区的信息，在平台上向游客展示其独特的景区风景资源，以方便游客查看，提高预订的成功率。景区的管理者也可以通过这个账户系统，管理景区的信息，如门票预订信息、客源统计等。

3. 后台管理模块

后台管理模块主要是系统服务商对旅游景区的管理，包括权限的分配、用户的统计、资源的管理、门票的统计分析等内容。景区可以根据客户预留的手机号和邮箱，定期向数据库中的客户进行景点资源推荐和优惠促销活动。景区的后台管理中心也可通过中心数据库和业务逻辑控制，实现对游客及景区的管理。

（二）线下验票系统管理

线上线下一体化综合票务系统是旅游景区信息化的最新应用。线下实现景区检票、查询、汇总、统计、报表和防伪等各种控制管理功能；线上实现景区游客网络购票、支付、验证和查询等一整套服务。该系统很好地解决了游客旺季旅游景区长时间排队购票和入园的痛点，实现了票务线上、线下数据实时同步监控和管理，提高了景区的管理水平。通过该系统，景区可以及时、准确地掌握游客的旅游活动信息，实现景区监管从传统的被动处理、事后管理向过程管理和实时管理转变。

目前，大多数景区已经使用较为成熟的票务管理系统，系统能和景区数据库及电子商务平台进行对接，帮助景区实现游客仅凭二维码等电子门票方式直接入园。景区通过闸机的管理系统以及电子商务平台的票务系统，可以将游客的入园信息等采集到景区内部的数据中心，或利用第三方平台的用户数据分析，提供用户画像、客源地分析等分析报告，更好地进行精准营销，实现景区智能营销与管理。

二、基于人工智能 /AR/VR 的游客体验提升

（一）人工智能 /AR/VR 在智慧景区的应用

1. 增强现实导游

虚拟现实（VR）主要是将用户置于一个完全由计算机生成的环境内。而增强现实（AR）旨在呈现直接注册到物理环境的信息，是为了将虚拟的信息应用到真实环境中，使两种信息互相补充、互相叠加。借助 AR，在用户的感觉上，数字信息似乎已经成为真实世界的一部分。

增强现实导游应用程序的特色是一个虚拟动画角色作为导游带领游客参观景点。游客穿戴着带有头戴显示器的移动增强现实系统，通过游客头戴的摄像机跟踪位置在建筑物墙壁的标志实现室内跟踪。由于系统知道这些标志在一个真实环境的配准、精准测量的虚拟建筑物模型中的确切位置，因此通过这些标志可以在这个区域定位游客。

虚拟导游角色被放置在真实建筑物的参考系中。在漫游参观中，导游通过动画、二维和三维视觉元素以及声音提供协助以找到目的地，同时提供不同景点及工作在其中人物的位置解说。导游了解景区景点的构造与布局，游客会感觉这些感受是完全真实的。

2. 博物馆 AR 导览

游客在游览博物馆时，通常会遇到三个问题：（1）游客在游览前会想要了解博物馆的信息、交通线路、去场馆的方式。（2）游客在没有了解场馆信息的前提下，到了场馆可能会发现参观场馆需要提前预约，或者不知道什么时间可以免费参观等。（3）游客参观没有目的性，没有线索，走马观花式的参观使得学习效率很低，并且博物馆展品文字说明不能引人兴趣，不利于记忆和留有印象。

利用增强现实技术，博物馆相应提出了三个解决方法：（1）游客通过手机下载博物馆的应用或打开博物馆的微信公众号和小程序，可以查看基于增强现实技术的博物馆的概览、参观须知，以及交通方式；（2）游客通过下载 App 或打开博物馆的公众号、小程序，可以方便快捷地网上注册、登录、预约订票，同时可以了解场馆的信息；（3）导览产品内预设几条不同的主题线路，不同需求的游客可以选择不同的线路进行参观。游客以主题线路的展厅安排为线索，有目的地参观展品，发现感兴趣的产品时，会有标识悬浮在上方，点击开始，便可以听到讲解音频或者是叠加在实景中的视频动画，也可以进行交互。这种交互方式引起游客主动探索的兴趣，使用后获得更多的知识，并且通过音频、视频、交互等形式，有利于帮助游客进行记忆。

使用增强现实技术可以快速交互和参观。博物馆导览 AR 系统主要是实现虚拟信息与真实场景的融合。虚拟信息包括首都博物馆场馆的 3D 数字模型、模拟的三种推荐参观线路、博物馆内一些制作的视频等，通过摄像头对标记信息进行检测，获取标记 ID，

对摄像头的姿态进行计算，并将标记信息生成虚拟信息，将虚拟信息注册到真实场景中，生成虚实结合的图像输出到产品的屏幕上。

3. 景点虚拟游览

从旅游产品的组织形式来看，未来旅游行业会形成实景旅游和虚拟旅游两个格局，这两个格局分别对应不同的市场。实景旅游侧重高端旅游市场，虚拟旅游则成为旅游业的另一种补充。从目的地的呈现方式来看，VR 技术可以取代文字和图片介绍的形式来吸引游客。从企业的服务形式来看，景区管理者可以利用 VR 技术做好宣传，通过设备增强旅游体验品质，并在此基础上做好评价反馈。

基于 VR，游客只需要戴上一套 VR 头戴设备，就能借助 360° 全景视频、照片乃至感官设备进入虚拟旅游体验。游客还可以通过 VR，在行程开始之前就全方位地了解整个行程的始末，从而制订完美的行程和计划。近两年来，国内外旅游局、景区运营方纷纷在景区、目的地营销方面引进 VR 项目。

墨西哥旅游局使用 Aurasma App，通过虚拟的经验册和明信片，让潜在的顾客和参观者能够感受他们所提供的旅行；南非旅游局将惊险刺激项目浓缩成一个 5 分钟的虚拟现实视频让游客体验，此外，南非旅游局和旅行机构还发起了一项活动，制作 360°高清画质和双声道音效的南非风情宣传片，输送到伦敦和曼彻斯特的酒吧，让消费者可以在酒吧里戴上虚拟现实头盔设备，刺激其消费欲望；精钻会游轮利用虚拟现实开发了 Azamara 3D，让乘客"切身"体验游轮生活。

4.VR 主题公园

VR 虚拟现实科技应用于主题公园主要有以下两种形式。

第一种是 VR 与主题公园里的过山车结合，带给游客完全不一样的体验。以前当游客坐在飞速穿梭的过山车上时，伴随的是游客惊险刺激的尖叫；而配上 VR 沉浸式内容后，就变成了"星际过山车"，游客可能会感觉在云端飞越，或者在星际飞行，或者在天外的某个星球探险。2016 年 1 月，英国索普虚拟现实和增强程实的应用公园（Thorpe Park）与奥尔顿塔（Alton Towers）宣布推出虚拟现实过山车体验、虚拟现实幽灵列车体验。同年 3 月，三星宣布联手世界上最大的主题公园 Six Flags，用三星 Gear VR 设备为消费者搭建虚拟现实过山车，让游客可以获得突破性的多维虚拟过山车体验。在进行虚拟现实过山车体验时，游客依然坐在真实的过山车上，但游客必须佩戴 Gear VR 设备，设备中会播放预先定制好的 VR 视频，为用户提供不一样的视觉体验。

第二种 VR 与主题公园的结合方式是利用 VR 直接打造一个完整的虚拟现实主题公园。美国的 The VOID 已经打造出原型产品——The Void 主题公园，其体验的核心是重新定义行走的概念。游客戴上具有 180° 视角的定制手套和头盔，在 60 米 × 60 米的房间里进行探险。该房间内的道具实物都是经过精心设计的，所以在"探险"过程中游客可以很真切地感受到和现实中的触感一样的"钢管""门把手""墙壁""石头"。从某种程度上来说，这跟 VR 互动游戏很相近，沉浸感好、惊险刺激。

随着 VR 技术的发展，这种更刺激震撼、新奇炫酷的旅游体验将能俘获众多游客的芳心，因为它能让游客瞬间沉浸在无与伦比的虚拟空间里。并且在建造和运营成本方面，VR 虚拟主题公园也有很大优势，传统实体主题乐园搭建耗资巨大，对于开发商和运营方而言，会面临资金的压力，承担设计、建造、人力、财力等风险，而打造虚拟主题公园的风险则要小得多，并且公园可以实现定期更换娱乐主题，推出越来越多的场景，做到"风格百变"。

5.VR 人文旅游

人文旅游的特点是以文化为景点、具备人文特色的游览体验，这些旅游资源有特定的历史和人文背景。最典型的莫过于故宫，故宫里面对外开放的部分只占了极少数，无论是对文物价值的提炼还是对历史遗址的还原，虚拟现实都能做到。目前的虚拟现实技术也可以实现对长城各个历史阶段影像的还原，做成虚拟现实的影像材料，让用户能够体验今日的长城和昨天的长城，今昔对比，穿越古今。

此外，现在虚拟现实已经成为数字博物馆、科学馆等应用系统的核心支撑技术。在数字博物馆、科学馆方面，可以利用虚拟现实技术进行各种文献、手稿、照片、录音、影片和藏品等文物的数字化和展示。对这些文物展品高精度的建模也不断给虚拟现实建模方法和数据采集设备提出更高的要求，在一定程度上推动了虚拟现实的发展。纽约大都会博物馆、大英博物馆、俄罗斯冬宫博物馆和法国卢浮宫等都建立了自己的数字博物馆。我国也有了数字科技馆和虚拟敦煌、虚拟故宫等。

（二）基于人工智能 /AR/VR 的游客体验提升策略

1. 充分利用最新网络技术，提炼景区主题

确定体验主题就是一个发现旅游者需求的过程。传统的做法是建立门户网站，由旅游者自主在网上搜索信息。面对互联网上海量的信息，游客需要反复甄选，既浪费时间又浪费精力。而如今的移动互联网、垂直搜索技术以及深受用户喜爱的社交网站，真实又准确地预测出了旅游者的喜好。景区管理者应主动对这些数据进行分析，据此确定不同体验主题的产品，针对目标顾客进行精准营销。这样不仅方便了游客，也能确保生产出来的产品被市场所接受和认可。

2. 强化虚拟旅游的参与性

可以利用景区的人工智能提高景区的参与性，高度参与性是景区的一大优势，它能利用虚拟现实、增强现实等技术仿真模拟再现，这是促使自然资源匮乏的都市旅游兴起的原因之一。典型的例子就是伦敦博物馆推出的"街道博物馆"，该应用可以提供一种如同"时光机器"般的游览体验，当游客漫步在伦敦城市街道上时，只要把手机摄像头对准当前所在的位置，应用就会帮游客匹配当前位置并在手机屏幕上显示该街道几十

年前的样子。上海世博会日本馆的时光机则穿梭到了未来，让旅游者体验了一把未来生活。景区设计开发具有高度参与性的虚拟旅游项目，可以让游客实现"身体在家中，灵魂在路上"。比如，主题公园景区可利用 VR 虚拟仿真技术模拟漂流、野外探险等活动，让游客先体验再选择，充分照顾到每一位游客的需求。

3. 完善智能解说系统

每个景区的主题不一样，因此导游在向旅游者提供讲解服务时，应注重该景区的主题特色。景区可以利用人工智能等信息技术，设计景区的有声讲解软件或小程序，让游客可以在景区内通过手机讲解就可获得景点的详细信息，可以在不打扰他人的情况下，通过听讲解、实地观察来获取知识。智能解说系统也需要配有语音识别器，可以转换成游客所需要的语种，充分满足外国游客的需求。

4. 借助人工智能提升景区的智慧管理和服务

（1）智慧管理。

旅游景区可以采用先进的信息技术、网络技术、移动通信技术等智能手段开发出景区 App，实现景区的智慧响应。首先，要使景区的一线工作人员可利用手机 App 随时进入工作，如统计人数、查询景区实况和实时上报复杂问题等。其次，景区管理者可以在手机 App 上看到景区实时街景。这样，在某条游览线上游客增多出现拥挤时，负责人便可根据景区承载力和客流量快速做出合理的紧急预案，从而有效避免人员拥挤导致游客的游览体验感和满意度下降。最后，游客在手机验票或通过手机、智能手环等终端设备使用信息查询功能后，游客位置服务系统能自动地记录游客踪迹，实现景区对游客安全的实时管理。

（2）智慧服务。

景区要利用各种高科技的设施设备，尽可能保证每位游客在景区游览时都能获得便利性、超值体验和高满意度，为游客提供全方位的智慧服务。例如，在进入景区前，游客可通过景区虚拟旅游技术对景区的全景和景点实况进行感官先体验，为即将到来的旅游活动进行预热。在进入景区时，游客可通过由射频识别技术支撑的智能门禁系统快速进入景区，并在景区内实现"一票通"，解决重复购票和排队问题。在景区游览时，游客可通过智能导览解说系统获得便捷、详细的景区游览信息，包括游览线路的智能导航、景点的智能讲解、针对游客位置信息进行的个性化主动推送服务等贴心的实时服务。在游览结束后，游客还可通过景区 App 等平台实时记录的游览线路、景区图片、实时心情等相关信息回顾和评价游览过程，方便游客在社交平台上分享真实完整的旅游体验。

【本章思考】

1. 智慧景区包括哪些内容？

2. 智慧景区信息化系统包括哪些内容？

3. 如何提升智慧景区的游客游览体验？

【案例延伸】

野三坡智慧景区为游客带来新体验

南高北低、椭圆楼顶的马蹄形灰色主体工程正在紧张装修，白色的球形建筑内正在调试影视设备……这里就是即将投入使用的野三坡智慧景区运营中心。

该中心位于野三坡景区出口道路与拒马河国际水岸风景线（108国道）的十字交会处东南侧，直通百里峡火车站。"再有两三天就完工了，我们这个智慧景区将改变传统营销管理方式，采用现代化手段，用1朵云、1张网、5大平台、26个子系统实行一站式服务，景区紧急救护、及时防止灾害、景区管理水平都将有显著提升。游客在家里只要通过下载App、关注微信服务号、登录手机WAP墙就可轻松游览。"8月30日，正在现场指挥装修施工的智慧景区副主任晋探宇说。

野三坡智慧景区运营中心建筑面积10000平方米，包括休息大厅、售票大厅、指挥中心、控制中心以及医疗、休闲等综合服务区。整个运营中心承担了野三坡500平方千米景区范围内的实时监控、信息采集、信息共享等功能，从景区管理、服务游客、数字营销、模拟旅游等角度提供全方位的智慧服务，让游客通过一部手机就可以实现玩遍三坡、吃遍三坡、看遍三坡、走遍三坡。

在运营中心的右前方，有一座白色的球形建筑。晋探宇介绍说："这个白色球形建筑是360度虚拟体验球，它的作用是利用3D技术，以多视窗、多画面的形式，通过互联网技术，随时展示野三坡各景区的美丽景观。"

据了解，在智慧景区指挥中心，搭建了高扩展旅游云数据平台，保证整个中心内各个设备终端间的高速互联互通，满足智慧指挥的需要。通过监控中心，工作人员能了解景区的实时信息，如各路段交通状况、各景区游客流量，并通过交通诱导屏、信息发布屏、导览App、微信公众号等平台实时推送，节假日还可以实现紧急分流，确保旅游秩序。

"立足前沿，放眼未来，野三坡智慧旅游的方向，是不断提高为广大游客提供舒心便捷服务的水平。"野三坡管委会副主任曲宝军说。

来源： 河北旅游微信公众号，2016-09-02.

案例思考：

1. 结合野三坡智慧景区建设案例，你觉得智慧景区建设给游客带来了哪些便利？

2. 如果你是景区职业经理人，你将如何建设智慧景区？

【本章参考】

［1］李甲岚.智慧旅游背景下的旅游体验提升研究［J］.中国集体经济，2016.

［2］马海龙，杨建莉.智慧旅游导论［M］.银川：宁夏人民教育出版社，2020.

［3］Schmalstieg D,Hollerer T.增强现实：原理与实践［M］.刘越译.北京：机械工业出版社，2020.

［4］苏凯，赵苏砚.VR虚拟现实与AR增强现实的技术原理与商业应用［M］.北京：人民邮电出版社，2017.

［5］杨斌厚，王少兵，周兴.基于智慧旅游谈森林公园旅游体验的提升［J］.旅游纵览，2014.

［6］张慧姝.增强现实技术在文化创意产业中的应用［M］.北京：电子工业出版社，2018.

［7］周春林.旅游电子商务教程［M］.北京：旅游教育出版社，2013.

第 九 章

景区活动策划与执行技能 *

🔍 【学习目标】

◇ **景区职业经理人（助理）**
- 掌握景区活动策划与执行技能

◇ **景区职业经理人（中级）**
- 熟悉景区活动策划及执行方法
- 熟悉景区活动评估与总结分析方法

◇ **景区职业经理人（高级）**
- 掌握景区活动策划技能
- 掌握活动评估与总结技能

本章导读

　　在景区内举办旅游活动，是吸引旅游者、聚集更多人气、树立景区形象的重要方式，一次成功的景区活动可能让景区品牌"名声大噪"，一次失败的景区活动也能让景区口碑呈现断崖式下跌。因此，活动策划与执行技能对于景区管理者和运营者具有重要意义。特别是在当前新冠肺炎疫情的影响下，旅游景区的"人气复苏"也需要精彩活动的助力。

📄 【引导案例】

　　华清宫是世界著名的历史文化旅游景区，首批国家 5A 级旅游景区，全国重点风景名胜区，拥有深厚的历史文化和丰富的人文遗迹。近年来，华清宫景区凭借其知名的《长恨歌》舞台剧，突破了传统旅游景区"门票经济"发展局限，形成了良好的品牌效应。此外，以《长恨歌》演艺为核心，景区运营公司先后主导制定了多项国家和地方标准，形成了独特的"长恨歌"模式，其中的多项技术也成功申报了国家专利，吸引了山海关、敦煌庆典等多家演艺单位慕名学习。

第一节　景区活动策划

一、景区活动策划需要考虑的因素

（一）景区活动利益相关者

景区活动能否持久运作下去，取决于景区活动能否协调好其利益相关者之间的关系。在景区活动中，不同的参与客体有着不同的利益诉求和期望，只有在分析相关者利益的基础上，才能建立起新型合理的平衡机制，确保所有相关者的需求得以满足，实现各个维度的可持续性。景区活动的利益相关者有：当地政府、职能部门、运作企业、当地社区、旅游者、媒体、赞助企业等。众多利益相关者在景区活动中存在多元化的利益定位和预期（见表9-1）。

表9-1　各利益相关者的利益预期

利益相关者	利益定位	利益细分
当地政府	地区经济、社会、文化全面发展，政府政绩	提升当地形象，提高政府声誉，促进产业发展、地区就业，加强基础设施建设等
职能部门	地区及部门发展	工作部门业绩
运作企业	企业自身发展	企业的利益诉求，维系与政府的关系
当地社区	社区的全面发展	文化传统、人际交往、休闲娱乐、增加就业
旅游者	旅游体验	真实性、参与性、独特性
媒体	自身发展	市场影响政府关系
赞助企业	企业发展	销售增加形象提升

（二）景区活动对于旅游景区的价值

举办景区活动的根本目的是给景区增加利益，所以在进行策划时要充分考虑活动价值。一般来说，景区活动的价值包括集聚景区人气、增加经济效益、塑造旅游特色，还可以增强员工信心，留住优秀人才。

景区活动既包括娱乐性、观赏性、体验性的活动，如油菜花节、灯光节、冰雪节等；也包括各类展览、会议、比赛，如世博会、APEC会议、主题论坛、学术研讨、趣味赛事等，能够提升景区曝光率和人气。在策划活动时，还要考虑如何通过活动宣传造势，如借助新媒体平台推广景区活动，在活动开展前尽量让更多人了解这项活动，并吸引游客参与。

通过举办景区活动还可以增加经济效益和塑造旅游品牌。并非所有景区都有得天独厚的自然资源作为吸引物，但景区仍然可以依托当地特色打造品牌。例如，山东寿光旅游资源相对匮乏，但寿光市依托蔬菜博览成了全国知名的生态农业旅游城市。再如，江苏盱眙和湖北潜江依托龙虾节策划了龙虾主题旅游，如龙虾美食之旅、龙虾玩乐之旅、龙虾游学之旅等旅游线路。山东寿光、江苏盱眙和湖北潜江的旅游也因此变得更具特色和竞争力。

在新冠肺炎疫情严密防控期间，景区经营面临极大的挑战。在疫情得到有效防控后，久居家中的游客带来了"报复性旅游"，景区竞争陡然激烈，这时景区的营销与景区活动策划就尤其重要。旅游景区要想尽快恢复人气，就迫切需要重建进入景区的信心，如举办有大量游客参与的活动并大力宣传。

（三）景区活动风险

景区活动尤其是大型景区活动因其社会化程度高、参与人数众多而容易形成大量的风险。

1. 政治文化和宗教民俗约束风险

此类风险与活动内容、形式密切相关。在选择活动主题时，一定要考虑举办地和目标游客的社会意识形态、社会道德规范、宗教民俗习惯等，否则可能出现民族矛盾、政治对抗、宗教冲突等风险。

2. 法律政策约束风险

组织和实施景区活动必须在法律允许的范围，并且得到相关部门的授权和许可。在我国，根据活动的性质和规模的不同，活动管理涉及地方文化部门、公安部门、环保部门、消防部门等多个部门。同时，景区要注意防范设计行业不正当竞争、行业相关的法律不健全等风险。

3. 商业运作风险

商业运作风险是指在市场运作的过程中履行主办方义务、合同义务时产生的资源风险、技术风险、人员风险、时间风险、财务风险、经营风险、信用风险、销售风险、品牌风险等。

4. 健康和安全风险

这是所有活动风险中出现频率最高的风险类型。在景区活动过程中，任何自然灾害或意外事故都可能引发对组织者、临时工作人员、嘉宾、演出人员和观众的人身伤害，发生危及健康和生命的安全风险。因此，在开展景区活动时尤其要做好集体管理，对参与人数进行正确估计，合理安排游客通道、走向和服务设施，做好人流约束和管制。

新冠肺炎疫情期间，旅游业面临极大的健康和安全风险，各大景区被迫暂时停业。疫情恢复期，景区虽然得以重新开放，但游客数量仍受到限制。2020 年 2 月 29 日，中国旅游景区协会发布了《关于旅游景区受新冠肺炎疫情影响情况及产业恢复对策建议的报告》（以下简称《报告》）。《报告》指出，此次疫情对景区行业营收影响极大，不仅波及全国，而且受影响程度重、时间长。春节期间全国景区收入损失额度将达到上年同期水平的 90% 以上，全年全国景区收入损失额度预计达上年同期水平的 40%~50%。在遵守疫情防控的要求下，景区活动如何实施，如何吸引游客成为一大难题。

5. 不可抗力风险

不可抗力风险包括战争、恐怖袭击、疾病暴发、自然灾害等灾难性事件，这类事件将直接导致活动取消或延期，给组织者造成极大的损失。根据风险性质和景区的承受能力，在考虑到风险的可规避性、可转移性、可缓解性、可接受性等条件下，可以有如下应对方法。

（1）回避。

回避景区活动风险指改变活动计划，以排除景区活动风险或条件，或者保护活动目标，使其不受影响。出现于活动早期的某些景区活动风险事件可以通过澄清要求、取得信息、改善沟通，或获取技术专长而得到解决。例如，缩小范围以避免高风险活动、采用熟悉的方法而不是别出心裁的创新方法、避免使用不熟悉的供应商或服务商等都是回避风险的具体做法。

（2）转嫁。

转嫁景区活动风险指设法将景区活动风险的后果连同应对的责任转移到第三方身上，包括利用保险、履约保证书、担保书等将具体景区风险责任转嫁给另一方。

（3）减轻。

减轻指提前采取行动，设法把不利的景区活动的风险概率或后果降低至一个可接受的临界值，减少其对活动项目造成的影响，避免在风险发生后亡羊补牢。减轻景区活动风险的成本应估算得当，要与景区活动风险发生的可能概率及其后果相称。

（4）预防。

事先从制度、文化、决策、组织和控制上，从培育核心能力上提高企业防御景区活动风险的能力。

（5）接受。

主动地接受风险。可以制订一套一旦发生景区活动风险时所准备实施的应变计划，如应急预案，包括为已知的景区活动风险留出时间、资金或资源。对于景区接受风险所需的预留资源储备，将取决于根据景区活动风险水平计算所得影响力的大小。

二、景区活动策划的原则

景区活动策划设计必须遵循其自身发展所体现和要求的基本原则，具体如下。

（一）实用性与可操作性原则

景区活动是一个综合性的活动，资源整合要求较高，涉及范围较广，因此在活动策划时必须考虑可行性。在活动策划初期可以充分发挥想象力，在制订活动方案时要对之前的想法进行充分验证，评估活动实施的可行性。活动举办的具体时间、地点、规模等都要与当地实际相结合，在追求前瞻性和吸引力的同时也要充分考虑举办地的实力与承受能力。

（二）市场化原则

景区活动作为一种经济活动，其重要目的之一就是获得良好的经济效益和市场效果。因此，景区活动的策划设计必须遵循一定的市场规律，纳入市场景区经济的轨道进行市场化运作，强化成本与利润、投资与回报、效率与效益的意识，建立和完善景区的市场化运作机制。

同时，景区活动应以市场为导向，深度研究细分市场。一些景区不能提供游客需要的多种娱乐，或活动项目陈旧落伍、娱乐功能缺乏，难以形成对游客的吸引力。活动策划应充分考虑和分析游客来源地结构、人口特征、游客需求差异、游客消费行为、消费能力、旅游时间安排、活动爱好等，研究市场构成的各个环节要素，以便提高策划的有效性，达到举办旅游活动的目标。

（三）因地制宜原则

旅游活动受到一定的资源条件限制，有些活动需要特殊的气候、地形条件，因此要根据本地区旅游资源的条件，开发适宜的旅游活动项目。例如，重庆市武隆天生三桥景区作为世界遗产地景区并不缺乏游客，却面临环境保护、遗产地保护等法律法规问题。清华同衡设计院在承接规划项目后，围绕如何提高游客满意度、增加游客消费、扩大景区容量等开发难点，从规划布局、产品设计到项目落地都保持严谨细致，获得了市场的认同。其成功之处在于：一是聚焦亮点，突显遗产魅力；二是打造演艺产品，丰富夜间活动；三是疏导热点，扩大景区容量。

（四）特色化原则

特色是景区活动在策划设计时必须充分考虑和体现的关键要素，是增强景区活动吸引力和影响力的前提性原则。一般而言，景区活动应注意挖掘和突出四个特色，即民族特色、地域特色、文化特色、时代特色。多种特色间应交融互补。需要强调的是，特色化原则应当贯穿到景区活动的实质性内容之中，包括活动主题、内容设计、服务质量等方面，才能打造独树一帜的主题形象，满足旅游者寻求独特经历的需求，形成独特品牌。目前景区活动也出现了"雷同"的现象，例如，乡村旅游项目普遍出现吃农家饭、住农家院、体验农家生活等项目，使得很多游客觉得没有差异性，失去了特色。因此，景区应挖掘自身特色，而不是一味地模仿。

（五）主题化原则

主题是景区活动的主旋律。任何类型的景区活动，都必须营造一个鲜明的主题，以主题为脉贯穿始终。只有主题明确，才能使景区活动的策划设计做到提纲挈领，形散而神不散。景区主题确定后，主办方应当紧紧围绕主题策划和设计具体方案。所有单体活动和具体内容一定要紧扣主题，突出主题，表现主题，为主题服务。

以世博会为例，每一届世博会都有自己的主题：

1998 年葡萄牙里斯本世博会主题为：海洋——未来的财富；

2000 年德国汉诺威世博会的主题为：人类—自然—科技—发展；

2005 年日本爱知世博会的主题为：超越发展——大自然智慧的再发现；

2010 年上海世博会的主题为：城市，让生活更美好；

2012 年韩国世博会主题为：生机勃勃的海洋及海岸——资源多样性与可持续发展；

2020 年阿联酋迪拜世博会主题为：沟通思想，创造未来；

正是世博会主办方围绕主题精心组织，才让世博会异彩纷呈。

（六）体验性原则

体验是指以人为本，策划满足游客体验的活动形式。目前仍有不少新建景区片面追求最大、最高、最长、最多，变成了以雕塑、蜡像、图腾柱、碑刻为标志景观的大型景区静态"博物馆"。随着景区的经验积累，景区的功能性规划建设渐趋完善，景区的游客体验质量要求越来越高。因此，在以人为本理念的指导下，策划和设计出互动体验、亲和吸引、情境感悟、个性愉悦的旅游活动是增强未来景区竞争力与可持续发展能力的重要举措。

（七）品牌化原则

景区活动品牌化运作包括产品化、制度化、产权化三个方面。产品化即把景区活动作为一个景区产品，打造成为城市营销的品牌；制度化即建立和完善景区产品开发与创新景区体系；产权化则特别注重景区活动品牌的注册与知识产权保护，建立专业的景区活动策划与运作团队。此外，打造知名的景区品牌还需要进行系列化的产品运作，依据传统性、文化性、综合性和动态性特点，以形成不同时间尺度、不同规模等级、不同活动类型、不同时间阶段的系列景区活动。其中，活动时间系列化是指在考虑适宜的出游时间、活动内容、季节气候等前提下，使各种景区活动在一年中形成系列分布。

（八）产业效益原则

景区活动之所以被上升到产业的高度，是因为它能通过辐射拉动效应，创造巨大的有形资产和无形资产。因此，景区活动的策划设计要围绕有形资产和无形资产展开，推进产业链延伸。如福建索佳艺集团计划投资 15 亿元，建设"迷乐谷"，以"闽清义窑"陶瓷文化为载体，紧扣迷宫艺术形式，集生态农业、文化旅游、休闲度假、科普教育、研学康养于一体，以旅游综合体的形式融合文化、旅游、教育、康养、农业等多种产业，促进协同发展。

衡量景区活动水平的标准和尺度，关键是看其所产生的效益。首先，景区活动应当达到经济效益和社会效益的有机结，如能够培育城市精神、提高居民素质、推动旅游业高质量发展、活跃地方经济等。其次，要体现出近期效益和远期效益的有机结合，既要保证景区活动对旅游业、商贸业、酒店业等方面近期的显性效益，又要实现景区活动对优化城市环境、提升区域形象、生态文明建设等方面的长期的隐性效益。最后，要体现出单体效益和综合效益的有机结合，诸如景区活动宣传、接待等单项工作的经济效益可能不甚明显，但是从总体上看它为景区活动的效益提升创造了必备的基础条件。

三、景区活动策划的流程

景区活动的策划可以分为三个阶段：一是策划前的市场分析阶段；二是具体策划阶段；三是策划后的评估阶段。

（一）市场分析阶段

第一个阶段，主要是确定项目前的市场分析阶段，包括客源市场调查、分析举办地的基础条件和明确活动主题三个方面，其目类似于可行性分析。任何景区活动的策划都必须与当地的配套设施、景区的资源、文化特色相吻合，要能推动景区及景区所在地的长远发展。

1. 客源市场调查

景区是否举办活动项目首先要判断客源市场的需求潜力和需求倾向，客源市场调查的目的是了解为参与活动的游客提供什么活动项目，为确定活动项目的主题和组织安排活动提供依据。为此，活动推出前的市场调查工作要了解游客的基本构成、游客对旅游活动项目的喜好，以便策划与设计有针对性的活动。

2. 举办地基础条件

分析举办地的区域特色、地理特征、交通条件、经济与社会背景、竞争状况，分析景区的具体特色如何与举办地的基础条件相协调。

3. 确定活动主题

主题依据举办活动的目的确定。旅游景区举办活动的目的主要是吸引游客，调节游客流量分布、丰富旅游内容和提高旅游景区的吸引力等，体现了景区特定的文化内涵。一个旅游景区可供选择的主题线索非常多，如何提炼出既能体现景区资源特色，又能迎合旅游市场需求的主题类型是旅游景区开发中的首要问题。一般来说，越是贴近日常生活的主题越容易被接受，如中国·乌镇香市。

香市是江南一带特有的一个民间民俗活动，一到清明至谷雨农闲时分，江南百姓为祈求蚕桑丰收，从水路、陆路赶至周边各大寺庙烧香祈福，随之而来的民间杂耍、戏文演绎、风味小吃、茶亭堂会等商贸活动皆为香客服务。一来二去，每年的"香市"就成了江南人家踏春赏花的民俗节日。2001年，乌镇景区恢复了享誉江南的"乌镇香市"，让世人重温水乡狂欢节的盛况，到2021年举办第21届时，在保留蚕仙巡游、蚕花庙会、踏白船、曲艺杂耍等传统民俗文化活动的同时，乌镇香市也带来了嘉年华演出、踏青游春、雅集打卡等游客喜闻乐见的创新活动项目。

（二）具体策划阶段

第二个阶段，主要是确立项目后的具体策划阶段，包括确定景区活动策划的初步方案、费用预算、资金筹集、宣传方案、景区活动过程策划五个方面。在这个阶段中，要解决的是与景区活动密切相关的资金和物资、营销、具体活动安排等问题，这是景区活动的细节化过程。

1. 景区活动策划的初步方案

活动策划的初步方案应在综合考虑举办地旅游资源的特色和旅游者的需求的基础上进行，包括策划单位选择和相关管理部门联络。一般的活动可以由景区的营销部门策划与组织，一些大型和特殊的活动可以委托专业的策划咨询公司协助。小型活动只需要景区各部门之间进行必要的协调，但是大型活动的开展需要活动组织部门展开公关活动，与相关管理部门进行联络，获得各种许可，为活动的顺利进行奠定良好的基础。

2. 费用预算

费用预算包括场地租用、购置器材设备、日常行政费用、工作人员工资、公关活动费用、宣传费用等。

3. 资金筹集

若节庆活动非政府举办，则需通过企业赞助、居民公助、广告收入、门票收入、场地摊位租赁等途径获得。主办者可找联络地区有关商家、厂家，采取活动冠名办法筹措资金。寻找赞助商要事先准备好几种可选择的赞助方案或组合回报方案，旅游景区可以做出适当的让价，如减免旅游景区的部分门票。

4. 宣传方案

为了吸引游客参与，宣传推广必不可少。旅游景区举办活动之前，需要准备宣传推广所需的物料资料。此外，开展旅游节庆活动也是宣传和展示景区的重要方式。举办大型旅游节庆活动不仅为广大游客所关注，而且是记者猎奇、媒体聚焦的对象，旅游景区可根据各种媒体的不同特长有选择地向新闻媒介透漏信息，利用新闻媒介制造与本次活动有关的新闻。

5. 景区活动过程策划

成立景区活动指挥部、任务分工、人员安排、时间与场地安排、娱乐项目组合。

（1）时间地点安排。

活动举办时间需要考虑季节性影响、活动时间周期。在确定活动举办时间后，应该准备一份详细的工作安排表，在活动举办之前对每项工作设定完成期限，控制工作进度。地点安排主要是布置场地和线路。景区活动项目需要特定的活动场所，如果分散在景区不同空间，还需要对活动的线路进行策划。一些旅游景区在规划时就通过功能布局确定活动场所，但室外展览表演和定向活动等仍然需要临时安排场所，如登山活动的线路。

（2）服务组织与人员安排。

举办活动期间，游客数量增加，景区管理和接待人员数量也需要相应增加，包括服务和维持秩序的治安人员，大型活动还可能需要招募志愿者。大量人员在短时间内过度集中容易造成安全隐患，因此，在活动期间还需要治安管理部门和交通管理部门予以支持，坚持严防严管，切实做好各项安全保卫措施，确保旅游景区治安和交通秩序井然。

（三）评估阶段

第三个阶段，主要是基本策划完成后的评估阶段，包括活动评估和策划升华两个部分，即进一步验证景区活动的可行性和对当地经济的提升作用，同时对策划中的疏忽进行修正。

活动结束后应对活动的策划、组织与效果进行总结，为日后举办活动积累经验，主要从经济效益和社会效益两个方面进行评估。经济效益分析主要比较投入、支出和利润情况，衡量活动为主办者和承办者带来的经济利益。社会效益评价可衡量活动景区、主办者、承办者是否带来声誉，可以从各方对活动举办的评价中获得，以正面评价和负面评价的比例来衡量。另外，在经济效益和社会效益评价的基础上，还需进一步分析景区活动的成功经验与不足之处，总结活动的可行性和持续性，为日后举办活动提供借鉴。

第二节　景区活动执行

一、布场

布场的好坏直接影响活动后续，是活动能否持续火热的关键因素，尤其要站在游客的角度综合考虑拍照美观等实际需求。

（一）场地选择

1. 场地的类型

（1）室内场地。

室内场地指活动选择在固定的建筑物内举办，如各类会议中心、大小会议室、展览中心或展览馆、体育中心或体育馆，还包括音乐厅、宴会厅、活动室等。这种场地往往是永久性、多功能的，经过装饰和调整一般可以适合举办不同的活动。

（2）临时搭建的凉棚式场地。

临时搭建的凉棚式场地指的是临时搭建的用来举办活动的暂时性场地，往往选择在无建筑物设施阻挡或有一定范围的草坪、广场以及其他较为平坦的开阔区。

（3）露天场地。

有些活动由于流动性或活动性质和类型的限制，不需要顶棚，可在草坪、广场等露天场所，或有规定线路的街道上举行。

2. 选择场地要考虑的主要因素

（1）活动的性质。

选择何种场地来实施活动方案要根据活动的性质决定。例如，花车大游行只能在马路上进行，游行的起止点要根据具体路况做详细规定，并做好交通管制以及安保工作。

（2）活动的规模。

在活动的策划阶段，组织者根据活动的类型和市场大小对活动的规模应该有一个清晰的认识，并列举出合适的场馆要求和条件。在最终决策时要考虑到观众的喜好、消费习惯、场地预算费用等是否可行。一般来说，确定场地要非常慎重，一旦确定，一般不能随意更改。如果确有意外情况必须改变，一定要尽早通知，如大型活动一般要提前3个月通知。

（3）场地的区位条件。

景区活动应当选择可进入性强、食宿游购便利的场地，为旅游者提供良好的区位条件。

（4）设施设备要求。

景区活动组织者还需要考虑所选场地的相关设备，如座位（包括固定座位和临时座位）、新闻记者席、停车场、餐饮服务等。同时，所选场地必须具备抵御恶劣天气、断电等意外事件的能力，如露天场地必须准备所需的棚盖设备以防遇到恶劣天气；出入口一定要能够确保畅通无阻，而疏散通道、急救车辆通行区等在遇到紧急情况时要能够充分发挥作用。

（二）场地布置

如果是室内活动，需要与场地提供方做良好的排期沟通和活动所需设备资源的协调，还要考虑到电源、活动现场医务室、卫生间以及分会场行走的线路问题，在活动开始前往往需要提前考察并做好统筹安排。如果是室外活动，不仅要和场地提供方沟通，还要和当地的城市管理部门做良好的沟通，通过城市管理部门的审批。另外，还要考虑到活动期间的天气状况，如遇天气状况不佳可以调整活动时间或启动应急方案，如遇大风或暴雨天气可以在背景幕布上加一些配重，避免造成不必要的财产损失和人员伤害。常见的做法如下。

1. 活动现场要划分出相应的区域

例如，媒体代表区域、嘉宾或VIP贵宾休息区域等，还要给工作人员（尤其是影音设备播放人员）留有相应的区域。音响设备、投影设备等电子器材的操纵需要比较严谨细致，且设备可能出现技术故障，因此必须给工作人员留出独立的工作区，以保证工作不被打扰。

2. 设计图纸以指导现场搭建

活动策划人员完成现场考察之后，务必要做出活动现场的2D图（用AI软件可制作）。在2D图上进行点位标注以帮助活动执行人员进行现场搭建，科学地把握工作区域和活动区域等方面的尺寸和距离。例如，搭建桁架的工人根据2D图了解桁架的尺寸、摆位等。除了制作2D平面图之外，还需要设计3D立体图，用来直观地表达场地的整体布局，为具体的活动执行提供依据，最终保证活动效果。

二、人员配备和预案

（一）活动现场人员管理

活动举办现场的人员可以分为两大类，即包括临时聘用人员在内的工作人员和包括观众、游客、媒体人员等在内的所有来宾。对于工作人员而言，现场工作是节事活动最紧张和最疲劳的环节，所以对工作人员做好培训和激励尤为重要；对于来宾而言，重要的是要在确保他们人身、财产安全的基础上，做好接待工作。

1. 现场接待服务管理

节事活动的现场服务能力和质量是衡量活动是否成功的一个标志。现场接待服务不仅要程序化、规范化，而且要针对各类来宾的不同身份尽量提供个性化服务。

（1）注重礼仪和仪式的策划。

礼仪和仪式是活动组织者借助喜庆和热烈的气氛，宣传自身形象，引起社会公众关注，扩大知名度，获得经济和社会效益的良好时机，尤其是活动的开幕式、闭幕式、颁奖仪式等往往会给观众留下深刻的印象。

（2）做好观众的到场与退场管理。

节事活动的观众流动有两种情况：一种是在较长时间内观众以较小的数量流动；另一种是游客在一段较短的时间内快速聚集和疏散，此时能否有效疏导观众流不仅影响观众的安全性，而且直接影响观众的心理体验。安排迎宾员、引座员接待客人，可帮助客人迅速扭转因路上堵车或其他原因引起的心情不快，很快地融入活动的欢快氛围当中。另外，向来宾赠送有保留价值的纪念品也已成为许多节事活动的惯例。

（3）对特殊人士的照顾。

欧美国家的公共设施在建设时都考虑了残疾人的特殊要求，如坡道、盲道、专用的洗手间等。我国在这方面的服务相对较差，要改变目前的状况，必须对固定的建筑和设施加以改造，并在新建的设施中注意这个问题，引起公众对弱势群体的关注，在各方面给予他们帮助和照顾，吸引他们参与各种节事活动，提高他们的生活质量，也可以彰显景区的人文关怀。

2. 现场工作人员管理

现场工作人员可以分为技术人员、管理和服务人员、临时聘用人员等几种类型，他们分工不同，但都关系到节事活动能否顺利进行。对现场工作人员的管理要注意：

（1）重视活动举办前的短期培训。

这种培训与节事活动的总体目标是一致的。经过短期的教育培训，可以提升员工素质，提高员工对活动重要性的认识，让员工熟悉整个现场管理的流程，保证活动的顺利进行。

（2）采用有效的激励措施。

通过各种激励措施的运用，可以提高工作人员的积极性，增强员工对节事活动的认同感，在现场提供更高质量的服务，包括目标激励、榜样激励、强化激励、情感激励等。

（二）后勤管理

后勤工作是较为琐碎的部分，即便是极其微小的细节也会影响活动的成败。对于所有的活动而言，如果后勤管理不完善，无论多好的创意都难以完善地实施。

1. 后勤管理中需要弄清的问题

良好的后勤管理能帮助确保活动安全、保证实现活动的目标并迎合公众的期望，厘清后勤管理中的各种问题，有助于现场活动的顺利进行。

①举办活动的目的是什么，募集资金、吸引媒体注意、促销各种产品，还是提供公众娱乐的机会？

②活动的规模，预计有多少观众、媒体记者和 VIP 贵宾参加，计划特邀多少嘉宾，特殊的观众（如残疾人、老人、不同语种的外国人）是否占很大比例？

③活动在室内还是室外进行，还是两者兼有？

④活动是否有分会场，它们之间相距多远？

⑤是否需要及需要哪些方面的供应商、服务商？如何选择供应商、服务商？

⑥活动对设施有何要求，对卫生设施有何要求（例如，每50~70人配置一个公厕位），是否要求活动有供残疾人使用的设施，公共卫生部门对设施有何限定？

⑦是否提供食品和饮料，如何提供，由谁或向谁提供？

⑧演员、观众和媒体记者乘坐何种交通工具抵达场地，工作人员和志愿者乘坐什么车辆到达指定地点？列出交通车辆的类型、来往时间和特殊要求。

⑨场地的座位布局如何？

⑩活动需要多少工作人员和志愿者，工作人员和志愿者是否需要制作制服？

⑪需要安排多大地方来存储设备和物品？

⑫需要安排何种紧急救援、安保措施？人流控制措施如何？可能发生的情况（如人群冲突、恶劣天气等）对加强安全措施有何要求？

⑬活动如何宣传，需不需要电视转播？

2. 与供应商、服务商的协作

（1）确定需要的产品和服务种类。

如一场节事活动可能需要的形象设计、标志牌制作、礼仪策划、食宿服务、发电机与空调、印刷、制作证件和凭证、票务和汽车通行证、各种桌椅、停车场管理、保安、用车、通信等。

（2）详细说明彼此的权利和义务。

如对于餐饮服务商，应确认他们是否具有经营许可证，了解饮食责任保险由谁承担，要求他们提供公司简介、餐饮品种、供餐计划、标有价格的菜单样本，并根据活动需要提出在活动供餐方面的基本要求。有些景区定期举办的节事活动，可以和供应商签订长期协议，节省花在招标上的时间和精力，同时可以培养双方的密切协作关系。

（3）保证商品质量、如期到达。

如活动统一制服的设计、制作和发放是活动后勤工作的重要内容，要预留足够的时间订制制服，寻找愿意为活动提供制服的赞助商，保证制服能在活动前如期运到组织者手里，避免耽误活动期间的使用。

3. 交通管理

交通管制是节事活动期间最普遍的难题，有效地疏通活动举办期间的大量人流、车流需要周密的计划，也需要当地警察、交通部门、活动组织方和志愿者的通力配合。交通服务主要的后勤事项如下。

① 确认 VIP 客人、媒体记者、观众、演员的接送、停车需求。

② 向相关车辆发放通行证和停车证。

③ 配备通信设施，保证所有的汽车司机能随时与中心调度员联系，中心调度员又能随时向后勤部门报告。

④ 与当地交通、停车场管理部门合作，绘制准确的交通线路图，绘制交通车辆接送乘客的停靠点和停车场的位置。

⑤ 在紧急情况（如交通堵塞或发生意外事故）下可选择的其他行车路线。

⑥ 确认活动场地大门是否允许各种车辆进入，并将有关通知传达到门卫。

⑦ 安排一些备用车辆待命。

⑧ 做好重要客人接送时的安全保卫工作。

⑨ 为司机提供休息室，并提供茶点。

4. 安保管理

景区活动的每个环节都应该考虑到安全问题。景区活动为了安全起见应当采用对号入座的方式或无票站立式观看方式，避免观众争抢前排座位导致混乱甚至伤亡事件发生。在进行安全管理的过程中，一般应做到以下几个方面。

① 设立安全事务委员会，制订安全管理方案，根据方案制订出安全计划实施时间表。

② 在活动现场设立急救点，如果是大型活动，须根据医疗卫生及治安管理部门的建议设立多个急救点。

③ 根据以往经验，确定急救点须配备的医疗人员数量。

④ 活动现场应接受消防部门的安全检查，物品存放、装饰性搭建设施须遵循消防

部门的规定。

⑤ 如果要放烟火、礼花，要报请消防部门批准并在现场布置适当的消防警力。

⑥ 与治安管理部门一起检查现场，讨论出入管理方案及如何对重要区域进行安全保卫。

⑦ 设立明显的用于人群疏导的标牌系统。由于景区活动的人流量大，财产的安全也不容忽视，包括个人财产安全、商品以及景区活动中所需有价物品的安全。管理人员要对现金和有价物品的预备、包装、运送、接收、验收和分类入库等工作计划有清醒的认识，并引起足够的重视。

（三）活动紧急预案

在活动过程中，如遇紧急情况，通过应急措施，迅速、及时地将突发事件解决，尽力确保活动的正常进行，力争使活动效果最大化。应急方案的实施如下。

1. 成立应急小组

小组成员包括应对突发事件的总负责人、现场主管，以及活动现场布置和活动各个环节的专门负责人：①总负责人。负责事件的全面管控，事件发生时，在最短的时间内做出决策。②现场主管。根据总负责人的决策对现场予以协调和组织，必要时，向现场说明情况，稳定现场人员的情绪，以便应急工作的顺利开展。③各环节专门负责人。主要承担对自身职责范围内的各项工作的准备、监督、检查和防备，若出现问题，应迅速反映，及时排除。

2. 应急物质准备

为了各项应急措施的实施，主办方应做好充足的物资准备，包括车辆、各设施设备的备用件，通信联络工具等，由总负责人统一调配。

3. 现场应急措施

（1）不可预见性突发事件发生的应急预案。

① 对自然因素的应急措施。

活动前或活动期间突然降雨导致各展览活动无法继续在户外进行时，则可引导到场人到各相关场地避雨，并在现场派发雨具用品。各相关场地的部分工作人员安排小型互动活动，以安抚游客情绪。

地震、火山爆发等灾难性天气发生或遇恐怖袭击事件应在第一时间拨打120联系当地医疗机构救治伤者，并立即启动紧急小组和紧急预案。按事前制订的"疏散、撤离方案"组织协调现场人员安全撤离危险区域，并协助医务室抢救伤者。

②突发性传染病暴发。

类似流感病毒等传染性的疾病暴发，一方面，应当联系当地的医疗机构进行救治，另一方面，应当视其严重程度，减少各活动的人员流量，必要时，应当立即中断活动的开展。

（2）可预见性突发事件的应急预案。

①人员意外伤害事件。

人员意外伤害事件是各展会活动中最常见的紧急突发事件，而这种事件往往是因为当事人自己的不小心造成的，所以也是展会活动中最不容易防范的突发事件。当出现意外伤害事故的时候，应立即将伤者送到展览现场的医务室进行紧急的救治，并视伤势的轻重，让医生判断是否有必要拨打120送当地医疗机构。因其是在活动现场受伤的，故活动的主办方都有相应的法律责任，所以对待伤者应尽量以安抚为主，并应支付一定的医疗费用，如活动前已办理保险可由保险公司承担费用。

②对现场秩序的应急措施。

若出现拥挤等秩序混乱局面，或因游客间争端引起现场秩序混乱，应迅速增加安保力量，对混乱场面予以控制；若情况严重，及时与公安部门联系。

③防火应急措施。

鞭炮、礼炮或其他因素都有可能引起火灾或爆炸事故，若火灾发生，应迅速采取灭火策略，若火灾无法控制，总负责人立即与当地消防队联系，同时主管人员要负责对现场秩序的控制与协调，由专家人员进行有关方面的勘察和维修。在活动开展前，主办方应向游客和相关服务人员进行相关的防火安全培训或发放有关安全防范的书面材料。对一切在现场使用的电器、液化气、进行统一规格处理，一经发现不符合规格的电器，工作人员应立即对其进行强制的拆除，并更换。

④电源应急。

主办方提前准备好备用电源，同时与商场及相关单位的电控部门协商，做好一切准备，若突然断电，启用备用电源，或使用商场电源和音响设备。

⑤现场布置的应急。

任何现场静态的布置、装饰出现掉落、损坏等情况，工程部人员应迅速予以修补，将其恢复原貌，若无法补救，则及时清理，确保活动顺利进行。如果影响到活动的进展，如舞台坍塌等严重事件，应迅速将台上贵宾引领至台下。若活动现场的动态装点如气球、礼炮、鞭炮工作失常，应备好相关的音乐文件和视频来充当，必要时可以使用音响来弥补现场气氛。

⑥表演人员的应急。

主办方备有强大的礼仪、演员、摄像等阵容，若活动当天有人员缺席，应以最快的速度调集其他人员到场，保证各个环节按原计划顺利进行。

综上，对活动中紧急突发事件的应对主要还是依托事先安排的应急预案，对事件进行迅速、果断的处理，力求活动的顺利与圆满，尽量将紧急突发事件发生后的损失降到最低。

三、活动开幕

（一）开幕式管理

开幕式是旅游景区活动开始的标志，也是旅游景区活动主办单位向公众展示景区活动规模和实力的良好机会。旅游景区活动开幕式涉及的层面较多，事项十分繁杂，因而必须高度重视，精心策划和部署。

1.流程

开幕式流程的安排根据旅游景区活动的规模、性质、主题等的不同而有所不同。一般有两项仪式必不可少：一是领导人致辞，二是文艺演出。

领导人致辞，一方面向公众介绍景区活动的举办意义和举办的相关事宜，另一方面也能大大鼓舞工作人员和公众的积极性。

文艺演出是开幕式的重要仪式之一。其具有以下作用：第一，丰富开幕式的内容安排。除了短暂的领导人致辞之外，开幕式的关键在于如何能够吸引旅游者、强化氛围。因此，策划具有地域特色的活动表演能够使开幕式的活动内容更加丰富和完善。第二，完善旅游产品结构。开幕式的文艺演出是整个节庆活动策划的重要组成部分。完美的文艺演出在很大程度上完善和丰富了旅游产品的结构，有利于提升景区活动的市场竞争力。第三，提升活动举办地的旅游形象。旅游活动是展示地域文化的重要形式，文艺演出不仅能够丰富和完善旅游产品结构，而且能够成为地域文化的重要名片和代表，通过具有影响力和特色的文艺演出，可以有效地提升节庆旅游举办地形象。

对于大型活动而言，如国家主办的旅游节庆活动，其开幕式流程根据节庆活动的性质会增加一些相应的仪式。例如，2010世博会开幕式流程为：致开幕词—升主办国国旗和奏主办国国歌—升国际展览局局旗和世博会会旗—各参展国、地区及国际组织亮相—重要官员和嘉宾致辞—文艺表演活动。这些仪式主要受到活动举办的性质、规模等因素的影响。

2.游客服务管理

游客服务中心所具备的职能主要是为旅游者提供相关的现场服务指导，如介绍旅游景区活动的相关信息、给游客指引道路、解决游客投诉和游客遇到的相关问题等。在进行游客服务中心的布置时，应该将其布置在距离各分活动现场相对较近的位置。这既便于来自不同方向的游客向游客服务中心求助，又有利于提高对客服务的质量。

由于游客服务中心在对客服务方面扮演着重要的角色，因此，为了便于游客快速识别游客服务中心，该中心应该有明显的标志。为了便于游客更直接地了解旅游节庆活动的具体安排，游客服务中心可以为游客提供节目单以及简易场地地图。对于方向感较差的游客以及迷路的游客，可以安排志愿者提供向导服务。对于身体不适或突发疾病的游客，游客服务中心可以安排紧急医疗服务和送医服务等。

3. 现场秩序管理

良好的公共秩序能够保证开幕式有序进行。公共秩序管理涉及以下几个方面。

（1）旅游者空间流动的方向管理。

旅游者空间流动管理是指旅游者如何在旅游通道上进行有序流动，避免逆向行走。让旅游者遵守规则进行有序的空间流动，避免因部分旅游者逆向行走导致的通道拥挤和阻滞是旅游者空间流动方向管理的重要内容。因此，现场工作人员应时刻引导旅游者按照通道进行正确的流动，避免混乱场面的出现。

（2）公共交通秩序管理。

公共交通秩序管理是指对开幕式现场附近的公共交通工具的管理，尤其是对旅游车辆和公交车的管制。一般情况下，为了给旅游者留出足够的空间，在开幕式现场附近都会进行一定的交通管制。因此，交通管理部门和节庆管理方应对公共交通进行一定的监督和引导，以便旅游者能够安全出游。

（3）旅游者入场、购物以及离场的秩序管理。

旅游者入场、购物以及离场是最容易造成拥堵的，因此，承办方应该安排出足够的通道便于旅游者检票入场和离场。在购物店也同样多安排收银点，便于旅游者购买旅游商品、餐饮产品等。

4. 现场公共卫生管理

公共卫生是体现旅游景区活动质量、形象和竞争力的重要因素。对现场公共卫生进行管理主要体现在以下几点。

（1）公共厕所的卫生管理。

开幕式现场巨大的人流对厕所的需求较高，也导致厕所的卫生条件无法保证。面对这样的问题，节庆承办者可以从以下两方面入手：一方面，安排工作人员不间断打扫，尽量保证厕所的干净和卫生；另一方面，提示旅游者注意如厕卫生，可采用张贴小贴士等方法提醒旅游者爱惜和保护公共厕所的卫生。

（2）开幕式场地的保洁管理。

开幕式场地面积较大，由于旅游者的不文明行为以及垃圾桶等放置的原因，场面卫生很容易被破坏，这会极大影响旅游节庆活动的公众形象。因此，对于开幕式的场地保洁管理显得格外重要。一方面，安排工作人员不间断地进行打扫，以保持场地整洁；另一方面，合理摆放垃圾桶。垃圾桶摆放的位置、间距等要合理设计。摆放位置一般在商品零售店门口、游客通道的主干道上和供旅游者休憩的凳子附近等。垃圾桶的摆放间距也很重要，过近会造成资源的浪费，过远又会出现旅游者因找不到垃圾桶而随地丢垃圾的现象。

（3）对旅游者行为的监督。

旅游者不文明的卫生行为不仅会破坏开幕式现场的卫生和环境，而且会影响其他旅游者的行为。对旅游者的卫生行为的监督可以从两方面入手：一方面，现场纠正旅游者的行为，引导和教育旅游者培养正确的卫生习惯。另一方面，通过有亲和力的贴士提醒旅游者。在草地上、道路旁和公共厕所设置提示标语，提醒或督促纠正自己的不文明行为。

（二）开幕后续管理

1. 游客离场管理

在开幕式结束后，旅游节庆活动的承办者首先要处理的问题便是组织旅游者快速、安全离场，避免发生群体踩踏事件，因此，应在以下几方面采取措施。

（1）增设离场通道。

在开幕式举办之前，为了便于对票务的管理，一般开设了少量的入口通道，为了旅游者离场开设的通道基本处于关闭状态。在旅游节庆活动开幕式结束后，主办方应该将离场通道全部打开。此外，由于旅游者对场地环境不熟悉，应该增加相应的标识系统，或让志愿者对游客进行引导，实现旅游者有序离场。

（2）增强场地光线。

开幕式一般选择在晚上举行，场地光线较弱。这样的环境给旅游者辨认方向增加了难度，也极容易导致群体踩踏事故的发生。因此，应将开幕式场地的照明灯全部打开，若条件允许可增设应急用灯，增强场地的照明光线。

（3）加强现场引导。

对旅游者的现场引导是必不可少的。旅游者对场地很陌生，不清楚现场通道的布局，单纯的标识系统还无法满足其需要。因此，应安排志愿者对旅游者进行引导，告之最近的离场通道，避免出现拥堵。

（4）增加公交线路和车辆。

旅游者离开开幕式举办场地之后，首要考虑的便是交通工具，增加公交线路、增加公交班次、开设专营线路以及直达线路便是为旅游者提供交通便利的重要手段和方式。

（5）打扫场地。

大多数情况下，旅游节庆活动结束后，场地都会留下大量的垃圾和废弃物，这些都会给节庆管理增加成本和管理难度。为了后续活动的开展，承办方需要安排保洁人员连夜打扫垃圾，确保场地的整洁。

由于旅游者的恶意破坏以及超负荷使用，一些设施或设备会破损或出现故障，如公共厕所的水龙头不能拧紧、便池堵塞、路灯不能照明。这些问题都会影响第二天的活动举办，因此应该对破损设备进行修复，确保设备正常运行。

2. 活动场地拆卸

由于开幕式的活动与第二天将要举办的活动不同，因开幕式搭建的舞台第二天也可能无法使用，有必要为第二天的活动正常开展拆卸并搭建所需的舞台和背景。因为时间的有限性，通宵搭建舞台或背景是必要的。

四、调整和总结

1. 调整阶段

活动开幕后，活动策划与管理者需要及时关注各个环节的信息与活动进展，并根据现场实际情况进行调整和把控，包括但不限于景区的游客量情况、游客对景区和活动的评价情况、旅行社组团情况、景区各活动区域游客秩序等。活动策划人与管理人应当对各类有效的现场信息进行综合分析，实时评估活动是否达到预期效果，以及如果未达到预期效果时应当如何补救，是否需要以及如何启动备用计划等。

在活动执行过程中，需要调整的常见问题如下。

（1）活动无法按时上线。

原定的活动可能因为天气、事故等突发状况而无法如期举行，此时活动组织方与管理人员应当立即采取相应措施，更改活动时间并确保通知到每一位参与活动的游客。如涉及票务问题等，应当及时处理游客的退票要求或做出相应补偿。

（2）各部门间难以协调。

在活动执行过程中，各部门的工作可能存在因信息传递而存在信息错漏的情况，也可能出现各部门工作不同步而影响活动效果的情况。此时活动总负责人需要通过技巧性的沟通方式适时适当地进行授权与放权、以同理心增强团队合作意识等协调部门工作。

（3）技术性故障。

活动执行过程中如涉及影像、音像展示与音响、舞台等技术设备时，很可能出现设备故障的情况而造成活动难以继续进行。面对这种情况，活动负责人需要有较好的控场能力，维持现场秩序，并当即安排技术人员进行修复，或当即更换新的设备。

2. 总结阶段

活动结束后，由景区办公室组织相关部门对整个活动进行复盘讨论和总结，针对活动中出现的各类问题进行汇总，吸取经验，总结教训；针对每个岗位在活动的配合度、反应力、应变力做出评估；对活动中做出贡献的人员进行表彰；并将讨论与总结的内容以会议纪要的形式加以保存，还可以通过后续报道对活动进行再次宣传。

（1）活动复盘。

活动复盘是指对一场活动的执行过程进行反复回溯、解剖和分析，主动思考这个过程及产生原因，最终总结出一套经验方法。参与活动的全体管理人员在对过去的事情进行重新演绎时，获得更深的理解。

（2）活动总结。

与活动复盘的侧重点不同，活动总结更注重于原定的活动目标是否完成以及后续计划如何进行，是对活动效果的整体性评估。活动总结应当包括以下内容。

整体结论，即活动结束后的目标达成、效果及亮点总结。

详细分析，即对活动期间的各项数据指标进行总结分析。

经验总结，即回顾活动中的问题、不足和获得的经验教训。

后续计划，即对后续工作做出进一步安排。

第三节　景区活动评估与总结

在活动的筹备前期、执行中期及收尾后期，必须做一个贯穿始终的系统的效果评估与总结。项目总结与评估是指对已经完成的项目的目的、执行进程、效益、作用和影响所进行的系统的、客观的分析。通过活动项目实践的检查总结，确定项目预期目标是否达到，项目是否合理有效，项目的主要效益指标是否实现，从而总结经验教训，并通过及时有效的信息反馈，为未来新项目的决策和提高投资管理水平提出建议，从而达到提高投资效益的目的。

一、景区活动评估指标

活动效果评估的标准，主要围绕活动预期的目标来制订。在制订计划时应该考虑到如何衡量这次活动的成功的程度，在活动策划初期应列明一系列具体评估指标来衡量活动计划中目标的实现情况。

【范例】

旅游景区官方微博宣传效果评估如表 9-2 所示。

表 9-2　旅游景区官方微博宣传效果评估

一级指标	二级指标	指标说明
覆盖度	活跃粉丝数量	评估宣传覆盖的人群范围和人数，代表着广泛程度
	加 V 粉丝数量	
	周新增粉丝数	
	周新增活跃粉丝数	

一级指标	二级指标	指标说明
活跃度	微博数	活跃度代表使用微博的频率，频率越高活跃度越大，它能够产生的价值也就越大
	日均发布数	
	周发布数	
	月发布数	
	原创率	
传播率	评论数	评估宣传的效率
	转发数	
	互动率	

通常活动评估及总结报告的内容评核涉及"事前、事中、事后"三个环节，即选择更为具体的"活动策划""活动执行""活动效果"三方面作为主要评核对象。

（一）活动策划评估

活动策划评估是综合活动执行后根据活动观众和一线工作人员的反馈信息而对当初活动的策划做出评判，包括对活动目的、活动对象、活动主题、活动形式、活动创意等进行预期效果和实际效果的对比，活动策划评估小结，活动观众认同感分析、活动整体效果分析等，注明评估基础信息的收集途径，附上必要的素材，如广告海报等。表 9-3 为贵州首届油菜花旅游文化节实际效果评价案例。

表 9-3　中国·贵州首届油菜花旅游文化节

	预期效果	实际效果分析
目的	使游客欣赏到锦绣田园风光	开展了如田园风光摄影展、乡土书画展、风筝放飞表演等各种活动，展现了原汁原味的田园风光，夜晚围着篝火跳舞，使游客们流连忘返
	加快乡村建设	加大了基础设施建设力度，如房屋改造、道路修建、景点设施建设
	推动乡村旅游健康快速发展	大力培育发展"农家乐"，提升了农家乐接待能力；建立健全长效管理机制，如经费落实、制度落实、卫生保洁等
活动主题	畅游锦绣田园，走进金色农家	活动主题与当地特色紧密结合，吸引省内外大批游客
活动项目	乡村旅游有奖征文，锦绣田园风光摄影展，乡土书画展，垂钓表演赛，风筝放飞表演，游泳表演	互动类活动受到好评，表演类项目引来大批游客观看
小结	本次旅游文化节各项活动顺利进行，整体活动有送有紧，有张有弛，活动连贯具有整体性。接待工作标准规范，宣传工作有声有色，节前和活动期间宣传有效	

（二）活动执行评估

此部分内容是回顾活动进入实操阶段的各个环节而对活动的执行状况做出效果评价，包括列明各子活动的基本流程、具体内容及对关键环节进行实际效果评价，评价内容涉及物料设计及制作、现场气氛布置、活动宣传等。最后，需根据执行状况的不足给出修正建议。

（三）活动效果评估

根据具体数据——如观众数量、观众满意度、产品销量、广告媒体效果等，对活动的实效性做出对比性评估。

二、景区活动总结报告

活动总结报告包括活动概况、活动评估体系及指标、活动策划评估、活动执行评估、活动效果评估、整体评估与总结六个部分。表9-4为景区活动评估与总结的操作程序、标准及实际效果评估表示例。

表9-4　景区活动评估与总结的操作程序、标准及实训效果评估

业务操作步骤		标准与要求	实际效果评估		
			满分	得分	评语
描述概况	描述活动概况	清晰阐明活动背景，表述活动意义目的	5		
选择方法指标	选择评估方法和指标	选择合理的评估方法 列明系列具体、系统的评估指标	10		
活动评估	策划评估	综合广泛的观众反馈信息，全面地对策划做出评判，进行活动策划评估小结，注明评估基础信息的收集途径，附上必要的创意设计效果素材	15		
	执行评估	回顾活动环节而对活动的执行状况做出效果评价，根据执行状况的不足给出合理的修正建议	15		
	效果评估	根据具体数据对活动的实效性做出对比性评估，有针对性地分析，为日后提供决策参考	15		
	整体评估	从总体上对前面的内容进行总结性评估	15		
撰写总结报告	总结、报告	撰写报告，编排印刷，口头汇报	25		
说明		以上业务操作满分共100分，得分在90分及以上为优秀，80~89分为良好，70~79分为中等，60~69分为合格，60分以下为不合格	100		
反馈		总分： 评语：	考评员签名		

1. 总结景区活动策划的原则与流程，并谈谈自己的理解。

2. 节庆活动是景区活动策划的重要内容，请思考讨论如何开展成功的景区节庆活动。

3. 选择你最熟悉的景区，完成一份活动策划书，或针对你所熟知的景区活动，完成一份评估报告。

【案例延伸】

"长恨歌"模式：以演艺添新意

随着人民的旅游需求从"有没有"向"好不好"转变，对旅游产品多样化、特色化、品质化发展提出新的更高的要求。旅游活动的策划与举办，也为吸引游客产生重游行为提供了有效途径，同时为景区发展增添了"与时俱进"的时代生命力。

华清宫景区位于陕西西安，为首批国家 5A 级旅游景区、国家级风景名胜区、全国重点文物保护单位、国家级文化产业示范基地。因其亘古不变的温泉资源、烽火戏诸侯的历史典故、唐明皇与杨贵妃的爱情故事、"西安事变"发生地而享誉海内外，成为中国唐文化旅游标志性景区。2007 年，华清宫景区大型实景历史舞剧《长恨歌》正式公演，自公演以来共演出 2500 余场，接待观众 350 万人次，被誉为陕西文化旅游的"金字招牌""中国旅游文化创意产业的经典之作"。

《长恨歌》以唐明皇与杨贵妃的爱情故事为主线，以"旅游资源＋文化创意＋科技演绎"为理念，通过山水风光、古典乐舞、诗歌旁白、高科技灯光音响及特效等表现手法，充分展示了大唐盛世的恢宏气象和千古绝唱的爱情传奇，让观众感受到浓郁的盛唐文化气息。这项演艺活动的创作以旅游景区丰富的人文遗迹为"骨"，以华清宫景区深厚的唐朝文化和家喻户晓的历史故事为"魂"，以细致的方案策划、严格的执行标准、优质的服务规范为"矛"，以演艺管理和服务过程中自主研发的各项技术设计为"盾"，坚持以旅游景区为本的原则，打造了独特的"长恨歌"模式。

此外，《长恨歌》演出十年来，华清宫景区管理与运营方坚持持续改进和创新，以期实现观众的每一次观赏都能有新的视觉冲击和身心震撼。一方面，景区管理方严格把控演出接待服务、安全管理、舞台保障、演员管理、突发事件处置等具体操作事宜；另一方面，通过活动报告总结演艺过程的所有环节，通过标准培训、定期检查和随机抽查等方式对该项活动进行定期评估。例如，在演出开始前 2 小时内迅速闭园清场，完成观众座椅的摆放、演出设备的检修和晚上演出观众的入场；15 分钟内做到 2500 名观众顺畅、有序入场和退场；即使演出中突降大雨，也可以在 5 分钟内完成所有观众的雨衣发放，确保演出正常进行。

2018 年 5 月 29 日，华清宫景区成了国家旅游演艺服务标准编制和实践单位。《长恨歌》模式的成功，吸引了山海关、扬州瘦西湖、山西晋祠等 30 多家景区企业，《禅宗少林》《敦煌盛典》等 20 多家演艺单位慕名前来学习。

来源： 案例资料由华清宫景区提供。

案例思考：

1.《长恨歌》演艺活动在策划、执行、评估方面有何优点与不足？

2.请结合华清宫的景区资源与历史文化背景策划一场日常活动或节庆活动。

【本章参考】

［1］陈颖.会展实训综合教程［M］.重庆：重庆大学出版社，2015.

［2］程静静.活动礼仪实务［M］.北京：中国旅游出版社，2018.

［3］史杰松.营销策划有用即真理［M］.长春：吉林文史出版社，2018.

［4］谢新丽.旅游节庆活动策划与管理［M］.北京：中国旅游出版社，2016.

第 十 章

景区游憩与环境设施
管理技能 *

【学习目标】

◇ 景区职业经理人（中级）

● 掌握景区游憩与环境设施类型

● 掌握景区游憩和环境设施维护与保养的方法，以实现安全运营以及保持服务质量

◇ 景区职业经理人（高级）

● 掌握景区游憩与环境设施管理技能

本章导读

旅游景区设施设备是指构成景区固定资产的各种物质生产资料，具有投资大、种类多、安全要求高的特点。旅游景区设施设备管理就是对各种设施设备从规划、选购、验收、安装开始，经过使用维护、保养、维修到更新改造全过程的系统管理活动。高水平的设施设备管理有利于提高景区的服务质量，提高景区经济效益和景区声誉。

【引导案例】

随着我国城市旅游的迅速发展，游憩随之受到关注，游憩设施设计是景区发展的重中之重，富有文化底蕴和趣味性的游憩设施会提升游客体验感，营造难忘的旅游体验。景区游憩设施主要包括游憩活动场地、庇护性设施、游憩环境设施、旅游服务及管理设施四大类。近年来，游憩设施整体发展趋势向好，设施与地域特色的融合逐渐显现，但是也有部分景区存在操作生硬、缺乏设计语言等问题。比较成功的游憩设施设计如以敦煌莫高窟游客中心，整体形状设计为巨大的沙丘，从外看建筑由几条自由的曲面相互交

织，如沙漠中的流沙，又如敦煌莫高窟壁画中飞天飘逸的彩带；青岛唐岛湾国家湿地公园就将当地的动物资源作为了设计的素材；莫干山庾村的道路指示牌经艺术化的处理，与桑叶结合，将道路指示牌做成了地面铺装。

第一节　景区游憩设施设计与管理

一、景区游憩设施特征

景区游憩设施设备主要具有文化性、刺激性、环境依托性、高科技性、高投入性、安全性等特征。尽管具体到某一项游憩设施，不一定会具备上述所有特征，但这些特征是景区游憩设施的常见特征。

（一）文化性

旅游本质上是旅游者寻找与感悟文化差异的行为和过程，文化为景区游憩设施设备注入鲜活的生命力。以主题文化包装的景区游憩设备具有亲和力，增进了设备与游客之间的互动。例如，建于1843年的丹麦蒂沃利公园拥有世界第一台木质过山车，它巧妙地将风靡世界的丹麦童话与游憩设备相结合，给人们充分的娱乐和思维空间。

（二）刺激性

年龄是影响游客对机械设备类游乐项目喜好程度的首要因素，14~25岁的青少年群体是机械设备类游乐项目的忠实支持者，尤其是对具有惊险刺激性的游乐项目更为热衷。年轻人渴望体验一种"酷"的感觉。景区游憩设备只有提供"酷"的感觉，才能对年轻人产生感召力，从而具有旺盛的生命力。

（三）环境依托性

景观环境是游客的游乐空间和情感体验对象，游憩设备往往要依托景观环境，创造出梦境般的体验效果。游憩设备在设计及建设中，一方面可以依托有形环境，直接设计和建设具有艺术气息与文化氛围的景观环境，另一方面则可以充分应用虚拟现实技术，创造出具有想象力的虚拟景观环境。

（四）高科技性

随着科学技术的加速发展，景区游憩设备与高科技的结合是发展的方向。对游憩设备可能产生重大影响的高新技术主要有五个方面：虚拟技术（VR技术）、多媒体技术、网络技术、激光技术、立体影像技术。新动力、新材料、新性能的产品形态将不断涌现，高度更高、坡度更大、速度更快、安全更有保障的乘骑产品将更加丰富；产品形态的智能化和虚拟化将不断加快发展进程。景区部分游憩设备形态的演进方向如表10-1所示。

表10-1 景区部分娱乐游憩设备形态的演进方向

形态分类	产品范例	支持技术	演进方向
滑道索道	激流勇进	机械技术、虚拟技术	高度更高、坡度更大、弯道更多、场景更真实、刺激性更强
垂直升降	太空梭	电气化技术	多组合、速度更快、刺激性更强
快速固定轨道	过山车	机电技术	悬挂式、高度更高、俯冲感更强、可逆向运行、速度挑战生命极限
暗室乘骑	老金矿	机械技术、虚拟技术	虚拟现实真实、惊险感更强
表演	剧场	声光电技术、虚拟技术	场景化、互动性更大、梦幻感更强
影视	四维电影		错觉感更突出、互动性更强
智能	智能游戏	智能技术、虚拟技术	知识性、趣味性、挑战性更鲜明

（五）高投入性

随着景区游憩设备中高科技含量的不断增大，游憩设备也向着大型化、超大型化发展，所需资金也相当巨大。例如，北京欢乐谷景区的飞行式过山车"水晶神翼"，投资达1亿元。由于游憩设备投资巨大，因此，在投入前应反复论证和长远规划，一般小型设备1.5年收回成本，中型设备1.5~3年收回成本，大型设备3~5年收回成本。

（六）安全性

景区要把游憩设备的安全运营管理放在第一位，娱乐游憩设备因其具有较强的游客参与性和人机互动性，一旦发生事故会造成人员伤亡和重大经济损失，严重影响景区的声誉。国家颁布了一系列法规和标准对游憩设施的设计、制造、安装、运行、检验和修理等各环节进行了严格规定。因此，在项目建设过程中，设备的安全性显得尤为重要，对于游憩设备应定期检查和维护，重视游憩设备的资料、档案管理工作，建立人员培训、定期维护、检验记录等档案材料。

二、景区游憩设施布局与设计

（一）景区游憩设施布局

1.游憩设施布局考虑因素

（1）选择合适的游憩项目。

景区游憩设施的建设要做好国内外旅游市场数据的收集和整理，研究景区竞争对手的游憩设施建设状况及当前游客市场上的游憩活动热点，分析旅游市场上的竞争需求和游客期望值。从而根据旅游市场的变化形势在游憩设施上做相应的建设和管理调整，以提高景区游客的期望值，争取更多的客源。

（2）掌握景区游客的消费层次和客源的季节变化。

景区的经营管理者应通过调查来掌握游客消费档次的变化趋势，加强游客对景区游憩项目意见的收集与分析，从而根据具有差异化的游客群体的游憩设施需求及期望来进行游憩项目的建设、管理和更新。而客源的季节变化也要作为游憩设施建设规模的重要参考内容。

（3）考虑景区的自然环境特质。

在景区游客数量稳定、受季节影响小的情况下，游憩设施的布局与选址主要受景区自然环境状况的影响和制约。其一，设施建设规模受景区的环境容量及立地条件影响。景区环境容量大、立地条件好，才有建设大中型游憩设施的可能性。其二，游憩设施的建设类型受景区自然环境特质的影响。例如，有水资源才有建设水上运动设施的可能性，有冰雪资源才有建设冰雪运动设施的可能性。其三，游憩设施的建设场地选址和建设成本也受景区自然环境的影响，根据《风景名胜区总体规划标准》（GB/T 50298—2018），旅游服务基地应避开有自然灾害和不利于建设的地段，严禁将住宿、餐饮、购物、娱乐、休养等设施布置在有碍景观和影响环境质量的地段。

2. 游憩设施布局模式

游憩设施的布局要立足于整个景区旅游产品的空间布局和功能分区，其模式一般可分为集中式、分散式以及集中分散相结合式三种。集中式布局可节省建设成本，分散式布局能使设施更好地融入景区的自然环境，但因分散而不利于使用和管理，垃圾处理及水电等供应的难度大，若规划设计不当，还有可能对自然环境造成较集中式布局更大的破坏。在权衡利弊之下，大多数景区对游憩设施采取了集中、分散相结合的布局模式，即在不同等级的旅游服务基地布局不同类型的游憩设施。

（二）景区游憩设施设计

1. 室外游乐设施设计

室外游乐设施是主题公园型景区最主要的设施内容，分为机械型与非机械型两大基本类别。机械型游乐设施常见的有过山车、摩天轮、水上滑道、碰碰船（车）等；非机械型游乐设施包括断桥、天梯、逃生墙、模拟电网、水上梅花桩等，是户外拓展旅游项目的重要内容。

室外游乐设施的设计与建设应注意以下两个基本方面。

一是趣味性、刺激性。专业设计者往往会根据娱乐心理学的研究，针对不同年龄段的游客，在设施的趣味性和刺激性上做文章。许多游乐设施（主要是机械型游乐设施）

在声、光、电等多媒体技术的支持下，以环境模拟化、故事情境化的设计手法来逼真体现某一主题，从而将现实与虚拟成功地融为一体，让游客觉得趣味横生。例如，北京欢乐谷景区将各类游乐设施组合成亚特兰蒂斯、峡湾森林、失落的玛雅、香格里拉、爱琴港和蚂蚁王国六大主题区，让游客在时空交错的梦幻景观之中品味了文明的发展。为追求游乐项目的刺激性，许多景区的游乐设施多采用大型化的体量，通过营造摇晃感、旋转感、高度感、坡地感、隧道感、迷宫感来增强设施的游乐刺激感。

二是安全性。室外游乐设施在带给游客刺激性的同时，往往会造成其生理状况的波动，可能引发游客的生理及心理疾病。另外，游乐设施摇晃感、旋转感、高度感的营造对设施的结构和材料有着极高的要求，质量不合格、设计不合理的游乐设施极易引发游客安全事故。因此，室外游乐设施的设计、建设须有详细的适用对象警示，严格遵循相关规定，加装必要的安全防护设施。

2. 室内游憩设施设计

室内游憩设施包括疗养保健类设施、体育健身设施、文化娱乐设施等。其中，疗养保健设施是指旅游景区为游客进行专业疗养和保健服务而修建的设施。近年来，很多景区开发了温泉疗养和生态养生等旅游产品，配备了各种温泉浴池、专业体检、理疗等相关的疗养保健设施，其构成以浴室为核心，辅之以休息室（间）、按摩室、美容美发室等辅助空间（见图10-1）。

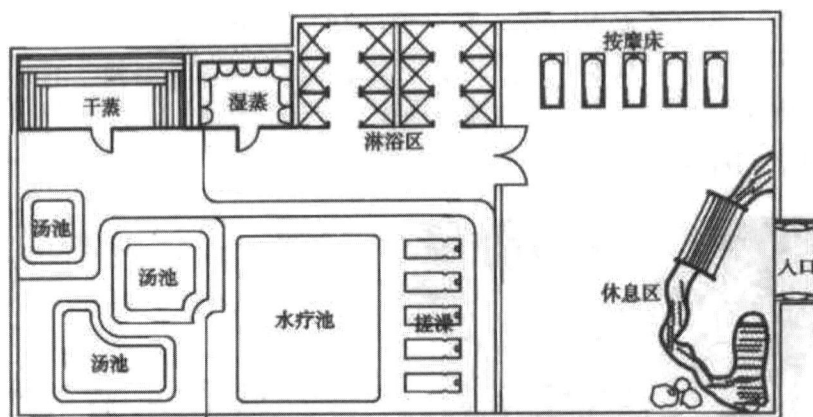

图 10-1　景区室内温泉疗养保健设施的结构

三、景区游憩设施管理

（一）管理原则

1. 坚持计划管理

计划管理就是在确定管理任务后，事先规划好做哪些工作、由谁去做以及如何做，并将相关工作事项转化成具体的行动方案，包括长期计划、中期计划和短期计划三种。

2. 实现标准化管理

景区的游憩经营是一种市场化的经营，为了在市场竞争中立于不败之地，一切服务都应强调工作制度化、操作程序化、质量标准化，严格按照国家的行业规定去实施，并与国际的行业服务认证标准相接轨。

3. 鼓励全员参与

游憩设施的管理是一项系统工程，它涉及场地、设备使用全过程的各个部门。软环境良好的景区，其游憩经营都是以综合效率最大化为目标，通过计划、使用、维修、安保、卫生等部门的密切配合，通过上层领导到一线工人的全员参加，通过机动管理灵活推进。

（二）游憩设施购置及安装管理

景区游憩设施运营前的管理包括设施转入固定资产前的购置、安装、调试、登记等具体技术环节，其管理水平直接决定了投入运营后的设备适用性、可靠性和维修性。只有对前期管理各个环节进行有效的组织和协调，才能为后期管理创造良好的先决条件，为景区经营获得最大化的经济效益。

在游憩设施的前期管理中，各具体技术环节的主要内容如下。

1. 设施购置

设施购置是前期管理的先导环节，通常在景区设施投资规划基础上通过招投标确定。所购置的设施应遵循技术先进、生产适用、运行可靠、便于维修、经济合理的原则。

2. 设施安装

设施的安装需要对照相应的技术说明书，由专业技术人员进行安装与检修，从而保持设施的稳固性，减轻设备振动，避免变形，防止不合理的磨损。

3. 设施调试

设施安装完毕后，并不能马上投入运营，需要进行一段时期的试运转和检查并进行验收使用。调试时，通常需要进行设备的空运转以及负荷和精度检验，以便找出可能的故障，防止安全隐患。

4. 设施登记

大型游乐设施等需要报质量监督、检验检疫局、特种设备安全监察部门进行注册登记。景区也需要对游憩设施进行固定资产登记，方便管理。

（三）游憩设施运营管理

游憩设施运营管理指游憩设施投入使用后，需要做好以设备技术状态为基础的保养、维修、改造和报废。有效的后期管理可以延长设施的使用寿命，减少安全事故的发生。

游憩设施运营管理须贯彻预防为主的理念，防止过度维修，采用重点硬件管理、区域管理、故障管理、专家群众结合等方法。具体而言，其技术环节要求如下。

1. 设施保养

景区游憩设施的保养包括日常维护保养、一级保养和二级保养三个级别。

2. 设施维修

景区游憩设施的维修，可以分为三种形式：一是计划预修，即基于设施磨损理论与规律的计划性维修，它主要包括标准修理法、定期修理法、检查后修理法等方法；二是保养式修理，即把一定类别的保养和一定类别的修理相组合，这种形式可以打破分工绝对化的界限；三是预防性维修，包括日常维修、事后维修、预知维修（又称为预测维修、预报维修，是在设备监测技术的基础上产生的一种新的设备维修方式）等形式。

3. 设施改造

由于游憩设施在投入使用一段时期后，往往会出现自然灾害劣化、使用劣化（使用中的耗损、损坏、污损引致）以及经济劣化（贬值），如不进行系统的改造，使之恢复技术特性，游憩经营则不能持续发展。设施改造一般有两种形式；第一种是同型改造，即用同型的新设备替代老化的旧设备；第二种是新型更新，即用技术先进、效率更高、性能更好的新型设备替换技术陈旧、经济效益低下的设备。

4. 设施报废

老旧的游憩设备在无修复和改造价值时，应予以报废。这种报废应在鉴定及上报审批后才能进行。已报废的设备不得继续使用，对报废设备的可用零部件，应予以回收利用。一般情况下，国家规定的淘汰设施、主要部件损坏而不堪修复的设施以及结构性能存在重大缺陷、修复费用太高的设施，都应予以报废。

第二节　景区环境设施分类管理

一、景区环境景观设施管理

（一）景区环境景观设施

景区环境景观设施是指景区为满足游客观景及短暂休憩需求，依自然景观和地域文化而设置的各类辅助性的人工建筑物、构筑物、场地及小品等。景区的环境与景观设施共同构成了景区环境景观系统，环境是景观设施的存在条件和背景，景观设施是景区环境的点缀与升华，二者相辅相成。

（二）环境景观设施分类

按设施的服务功能划分，景区环境景观设施分为休憩、照明、植被、水体、雕塑等。

景观休憩设施。这类景观设施在起到美化环境作用的同时，还可以方便游客观景、休憩，一般包括亭台楼阁等建筑物以及座椅、凳子等休息坐具。

景观照明设施。这类景观设施主要利用照明带来的灯影艺术效果来美化环境，包括各类场地用的景观美化灯具。

景观植被。这类景观是在符合生态、景观和旅游服务功能的要求下，利用各种植物的搭配、组合所形成的生态林地、景观绿地、观赏植被等。

景观水体。根据景区的自然地貌或景区的主题定位而设置的各类水体景观，一般分为动态水体景观和静态水体景观。动态水体景观有河流、溪流、喷泉、瀑布、叠泉等，静态水体景观常见的有湖泊、水池等。

景观雕塑。按照雕塑的功能定位可以分为纪念性雕塑、主题性雕塑和装饰性雕塑等。

对于旅游景区而言，交通设施、导识设施、卫生设施以及各类服务性建筑物、构筑物等设施本身也是一种景观设施和旅游吸引物，具有很高的景观要求。

（三）环境景观设施管理

环境景观设施管理是指对景区内各种环境景观设施的规划设计、布局设置、施工监督、检查验收、投入运营、维护保养、更新改造等全过程的系统控制。

景区环境景观设施的功能性是景区其他景观得以维持的保证，因此，管理维护景区环境景观设施有以下两个方面的重大影响：其一，功能性，即影响景区的整体服务质量。景区环境景观设施管理能否保证正常的功能供应、满足游客对其的功能需求，直接影响游客对景区服务的满意度和游客对景区的重游率，进一步会影响景区的形象、态度和经营收入。其二，景观性，即影响景区的整体景观水平。景区环境景观设施管理决定了景区的整体景观面貌是整齐划一还是参差不齐，也就决定了景区的档次。

为适应市场的变化，时刻满足游客的需求，景区环境景观设施管理就必须具备以下要求。

1. 管理者综合能力强

景区环境景观设施涉及方方面面，管理者要有较强的综合协调处理能力，才能将它们的日常运营管理好，并将可能涉及的不同部门的利益或关系处理好。

2. 管理者有担当和责任心

环境景观设施整体是景区的一个影响较大的重要部分，但细化到设施本身可能难以引起重视，如一张小凳子、小椅子。因此，管理者要有责任心，关注到每一个微小细节，懂得细节决定整体、细节彰显品质。

3. 管理者有相当的专业知识

景区环境景观设施是一个系统，它要维持运营就需要景区投入相当的精力，才能服务好旅游者。所以管理者至少要懂得怎样去构建这样一个系统，怎样去维持这个系统，怎样去经营这个系统，使之与游客很好地沟通交流，进而保持景区的正常运营和创收。

二、景区环境卫生设施管理

（一）环境景观卫生设施管理

1. 环卫设施管理的任务和特点

景区环境卫生设施管理就是对各种环境卫生设备从规划设计、设备选购、安装使用、维护保养到更新改造为止的全过程的系统管理活动。

加强环境卫生设施管理，使其经常处于良好的状态，不断合理地使用、改造、更新设备设施，是实现优质服务、保证景区正常经营活动的基本条件。

（1）管理任务。

景区环境卫生设施设备管理工作的任务主要包括：负责环境卫生设施设备的配置；保证环境卫生设施设备的正常运转和使用；景区环境卫生设施设备的检查、维护保养与修理；景区环境卫生设施设备的更新改造；环境卫生设施设备材料和零配件的采购管理等。

（2）管理特点。

由于景区环境卫生设施设备越来越先进，结构也越来越复杂，对设备的维护管理人员要求也越来越高。卫生设施使用率高，这就要求景区管理者必须能够高效率、高质量地加强维护管理，尽可能地不出现或少出现故障，一旦出现故障必须及时发现、及时修复。

环境卫生设施设备维护保养费用高，而且设施设备种类多，这就要求景区管理人员加强对员工的培训，提高景区的综合管理能力，保证景区各种环境卫生设备的正常运转。

2. 环卫设施管理内容

（1）添置合适的设施设备。

由于景区资源情况不同，规模大小也不同，卫生设施设备的配备要根据服务的需要和经营特点进行配置。随着旅游业的发展、接待规模的扩大和旅游者需求的变化，卫生设施设备的配置应根据实际情况及时进行调整，使其与景区的经营服务的规模与质量要求相适应。

（2）配备专职管理和工勤人员。

景区卫生设施设备的性能、清洁要求各有不同。清洁人员、管理人员的技术水平和操作熟练程度、敬业精神决定着他们能否正确地使用设施设备。因此，在经营服务中，应根据设施设备的规模、技术要求等，配备相应数量的管理和工勤人员；同时对管理和工勤人员不定期地进行培训，提高操作和服务技能。

（3）健全设施使用、保养制度。

设施设备管理的规章制度是旅游景区管理制度的重要组成部分。卫生设施设备的使用、保养的规章制度应对设施设备使用、保养要求及应注意的事项做出规定，并包括指导设施设备使用人员正确操作、保养设备的技术法规。

（4）维修环卫设施。

旅游景区卫生设施设备管理，应注意设施设备的保护和利用。为保证卫生设施设备正常运转、延长使用寿命、保证优质服务、创造良好的工作环境、保持设施设备工作环境的整洁和正常的生产秩序，需要对设施设备进行经常化、制度化的日常维护保养。

景区环境卫生设施的修理是对于那些造成设备无法正常工作的损坏进行的修复，设备的修理不同于设备的维护保养，修理的主要任务是修复和更换已磨损的零部件，使设备恢复功能，维护景区形象。

（5）更新与改造环卫设施。

旅游景区环境卫生设施的更新是指用经济效果好、技术先进、可靠的新设备替换原来经济效果差和技术落后、老化的设备。设施设备的改造是指采用先进的技术对现有落后的设施设备进行技术改造，使其提高环保特性。在进行卫生设施设备更新或改造时，应注意以下几方面的问题：制定设施设备更新规划时，应有计划、有重点、有步骤地进行；把更新和改造结合起来；做好更新工程中旧设施设备的利用工作，讲求经济效益。

（二）景区垃圾管理

1.景区垃圾盛放装置的类型及要求

景区垃圾盛放装置主要有金属垃圾桶、塑料垃圾桶、木质垃圾桶、塑料袋等。对于垃圾盛放装置的基本要求是密封性良好、不漏水漏油、结实耐用、易于清洗、且与景观整体环境相协调。

2.景区垃圾盛放装置的数量与摆放

景区垃圾盛放装置的数量需要根据游客数量的多少合理摆放，位置方面，门口、停车场、住宿点、餐馆、商店摊位等游客集中的地方需要增加摆放频率。同时，垃圾盛放装置需摆放牢固，同时上面加盖，预防恶劣天气造成盛放效果差、垃圾遍地的景象。

垃圾分类收集方面，需要明确标识垃圾分类标志，以引导顾客进行准确的垃圾分类，减轻景区后期垃圾处理负担，同时，可派专业的保洁人员驻留在人员流动量比较大的地点，为游客提供垃圾分类的引导，保持垃圾盛放装置周围环境洁净。另外，部分景区也可在出售门票时发放随身垃圾袋给游客，供游客盛放废物，这一行为需要游客的高度自觉性。

3. 景区垃圾的收集、清运

在旅游旺季，旅游景区要及时清运垃圾；如果游客不多或者在旅游淡季，可根据实际情况安排垃圾清运情况，适当减少清运次数，避免因此造成的人力物力浪费。同时，垃圾盛放装置要及时进行清洗、消毒，确保整洁。为保证顾客的景区游憩体验，垃圾收集、清运的时间需安排在景区开放时间之外，避免对游客造成不必要的打扰。

4. 景区垃圾的处理

垃圾处理就是要对垃圾进行无害化、资源化、减量化处理，最后加以合理利用。当今广泛应用的垃圾处理方式主要为卫生填埋、高温堆肥和焚烧三种。

（1）无害化是解决景区垃圾问题必不可少的环节。

景区垃圾如果不妥善及时处理，就会对自然环境造成严重污染。例如，常见的电池、水银温度计及过期药品中含有多种有害物质会对景区地下水造成严重污染，而有机物腐烂变质所散发出的气味也会影响空气质量。

（2）资源化是解决景区垃圾问题的有效手段。

垃圾中有大量可回收利用的资源，如塑料、纸张、玻璃、木材、金属等，回收后就是可再次创造有价值的资源。

（3）减量化是解决景区垃圾问题的关键。

减量主要包括垃圾生产量的减少及垃圾自身的减少。垃圾生产量的减少必须从源头做起，景区需担负起主要责任，尝试改变景区燃料结构、提高燃气普及率和集中供热率，减少煤炭垃圾生产量；合理控制景区餐饮场所的蔬菜采买量，减少厨余垃圾的生产量，减少一次性塑料吸管制品的使用等。

（三）景区厕所管理

景区厕所是景区旅游接待服务中重要的配套设施，是向旅游者提供舒适卫生的旅游环境的重要环节。

1. 重视规划设计与选址

景区厕所的选址、设计和建设，要尽量做到与周边环境相和谐，实现数量与质量、实用与美观的双重统一。重要的景点厕所还要适当增加景区文化因素，提升文化内涵，在为旅游者提供方便场所的同时，发挥赏心悦目的功能。

2. 体现环保理念

厕所建成工作对水源要求高，同时又有可能引起环境污染，因此旅游厕所在建设过程中，要体现环保意识，无上下水系统可供依托的山岳型景点厕所，应尽量建在可能使污物自然化解、不会对环境造成污染的合适地点；也可通过加强自然通风措施，并采用"生态厕所"等处理技术，保证厕所外观整洁、内部干净、使用安全。

3. 体现人文关怀

景区厕所的设计与建设需要增加人文关怀，旅游厕所可以适当增加女厕厕位的数量，配置方便女性需求的厕所；设立有专门适合儿童使用的厕所；设立为行动障碍人士提供位置判断方便、进出方便、使用方便的专门设施。

4. 景区厕所卫生标准

厕所在开门接待客人前必须打扫干净，做到地面无污物、尘土、积水，便池无污物、不堵塞，墙壁门窗无蛛网、无乱涂乱画现象，无积土，无明显异味，纸篓倒净；在游览时间内，厕所清扫人员要随时或定时清扫；每一位清扫人员下班之前，其负责的厕所必须达到卫生标准；收费厕所有专人全日服务，视厕所等级提供卫生纸、洗手液、烘手器、肥皂、擦手纸等；按墙壁、天花板和门窗、厕位和便池、纸篓、地面的顺序进行厕所保洁工作。

【本章思考】

1. 思考并讨论景区游憩设施与环境设施之间的关系。
2. 思考并讨论景区如何合理设计游憩产品与布局游憩设施。
3. 思考并讨论如何通过高新技术创新游憩与环境设施管理。

【案例延伸】

大漠明珠　敦煌莫高窟游客服务中心

敦煌莫高窟是世界文化遗产和全国重点文物保护单位，被誉为"东方艺术宝库"。随着敦煌旅游业发展，景区客流量剧增，对洞窟壁画及保护区环境带来一定影响。因此，为了加强对历史文化遗产及周边环境的保护，实现游客分流，优化参观体验与景区展示，敦煌研究院樊锦诗院长在 2003 年的全国政协会议上提出建立敦煌莫高窟游客服务设施，2007 年获国家发改委批准建设，2010 年正式开建，2014 年 5 月 1 日正式对外开放，称为敦煌莫高窟数字展示中心。

敦煌莫高窟数字展示中心是"敦煌莫高窟保护利用工程"的重要组成部分，主要借助当代先进的数字技术和多媒体展示手段，向观众呈现敦煌莫高窟绚丽多彩的石窟艺术经典与气势恢宏的历史文化背景，使观众在进入洞窟之前就能与敦煌莫高窟进行全方位、近距离的了解，进而适量减少现有开放洞窟的数量，缩短游客在洞窟内的滞留时间，减轻参观活动对石窟遗址造成的压力，缓解敦煌莫高窟旅游开放与文物保护之间的矛盾，实现世界文化遗产敦煌莫高窟"永久保存、永续利用"的目标。

敦煌莫高窟数字展示中心位于甘肃省敦煌市郊区，距离莫高窟约 15 千米，占地面积 4 万平方米，主要功能包括游客接待大厅、数字影院、球幕影院、多媒体展示、办公、餐厅、商店等。建筑周边视野开阔，东边为机场，飞机起飞或降落时可在空中俯瞰游客中心；西边和北边为石屋和村落，南侧为戈壁滩，可眺望三危山和鸣沙山。从游客中心出发通过 Z1010 公路和横穿戈壁，去往莫高窟和三危山景区，通过鸣沙山观景大道可前往鸣沙山风景区，从而形成了联系各景区的交通枢纽。

在建设设计上，建筑平面形状非常不规则，立面高低错落，形如流动的沙丘和"飞天"的裙带，曲折流畅，动感十足，形成了多弧线、全曲面的艺术造型建筑，与大漠戈壁、三危山、鸣沙山等自然背景交相辉映，浑然天成。在色彩上，建筑与沙漠溶于一体，反映了强烈的地域特征。建筑内部，空间丰富多变，界面清晰，为游客带来良好的空间感受与视觉体验，实现空间感与形式感的统一。为实现绿色节能的理念，营业时间内的观众接待大厅及休息厅利用采光井、采光窗引入自然光。

来源：

［1］赫英海，董子龙.敦煌研究院公布莫高窟新的参观模式和流程［EB/OL］.（2014-07-31）［2021-6-18］.http://art.people.com.cn/n/2014/0731/c206244-25374667.html.

［2］欧特克.敦煌莫高窟游客中心——获最佳 BIM 建筑设计一等奖［J］."BIM 技术在设计，施工及房地产企业协同工作中的应用"国际技术交流会，2012.

案例思考：

1. 敦煌莫高窟数字展示中心体现了景区游憩设施设计的哪些原则？

2. 敦煌莫高窟数字展示中心的设计与管理是否有需要改进的地方？

3. 景区游憩设施设计与管理应该如何实现与景区的协调一致？

【本章参考】

［1］Baud-Bovy M,Lawson F.旅游与游憩规划设计手册［M］.唐子颖，吴必虎等，译.北京：中国建筑工业出版社，2004.

［2］Hammitt W E, Cole D N.游憩生态学［M］.吴承照，张娜译.北京：科学出版社，2011.

［3］韩凌，王道国.旅游景区服务与管理［M］.成都：西南财大出版社，2015.

［4］Ryan, C.游憩旅游学：旅游需求与影响［M］.马晓龙，黎筱筱译.天津：南开大学出版社，2010.

［4］朱桃杏，王瑜.城市河道游憩空间建设：理论·方法·案例［M］.南京：东南大学出版社，2013.

第十一章

景区物业商业管理技能

【学习目标】

◇ **景区职业经理人（中级）**

- 掌握商业物业资产管理技能
- 掌握商业招商引资管理技能
- 掌握景区商铺销售管理技能

◇ **景区职业经理人（高级）**

- 掌握商业招商引资管理技能
- 掌握景区商铺销售管理技能
- 掌握景区商业街区规划方法
- 掌握景区项目业态的管理方法

本章导读

  功能完善的旅游景区通常要具备优质的旅游吸引物和高质量的旅游服务设施，以吸引和留住旅游者。随着景区的增多，景区商业规划和配套物业趋于科学化、合理化、规范化，但很多景区没有考虑到自身的景区特色、游客的多样化需求、当地的经济发展水平、相关产业的发展程度等，出现"过度商业化""物业商业景观与景区不协调"等问题。

在文化旅游区具体的发展过程中，商业街是文化表现和体验的重要载体，文化商业街体现着区域文化的历史积淀，通过对商业街的改造赋予其文化的内涵，让文化与商业融合，打造旅游主题化，创造旅游景点新的特色和活力。例如，成都锦里民俗文化步行商业街的发展就形成了较为成功的旅游商业模式，在软件、业态、节庆活动、管理、空间组织等方面提供了成功经验。锦里古街位于成都市市区交通发达的地段，便利的交通条件提高了锦里古街的可达性，也利于锦里古街文化及商业效益的发展。作为武侯祠的一个升级延续，锦里古街的设计以人为出发点，以商业为中心、建筑为体、文化为魂，创造出"人、商业、建筑、传统文化"的良性互动循环。

第一节　景区商业物业管理[*]

一、景区商业物业管理特点

（一）商业物业与景区整体环境相协调

景区商业物业应与景区整体环境相协调，外观装饰体现景区特点。景区商业场所是游客购物、休闲、娱乐的地方，室内商业动线应合理规划，商品陈列美观，安排沙发、咖啡厅等游客休憩区域，室内温度适宜，可以摆放绿植、花卉等提升游客舒适感的物品，安排专人负责商业场所内的流动保洁，及时清除垃圾，保持商业场所内外的清洁。

（二）服务要求高

景区商业服务水准是景区服务水准的重要反映。游客如果在景区购物店买到价高的劣质商品或买到假货，不仅影响购物店商誉，也会对景区的整体声誉造成负面影响。所以，景区商业物业在做到诚信可靠、待客有礼等服务要求外，还应遵守景区的各项管理制度，服务水准不能低于景区整体服务水准。

（三）商业物业分散

除一些景区在规划时安排专门的商品购物街外，景区的很多商业物业在地理区域上较为分散，分布在游客游程整体范围内，满足游客在游程中的餐饮、购物、休憩等需求。商业物业分散以及商业经营主体的多元对景区的保洁及保安工作提出了挑战。分散的商业物业较集中的商业物业需要更多的保洁及保安人员，管理难度较大。

（四）营业时间性强

景区商业物业的营业时间与景区的开放时间保持一致，受景区淡旺季、节假日制度等因素的影响，旅游旺季及淡季的营业时间可能有所不同。无论在旅游旺季或淡季，景区内的商业物业应统一店铺经营时间并以合适的渠道使游客知晓，有利于商铺的整体形象塑造，形成商铺经营的秩序感，满足游客购物、餐饮等需求。

二、景区商业物业管理基本内容

（一）装修管理

景区可以将所有商铺装修完毕之后出租铺面，承租商户对铺面只能通过申请批准后作小的变动；也可以由承租商户装修店面。装修管理职能主要包括：审核装修申请、签订"装修管理协议"，现场监督管理。

商铺装修管理应做好以下几个方面：①建立周全、详细、便于操作的管理制度；②专人负责对工程实行严格的监督；③选定资质高、信誉好的工程承包商进行装修；④对装修现场进行监督管理。

商铺在二次装修过程中应遵守景区商业物业管理处制定的《二次装修施工管理规定》，禁止擅自更改水、电管线及负荷用电。装修完毕后，物业管理处根据装修前商户递交的经认可的装修设计图、装修协议，对工程进行竣工验收，如发现有违反装修设计图及装修协议某些条款的情况，应视情节轻重作不同的处罚。

装修工程施工方由景区物业管理处选定还是由商户选定应视工程涉及的内容而确定，通常分以下几种情况：①凡涉及电力设备进行增建、改装的，为该层的消防设备进行增建或改造的，为电视监控系统、公共天线分布系统等进行增建或改装的，由物业管理处选定工程实施工方，商户则按工程费用的一定比例支付给物业管理处作为工程监督管理费。②凡涉及铺面、商号招牌、天花板、墙面、墙壁装饰、内部间隔，水管、排水道、电力装置，通风设备等小规模装修可由商户自行选定工程施工方，也可由物业管理处选定施工。③商户递交的装修设计方案所附的图纸，应包括：清楚显示楼层内部间隔的平面图；楼层平面图的正视图、切面图；排水系统的分布图；电力供应设备分布图及电线敷设简图；照明设备位置图；假天花的平面，切面图；及其他一些建筑细节。

在施工过程中，景区物业管理处应派专人在现场进行管理。管理的内容主要包括以下方面：①对施工人员的管理，以及对工程是否按图施工、按"装修协议"要求施工；②对装修现场环境卫生进行监督管理；③对于装修的工程监控，如有违反景区物业管理处的管理规定等，及时联系商户，必要时发出"整改通知单"等。

（二）日常管理

1. 商铺商户服务管理

（1）接待与联系。

接待与联系是商户服务的重要内容之一，是景区物业管理方为商户、顾客提供服务并与商户、顾客进行交流的窗口，包括听取商户建议和意见、安排维修和回访，收取管理费与内外联系等。

（2）纠纷、投诉接待。

顾客在商铺购物多因环境服务因素而来投诉。对景区物业管理方来说，所有投诉、处理结果都要有记录。

（3）报修接待。

商铺铺位的照明或其他设施出现问题，对商户营业将造成很大的影响。商户报修，应迅速进行记录，填写《维修任务单》，即时派维修工到现场抢修。

（4）走访回访。

接待员的走访内容包括三方面：一是听取商户和商铺方对景区物业管理服务的意见、建议；二是对报修后的维修结果进行回访；三是对商户的礼仪、形象、环境、装潢等方面的不足之处做出提示、督促改进。

2. 商铺设备、设施维保服务管理

商业物业设备、设施养护及维修管理直接影响到经营环境和经营活动的正常运行。商铺设备管理主要是防止商铺停电和保证中央空调、自动扶梯的正常使用。商铺供电需要绝对保证，因为一旦停电，将给顾客、商品和营业款带来不安全的因素，对商铺声誉带来不利影响。所以应选派专人进行监测，一有异常情况及时安排维修，确保电气和空调等设备正常运行。

3. 监控中心管理

监控是指利用电视监控系统对商铺进行全方位多角度的监视，尤其是对出售贵重商品如钻石、珠宝、高档手表等铺面应进行日夜监视。如发现可疑人员或突发事件、恶性事件的发生，监控人员应及时录像。露天停车场亦须安置监控摄像探头，防止车辆被窃，万一遭窃，录像将提供证据、线索，有利于警方破案。

4. 消防管理

商铺消防工作十分重要，商铺内人流大，楼梯、通道相对面积较小，这给火灾时的人员疏散带来很大困难。每个商铺都要安装先进的火灾探测装置和自动灭火装置。这些装置直接与火灾自动报警系统联网。只要各地方出现火情，烟雾和温度各达到一定的限度，这两种装置便自动通过导线将报警信号传输至报警器，进行有效监控与预防。此外，消防管理还需在员工、管理人员和商户中定期开展消防培训及消防演习，使人人都会使用消防器具，掌握火灾逃生知识，不断提高大家的防火意识和消防业务水平。

（三）其他管理

1. 业态调整

为商户提供景区游客消费习惯、消费水平、消费需求等信息，根据商户物业的档次定位及未来规划，帮助商户确定及调整业态，使商户所经营的商品品种符合游客需求，且符合景区品牌形象。

2. 租金确定

商业物业的租金应根据物业所处的地理位置、物业的档次、供需状况、商业品牌的知名度等方面计算出每层、不同摊位的每平方米合理租金。如果承商户的租期较长，考虑到资金的时间价值，还应该在租约中规定相应的租金增长率来调整租金。

3. 增值服务

商业物业管理在保持品质的情况下尽可能地追求利润最大化。在物业管理过程中，利用公共区域设立广告，为商户和顾客提供特约服务，如商铺维修保洁、代租代售、通信邮政服务等，获得增值服务收入。

4. 活动引流

商业物业应配合景区活动，对景区内商铺商户进行设计和布置，同时要做好各种引导标志，将参加景区活动的游客人流引流至商铺商户。要求商户内销售人员统一着装，购物袋包装统一，营造规范有序的商业环境。

三、景区商业物业服务重点

1. 保持景区良好形象

景区的良好形象是一种无形资产。游客对景区有良好的认知，才会对景区内的商业物业所出售商品的品质有所期待。

2. 帮助商家开展商业广告宣传活动

景区有义务运用自己手中掌握和管理的资源，为商家提供必要的商业广告宣传服务活动，以帮助商户增加经营收入。

3. 保障物业设备正常运行

景区物业管理方要对商业场所内各种设施、设备进行精心的养护和及时的维修，以保证供电、供水、空调、电梯、消防、保安设施设备可靠地运行，以满足景区物业场所商业活动正常有序进行的使用需求。

4. 加强安全保卫服务

景区物业管理方应通过完善的技防、物防和人防措施，防范抢劫偷盗、流氓闹事、聚众斗殴等突发事件，最大限度地做好安全防范工作，保证商户和顾客的利益，同时注意策略、方法得当，保证顾客安全、放心地购物消费；此外，及时整改容易造成顾客损伤的设施设备，如柜台锋利的玻璃边角应进行修整，避免使顾客受到意外伤害。

5. 强化消防保障服务

景区物业管理方要做好对消防设施设备日常维护保养工作，通过各项管理制度的切实执行，保证商业场所内消防通道的畅通，同时制定并完善紧急情况下的应急预案，以保证一旦出现紧急情况能及时反应。

6. 确保游客消费的便利性

通过导游介绍、游览图、入口指引、道路标识等方式，使游客清楚商业物业的地理位置及商品特色，便利游客消费。

7. 保持购物环境的整洁性

景区物业管理方应注重景区物业场所内的流动清洁，及时清除垃圾，保持场所内的清洁；对户外的招牌广告、霓虹灯要及时进行清洁维护，保持景区物业场所外观的整洁，树立良好的外部形象；置放的绿化小品、盆栽要保持干净、鲜活，枯萎的要及时调换。

第二节　景区商业招商引资*

一、景区商业物业招商特点

（一）受景区地理位置、人流及潜力影响

景区商业物业招商难度受景区地理位置、人流及发展潜力影响。首先，位于经济发达地区的景区比位于经济落后地区的景区更容易吸引商铺商户。在经济发达地区，很多景区为了带动综合旅游收入，实行了免票政策，吸引更多游客前来景区进行购物消费。其次，景区招商吸引力受景区人流影响，人流量大且四季人流较均衡的景区，有更多的商户入驻。最后，景区未来的发展潜力也会吸引商入驻，那些看好景区发展未来的商户更愿意在景区发展初期以合理的价格拿到景区的黄金商业位置。

（二）招商难度大

招商难度大的主要原因在于以下四个方面：

（1）景区项目建设期较长。

（2）装修进度影响商户入驻意愿。

（3）功能分区的招商进度影响了各类店的进驻决策。按照合理的功能分区计划，顺

利入驻相应的商户可使各类店的经营互动起来，而一旦某一类商户或服务机构招不进来，则整个项目服务功能可能不理想。

（4）景区管理者缺乏招商经验，使招商难度进一步提高。

（三）招商技术要求高

招商技术要求高主要表现在以下四个方面：

1. 招商人员应具备丰富的零售服务知识

（1）熟悉商品或服务的类别及特点、地产开发、物业服务等相关的基本知识。

（2）掌握市场学、经济学、管理学中的一些基本原理。

（3）了解租赁、消费、产品、销售等相关的法律法规。

2. 招商人员应具备较强的招商技巧和谈判能力

（1）由于招商难度大，这就要求招商过程中使用一些技巧，如制造某些位置有多家入驻的抢手局势等。

（2）在招商前期，主力店的招商工作异常艰难，因而要在了解竞争对手之后制定出吸引其入驻的条件和谈判策略，并争取同时分别与不同的多家主力店洽谈入驻意向、入驻条件。

3. 招商人员应具备较强的评估能力

在租户表达了入驻的意向之后，招商小组应派有关人员考察租户的经营情况，特别是主力店的调查和评估，其评估的内容包括资金实力、经营业绩、经营特色、注册资本金、管理层的管理能力、营业额及其增长率、财务状况、合作意愿程度等项目，并按一定标准进行量化评估，为选择租户决策提供科学的数据及报告。

4. 招商人员应采取合理的招商推广策略

招商推广的好坏将影响到资金的预算和招商效果，招商推广策略应符合招商策划内容的要求，并围绕项目的市场定位、功能定位和亮点设计等内容进行招商推广策略的制定和实施，以保证招商工作少投资，高效率。

二、景区商业招商的基本原则与渠道

（一）景区商业招商的基本原则

1. 按业态和业种规划原则

业态规划是在前期市场调研的基础上制定的，它对商业物业的建筑设计、招商、销售和运营管理具有重要的指导作用，按照业态和业种规划的原则进行招商，可以防止在招商工作中走弯路，同时便于控制竞争激烈的业态和业种，从而减少开业后一年内的换租率，使整个项目的业态在随后的经营中更加合理。例如，若业态比例确定为零售：餐饮：娱乐为5:2:3，则招商就要尽量按照这个业态比例执行。同时，也可以按市场要求作适当的调整。

2. 按市场定位物色品牌对象的原则

市场定位报告在招商之前应准备好，结合景区定位和目标客群进行招商。5A级景区应尽力吸引高品质商户入驻。由于市场的低档品牌较多，招商相对容易，招商人员往往在招商过程中弃高就低，使整个项目的品牌档次不能按原定的市场定位执行，不合适的商业物业影响景区整体形象。

3. "放水养鱼"长线经营的原则

因为商业物业经营具有长期性的特点，对于高品质商户，景区可采用低租金起点的做法，通过市场推广力度的递减和租金的递增，使整个商业物业的整体价值逐步最大化。

商户租赁的目标就是获取未来不确定的收益，景区有必要在项目起步之际，用实际行动支持商户，降低开业后的商铺换租率，为项目良好持续经营创造条件。

4. 招商动态原则

在招商策划方案开始实施后，招商的实际进程并非能够完全按照策划方案所描述的进行。招商必须面对三个方面的变化：一是竞争对手的变化；二是商户业态调整的变化；三是景区目标消费群的变化。一旦市场变化，招商目标和实施细节也要做出适当的调整。

招商政策的制定也需要随市场的变化作相应的调整，特别是租金和租金递增率这些比较敏感的指标。另外，对于可能有助于提升景区形象的特殊品牌，应采取更优惠的招商政策。

（二）景区商业招商的渠道

招商渠道是指景区将商业物业的招商信息传递到潜在商户的途径，它直接影响招商效率。准确的渠道设计和选择，可缩短招商时间，提高成功率。除了招商策略和租金策略之外，景区应重视渠道策略。

1. 评估选择招商渠道

通常渠道评估的标准有三个，即经济性、可控性和适应性标准，其中最重要的是经济标准。

（1）经济性标准评估。

主要是比较每个方案可能达到的成功招商面积及费用水平，景区对上述情况进行权衡，从中选择最佳招商方式。

（2）可控性标准评估。

一般说来，采用招商代理商可控性更小，景区直接组建团队招商的可控性更大。景区必须进行全面比较、权衡，选择最优方案。

（3）适应性标准评估。

通常，景区使用自己的直接渠道更有利于招商；因此，开发商或管理商必须考虑选择策略的灵活性，尽量不签订独家委托招商合同，除非在经济或控制方面具有十分优越的条件。

2. 招商的主要渠道

（1）利用新闻和大众媒体进行招商。

进行招商的渠道很多，其中借助新闻媒体进行招商较为普遍。随着现代科学技术的发展，新闻媒体的表达形式和渠道越来越先进，如电视、广播、报纸、刊物、互联网等，对于扩大景区的知名度和影响力有着十分重要的作用。利用新闻媒体进行招商要注意处理好以下几个关系：综合性与新闻性的关系；计划性与随机性的关系；一般宣传与重要宣传的关系；各种新闻媒体的科学组合和综合运用等。此外，还要注意新闻媒体宣传中对景区的负面宣传影响的处理等。

除新闻媒体以外，其他的大众媒体也是进行招商的一个基本渠道。与新闻媒体比较，通过大众媒体宣传进行招商，可以较少受到时间的限制，能较完整、准确地进行招商，且具有一定的稳定性和时效性。

（2）利用招商活动进行招商。

招商活动主要有会议和各类主体活动，会议和活动是开发商或管理商进行招商的常用方法。根据不同的招商群体，不同的开发阶段可以策划并组织不同类型的会议与活动。招商有时也可以采用品牌嫁接的招商方法，这种方法较适合于商业相对欠发达的地区，具体做法是邀请外地的目标品牌商家和本地的同类产品经销商和投资经营者参加，使外地的目标品牌能通过本地经营者的加盟而进驻景区。

（3）通过专业人员进行招商。

专业人员推介可以与商户面对面交流，机动灵活、介绍全面，有效地避免和缩小信息的不对称性。此外，还具有较强的针对性，可以与商户保持广泛而密切的联系，及时发现和解决商户多方面的疑虑和担心，建立信任感。另外，可以把商户的各方面信息及时反馈。一方面不断完善服务功能，另一方面也可以不断扩大招商线索。在通过专业人员进行招商的过程中，人员素质和敬业精神是很重要的，直接关系到景区的声誉和影响，因此，要对招商人员进行系统的、专门的选拔和培养。

（4）通过中介机构或各类商会进行招商。

中介机构（也称招商代理商）或各类商会是具有法人资格的经济组织。选择中介机构或各类商会进行招商是景区与该中介机构或各类商会以市场经济原则为基础，建立起经济上的关系和工作上的默契。中介机构或各类商会为景区在一定时间或区域内进行招商、推广项目、安排活动等。景区则为中介机构或各类商会提供一定的活动经费或按招商额支付佣金、提成等。通过中介机构或各类商会进行招商联系商户，虽然需要支付费用，但往往要比景区直接招商的成本低，而且成功率相对较高。

（5）通过互联网进行招商。

由于很多进行招商的工具和途径都有一定的局限性，通过互联网了解信息，往往成为商户广为利用的一种重要方法。互联网本身对景区项目的表述更清楚，对景区招商介绍更翔实，不受时间、地点、推介成本等限制。

在实际招商运用中，景区需要对招商方式进行组合，以达到事半功倍的效果。

第三节　景区商铺销售管理[*]

一、研究和选择目标商家

（一）确定目标商家

选择目标商家的核心是商业经营要与游客需求相匹配，前提依据包括：（1）景区本身商铺情况，如景区总面积、商铺数量、各商铺面积、商铺位置等；（2）商铺周边的景区环境，如商铺与周边环境是否协调，是否易于旅游者的视觉搜索；（3）景区内的商铺竞争环境，如景区内现有商铺或景区周边现有商铺分布情况、景区商业物业配套情况等。

总体而言，优异的景区商铺销售应当立足于特色和消费的差异化，同时考虑商业规模，扩大外辐射范围。

（二）商铺市场定位

基于目标市场的定位，通过主题、业态、客户等方面的不同选择，确立商铺的市场定位。

1. 主题定位

在选择目标商家时，应当注意商家销售产品或服务的商业内涵，具有鲜明主题的商铺对于旅游者具有更为明显的吸引力。

2. 业态定位

业态定位是市场定位的具体体现和业态组合状况，业态类型和档次的选择要符合消费者的购买习惯和购买能力。对于景区而言，可根据景区当前所属等级、未来的发展目标规划、景区的资源独特性、景区的目标人群等设定消费水平。如上海迪士尼乐园商业店铺人均消费较田子坊等历史文化街区高。

3. 商铺主定位

商铺户主的销售风格也是影响商铺吸引力与景区商业发展不可忽视的重要因素。如创意文化型、互动体验型等商业形态，商铺户主通常与新兴文化接触更为紧密，年龄较为年轻；对于一些传统工艺销售或体验，特别是与非物质文化遗产传承相关的商铺，游客则更倾向于选择具有丰富经验的商铺主，或是选择具有较长经营历史的"老字号"。

二、确定商铺销售策略

1. 将商铺作为景区产品的一部分进行销售

景区商铺销售需要将商铺作为景区产品的一部分，围绕产品设计、功能、价值进行营销。对商铺周边的旅游吸引物，商铺所在区域的配套设施进行打包性产品规划。景区可以要求商铺按与景区风格的装修风格进行装修，或承担起所有商铺的装修工作。通过外立面、交通动线、购物环境等的科学组合，满足商家的营利需求和游客的消费需求。

2. 注重商家品牌和服务质量

在选择商家时，注重商家品牌和服务质量，挑选商品或服务有特点，运营规范，诚信经营的商家。景区商铺经营有别于社会商铺经营，首要目标是提升游客满意度，使游客在景区游览时享受到更多的愉悦。在商铺定价上，与景区主题相契合、品牌知名度高、服务质量好的商家可以得到一定的价格折扣。

3. 针对优质商户的促销

为吸引优质商户在景区长期经营，可以针对优质商户进行促销。例如，基于景区商铺承租年限，实行满 5 年、满 10 年、满 20 年返现或折扣的优惠政策；或结合商铺提供的服务与景区服务提供组合优惠等，以吸引更多的优质经营者。

三、制订商铺销售工作计划

1. 明确销售目的

景区商铺销售应当满足以下目的：最大限度地利用景区现有客户资源，增加销售额；避免集中式商业销售竞争，充分挖掘景区新客户资源；实现资金的快速滚动，为景区后续建设与配套服务提升筹资等。

2. 目标商铺客户分析

寻找、记录、统计和分析有意了解、租赁或购置商铺的意向客户，包括现场来访、来电咨询、网络咨询、托人咨询等潜在客户。相对而言，现场来访的客户通常具有较高的租赁或购买意愿，是销售人员应当重点关注的目标对象。

3. 客户的价格接受度

在制订销售工作计划时，需要根据市场相似产品、当地消费水平、销售环境与目标人群等因素，综合分析计算商户可接受的价格范围。此外，在商户的各类咨询过程中，销售人员也可以询问了解客户的意向价格范围，为计划调整和论证提供依据。

4. 商铺价格制定

通常采用市场类比法，分析景区周边商业氛围，寻找可类比的商铺定价依据，如其他景区在售商铺的价格及其销售方式等。另外，科学的商铺底商价格大概为住宅销售单价的2.5倍，在缺少可类比依据时也可根据此方法进行定价。此外，也可以遵循客户对商铺价格的接受程度，计算客户可接受价格的均值，制定商铺销售均价。最终，综合考核景区商铺面积、位置、大小等调整各商铺具体价格。

5. 销售目标设定

销售目标应当包括整体销售目标，明确到具体的时间节点，如周销售量、月销售量、季销售量等。除整体销售目标外，还应当将目标分解到个人进行细化、量化，如每人每周销售量、每人每月销售量等。

6. 销售折扣设定

为了更好地激励客户尽早租赁或购置商铺，可以采取分时折扣。

为了增添客户黏性，也可根据客户的租赁或购置量提供折扣。

对于特殊客户，如长期合作客户、合作企业等交易额较大的客户，可以合理地为其提供专属折扣。

四、商铺销售实施与控制

1. 组建商铺销售团队，培养团队营销文化

团队文化是团队成员在长期互相协作、执行任务的过程中形成的共同价值观、工作方式、行为准则的集合。营销团队文化建设可以从以下四个方面进行：培养团队价值观；培养团队竞争意识和服务意识；培养奉献精神；培养学习精神和创新精神。

2. 加强营销技能培训

销售人员的能力和技巧对销售活动的成败有很大的影响，包括价格谈判技巧、积极倾听、管理情绪、随机应变等。具体而言，营销技能培训可以从两个方面入手：

（1）专业基础知识培训。

基础知识包括商铺知识、市场知识和法律知识。商铺知识指商业开发项目的设计方案、装修方案、设施性能等。市场知识是指对商铺的购买者的经济收入、购买动机及其消费偏好。法律知识是指与商铺营销相关的法律法规，包括商铺租赁、买卖等合同签订与经营权、使用权等权利归属内容。

（2）实战营销技能培训。

营销技能包括沟通技巧、销售话术、举止仪表等。

沟通技巧：在与顾客的沟通过程中，要注意倾听，学会拉近与顾客之间的感情，准确把握顾客的诉求，因地制宜、因人制宜地开展促销活动。

销售话术：语言是营销人员最基本的工具，包括如何设计开场白，如何运用标准说辞，使商铺的介绍情绪到位、卖点突出，如何快速准确的回答顾客提出的棘手的业务问题。

举止仪表：营销人员不仅代表个人，而且代表景区形象，必须十分重视自身的举止仪表。

3.建立健全激励制度

激励制度主要考虑激励类型和激励方式两个问题。激励类型分为物质激励和精神激励，激励方式主要有目标激励、奖励激励、榜样激励、竞争激励。如围绕物质奖励为主，可以使用高佣金制度，设置成交奖励等。精神激励则可通过景区内优秀员工展示、在公开场合表彰个人等。

4.完善景区商铺营销管理制度

景区商铺的营销管理制度可以包括管理制度细则、营销人员岗位职责、营销人员业绩考核制度等。管理制度细则包括员工服装规范、员工仪容要求、员工考勤制度、销售报表规定、合同管理制度等。营销人员岗位职责包括营销总监、经理、基层营销人员的岗位职责，涵盖参与制定销售战略、具体销售计划；组织与管理销售团队，完成销售目标；统筹应对危机事件等。营销人员业绩考核可以运用KPI绩效管理法、平衡计分卡等方法。

第四节　景区商业街区规划▲

一、街区交通规划

以商业为吸引物的景区，其商业街区的步行系统与城市商业中心结构相似，包括地面人行道、商业街、过街天桥（联系道路两侧）、空中步道（建筑间的联系）、地下步道（地下通道、地下商业街、地铁站点等）、中心广场（包括下沉式广场或高架层面广场）及建筑内部空间。立体化设计是加强这些步行系统的连接，形成整体的商业街区，应注意：

① 商业街区中建筑之间的连接：通过空中步道和地下通道把建筑组群串联在一起，形成有机的整体。

② 建筑内部空间与外部空间环境的连接：内部空间是外部空间的延续，立体化的连接使建筑内部也成为步行系统中一个重要的环节。

二、功能规划与用地布局

（一）功能空间布局

功能空间布局构成元素可以抽象为"点"和"线"。点是指街道中的广场、入口、建筑阴角之类的可停留空间。点式空间可以作为休息和驻足的场所，缓解购物造成的疲乏。线是指街道均匀的线性空间。线式空间则要求具有连续的界面和良好的围合感。此外，还有一些旅游商业街将点与线进行了网络化的组合，形成了区域状的旅游商业街。

1. 入口空间的营造

游客来到旅游区，对于新鲜的地理环境兴奋感很高，期待感最强，因此营造一个丰富的入口空间就显得格外重要。以下方法值得尝试：①借鉴中国园林的手法，采用欲扬先抑的空间组织，如成都锦里旅游文化街的入口处偏转了 90° 的方向，采用一段窄小的空间和后面开阔的街道形成鲜明的对比。例如，张飞祠利用入口地形起伏，有意识构成曲折，加大景深，突出主题建筑的视觉中心感在有高差的风景旅游区还可以利用地形上的起伏，增强对游人体验的感染力。②规模较大的旅游商业街还可以模仿中国传统建筑中序列形式的空间营造手法，将入口延伸扩大，以几座建筑物或是牌坊排列的形式，增加气势。有些天然环境得天独厚的文化景观可以利用景观中具有历史文化意义的牌坊、古树、亭子等作为入口处的景观亮点，起到开篇点题的作用。

2. 空间结合

寻求复杂与变化是人的天性，复杂的刺激由于包含更多的信息而更吸引人。但过于复杂，超过人能接受的程度则会造成混乱。总体而言，人偏爱中等复杂程度的刺激。

空间组合多样性具有两大优势，从商业氛围来说，多样化空间的营造是旅游商业街吸引顾客，增加商业收入的重要因素。从心理因素来说，丰富的空间组合对于商业经营也有积极的意义，它可以缓解单调的直线式购物造成的心理上的厌倦，使顾客的购物行为变成了一种轻松愉快的体验。

3. 商业街区内部庭院设计

中庭是垂直交通组织的关键点，是步行空间序列的高潮，这里人流集中，流量大。中庭周边通过适当的功能安排，可以将购物者向上运动处理成一个有目的的过程，能够大大提高上部空间的吸引力，购物者为观赏中庭空间和参与其中的公共表演活动，也会再上一层观赏更美丽的景色。

4. 商业街区物业内墙、地面设计

内部的装潢与布局则一般以点面结合、多层次设计来形成流向通畅、新颖实用的购物环境，为购物者营造温馨舒适、浪漫的购物氛围，使顾客在购物的同时享受休闲自在的轻松情调。

商业街区内墙、地面的色调、图案等要注重与灯饰、天花的协调，达到风格统一的视觉效果。商业街区地面、墙面材料的选择正确，是保证日后对其维修与保养的核心。地面材料，一般要易于保洁，具耐磨性，防滑性（尤其是多雨雪地区），避免采用木质地板（防火功能）；墙面材料，要选择防潮、防霉以及防火的材料。商业街区地面、墙面图案运用除了要结合步行街经营主题外，还要考虑不同功能区的差异，运用不同图案。

5. 商业街区步道设计

商业街区内过道设计要清晰，过道脉络设计不仅影响人流的疏散，也影响商铺布局。走道不宜太长、太直，应该适度曲折，增加人流的停留时间、使步行街内的店面基本上临近走道。

走道要与指引标志结合。指引标志设计主要是指引顾客目标方向，一般要突出指引标志，在过道交叉部分设置比较醒目的指引标志。另外过道的作用是疏散和引导人流，商场过道宽度设置要结合商场人流量、规模等。

6. 商业街区的造型设计

建筑外观造型的设计可以分为三个层面。第一个层面是建筑的宏观造型，也就是天际轮廓线。第二个层面是人在中距离上对建筑的感知方面，也就是建筑外观的中观元素，包括建筑开窗与实墙面的虚实对比，立面横竖线条的划分等。第三个层面则是人到建筑近前，与建筑直接接触的微观层面。人所能感受的范围也就在一层高之内。这一层面上的设计重点应该是建筑的细部和材质的运用。商业街的设计重点也应在首层外观的细部上，包括门窗的形式，骑楼雨罩的应用，台阶、踏步、扶手、栏杆、花盆、吊兰、灯具、浮雕、壁画、材质色彩与划分等。建筑师的设计深度不应仅仅停留在第一个层面上，缺少细部的设计无法满足购物行人对建筑的尺度要求。

7. 街道布局的人性化设计

交往空间最大意义上的成功在于是否能满足人的心理需求，旅游商业街是人的活动密集的场所，积极的空间有助于增加商业效益和提升和游客的参与性。旅游商业街人性化设计就是为了找到一个人和空间丰富互动的交集。在这种情况下，人的参与使商业空间热闹活跃，而人也能通过环境的影响力获得购物和文化欣赏上的满足。适宜的空间尺度、安全感等对步行者的关怀都能体现旅游商业街设计的人性化。

8. 商业街区手扶电梯布局要点

商业街区内电梯的基本功能是运载人流，电梯部数、布局位置都要以有效疏散运载人流作为出发点。同时人流量大的大型购物中心，如何避免电梯口的人流堵塞，是电梯布局考虑的因素之一。电梯与过道衔接处，一般会设置过道交叉口。根据东方人的行走方向习惯，一般是偏右，商场双向电梯布置时，要根据"右上左下"规则，引导顾客向上购物。

单向电梯设置：商业街区运用单向电梯设置，不仅可以保持街内商品的受观率，保持人流的停留时间，增加顾客再购物的购买欲，还可以避免电梯口的堵塞。但同时也要注意顾客逛街的疲劳度，进行合理跨距分析。

（二）商业街区布局要求

商业街一般有效长度在 600 米之内，长度为 300~600 米最佳。过长超过了人行走的体力极限，过短则难以营造商业氛围。商业街的宽度及临街建筑的高度比例以 1：1 至 1：1.5 为宜，最多不宜超过 1：2。商业街的宽度一般以 20~30 米为宜，用于植树或安排相应设施。商业街商店布局应充分考虑人的逛街习惯，即在街两侧来回行走呈"之"字状，所以会产生"盲区"，"盲区"往往适合设置一些辅助功能，如餐饮、娱乐等。商业街的商业面积大小没有统一的数据，经验数据 20 万平方米是人们体力、心理所能承受的最高值。

三、空间组织与环境设计

（一）商业街区空间规划

1.商业街区的空间形态设计

（1）带状型商业街区。

带状型商业街区指沿街线性展开布置的带状商业街，是商业街区空间形态最常见的基本布局类型之一。带状型商业街区又分为单一线型商业街和复合型商业街。单一线型商业街是沿一条道路展开的布局形式。复合型商业街具有比单一线型商业街复杂的体型，主要是以交通枢纽、干道交叉口为中心，沿几条道路的方向带状沿街延伸"复合"而成的商业中心，构成 L 形、T 字形、十字形等布局形式。

（2）块状型商业街区。

块状型商业街区可以具体分为四种类型：

①街坊式商业街区。商业街区街坊式布局的块状商业中心，各项功能部分布局在道路围合的街坊内。

②广场式商业街区。这种街区以广场为中心，商业设施沿周边布置。

③立体式商业街区。在商业空间上组织交通和商业设施，其功能组织和形态特征主要表现为立体化的交通组织和设施组织。

④混合式商业街区。这种街区有两种模式：两度空间上的混合式街区和三度空间上的混合式街区。两度空间上的混合式街区，即商业街与广场式商业中心结合。三度空间上的混合式街区，即带状、块状和立体式空间组织形式的结合。

2. 商业街区的立面设计

商业街区外立面不仅是商业街的形象标志，更能吸引、聚集目标消费群体。切合经营主题、设计新颖、风格独特的外立面设计能使商户及商业街在顾客心中留下深刻印象。

外立面设计既要考虑与周围建筑的关系，又要考虑入口处外立面和内部步行街的过渡和转换。外立面对周围环境有一定的视觉影响。为了保证街道整体景观的一致性，外立面设计需要考虑尺度和材料与周围的关系，材料选择是体现建筑风格的重要因素。

建筑结构对外立面有直接的影响，选择适当的层高、柱距和开窗方式，可以获得虚实对比，取得较好的外立面效果。因为封闭的建筑会对外界造成不良的视觉影响，大体量建筑尤其如此。同时，景区商业街依附于景区环境，所以商业街区建筑外立面设计要考虑景区的地形地势、气候、人文环境、建筑风格等。

（二）商业街区景观设计

1. 景观设计原则

（1）遵循人性化原则。

景区商业街区设计要满足游客购物、休闲、社交需求，从细节着手，满足游客的功能需求和审美需求。

（2）遵循生态化原则。

商业街区中需注重绿色环境的营造，重视绿化，有效地降低噪声和废气污染。

（3）遵循可识别性原则。

可识别的环境可使人们增强对环境体验的深度，也让人在心理上产生安全感。通过商业区空间的收放、界面的变化和标志的点缀可加强商业街区景观的可识别性。

（4）遵循景观视觉连续性原则。

商业街区内街道线型和空间设计应当为顺畅连续的、游客可预知的线型和空间。

2. 景观设计中应注意的问题

（1）商业街区景观的设计在空间尺度和环境氛围上要亲切、和谐，使人们从心理上得到较好的休息和放松。

（2）绿地种植要精心规划设计，并与环境、建筑协调一致，使功能性和艺术性很好地结合起来，呈现出较好的景观效果。

（3）综合考虑周围环境，进行合理的植物选择。要特别注意植物的形态、色彩，要和街道环境相结合，树形要整齐，乔木要冠大荫浓，花灌木无刺、无异味、花期长。特别要考虑遮阳与日照的要求，在休息空间应采用高大的落叶乔木，夏季树冠可遮阳，冬季树叶脱落，又有充足的光照，为顾客提供不同季节的景观体验。

（4）在街心适当布置花坛、雕塑，增添商业街的识别性和景观特色。此外，商业街还可铺设装饰性花纹地面，以增加街景的趣味性。

（5）考虑服务设施和休息设施的设置。由于商业街绿地的使用者均是以步行游览为主，因此对体力消耗也比较大，应合理地设置服务设施和休息设施。

3.商业街区景观小品设计

（1）商业街小品作为一种观赏装饰，必须与商业街总体风格相融，要结合商业街内部装修风格，包括色调、造型、图案等。

（2）设置时要避免扎堆、重复设置，以免给顾客一种繁杂无序的感觉。

（3）设置要注重观赏性，从造型、色调等，结合中庭、色调、风格，组合成统一格调。

（4）商业街小品不仅要具有艺术的特性，还要结合人们的审美取向，要将大众化的观赏性与小品的艺术思想相统一。

4.商业街区夜景照明设计

（1）商业街夜景照明的基本特征。

一是明亮，其照度水平高；二是灵活，其照明的方法和形式多样化；三是色彩丰富鲜艳；四是除路灯外，其他照明设施高低错落，动静结合，融声光电色于一体；五是在满足功能要求的前提下，灯具、灯杆和灯架等照明设施具有很强的装饰性。

（2）商业街区夜景照明设计要求。

①做好整条街的照明总体规划，按顾客和游人的视觉心理要求和相关标准规范，把众多的照明对象融为一体，综合考虑，做到照明既突出重点，主次兼顾，亮暗分布合理，层次感强，无眩光无光污染，又创造出热烈繁华、井然有序，并具有良好视觉诱导性的效果。

②以街道两侧的灯饰为重点，特别是店头照明、商店建筑立面照明和店名广告照明。按三层布光的方法：上层布置大型灯饰广告，用大型霓虹灯、灯箱或投光照明形成照明的主景；中层用各具特色的标牌灯光、灯箱广告、霓虹灯或串灯形成中层夜景；底层用明亮的小型灯饰及橱窗照明的灯光形成光的"基座"。同时，再用变光变色、动静结合的手法，把路面照明，街上的公用设施的照明及跨街串灯装饰组合为一体，从而创造一个有机的照明整体系统。

③要求各商店的照明在整条街照明规划的基础上，突出自身照明特点和个性，店面照明设施的布置方向一般宜与行人的视线垂直。

④对大街入口的构筑物，如牌坊、彩门、街名标志及装饰性路灯等均应进行专门的精心设计，以便刺激和吸引顾客进街购物或休息游览。

第五节　景区项目业态管理▲

一、景区商业业态分析

（一）景区业态相关概念

1. 业态

"业态"一词大约于20世纪60年代出现于日本，是典型的日语汉字词汇。业态被定义为营业的形态，是达成效能的手段。"业态"的概念在国内于20世纪80年代引入，到90年代中期左右在商业中得到广泛普及。其定义是："针对特定消费者的特定需求，按照一定的战略目标，有选择地运用商品经营结构、店铺位置、店铺规模、店铺形态、价格政策、销售方式、销售服务等经营手段，提供销售和服务的类型化服务形态。"

2. 商业业态

商业业态是指商业企业为满足不同的消费需求而形成不同的经营形态，多指不同类型、规模店铺的构成比例、组合方式，包括选址、规模、店铺设施、商品策略、价格策略、销售的技术手段及提供附加服务等的不同组合。例如，在旅游商业街中零售、餐饮、娱乐休闲等商业设施的分布特征与构成比例。

3. 旅游业态

伴随着国内旅游产业的不断更新与发展，原有的业态概念已经无法解释新兴的旅游现象，逐渐形成了旅游业态概念。总的来说，旅游业态可以理解为在把握旅游市场发展规律的基础上，发展旅游产业的相关利益群体，为满足旅游者的多样化消费需求（包含旅游六要素）而提供旅游产品和服务的不同营业形态的总汇。

快速发展的景区商业化进程下，景区业态并未得到良好的管控，国内多个景区面临同样的问题：大量小商品、小吃店等低端的业态涌入，从而淹没了景区的传统商业、文化内涵。因此，"商业化改造"往往被认为是种负面的更新改造模式。例如，北京的南锣鼓巷，曾被报道节假日客流量严重超出街巷空间的承载力，且街区内的店面也被分隔严重，大量分布的小吃、餐饮业态致使街区环境脏乱、风貌品质下降。但商业改造本是推动景区经济发展的重要措施，并非所有景区都因商业改造而负面发展。诸如上海新天地、成都宽窄巷子等改造项目的成功印证了商业化对激发景区活力有积极作用。

（二）景区商业业态分类

国外对业态的划分主要遵循营业形态（店铺、无店铺）、经营形态（单一店铺、多店铺）、企业形态（个人、公司、合作）三种分类标准；国内业态划分的标准主要为场所形态、组织形态、集聚形态、商品类型、服务类型等。目前有关景区的业态分类主要依托我国在 2004 年颁布的《零售业态分类》（GB/T 18106—2004）国家标准，并结合行业类别、商品类别等标准进行调整，并无统一的分类标准。总的来说，国内景区普遍按照经营别进行大分类，以产品类型进行中、小分类。然而，在现今的景区发展中，游客的消费需求、业态与城市经济发展和功能内涵的匹配对景区商业业态管理十分重要，据此又出现了特色业态与普通业态的细分（见表 11-1）。

表 11-1　景区商业业态分类

	特色业态		普通业态	
零售业	特色零售	老字号 商场市场 特色小店	普通零售	
餐饮业	特色餐饮	老字号 大型餐馆 特色中小型餐馆	普通餐饮	
	茶咖酒吧			
旅馆	特色旅馆	四星级以上宾馆 特色民宿 特色青年旅舍	普通旅馆	
商务	特色商务	文创商务 定制商务	普通办公用品	
文体	特色文体	中小型文展馆 才艺培训馆 图书音像店 特色健身房	普通文体	
娱乐康体	特色娱乐康体	影剧歌舞厅 特色美容康体店	普通娱乐康体	棋牌网吧 美容康体店

1. 零售商业

特色零售包括大型商场市场、老字号、特色小店；普通零售中，特产店铺可根据调研做现场判断，小吃类若未提供就餐空间则归为零售类别。

2. 餐饮

特色餐饮包括老字号、大型餐馆（500 平方米以上）、特色中小餐馆以及茶咖酒吧；普通餐饮中，根据是否有一定的就餐空间，可将部分小吃、饮品店归为普通零售内。

3. 旅馆

特色旅馆包括四星级以上旅馆、特色民宿、特色青年旅舍；普通旅馆包括快捷酒店、普通家庭旅馆等。

4. 商务

特色商务设施包括文创商务、定制服务，文创商务具体可为建筑设计公司、创意工作室等，定制服务可为服装定制、产品定制等。普通办公可为旅行社、一般办公场所等。

5. 文体

文体设施包括中小型文展馆、社区文化中心和才艺培训中心、图书音像店，若店铺存在一定阅读空间但以售卖咖啡饮品为主，则将其归到茶咖酒吧类别中。

6. 娱乐康体

娱乐设施包括影剧场歌舞厅、特色娱乐室和棋牌网吧，康体设施归纳为特色美容康体店。特色娱乐康体设施包括影剧歌舞厅、特色娱乐室（如桌游吧）等类型业态；普通娱乐康体设施包括棋牌网吧、美容康体店，如阆中的"醋泡脚"即可归为特色美容康体店一类。

（三）景区业态相关理论

1. 资源禀赋理论

资源禀赋即要素禀赋，由瑞典著名经济学家俄林（Ohlin）继承赫克歇尔（Heckscher）的基础上提出，因此也被称为赫俄模式。对于旅游业而言，旅游资源主要是人文与自然两大类资源，是一个地区进行旅游开发的重要条件，它决定着该地旅游发展方向及利用模式。在确定景区旅游业态时，旅游资源禀赋是至关重要的，景区的自然风光、历史文化、遗址遗产、民风民俗、传统美食等都是规划旅游业态时需要考虑的重要因素。

2. 文化资本理论

文化资本（Capital Culture）指由文化（价值观、信念、行为规范和模式）以及文化的物质载体所构成的资本，有三种存在表征：一是具体的形式，指教育程度、文化水平以及性格修养等精神维度；二是客观的形式，指以文化产品的形式展现书画作品、书籍、建筑等；三是体制的形式，如地方性的习俗、约定俗成的礼仪等。景区个性化的历史或现代建筑、物质或非物质文化遗产、历史名人精神遗存以及景区中自我创造的文化符号、文化表征等这些文化资源皆可进行业态转化，实现资本价值。

3. 空间结构理论

空间结构理论是一定区域范围内社会经济各组成部分及其组合类型的空间相互作用和空间位置关系，以及反映这种关系的空间集聚规模与程度的学说。对于景区商业而言，空间结构主要考察景区内部功能分区、业态分布、多样化业态与景区整体的联动性。

4.体验经济理论

在20世纪70年代，派恩和吉尔摩合著的《体验经济》一书出版标志着体验经济时代的到来，书中提出，"体验是第四种经济提供物，它从服务中分离出来"。随着现代旅游业的发展，游客对于旅游六要素"食、住、行、游、购、娱"的要求也越来越多样化、专属化，游客的参与性不断提高，游客对于自己不熟悉的环境表现出极大的兴趣，想要在与旅游产品交互的过程中产生独特的审美感受。由此可见获取一段难以忘怀的旅游体验是游客的根本目的，也是景区在旅游业态开发中应当注重的角度，对旅游业态及产品灌以"体验"的内涵，是业态持续健康发展的重要手段。

（四）景区商业业态评价

商业化的评价研究多为以商铺分布的数量、密集程度等指标作为评判的标准。对游客体验者而言，游览体验的优劣一定程度上影响对商业的判断，其对商业化的理解与判断多为主观印象；对居民而言，商业化的判断主要源于旅游商业与生活的矛盾、冲突；此外，部分历史文化景区传承了传统商业氛围，因此商业内涵是其重要组成部分。由此可见，对于一个地方的商业化评价不应仅从商业的数量一个角度进行，应更充分地反映商业特征，包括业态功能结构、业态地方特色、业态体验性等。

1.业态功能结构

当景区因其蕴藏的资源价值而发展旅游业态时，业态不仅要为本地居民所服务，还需多样化以满足旅游者需求。业态功能结构可以围绕传统的旅游六要素展开，划分出餐饮业态、住宿业态、游览业态、购物业态、娱乐业态五大类型，对于不符合景区发展的业态应当避免出现。业态功能结构评价可以通过统计各类型业态面积与合计的业态面积比值，即各类型的商业所占比重，这与传统的数学统计法（统计业态的数量）的思路一致。

2.业态地方特色

近年来旅游景区的业态因为过度追求"快钱"，更像是不同的地方产出了相同的复制品，数目虽多但却千篇一律。为避免景区旅游业态开发中出现这样的趋势就应利用好景区独具特色的资源特征，充分利用有形资源与无形资源吸引旅游者。具有特色表现力的业态类型中，民俗技艺、历史文化等人文要素更易被商业化以凸显地方特色。以业态分类标准统计各类型业态的特色设施面积与各业态面积的比值，能够直接反映景区业态的商业内涵，比值越高，其体现景区以特色业态为主，其休闲的属性更为突出。

3.业态体验性

所谓体验性旅游业态是指旅游消费者更加倾向于在店铺进行体验之后再进行消费的业态。与传统的旅游业态相比，体验性业态更加关注的是旅游消费者的参与体验后的身心感受，如当游客在古镇小吃店消费，只是吃、喝、买单是很乏味的，若能够体验到特色小吃的制作技艺，从中获得满足，这对于游客来说其吸引力与传统店铺相比要大很多。参照派恩、吉尔摩《体验经济》中提出的旅游体验四种不同类型，在业态体验性这一维度上可以划分出审美价值、娱乐体验、知识教育体验和逃避现实体验这四个子评价类目。

（1）审美体验强调感官享受。

审美体验强调的是感官享受，即通过视觉、听觉、触觉等各种感觉方式在欣赏某种事物或景象的过程中产生的令人愉快的体验，进而由此感受到美的存在，这是最为基础、最为直接的体验。当人们步入景区的那一刻起审美体验就已经发生了，这种体验给人是被动地，在业态上各色店铺、各类场馆的空间营造是最直观的审美体验，通过此给人以视觉感官上的刺激使得人们欣赏领略到古镇的历史文化、风土人情等。

（2）娱乐体验注重参与互动。

娱乐体验通过主动的参与互动吸收环境中所创造的体验从而使人感受到愉悦，是一种最古老、最普通的体验。在一段旅行中娱乐体验渗透了各个方面：尝试当地美食、体验传统手工技艺感受当地独具特色的民俗文化、参与农事体验等。在业态上表现为注重产品与服务的形式，通过娱乐体验带给人们轻松愉悦的感受从而刺激人们产生消费。

（3）知识教育体验发掘文化内蕴。

同娱乐体验一样，知识教育体验也包含了积极参与，除此之外还包括了对知识的吸收，这是对娱乐体验的进阶。知识教育体验在参与互动的过程中更加注重人们使用自己的思维能力主动吸收外界环境所传达的文化要素，以此开拓丰度自己的眼界。在旅游中收获知识、将教育与娱乐相结合，在轻松愉悦的氛围中被大家所接受，这就是寓教于乐。

（4）逃避现实体验升华情感。

逃避现实的体验就是指人们完全脱离原有的生活环境，忘却现实生活中的烦恼而全身心沉浸于他人所营造的情境中，这种体验是积极的，它不但能够在感官上得以满足，而且更多的是通过对周遭环境产生影响的过程中给予心灵上的抚慰。商业业态空间可通过深化真实场景来渲染氛围，产生一种沉醉其中的感觉，从而引发游客情感上的共鸣。

4.业态空间分布

业态的空间分布特征能够较为直观地反映出各类旅游服务、设施的集聚程度以及与用地布局之间的关系。掌握其分布特征有助于规划者、管理者优化其商业空间布局模式、合理进行功能分区，合理把控各区域的业态数量、业态类型、业态特色和体验，避免景区内各区域发展不均衡。

二、景区商业业态组合及运营策略

景区业态组合通常指代指景区产业要素的配置，如传统的旅游六要素，或景区之内的综合消费功能。如A级景区评定标准就规定，景区可以提供的游览、餐饮、购物、住宿、娱乐等服务种类的多少，是评定景区等级的一项重要标准。因此，业态组合与运营策略对于景区业态管理十分重要。

（一）景区业态组合

景区业态组合的最常见问题就是业态随意混搭，有的景区属于主题文化公园或山岳型的，但搭配了很多不相干的东西，甚至造成文化上的冲突。例如，京津冀地区一家4A级景区，核心资源是山岳文化和汉代韩信的历史传说，景区内已有一处道观，此后又陆续新筑了一段长城，新开了佛窟，新建一堵多龙壁（形制如北海九龙壁），还增添了牛郎织女的家，如此以来游客无法感知景区的主题文化到底是什么，其业态复杂搭配的意义也无从知晓。近年来，这类随意的模仿或混搭情形层出不穷，如摔碗酒、玻璃栈道、袁家村式餐饮，都不管是否适宜当地而一律模仿起来，造成业态管理与运营混乱。

南锣鼓巷是中国商街委授牌命名的"中国特色商业街"之一，是历史文化街区业态改造提升的典范。业态改造升级后，南锣鼓巷街区共有商户154家，经营规模多为中小型店铺，业态包括文化创意产业相关的特色餐饮店（主题酒吧和咖啡馆）、手工创意店、创意服饰店、文化旅馆等，如表11-2所示。

表11-2　南锣鼓巷文化创意商户分类

行业分类	数量／家	比重／%	代表性商户
特色餐饮（含主题类酒吧、咖啡馆）	63	40.9	"文字"奶酪店 "过客"咖啡馆
手工创意店	53	34.4	"兴穆"手工店"乐天"陶社
创意服饰店	28	18.2	"创口贴8"T恤店
文化旅馆	2	1.3	"胡同人"
化妆品主题店	8	5.2	"谢馥春"

来源：南锣鼓巷管委会

业态改造升级后，街区店铺较好地保持了融入胡同、依托历史资源的特色，商户的经营服务也极具体验性，从业人员普遍受过高等教育。尤其是"文字"奶酪店、"过客"咖啡馆、"创口贴8"T恤店等一批入驻街区经营达15年以上的特色、品牌、个性小店，从店面装饰布置、产品设计制作到营销服务都彰显着独特的文化创意氛围，支撑街区创意经济发展。

（二）景区业态运营策略

1.完善管理模式，规范经营标准

景区业态的日常运营管理中，管理体系和运营制度的专业化、规范化、精细化是景区良性运营的保证。

在管理体制方面，景区应当采用三权分离的方式，由不同的主体来掌握行使所有权、管理权还有经营权，建立专业的运营管理团队，减少房地产市场的过多干预。同时，建立一套严密和高效的机构和部门，使整个架构尽量达到扁平化。完善各项管理方面的规章制度，明确具体的奖惩措施，通过制度的方式来约束商户，确保管理和运营不脱离景区的实际情况，如果发现违规的商户要立即进行惩处，树立起管理体制的威信力。另一方面，景区还应该对业态的综合监管划分责任职责范围。明确权责与职能范围延伸至各部门、各行业业态、各区域，按照明确各相关部门的监管责任，充分发挥景区服务质量监督和游客的监督作用。

在业态经营方面，大部分景区最突出的问题在于行业准入的标准太低，为了提高服务的质量，维护游客应当享受的各类权益，使整个业态得以平稳地发展，更好地管理各种新业态，景区必须根据自身发展的需求，对准入条件进行调整，尤其是需要针对销售的商品、服务等方面做出更为清楚的规定。经营主体零散、质量差等都会影响整个行业，所以需要提高对硬件方面的要求，淘汰一批不合格的业态。除此之外，也可以向业态主体收取部分资金，作为保证金，通过这种形式来处罚一些违规者，同时对权益受损的游客进行合理赔偿。

2. 客源多元化、业态多样化

景区应根据游客需求优化商业业态。在拓展客源的基础上，做到客源多元化、业态多样化。可以利用景区资源开发产品，满足特殊群体（如各类体育赛事、企事业拓展、冬夏令营、婚礼、联谊等）的旅游需求。同时，景区应当充分利用节假日，联合商户优化创新扩展，结合当地特色资源开展节庆活动，增加市场宣传，以达到对客源市场的充分吸引。

3. 制定品牌战略，明确主题定位

景区业态组合应有助于提升景区 IP 价值。在确定景区业态时应当更加自觉关注文化内涵的表达和存在，形成业态和文创产品之间的深度连接与融合。例如，2006 年 7 月，东城区政府颁发《南锣鼓巷保护与发展规划（2006—2020）》，从历史、空间、文化、发展 4 个角度出发，将南锣鼓巷定位为"大都之心、元生胡同、民居风情、创意空间"。"大都之心"标明了街区重要地标意义——元大都几何中心；"元生胡同"体现了城市胡同肌理形态的历史价值和文化意蕴；"民居风情"以彰显官府文化的名人故居和汇聚民俗文化的普通民居为代表；"创意空间"明确了南锣鼓巷作为文化创意街区，在产业发展上支撑创意产业的孵化和衍生，在文化氛围上将文化创意元素注入街区各类体验空间，显著强化和提升了南锣鼓巷街区的体验型功能，驱动街区转向内涵式发展。

4. 从严限制，管控业态

景区业态要严格执行管理制度和运营标准，发挥自我监督和他人监督，鼓励发展文化创意产业，从严限制涉及"小、散、乱"等低端业态，逐步调整无品牌、无特色、无

个性、同质化经营的"三无一同"业态。例如，2014年9月，东城区政府专门发布《南锣鼓巷特色商业街业态指导目录》，在政府的指导和支持下，南锣鼓巷管委会实施新一轮的业态调整、转型、升级，街区商户从原有的235家减少到154家，其间关闭无证照商铺28家，合并92家"一照多店"为39家，转型10家低端小吃类业态，减少同质化竞争店铺5家。

（三）景区业态管控与优化

1. 景区业态优化原则

景区业态优化原则包括五个主要方面：（1）树立品牌意识，提高景区整体影响力；（2）文化引领，塑造旅游景区可持续的生命力；（3）做精主题，打造IP核心吸引力；（4）围绕旅游核心功能，功能业态复合化；（5）延伸产业链条，实现产业集聚。做到依据特有资源打造主题，根据旅游的主题筛选业态，结合消费者的需求创新业态，淘汰市场反响不好的业态，从而打造出景区商业链、旅游链、文化链。例如，南锣鼓巷围绕文化创意主题，建立健全以商业购物、旅游观光为主，同时满足文化活动、创意体验、商务会谈等多种商业和文化需求的"商、旅、文一体化"产业链，在此基础上不断优化业态发展模式，提升景区的竞争优势。

2. 品牌建设与复合型业态优化

景区品牌建设不仅可以通过业态、商铺实现管控，还可以通过创造文化创意氛围和开展文化活动推广品牌价值，如南锣鼓巷通过举办一年一度的"南锣鼓巷胡同节""南锣鼓巷惊蛰锣鼓节"等特色节庆活动，编辑出版《南锣鼓巷史话》、拍摄宣传片、设计制作旅游纪念品等举措，持续提升街区的品牌知名度，被《时代》周刊推荐为25处必去的亚洲风情体验地之一。

此外，品牌建设应当具有代表性和时代性。一方面，景区可以依托一些"老字号"或引入知名品牌等凸显文化代表性，另一方面，景区应当用于创新业态，打造"创意经济＋"的优质复合型业态，包括但不限于引进创意工作坊、民俗工艺品店，以及与景区风貌相适宜的茶室、小剧场、书吧、现代咖啡馆等文化类业态。

3. 业态配套管理体系优化

业态管理优化更加着重于经营本身，更加强调若干业态经营个体在旅游景区之内的共同管理和互动过程、关联过程，因此，在人才配比上，需要配备前期规划管理和后期运营管理团队。其次，景区旅游业态要实现结构和布局优化，做到吸人（吸引更多的顾客进入消费）、宜人（提供消费者最为舒适的购物环境）、留人（延长游客在旅游综合体环境的停留时间）。再次，在升级产业业态时，景区应当联合利益相关者，培育各类主题活动等新型产品业态，实现业种优化，如建设养老基地、亲子研学基地、体育赛事基地等，实现了形式单一的旅游业态向多种形式的旅游业态的转变。

4. 业态商业效益优化

各类景区，尤其是国家级景区，在业态管控与发展中需要具备规划学视角，寻找培育商业效益最好的"黄金涡点"，实现以最少的资源实现商业利益的最大化。通常，景区内根据空间结构与功能分布设置"主涡点"区块，布局最具影响力的优质业态；同时配备"次涡点"区块，布局较为受到游客偏好的食、购、娱等业态。在土地空间利用上，可以考虑从纵向适度拓展区块建筑的地上、地下空间，建立聚合多种业态的中小型商业综合体，深入开发和打造景区业态的"黄金涡点"。

【本章思考】

1. 思考讨论景区招商引资与商业管理的特点与重点。
2. 思考讨论如何做好景区商业空间规划，并分析商业街区景区化的优劣。
3. 请选择一个较为熟悉的景区，分析其现有商业业态，并提出业态改造方案。

【案例延伸】

城市仿古商业街的运作：锦里经验

随着现代城市的多元发展，城市旅游也在全国各地兴起。旅游休闲特色街（仿古步行街）就是其中的一种创新模式和重要载体，同时也是城市历史文化的新型宣传平台和传承场所。锦里古街作为一条依托"三国文化"而全人工打造的城市特色街，不仅没有遭到"假古董"的诟骂，反而成为武侯祠的有机组成和城市旅游的文化街区，创造了文化价值。锦里以"历史文化"为主题进行开发，依托杜甫草堂、武侯祠两处历史古迹，着力从三国文化、民俗文化和成都城市文化等方面综合打造。古街的建筑与武侯祠的主体建筑风格相一致，在建筑方面突出体现了当地的文化特色。同时，传统的锦绣剪纸等名声在外，成都小吃也深受追捧，舒适的现代公共服务设施较为完善。锦里文化商业街是对三国文化的延伸和放大，有"成都版清明上河图"之称，有着深厚的民俗文化蕴含。

在商业运作上，武侯祠博物馆与民营企业（龙鼎文化广告公司）共建经营性公司——成都武侯祠锦里旅游文化经营管理有限公司，该公司全程负责锦里仿古街的打造和运作，由武侯祠持有40%的股份，200余名武侯祠员工共同持有20%的股份，龙鼎文化广告公司持有40%的股份。锦里古街的品牌、土地和所有店面的所有权属于武侯祠博物馆，其经营权属于锦里管理公司。在商家招商与经营方面，实行末位淘汰制，激发商家经营积极性；商业区内有符合其商业内涵的核心商家，有先进的管理理念，使文化与经济共同发展。作为一条以川西民俗文化和三国文化为主题的仿古街区，锦里坚持以巴蜀地区和程度民宿特产、餐饮为业态主体。整体而言，购物约占一半比例，餐饮接近 40%，游艺及其他商业业态比重不到 10%。在商业氛围营造上，游客不仅可以观赏品味三国文化和巴蜀民居文化，还可以现场制作、品尝程度地方小吃，体验老一辈儿的滚铁环游戏，体验和购买蜀锦蜀绣，符合现代人在轻松、娱乐的氛围中体验文化的心理特点；在满足游客购物需求同时满足游客体验心理。

但是，锦里古街也面临着两大文化主题协调性的问题。三国文化和川西民俗文化这两个文化主题本质上并没有交集。三国文化距今甚远，相对而言属于精英文化的范畴；而川西民俗文化即使可以追溯到比三国文化更久远的年代，但其具有更强的历史延续性和民间性，游客亲切感更强，更偏向于大众文化。运作方和商铺主在整体把握上还是需要注意细节，如一家卖锦缎的店铺里，摆放着清代的织机，店员却穿着三国的服饰，这样的错位容易造成视觉上的不协调。其次，由于场地、规划设计等限制，最初的锦里只是一条不到 400 米的小胡同；2005 年来，锦里背街的合理利用和戏台、小型广场、牌坊等建筑设计上的创意局部地打破了小胡同的单调性，但如何进一步实现截取的网络结构和空间感，突破仿古街区在空间上的局限性，仍然是锦里亟待解决的重要课题。另外，关注历史街区在未来的发展趋势对街区的持续性动态发展很有必要。历史街区核心功能将会出现进一步拓展，将会出现更强大的综合功能的提供，如居住、旅游、休闲、节庆等，对旅游消费者将更具有吸引力。随着人们对生活品质的要求越来越高，历史街区软环境的提高成为改造开发的主要方向，如人性化的空间、人情味的邻里关系等；经营理念也将随着城市发展、政策导向和产业结构变化等改变。

来源：

［1］邓静.从锦里看中国城市仿古街区的文化建构和商业运作［D］.四川大学，2007.

［2］房琳，王颖.陕西省棣花古镇乡村文化旅游发展策略探索——锦里文化商业街经验借鉴［J］.辽宁农业科学，2016（5）：64–67.

［3］彭乙真.历史街区旅游开发探讨——以成都锦里古街为例［J］.现代商贸工业，2015，36（7）：30–31.

案例思考：

1. 你认为锦里古街在商业运作和空间布局上有何优劣之处？

2. 结合案例，谈谈现代旅游文化商业街应当如何规划和运营。

3. 结合本章知识点，比较历史文化街区与城市商业街区在商业、物业、空间规划上的差异。

【本章参考】

［1］姜森.历史文化街区商业业态定量分析方法与比较研究［D］.北京建筑大学，2019.

［2］何正标.政府主导下商业街的改造提升——以北京南锣鼓巷为例［J］.上海商学院学报，2021，22（1）：27-43.

［3］刘敏，刘爱利.基于业态视角的城市建筑遗产再利用——以北京南锣鼓巷历史街区为例［J］.旅游学刊，2015，30（4）：115-126.

［4］肖晶.万科金域蓝湾商铺营销策略研究［D］.湖南大学，2017.

［5］黄潇逸.古镇旅游业态综合评价与布局分析［D］.浙江师范大学，2020.

［6］王娜.丹东宗裕城旅游综合体业态优化研究［D］.沈阳师范大学，2020.

［7］杨济诗，孙霞琴.小吃广场应走向休闲娱乐中心、社区购物中心［J］.上海商业，2001（9）：45-47.

［8］萧桂森.连锁经营理论与实践：二十一世纪最具活力的营销模式［M］.海口：南海出版公司，2007.

项目策划：段向民
责任编辑：段向民　武　洋
责任印制：孙颖慧
封面设计：武爱听

图书在版编目（ＣＩＰ）数据

景区职业经理人职业能力 / 全国景区职业经理人资
质评价与认定统编教材编写组编 . -- 北京：中国旅游出
版社，2021.9
全国景区职业经理人资质评价与认定统编教材
ISBN 978-7-5032-6804-5

Ⅰ．①景… Ⅱ．①全… Ⅲ．①风景区－经济管理－教
材 Ⅳ．① F590.6

中国版本图书馆CIP数据核字 (2021) 第189783号

书　　名：景区职业经理人职业能力

作　　者：全国景区职业经理人资质评价与认定统编教材编写组　编
出版发行：中国旅游出版社
　　　　　（北京静安东里 6 号　邮编：100028 ）
　　　　　http://www.cttp.net.cn　E-mail:cttp@mct.gov.cn
　　　　　营销中心电话：010-57377108，010-57377109
　　　　　读者服务部电话：010-57377151
排　　版：北京旅教文化传播有限公司
经　　销：全国各地新华书店
印　　刷：三河市灵山芝兰印刷有限公司
版　　次：2021 年 9 月第 1 版　2021 年 9 月第 1 次印刷
开　　本：787 毫米 × 1092 毫米　1/16
印　　张：24.5
字　　数：500 千
定　　价：88.00 元
ＩＳＢＮ　978-7-5032-6804-5

版权所有　翻印必究
如发现质量问题，请直接与营销中心联系调换